اَلْحَمْدُ لِلّٰہِ رَبِّ الْعٰلَمِیْنَ وَالصَّلٰوۃُ وَالسَّلَامُ عَلٰی سَیِّدِ الْمُرْسَلِیْنَ اَمَّا بَعْدُ فَاَعُوْذُ بِاللّٰہِ مِنَ الشَّیْطٰنِ الرَّجِیْمِ بِسْمِ اللّٰہِ الرَّحْمٰنِ الرَّحِیْمِ

ضَروری وَضاحت

اَلحمدُلِلّٰہ عَزَّوَجَلَّ ''وسائلِ بخشش'' کا ایک ایک مِصرعہ فنّی تفتیش سے گزارنے کی ترکیب بنی اور یہ کام ماہِ میلاد ربیعُ الاوّل شریف ۱۴۳۵ھ (جنوری 2014ء) میں مکمّل ہوا، بعض اشعار یا مصرعے مُتبادِل لکھے یا لکھوائے اور کچھ حَذف بھی کرنے پڑے۔ نظرِ ثانی شدہ نسخے کی پہلی بار اِشاعت جمادَی الاُخریٰ ۱۴۳۵ھ میں کی جارہی ہے۔ اگرچِہ تفتیش میں نہایت دقّتِ نظر سے کام لیا گیا ہے تاہم یہ کلام خطا کار بندے کا ہے اور اِس میں اَغلاط کا امکان ہَنُوز موجود۔ اگر عاشقانِ رسول کسی شِعر میں کوئی شَرعی یا فنّی غَلَطی پائیں تو اچھّی اچھّی نیّتوں کے ساتھ مَع نام، پتا اور فون نمبر مُدَلّل طور پر مجھے مُطّلع فرما کر ثوابِ آخرت کے حقدار بنیں۔

عاشقانِ رسول کی خدمت میں مَدَنی التجا ہے کہ وہ ''وسائلِ بخشش'' (مُرَمَّم) ہی کو مِعیار بنائیں اور میرے قبل ازیں مطبوعہ کلام میں سے صِرف وُہی شِعر پڑھیں جو اِس نسخے کے مطابق ہو۔

غمِ مدینہ، بقیع، مغفِرت اور بے حساب جنّتُ الفردوس میں آقا کے پڑوس کا طالب

محمد الیاس قادری رضوی

۱۸ ربیع الآخر ۱۴۳۵ھ

19-02-2014

AF866366

اَلْحَمْدُ لِلّٰہِ رَبِّ الْعٰلَمِیْنَ وَالصَّلٰوۃُ وَالسَّلَامُ عَلٰی سَیِّدِ الْمُرْسَلِیْنَ اَمَّا بَعْدُ فَاَعُوْذُ بِاللّٰہِ مِنَ الشَّیْطٰنِ الرَّجِیْمِ بِسْمِ اللّٰہِ الرَّحْمٰنِ الرَّحِیْمِ

کلام تلاش کرنے کا طریقہ

''وسائلِ بخشش'' کو حمد و مناجات، نعت واِستِغاثات، مَناقب، سلام اور مُتفرِّق کلام کے عنوانات کے تَحْت حروفِ تہجّی (ا۔ب۔پ وغیرہ) کے مُطابِق مُرَتّب کیا گیا ہے لہٰذا اس میں کسی بھی کلام کو اُس کے پہلے شعر (مَطْلع) کے پہلے مِصْرعے کے آخِری حرف کو دیکھتے ہوئے تلاش کیا جاسکتا ہے۔

خود پسندی کی تعریف

اپنے کمال (مثلاً عِلْم یا عمل یا مال) کو اپنی طرف نسبت کرنا اور اس بات کا خوف نہ ہونا کہ یہ چِھن جائے گا۔ گویا خود پسند شخص نعمت کو مُنْعِمِ حقیقی (یعنی اللّٰہ عَزَّوَجَلَّ) کی طرف منسوب کرنا ہی بھول جاتا ہے۔ (یعنی ملی ہوئی نعمت مَثَلاً صِحّت یا حسن و جمال یا دولت یا ذِہانت یا خوش الحانی یا منصب وغیرہ کو اپنا کارنامہ سمجھ بیٹھنا اور یہ بھول جانا کہ سب ربُّ العزّت ہی کی عنایت ہے) (احیاءُ العُلوم ج ۳ ص ۴۵۴)

یادداشت

دورانِ مُطالَعہ ضَرورتاً انڈر لائن کیجئے، اِشارات لکھ کر صَفْحہ نمبر نوٹ فرما لیجئے۔
ان شاءَ اللہ عَزَّوَجَلَّ عِلْم میں ترقّی ہوگی۔

عنوان	صَفْحہ	عنوان	صَفْحہ

اَلْحَمْدُ لِلّٰهِ رَبِّ الْعٰلَمِیْنَ وَالصَّلٰوۃُ وَالسَّلَامُ عَلٰی سَیِّدِ الْمُرْسَلِیْنَ اَمَّا بَعْدُ فَاَعُوْذُ بِاللّٰهِ مِنَ الشَّیْطٰنِ الرَّجِیْمِ ؕ بِسْمِ اللّٰهِ الرَّحْمٰنِ الرَّحِیْمِ ؕ

تِلاوت کی نیّتیں: قاری صاحِب اِس طرح نیّت کریں اور کروائیں:

اَلْحَمْدُ لِلّٰهِ رَبِّ الْعٰلَمِیْنَ ط وَ الصَّلٰوۃُ وَالسَّلَامُ عَلٰی سَیِّدِ الْمُرْسَلِیْنَ ط

فرمانِ **مصطَفٰے** صلَّی اللہ تعالٰی علیہ واٰلہٖ وسلَّم: **نِیَّةُ الْمُؤْمِنِ خَیْرٌ مِّنْ عَمَلِهٖ.** یعنی ''مسلمان کی نیّت اُس کے عمل سے بہتر ہے۔'' **میٹھے میٹھے اسلامی بھائیو!** اچّھی نیّت نہ ہو تو عمل کا ثواب نہیں ملتا اِس لئے میں نیّت کرتا ہوں کہ حُصولِ ثواب کیلئے **اللّٰہ** ورسول عَزَّوَجَلَّ وَصلَّی اللہ تعالٰی علیہ واٰلہٖ وسلَّم کی اِطاعت کرتے ہوئے تِلاوت کروں گا۔ آپ سبھی تِلاوتِ قراٰنِ کریم کی تعظیم کی نیّت سے جب تک ہو سکے نگاہیں نیچی کئے دوزانو بیٹھئے اور مزید یہ بھی نیّت کیجئے کہ رِضائے الٰہی کیلئے حُکمِ قراٰنی پر عمل کرتے ہوئے کان لگا کر خوب توجُّہ کے ساتھ اور اپنے اِختیار میں ہوا اور دل میں اِخلاص پایا تو حُکمِ حدیث پر عمل کرتے ہوئے اشکباری کرتے ہوئے تِلاوت سُنوں گا۔

صَلُّوا عَلَی الْحَبِیب! صلَّی اللّٰهُ تعالٰی علٰی محمَّد

مُناجات کی نِیّتیں: مُناجات کو اِس طرح نیّت کریں اور کروائیں:

اَلْحَمْدُ لِلّٰہِ رَبِّ الْعٰلَمِیْنَ ط وَ الصَّلٰوۃُ وَالسَّلَامُ عَلٰی سَیِّدِ الْمُرْسَلِیْنَ ط

فرمانِ **مصطفٰے** صلَّی اللہ تعالٰی علیہ واٰلہٖ وسلَّم: نِیَّۃُ الْمُؤْمِنِ خَیْرٌ مِّنْ عَمَلِہٖ.

یعنی ''مسلمان کی نیّت اُس کے عمل سے بہتر ہے۔'' **میٹھے میٹھے اسلامی بھائیو!** اچّھی نیّت نہ ہو تو عمل کا ثواب نہیں ملتا اِس لئے میں نیّت کرتا ہوں، اللہ ورسول عَزَّوَجَلَّ وَصلَّی اللہ تعالٰی علیہ واٰلہٖ وسلَّم کی اِطاعت کرتے ہوئے، حُصولِ ثواب کیلئے قاضِیُّ الْحاجات عَزَّوَجَلَّ کی بارگاہ میں مُناجات یعنی دُعا کروں گا، آپ بھی نیّت کیجئے کہ میں رِضائے الٰہی کیلئے آدابِ دُعا بجا لاتے ہوئے جہاں تک ہوسکا نیچی نگاہیں کئے دُوزانو بیٹھ کر اور اگر دل میں خلوص پایا تو روتے ہوئے یا اِخلاص کے ساتھ رونے والوں سے مُشابَہَت کی نیّت سے رونے جیسی صورت بنا کر یکسوئی کے ساتھ دُعا میں شریک رہوں گا اور ہر دُعائیہ شِعْر کے خَتْم پر **اٰمین** کہوں گا۔

صَلُّوا عَلَی الْحَبِیْب ! صلَّی اللہُ تعالٰی علٰی محمَّد

نعت شریف کی نیّتیں: نعت خواں اس طرح نیّت کریں اور کروائیں:

اَلْحَمْدُ لِلّٰهِ رَبِّ الْعٰلَمِيْنَ ط وَ الصَّلٰوةُ وَالسَّلَامُ عَلٰى سَيِّدِ الْمُرْسَلِيْن ط

فرمانِ مصطَفٰے صلّی اللّٰہ تعالٰی علیہ والہٖ وسلّم: **نِيَّةُ الْمُؤْمِنِ خَيْرٌ مِّنْ عَمَلِهٖ.** یعنی ''مسلمان کی نیّت اُس کے عمل سے بہتر ہے۔'' **میٹھے میٹھے اسلامی بھائیو!** اچّھی نیّت نہ ہو تو عمل کا ثواب نہیں ملتا اِس لئے میں نیّت کرتا ہوں، اللّٰہ عزَّوَجلَّ کی رِضا پانے اور ثواب کمانے کیلئے نعت شریف پڑھوں گا، آپ بھی نیّت کیجئے کہ حُصُولِ ثواب کی خاطر جتنا ہوسکا تعظیمِ مصطَفٰے کیلئے نگاہیں نیچی کئے دو زانو بیٹھ کر، گُنْبدِ خَضْرا کا تصوُّر باندھ کر نہایت توجُّہ کے ساتھ اپنے بس میں ہوا اور دل میں خلوص پایا تو عشقِ رسول میں ڈوب کر روتے ہوئے یا اِخلاص کے ساتھ رونے والوں سے مُشابَہت کی نیّت سے رونے جیسی صورت بنائے نعت شریف سُنوں گا۔

صَلُّوا عَلَى الْحَبِيب! صلَّی اللّٰہُ تعالٰی علٰی محمَّد

مُناجاتوں، نعتوں اور
منقبتوں کا مُعطّر مُعطّر مَدَنی گلدستہ

وسائلِ بخشش

مُؤَلِّف

شیخِ طریقت، امیرِ اہلسنّت، بانیِ دعوتِ اسلامی حضرت علّامہ مولانا

ابو بِلال محمد الیاس عطّاؔر قادِری رضوی دامت برکاتہم العالیہ

ناشِر:
مکتبۃُ المدینہ کراچی

اَلْحَمْدُ لِلّٰهِ رَبِّ الْعٰلَمِیْنَ وَالصَّلٰوۃُ وَالسَّلَامُ عَلٰی سَیِّدِ الْمُرْسَلِیْنَ اَمَّا بَعْدُ فَاَعُوْذُ بِاللّٰهِ مِنَ الشَّیْطٰنِ الرَّجِیْمِ بِسْمِ اللّٰهِ الرَّحْمٰنِ الرَّحِیْمِ

نام کتاب : **وسائلِ بخشش** (مُرَمَّم)

مؤلف : شیخِ طریقت، امیرِ اہلسنّت، بانیِ دعوتِ اسلامی حضرت علّامہ مولانا
ابو بلال محمد الیاس عطّار قادِری رضوی دامت برکاتہم العالیہ

پہلی بار : جمادی الاولیٰ ۱۴۳۲ھ، اپریل 2011ء تعداد: 55000 (پچپن ہزار)
دوسری بار : شعبان المعظم ۱۴۳۲ھ، جولائی 2011ء تعداد: 15000 (پندرہ ہزار)
تیسری بار : رمضان المبارک ۱۴۳۳ھ، جولائی 2012ء تعداد: 20000 (بیس ہزار)
چوتھی بار : جمادی الاخریٰ ۱۴۳۴ھ، اپریل 2013ء تعداد: 25000 (پچیس ہزار)
پانچویں بار : شوال المکرم ۱۴۳۴ھ، ستمبر 2013ء تعداد: 40000 (چالیس ہزار)
چھٹی بار (مُرَمَّم) : رجب المرجب ۱۴۳۵ھ، مئی 2014ء تعداد: 10000 (دس ہزار)
ساتویں بار (مُرَمَّم) : صفر المظفر ۱۴۳۶ھ، دسمبر 2014ء تعداد: 15000 (پندرہ ہزار)
آٹھویں بار (مُرَمَّم) : رجب المرجب ۱۴۳۶ھ، اپریل 2015ء تعداد: 25000 (پچیس ہزار)
نویں بار (مُرَمَّم) : جمادی الآخرہ ۱۴۳۷ھ، مارچ 2016ء تعداد: 25000 (پچیس ہزار)
دسویں بار (مُرَمَّم) : جمادی الاولیٰ ۱۴۳۸ھ فروری 2017ء تعداد: 25000 (پچیس ہزار)
گیارہویں بار (مُرَمَّم) : شوال المکرم ۱۴۴۰ھ، جون 2019ء تعداد: 20000 (بیس ہزار)
بارہویں بار (مُرَمَّم) : شعبان المعظم 1446ھ، فروری 2025ء تعداد: 3000 (تین ہزار)

ناشر : مکتبۃ المدینہ، عالمی مدنی مرکز فیضانِ مدینہ، کراچی۔

اَلْحَمْدُ لِلّٰہِ رَبِّ الْعٰلَمِیْنَ وَالصَّلٰوۃُ وَالسَّلَامُ عَلٰی سَیِّدِ الْمُرْسَلِیْنَ اَمَّا بَعْدُ فَاَعُوْذُ بِاللّٰہِ مِنَ الشَّیْطٰنِ الرَّجِیْمِ بِسْمِ اللّٰہِ الرَّحْمٰنِ الرَّحِیْمِ

اِنتساب

حسّانُ الھِند امام احمد رضا خان علیہ رحمۃ الرحمٰن

اور

ہر اُس نعت گو اور نعت خواں اسلامی بھائی اور اسلامی بہن کے نام جو حُبِّ جاہ و مال سے بے نیاز ہو کر محض خدا و مصطفٰے عَزَّوَجَلَّ و صلَّی اللہ تعالٰی علیہ والہٖ وسلَّم کی رِضا کیلئے ثنا خوانی کرے۔

ثنائے سرکار ہے وظیفہ قبولِ سرکار ہے تمنّا
نہ شاعری کی ہوَس نہ پروا روی تھی کیا کیسے قافیے تھے

(حدائقِ بخشش شریف)

غمِ مدینہ، بقیع، مغفرت اور بے حساب جنّتُ الفردوس میں آقا کے پڑوس کا طالب

محمد الیاس قادری

۲۹ صفر المظفر ۱۴۳۱ھ

اَلْحَمْدُ لِلّٰهِ رَبِّ الْعٰلَمِیْنَ وَالصَّلٰوۃُ وَالسَّلَامُ عَلٰی سَیِّدِ الْمُرْسَلِیْنَ اَمَّا بَعْدُ فَاَعُوْذُ بِاللّٰهِ مِنَ الشَّیْطٰنِ الرَّجِیْمِ بِسْمِ اللّٰهِ الرَّحْمٰنِ الرَّحِیْمِ

کچھ وسائلِ بخشش کے بارے میں ....

میرے آقا اعلیٰ حضرت، اِمامِ اَہل سنّت، عاشقِ ماہِ نُبُوَّت، ولیِ نِعمت، عظیمُ البَرَکت، عظیمُ المَرْتَبت، پروانۂ شمعِ رِسالت، امامِ عشق ومَحَبَّت، مُجَدِّدِ دین ومِلَّت، حامیِ سنّت، ماحِیِ بِدعت، پیکرِ فُنُون وحکمت، عالِمِ شَرِیْعَت، پیرِ طریقت، باعثِ خَیْر و بَرَکت، حَسَّانُ الہند، حضرتِ علّامہ مولانا مفتی الحاج الحافِظ القاری شاہ امام اَحمد رضا خان علیہ رحمۃُ الرَّحمٰن جنہیں 55 سے زائد عُلُوم وفُنُون پر عُبُور حاصل تھا، بَہُت بڑے مُفتی، مُحدِّث، مُفَسِّر اورفَقِیہ ہونے کے ساتھ ساتھ نعتیہ شاعِری میں بھی کمال درجہ مَہارت رکھتے تھے۔ میرے آقا اعلیٰ حضرت رحمۃُ اللّٰہ تعالیٰ علیہ فرماتے ہیں: ''حقیقۃً نعت شریف لکھنا نہایت مشکل ہے جس کو لوگ

آسان سمجھتے ہیں، اِس میں تلوار کی دھار پر چلنا ہے، اگر بڑھتا ہے تو اُلوہیَّت میں پہنچا جاتا ہے اور کمی کرتا ہے تو تنقیص (یعنی شان میں کمی یا گستاخی) ہوتی ہے، البتّہ ''حمد'' آسان ہے کہ اِس میں راستہ صاف ہے جتنا چاہے بڑھ سکتا ہے۔ غرض ''حمد'' میں ایک جانب اصلاً حد نہیں اور ''نعت شریف'' میں دونوں جانِب سخت حد بندی ہے۔" (ملفوظاتِ اعلیٰ حضرت ص۲۲۷ مکتبة المدینه) اَلحمدُللّٰہ عَزَّوَجلّ بفَیضِ رضا سگِ مدینہ عُفِیَ عَنہ کے قلم سے بھی گاہے بگاہے حمدیہ، نعتیہ اور مَنقبتیہ اشعار کا صُدور ہوتا رہا ہے۔ اعلیٰ حضرت رحمة اللّٰه تعالٰی علیه کی تعلیمات کی برکات ہیں کہ میں نے اپنا سارا دیوان عُلَمائے کرام (کثّرھُمُ اللّٰهُ تعالٰی) کی خدمت میں پیش کر کے شَرْعی تفتیش کروانے کی سعادت حاصِل کر لی ہے۔

اَلْحَمْدُ لِلّٰہ عَزَّوَجلّ اِس ''دیوان'' کی خُصوصیَّت بلکہ اِنفرادیت میں سے یہ بھی ہے کہ پڑھنے والوں کو سَہولت فراہم کر کے ثواب کمانے کی

نیّت سے الفاظ پر جا بجا اِعراب لگائے گئے ہیں نیز کتاب کے ابتِدائی صَفْحات پر موجود ''حلِّ لُغات'' میں مشکل الفاظ کے وہ معانی پیش کرنے کی سعی کی گئی ہے جو کہ اشعار میں مُراد لئے گئے ہیں علاوہ ازیں بعض کلاموں کا پس منظر بھی اور بعض جگہ وَضاحتی حَواشی بھی شامل کئے گئے ہیں۔

ایک عجیب بات کا بارہا مُشاہدہ ہوا ہے کہ نعتیہ اشعار بِالخصوص مَقْطَع (یعنی آخِری شِعر جس میں شاعر اپنا تخلُّص شامِل کرتا ہے اسے) پڑھتے وقت بعض نعت خواں اپنی مرضی سے تر میم و اِضافہ کر لیتے ہیں اگر شاعر کبھی اپنے کلام میں کسی کو تصرُّف کرتا ہوا پاتا ہے تو اس سے اکثر اُس کی دل آزاری ہوتی ہے لِہٰذا ایسوں کی خدمت میں مَدَنی التجا ہے کہ اگر ترمیم کرنا ضَروری ہی ہو تو پہلے شاعِر کا اپنا لکھا ہوا شعر پڑھئے پھر ترمیم کر کے پڑھ لیجئے جبکہ وہ ترمیم شَرْعی اور فَنّی دونوں طرح سے دُرُست بھی ہو، اگر کسی کے کلام میں یقینی طور پر شَرْعی غَلَطی ہو تو دُرست کر کے ہی پڑھئے کہ غیر شَرْعی الفاظ والا کلام

بِلا مَصلَحتِ شَرْعی پڑھنا سننا ناجائز ہے۔ میرے آقا اعلیٰ حضرت رحمۃ اللّٰہ تعالیٰ علیہ کے نعتیہ دیوان ''حدائقِ بخشش'' کی مناسَبَت سے حُصُولِ بَرَکت کی خاطر اپنے نعتیہ دیوان کا نام ''وسائلِ بخشش'' رکھا ہے۔

دعائے عطّار! یاربِّ مصطفٰے! ''وسائلِ بخشش'' کو قَبولیت کی سعادت عنایت کرتے ہوئے اس میں سے کلام پڑھنے سننے والے اور والی نیز مجھ گنہگاروں کے سردار کے واسطے بھی عشقِ رسول کا خزانہ پانے اور بے حساب بخشے جانے کا وسیلہ بنا۔ یااللہ عَزَّوَجَلَّ! میری اور ساری امّت کی مغفِرت فرما۔

امتحاں کے کہاں قابل ہوں میں پیارے اللّٰہ

بے سبب بخش دے مولیٰ ترا کیا جاتا ہے

اٰمین بِجاہِ النَّبِیِّ الْاَمین صَلَّی اللہ تعالٰی علیہ والہٖ وسلَّم

صَلُّوا عَلَی الْحَبِیب! صَلَّی اللّٰہُ تعالٰی علٰی محمَّد

غمِ مدینہ، بقیع، مغفِرت اور بے حساب جنّتُ الفردَوس میں آقا کے پڑوس کا طالب

۱۸ ربیع الآخر ۱۴۳۵ھ

19-02-2014

اَلْحَمْدُ لِلّٰہِ رَبِّ الْعٰلَمِیْنَ وَالصَّلٰوۃُ وَالسَّلَامُ عَلٰی سَیِّدِ الْمُرْسَلِیْنَ اَمَّا بَعْدُ فَاَعُوْذُ بِاللّٰہِ مِنَ الشَّیْطٰنِ الرَّجِیْمِ ط بِسْمِ اللّٰہِ الرَّحْمٰنِ الرَّحِیْمِ ط

فہرست

نعت واستغاثات

متفرق کلام

اَلْحَمْدُ لِلّٰہِ رَبِّ الْعٰلَمِیْنَ وَالصَّلٰوۃُ وَالسَّلَامُ عَلٰی سَیِّدِ الْمُرْسَلِیْنَ اَمَّا بَعْدُ فَاَعُوْذُ بِاللّٰہِ مِنَ الشَّیْطٰنِ الرَّجِیْمِ بِسْمِ اللّٰہِ الرَّحْمٰنِ الرَّحِیْمِ

نعت خواں اور نذرانہ

نعتِ مصطَفٰے پڑھنا سننا یقیناً نہایت عمدہ عبادت ہے مگر قبولیّت کی کنجی اِخلاص ہے، نعت شریف پڑھنے پر اجرت لینا دینا حرام اور جہنَّم میں لے جانے والا کام ہے۔ براہِ کرم! سگِ مدینہ عُفِیَ عَنہُ کے مکتوب کے صرف (36 صَفْحات) مکمّل پڑھ لیجئے اِن شاءَ اللہ عَزَّوَجَلَّ قلب میں اِخلاص کا چشمہ مَوجزن ہوگا۔

دُرُود شریف کی فضیلت

اللہ کے مَحبوب، دانائے غُیُوب، مُنَزَّہٌ عَنِ الْعُیُوب صلَّی اللہ تعالٰی علیہ واٰلہٖ وسلَّم کا فرمانِ عَظَمت نشان ہے: جس نے دن اور رات میں میری طرف شوق و مَحَبَّت کی وجہ سے تین تین مرتبہ دُرودِ پاک پڑھا اللہ عَزَّوَجَلَّ پر حق ہے کہ وہ اُس کے اُس

دن اور رات کے گُناہ بخش دے۔

(الترغیب و الترھیب ج۲ ص ۳۲۸ حدیث۲۳ دارالکتب العلمیۃ بیروت)

صَلُّوا عَلَی الْحَبِیب! صلَّی اللہُ تعالٰی علٰی محمَّد

بِسْمِ اللّٰہِ الرَّحْمٰنِ الرَّحِیْم ط سگِ مدینہ محمد الیاس عطّار قادری رضوی کی جانب سے بُلبلِ مدینہ، میرے میٹھے مَدَنی بیٹے.......... سَلَّمَهُ الْبارِی کی خدمت میں حضرت سیِّدُ ناحسّان رضی اللہ تعالٰی عنہ کی مُعَنْبَر یں جَبیں کو چومتا ہوا، جھومتا ہوا مشکبار و پُر بہار سلام

اَلسَّلامُ عَلَیْکُمْ وَرَحمَةُ اللهِ وَبَرَکاتُه اَلْحَمْدُ لِلّٰہِ ربِّ العٰلَمِیْنَ عَلٰی کُلِّ حال

رؔضا جو دل کو بنانا تھا جلوہ گاہِ حبیب
تو پیارے قیدِ خودی سے رَھیدہ ہونا تھا

۲۱ صَفَرُ الْمُظَفَّر ۱۴۲۵ کو نگرانِ شوریٰ نے بابُ المدینہ کراچی کے نعت خواں اسلامی بھائیوں سے ''مَدَنی مشورہ'' فرمایا۔ اُنہوں نے جب حرص وطمع کی مذمّت بیان کر کے اِس بات پر اُبھارا کہ اجتماعِ ذِکر ونعت میں ہر نعت خواں اپنی باری آنے پر اِعلان کردے: ''مجھے کسی قِسم کا نذرانہ نہ دیا جائے میں اس

کو قبول نہیں کروں گا۔'' اس پر آپ نے ہاتھ اُٹھا کر اس عزم کا اِظہار فرمایا کہ میں اِن شاءَ اللّٰہ عَزَّوَجَلَّ اعلان کر دیا کروں گا۔ یہ خبرِ فرحت اَثر سن کر میرا دل خوشی سے باغ باغ بلکہ باغِ مدینہ بن گیا۔ اللّٰہ عَزَّوَجَلَّ آپ کو اس عظیم مَدَنی نیّت پر استِقامت بخشے۔ میرے دل سے یہ دعائیں نکل رہی ہیں کہ مجھے اور آپ کو اور جس جس نے یہ مَدَنی نیّت کی ہے اس کو اللّٰہ عَزَّوَجَلَّ دونوں جہاں میں خوش رکھے، ایمان کی حفاظت اور حُسنِ خاتِمہ مغفِرت سے نوازے، مدینے کے سدا بہار پھولوں کی طرح ہمیشہ مسکراتا رکھے، حُبِّ جاہ و مال کی اندھیریوں سے نکل کر، عشقِ رسول صلَّی اللّٰہ تعالٰی علیہ واٰلہ وسلَّم کی روشنیوں میں ڈوب کر، خوب نعتیں پڑھنے سننے کی سعادت بخشے۔ کاش! خود بھی روتے رہیں اور سامِعین کو بھی رُلاتے اور تڑپاتے رہیں۔ رِیا کاری سے حفاظت ہو اور اِخلاص کی لازوال دولت ملے۔

اٰمین بِجاہِ النَّبِیِّ الْاَمین صلَّی اللّٰہ تعالٰی علیہ واٰلہٖ وسلَّم

نعت پڑھتا رہوں، نعت سنتا رہوں، آنکھ پُرنم رہے دل مچلتا رہے
ان کی یادوں میں ہر دم میں کھویا رہوں، کاش! سینہ مَحبّت میں جلتا رہے

نعت شریف شروع کرنے سے قَبْل یا دورانِ نعت لوگ جب نذرانہ لیکر آنا شروع ہوں اُس وَقْت مناسِب خیال فرمائیں تو اس طرح اِعلان فرمادیجئے:

میٹھے میٹھے اسلامی بھائیو! دعوتِ اسلامی کے نعت خواں کیلئے "مَدَنی مرکز" کی طرف سے ہِدایت ہے کہ وہ کسی قِسم کا نذرانہ،لفافہ یا تُحْفہ خواہ وہ پہلے یا آخر میں یا دَورانِ نعت ملے قَبول نہ کرے۔ ہم اللّٰہ تعالٰی کے عاجزو ناتُواں بندے ہیں۔براہِ کرم ! نذرانہ دیکرنعت خواں کو امتِحان میں مت ڈالئے، رقم آتی دیکھ کر اپنے دل کوقابو میں رکھنا مشکِل ہوتا ہے۔ نعت خواں کو اِخلاص کے ساتھ صرف اللّٰہ عزوجل اور اس کے پیارے رسول صلَّی اللّٰہ تعالٰی علیہ واٰلہٖ وسلَّم کی رِضا

کی طلب میں نعت شریف پڑھنے دیں لہٰذا نوٹوں کی برسات میں نہیں بلکہ بارشِ انوار و تجلّیات میں نہاتے ہوئے نعت شریف پڑھنے دیں اور آپ بھی ادب کے ساتھ بیٹھ کر نعتِ پاک سنیں۔۔۔

مجھ کو دنیا کی دولت نہ زر چاہیے
شاہِ کوثر کی میٹھی نظر چاہیے

(نعت خواں یہ اِعلان اپنی ڈائری میں محفوظ فرمالیں تو سَہولت رہے گی۔اِن شاءَ اللّٰہ عَزَّوَجَلَّ)

پیارے نعت خواں! نعت خوانی میں ملنے والا نذرانہ جائز بھی ہوتا ہے اور ناجائز بھی۔ آیِندہ سُطور بغور پڑھ لیجئے، تین بار پڑھنے کے باوُجود سمجھ میں نہ آئے تو عُلَمائے اہلِ سنّت سے رُجوع کیجئے۔

پروفیشنل نعت خواں

میرے آقائے نِعمت ، اعلیٰ حضرت،امامِ اھلِ سنّت، عظیمُ البَرَکت، عظیمُ الْمَرتَبت ، پروانۂ شمعِ رسالت،

امامِ عشق و مَحبّت، مُجَدِّدِ دین و ملّت، پیرِ طریقت، عالِمِ شَرِیْعَت، حامِیِ سُنّت ، ماحِیِ بدعت، باعِثِ خیر و بَرَکت، مولانا شاہ احمد رضا خان علیہ رَحمۃُ الرّحمٰن کی خدمت میں سُوال ہوا: زید نے اپنے پانچ روپے فیس مولود شریف کی پڑھوائی کے مقرّر کر رکھے ہیں، بغیر پانچ روپیہ فیس کے کسی کے یہاں جاتا نہیں۔

میرے آقا **اعلیٰ حضرت** رحمۃ اللّٰہ تعالیٰ علیہ نے جواباً ارشاد فرمایا: زید نے جو اپنی مجلس خوانی خُصوصاً راگ سے پڑھنے کی اُجرت مقرّر کر رکھی ہے ناجائز وحرام ہے اس کا لینا اسے ہرگز جائز نہیں، اس کا کھانا صَراحۃً حرام کھانا ہے۔ اس پر واجِب ہے کہ جن جن سے فیس لی ہے یاد کر کے سب کو واپَس دے، وہ نہ رہے ہوں تو ان کے وارِثوں کو پھیرے، پتا نہ چلے تو اتنا مال فقیروں پر تصدُّق کرے اور آیندہ اس حرام خوری سے توبہ کرے تو گناہ سے پاک ہو۔ اوّل تو سیّدِ عالم صلَّی اللّٰہ تعالیٰ علیہ واٰلہٖ وسلَّم کا ذِکرِ پاک خود عمدہ طاعات واَجَلّ عبادات سے ہے اور طاعت

وعبادت پر فیس لینی حرام[1]۔۔۔۔۔ ثانِیاً بیانِ سائل سے ظاہر کہ وہ اپنی شعر خوانی وزَمْزَمہ سَنْجی (یعنی راگ اور ترنُّم سے پڑھنے) کی فیس لیتا ہے یہ بھی محض حرام۔ فتاوٰی عالمگیری میں ہے: گانا اور اشعار پڑھنا ایسے اعمال ہیں کہ ان میں کسی پر اُجرت لینا جائز نہیں۔

(فتاوٰی رضویہ ج۲۳ ص ۷۲٤۔ ۷۲٥ رضا فاؤنڈیشن مرکز الاولیاء لاھور)

جو نعت خواں اسلامی بھائی .T.V یا محفلِ نعت میں نعت شریف پڑھنے کی فیس وُصول کرتے ہیں اُن کیلئے لمحۂ فکریہ ہے۔ میں نے اپنی طرف سے نہیں کہا، اہلِ سنّت کے امام، ولیِ کامِل اور سرکارِ مدینہ صلَّی اللہ تعالٰی علیہ واٰلہٖ وسلَّم کے عاشقِ صادِق کا فتویٰ جو کہ یقیناً حکمِ شریعت پر مَبنی ہے، وہ آپ تک پہنچانے کی جَسارت کی ہے، حُبِّ جاہ و مال کے باعث طیش میں آکر، تیوری (تیو۔رِی) چڑھا کر، بل کھا کر الٹی سیدھی

مدینہ

[1] امام، موَذِّن، مُعَلِّمِ دینیات اور واعظ وغیرہ اِس سے مُستَثنیٰ ہیں۔
(ماخوذ از فتاویٰ رضویہ ج ۱۹ ص ٤٨٦)

زَبان چلا کر عُلَمائے اہلِ سنّت کی مخالفت کرنے سے جو حرام ہے، وہ حلال ہونے سے رہا، بلکہ یہ تو آخِرت کی تباہی کا مزید سامان ہے۔

طے نہ کیا ہو تو......

ہوسکتا ہے کہ کسی کے ذِہن میں یہ بات آئے کہ یہ فتویٰ تو اُن کیلئے ہے جو پہلے سے طے کر لیتے ہیں، ہم تو طے نہیں کرتے، جو کچھ ملتا ہے وہ تبرُّکاً لے لیتے ہیں، اس لئے ہمارے لئے جائز ہے۔ اُن کی خدمت میں سرکارِ اعلیٰ حضرت رحمۃ اللہ تعالٰی علیہ کا ایک اور فتویٰ حاضِر ہے، سمجھ میں نہ آئے تو تین بار پڑھ لیجئے:

تلاوتِ قراٰنِ عظیم بغرضِ ایصالِ ثواب وذِکر شریف میلادِ پاک حُضُور سیِّدِ عالم صلّی اللہ تعالٰی علیہ واٰلہٖ وسلّم ضَرور مِنجملہ عبادات وطاعت ہیں تو ان پر اِجارہ بھی ضَرور حرام ومَحْذُور (یعنی ناجائز)۔ اور اِجارہ جس طرح صَریح عَقْدِ زَبان (یعنی واضِح قول وقرار) سے ہوتا ہے،

عُرفاًشَرطِ مَعرُوف ومَعهُود (یعنی رائج شدہ انداز) سے بھی ہوجاتا ہے مَثَلاً پڑھنے پڑھوانے والوں نے زبان سے کچھ نہ کہا مگر جانتے ہیں کہ دینا ہوگا (اور) وہ (پڑھنے والے بھی) سمجھ رہے ہیں کہ ''کچھ'' ملے گا، اُنہوں نے اس طور پر پڑھا، اِنہوں نے اس نیَّت سے پڑھوایا، اجارہ ہوگیا، اوراب دو وجہ سے حرام ہوا، (١) ایک تو طاعت (یعنی عبادت) پر اِجارہ یہ خود حرام، (٢) دوسرے اُجرت اگر عُرفاً مُعَیَّن نہیں تو اس کی جَہالت سے اجارہ فاسِد، یہ دوسرا حرام۔(مُلَخّص اَز: فتاوٰی رضویہ ج١٩ص ٤٨٦۔ ٤٨٧) لینے والا اور دینے والا دونوں گنہگار ہوں گے۔ (ایضاً ص٤٩٥)

اِس مبارَک فتوے سے روزِ روشن کی طرح ظاہر ہو گیا کہ صاف لفظوں میں طے نہ بھی ہوتب بھی جہاں UNDERSTOOD ہو کہ چل کر محفل میں قرانِ پاک، آیتِ کریمہ، دُرُود شریف یا نعت شریف پڑھتے ہیں، کچھ نہ کچھ ملے گا رقم نہ سہی ''سوٹ پیس'' وغیرہ کا تحفہ ہی مل جائے گا اور بانیِ محفل بھی جانتا ہے کہ پڑھنے والے کو کچھ نہ کچھ دینا

ہی ہے۔ بس نا جائز و حرام ہونے کیلئے اتنا کافی ہے کہ یہ ''اُجْرت'' ہی ہے اور فَریقَین (یعنی دینے اور لینے والے) دونوں گُنہگار۔

قافِلۂ مدینہ اور نعت خواں

سَفَر اور کھانے پینے کے اَخْراجات پیش کر کے نعتیں سننے کی غَرَض سے نعت خواں کو ساتھ لے جانا جائز نہیں کیوں کہ یہ بھی اُجْرت ہی کی صورت ہے۔ لُطْف تو اِسی میں ہے کہ نعت خواں اپنے اَخْراجات خود برداشت کرے۔ بصورتِ دیگر قافِلے والے مخصوص مدّت کیلئے مطلوبہ نعت خواں کو اپنے یہاں تنخواہ پر ملازِم رکھ لیں۔ مَثَلاً ذیقعدۃُ الْحرام، ذُوالحِجّۃِ الْحرام اور مُحرَّمُ الْحرام ان تین مہینوں کا اِس طرح اِجارہ (AGREEMENT) کریں ''فُلاں تاریخ سے لے کر فُلاں تاریخ تک روزانہ اتنے بجے سے لے کر اتنے بجے تک (مَثَلاً دوپہر تین سے لے کر رات نو بجے تک) اتنے گھنٹے (مَثَلاً چھ گھنٹے) کا آپ سے ہم نے ہر طرح کی خدمت کے کام کا اِجارہ کیا اور یہ خدمت آپ سے مکّے مدینے اور مُتَعَلِّقَہ سَفَر میں لی جائے گی۔'' (اگر مختلف ایّام میں مختلف گھنٹوں میں کام لینا ہے تو ان دنوں اور گھنٹوں کی تَعیین (Fixing) کے ساتھ باقاعدہ بیان کیا جائے) اب اِس دوران چاہیں تو اس سے کوئی سا بھی جائز کام لے لیں یا جتنا وَقْت چاہیں چُھٹّی دیدیں، اور خوب نعتیں بھی پڑھوائیں۔ یاد رہے!

ایک ہی وَقْت کے اندر دو جگہ نوکری کرنا یعنی اِجارے پر اِجارہ کرنا ناجائز ہے۔ البتّہ اگر وہ پہلے ہی سے کہیں نوکری پر لگا ہوا ہے تو اب سیٹھ کی اجازت سے دوسری جگہ کام کرسکتا ہے۔

دَورانِ نعت نوٹ چلانا

سامعین کی طرف سے نعت شریف پڑھنے کے دوران نوٹ پیش کرنا اور نعت خواں کا قَبول کرنا دُرُست ہے، اگر فریقَین میں طے کرلیا گیا کہ نوٹ لفافے میں ڈال کر دینے کے بجائے دورانِ نعت پیش کئے جائیں یا طے تو نہ کیا مگر دَلالۃً ثابِت (یعنی UNDERSTOOD) ہو کہ محفل میں بلانے والا نوٹ لٹائے گا تو اب اُجْرت ہی کہلائے گی اور ناجائز۔ بانیِ محفل جانتا ہے کہ نوٹ نہیں چلائیں گے تو آیندہ نعت خواں نہیں آئیں گے اور نعت خواں بھی اِسی لئے دلچسپی سے آتے ہیں کہ یہاں نوٹ چلتے ہیں تو کئی صورتوں میں یہ لین دین بھی اجرت بن جائے گا اور ثواب کے بجائے گناہ وحرام کا وَبال سر آئے گا لٰہذا نعت خواں غور کرلے کہ

رِضائے الٰہی مقصود ہے یا مَحْض روپے کمانا؟ کاش! اے کاش! صد کروڑ کاش! اخلاص کا دور دورا ہو جائے، اور نعت خوانی جیسی عظیم سعادت کو چند حقیر سکّوں کی خاطر برباد کرنے والی حِرص کی آفت خَتْم ہو جائے۔

دنیا کی ہر طلب سے بیگانہ بن کے جاؤں اُن کے سوا کسی کی دل میں نہ آرزو ہو

نوٹ لٹانے والوں کو دعوتِ فکر

سب کے سامنے اُٹھ اُٹھ کر نوٹ پیش کرنے والا اپنے ضمیر پر لازِمی غور کرلے، کہ اگر اُس سے کہا جائے: سب کے سامنے بار بار دینے کے بجائے نعت خواں کو چپکے سے اِکٹّھی رقم دے دیجئے کہ حدیثِ پاک میں ہے: **"پوشیدہ عمل، ظاہری عمل سے ستّر گنا افضل ہے۔"** (کَنزُ العُمّال ج۱۶ ص۲۸۱ رقم ٤٦٢٦٤ دار الکتب العلمیة بیروت) **تو وہ چپ چاپ** دینے کیلئے راضی ہوتا ہے یا نہیں؟ اگر نہیں تو کیوں؟ کیا اس لئے کہ "واہ واہ" نہیں ہوگی! اگر واہ واہ کی خواہش ہے تو **رِیا کاری** ہے اور ریا کاری کی تباہ کاری کا عالَم یہ ہے کہ سرکارِ نامدار صلَّی اللّٰہ تعالٰی علیہ واٰلہٖ وسلَّم نے

ارشاد فرمایا: جُبُّ الْحَزَن سے پناہ مانگو۔ عَرض کیا گیا: وہ کیا ہے؟ فرمایا: جہنَّم میں ایک وادی ہے کہ جہنَّم بھی ہر روز چار سو مرتبہ اس سے پناہ مانگتا ہے اس میں قاری داخل ہوں گے جو اپنے اعمال میں رِیا کرتے ہیں۔ (سُنَنِ اِبن ماجه ج ۱ ص ۱٦٦ حديث ۲٥٦ دار المعرفة بيروت) بَہَر حال دینے میں رِیا کاری پیدا ہوتی ہو تو رقم ضائع نہ کرے اور آخرت بھی داؤ پر نہ لگائے، نیز اگر نوٹ چلانے سے ''محفل گرم'' ہوتی ہو یعنی نعت خواں کو جوش آتا ہو مَثَلاً نوٹ آنے کے سبب شعر کی بار بار تکرار، اُس کے ساتھ اِضافۂ اشعار، آواز بھی پہلے سے زوردار پائیں تو 12 بار سوچ لیں کہ کہیں اِخلاص رخصت نہ ہو گیا ہو، پیسوں کے شوق میں پڑھنے والے کو دینا ثواب کے بجائے اس کی حِرص کی تسکین کا ذریعہ بن سکتا ہے اس لئے دینے والوں کو بھی اس میں اِحتِیاط کرنی چاہیے اور نعت خواں کے اِخلاص کا خون کرنے کی کوشش نہیں کرنی چاہیے۔ ہاں یہ یاد رہے کہ دیکھنے سننے والے کو کسی معیّن نعت خواں پر بدگمانی کی اِجازت نہیں۔

نعت خوانی اوردنیوی کشش

جہاں خوب نوٹ نچھاور ہوتے ہوں وہاں نعت خواں کا اہتمام کے ساتھ جانا، اِختِتام تک رُکنا مگر غریبوں کے یہاں جانے سے کترانا، حیلے بہانے بنانا، یا گئے بھی تو دُنیوی کَشِش نہ ہونے کے سبب جلد لوٹ جانا سَخْت محرومی ہے اور ظاہر ہے کہ اِخلاص نہ رہا۔ اگر پیسے، کھانا یا اچّھی شیرینی ملنے کی وجہ سے مالدار کے یہاں جاتا ہے تو ثواب سے محروم ہے اور یہی کھانا اور شیرینی اس کا ثواب ہے۔ یونہی غریبوں سے کترانا اور مالداروں کے سامنے بچھے بچھے جانا بھی دین کی تباہی کا سبب ہے منقول ہے: ''جو کسی غنی (یعنی مالدار) کی اس کے غَنا (یعنی مالداری) کے سبب تَواضُع کرے اس کا دوتہائی دین جاتا رہا۔'' (کشف الخفاء ج ۲ ص ۲۱۵ دار الکتب العلمیۃ بیروت) عَدَم شرکت (یعنی شریک نہ ہونے) کے لئے جھوٹے حیلے بہانے بنانا مثلاً تھکن یا مرض وغیرہ نہ ہونے کے باوُجود، میں تھکا ہوا ہوں، طبیعت ٹھیک نہیں، گلا خراب ہوگیا ہے وغیرہ زَبان یا

اشارے سے کہنا ممنوع وناجائز اور حرام ہے۔

ناجائز نذرانہ دینی کام میں صَرْف کرنا کیسا؟

اگر کوئی نعت خواں صَراحۃً یا دَلالۃً ملنے والی اُجرت یا رقم کا لفافہ لیکر مسجِد، مدرَسے یا کسی دینی کام میں صَرْف کردے تب بھی اُجرت لینے کا گناہ دُور نہ ہوگا۔ واجِب ہے کہ ایسا لفافہ یا تحفہ وغیرہ قبول ہی نہ کرے۔ اگر زندگی میں کبھی قَبول کر کے خود استِعمال کیا یا کسی نیک کام مَثَلاً مدرَسے وغیرہ میں دے دیا ہے تو ضَروری ہے کہ توبہ کرے اور جس جس سے جو لیا ہے اُس کو واپس لوٹائے، وہ نہ رہے ہوں تو اُن کے وارثوں کو دے وہ بھی نہ رہے ہوں یا یاد نہیں تو فقیر پر تصدُّق (یعنی خیرات) کرے۔ ہاں چاہے تو پیش کرنے والے کو صِرْف مشورہ دے دے، کہ آپ اگر چاہیں تو یہ رقم خود ہی فُلاں نیک کام میں خرچ کر دیجئے۔

سرکار صلَّی اللہ تعالٰی علیہ واٰلہٖ وسلَّم نے چادر عطا فرمائی

سرکارِ مدینہ صلَّی اللّٰہ تعالٰی علیہ واٰلہٖ وسلَّم نے اپنی نعت

شریف سُن کر سیِّدُ نا امام شَرَفُ الدّین بُوصیری علیہ رحمۃُ اللّٰہ القوی کوخواب میں ''بُردِ یمانی'' یعنی ''یَمَنی چادر'' عنایت فرمائی اور بیدار ہونے پر وہ چادر مبارک اُن کے پاس موجود تھی۔ اسی وجہ سے اس نعت شریف کا نام قصیدۂ بُردہ شریف مشہور ہوا۔ اگر اس واقِعے کو دلیل بنا کر کوئی کہے کہ نعت خواں کو نذرانہ دینا سنّت اور قبول کرنا تبرُّک ہے تو اس کا جواب یہ ہے کہ بے شک سرکارِ دوعالم، نورِ مجسَّم، شاہِ بنی آدم صلَّی اللّٰہ تعالٰی علیہ واٰلہٖ وسلَّم کا عطا فرمانا سر آنکھوں پر۔ یقیناً سرکارِ عالی وقار، مدینے کے تاجدار صلَّی اللّٰہ تعالٰی علیہ واٰلہٖ وسلَّم کے اقوال وافعالِ مبارَکہ عین شریعت ہیں۔ مگر یاد رہے! سرکارِ عالم مدار، شَہَنْشاہِ اَبرار صلَّی اللّٰہ تعالٰی علیہ واٰلہٖ وسلَّم نے بُردِ یَمانی عطا کرنے کا طے نہیں فرمایا تھا نہ ہی مَعاذَاللّٰہ امام بُوصیری علیہ رحمۃُ اللّٰہ القوی نے شَرْط رکھی تھی کہ چادر ملے تو پڑھوں گا بلکہ اُن کے تو وَہْم وگمان میں بھی نہیں تھا کہ بُردِیمانی

عنایت ہوگی۔آج بھی اس کی تو اجازت ہی ہے کہ نہ اُجرت طے ہو اور نہ ہی دَلالۃً ثابِت (یعنی UNDER STOOD) ہو اور نعت خواں کے وہم وگمان میں بھی نہ ہو اور اگر کوئی کروڑوں روپے دیدے تو یہ لینا دینا یقیناً جائز ہے اور جس خوش نصیب کو سردارِ مکۂ مکرّمہ، سرکارِ مدینۂ منوّرہ صلَّی اللّٰہ تعالٰی علیہ واٰلہٖ وسلَّم کچھ عطا فرمادیں، خدا کی قسم! اُس کی سَعادتوں کی مِعراج ہے۔اور رہا سرکارِ نامدار صلَّی اللّٰہ تعالٰی علیہ واٰلہٖ وسلَّم سے مانگنا، تو اس میں بھی کوئی مُضایقہ نہیں اور اپنے آقا صلَّی اللّٰہ تعالٰی علیہ واٰلہٖ وسلَّم سے مانگنے میں نعت خواں وغیر نعت خواں کی کوئی قید بھی نہیں، ہم تو اُنہیں کے ٹکڑوں پہ پل رہے ہیں۔سرکارِ والا تبار صلَّی اللّٰہ تعالٰی علیہ واٰلہٖ وسلَّم کا فرمانِ عنایت نشان ہے: **اِنَّمَا اَنَا قاسِمٌ وَّ اللّٰہُ یُعْطِی** یعنی اللہ عَزَّوَجَلَّ عطا کرتا ہے اور میں تقسیم کرتا ہوں۔

(صَحیح بُخاری ج ۱ ص ۴۳ حدیث ۷۱ دارالکتب العلمیۃ بیروت)

رب ہے مُعْطی یہ ہیں قاسِم — رِزْق اُس کا ہے کھلاتے یہ ہیں
ٹھنڈا ٹھنڈا میٹھا میٹھا — پیتے ہم ہیں پلاتے یہ ہیں

نعت خواں اور کھانا

قاری ونعت خواں کو کھانا پیش کرنے کے سلسلے میں میرے آقا اعلیٰ حضرت رحمۃُ اللہ تعالیٰ علیہ نے ارشاد فرمایا: پڑھنے کے عِوَض کھانا کھلاتا ہے تو یہ کھانا نہ کھلانا چاہئے، نہ کھانا چاہئے اور اگر کھائے گا تو یہی کھانا اِس کا ثَواب ہوگیا اور (یعنی مزید) ثَواب کیا چاہتا ہے بلکہ جاہِلوں میں جو یہ دَستُور ہے کہ پڑھنے والوں کو عام حِصّوں سے دُونا (یعنی ڈبل) دیتے ہیں اور بعض اَحْمَق پڑھنے والے اگر اُن کو اَوروں سے دُونا نہ دیا جائے تو اِس پر جھگڑتے ہیں۔ یہ زِیادَہ لینا دینا بھی مَنْع ہے اور یہی اُس کا ثَواب ہوگیا قَالَ اللّٰہُ تَعَالٰی (یعنی اللہ تعالیٰ فرماتا ہے):

لَا تَشْتَرُوْا بِاٰیٰتِیْ ثَمَنًا قَلِیْلًا ۟ (پ ۱ البقرۃ ٤١) ترجمۂ کنزالایمان: میری آیتوں کے بدلے تھوڑے دام نہ لو۔

(فتاوٰی رضویہ ج ۲۱ ص ٦٦٣)

سب کیلئے کھانا

اِسی صَفْحے پر ایک دُوسرے فَتوے میں ارشاد فرمایا: جب کسی کے یہاں شادی میں عام دعوت ہے جیسے سب کو کھلایا جائے گا، پڑھنے والوں کو بھی کھلایا جائے گا اُس میں کوئی زِیادَت و تخصیص نہ ہوگی (یعنی دوسروں کے مقابلے میں نہ زیادہ ملے گا نہ ہی کوئی اِسپشل ڈِش ہوگی) تو یہ کھانا پڑھنے کا مُعاوَضہ نہیں، کھانا بھی جائز اور کھلانا بھی جائز۔ (اَیضاً)

اعلیٰ حضرت کے فتوے کا خُلاصہ

قاری اور نعت خواں کی دعوت سے مُتَعَلِّق امامِ اَہلِ سنّت رحمۃُ اللّٰہ تعالٰی علیہ کے فتاوٰی سے جواُمُور واضح ہوئے وہ یہ ہیں: ﴿1﴾ کھانا کھلانے والے کے لیے جائز نہیں کہ وہ ان نیک کاموں کی اُجْرَت کے طور پر مذکورہ اَفراد کو کھانا کھلائے ﴿2﴾ قاری اور نعت خواں کے لیے ناجائز ہے کہ وہ بطورِ اُجْرت دعوت کھائیں ﴿3﴾ اُجرت کی

صورتیں پیچھے بیان کردی گئیں لہٰذا ''اُجْرت کے کھانے'' کونَفْس کی حِرْص
کی وجہ سے ''نیاز'' کہہ کرمَن کومنالینااِس کھانے کوحلال نہیں کردے گا لہٰذا
مذکورہ افراد میں سے کوئی قِراءَت یا نعت شریف پڑھنے کے بعد ''صراحتاً
یا دَلالتاً طے شدہ خُصُوصی دعوت'' قَبُول کرتے ہوئے کھائیگا تو ثَوابِ
اُخْرَوِی سے محروم رہیگا بلکہ یہی کھانا چائے بِسکِٹ وَغیرہ اِس کا اَجْر
ہوجائیگا ﴿4﴾ اگر عام دعوت ہو (یعنی وہ نعت خواں غیر حاضِر ہوتا جب بھی یہ
دعوت ہوتی) تو اب ضِمْناً ان مذکورہ اَفراد کوکھلانے اوران اَفراد کے کھانے
میں کوئی مُضایقہ نہیں ﴿5﴾ اگر دعوت تو عام ہومگر قاری یا نعت خواں کے
لیے خُصُوصی کھانے کا اِہتمام ہومَثَلاً لوگوں کیلئے صِرْف بریانی اوران کے
لیے سَلاد، رَائِتے اور چائے کا بھی اِہتمام ہو یا دِیگر لوگوں کوایک ایک حصّہ
اوران کو زِیادَہ دیا جائے تو وہ خُصُوصیّت و زِیادَت (یعنی مخصوص غذا اور
اضافہ) اُجرت ہونے کے باعث فریقین کے لیے ناجائز وحرام اور جہنّم

میں لے جانے والا کام ہے۔ لیکن یہ یاد رہے کہ اس میں بھی وُہی شَرط ہے کہ پہلے سے صراحتاً یا دَلالتاً طے ہو تب حرام ہے ورنہ اگر طے نہ تھا اور اس کے بِغیر ہی اہتمام ہوا تو پھر جائز ہے۔

کیا ہر حال میں دعوت قَبول کرنا سنّت ہے؟

اگر نعت خواں اور قاری صاحِبان یہ کہیں کہ ہم نے نہ تو اس خُصُوصی دعوت کے لیے کہا تھا اور نہ ہی اُجْرت کے طور پر کھاتے ہیں بلکہ دعوت قَبُول کرنا سُنّت ہے اس لئے تبرُّک سمجھ کر نیاز کھا لیتے ہیں، ایسا کہنے والوں کو غور کرنا چاہیے کہ اگر کسی اجتماعِ ذِکر و نعت کے موقع پر نیاز کے نام پر[1] ''خُصُوصی دعوت'' نہ کی جائے تو کیا اپنی دِلی کَیفِیات میں تبدیلی نہیں پاتے ؟ کیا انہیں اس بات کا اِحساس نہیں ہوتا کہ کیسے عَجیب (بلکہ مَعاذَاللّٰہ) کنجوس لوگ ہیں کہ پانی تک کا نہیں پوچھا ؟ کیا آیِندہ

مدینہ

[1]: اہلُ اللّٰہ کے ایصالِ ثواب کیلئے نیاز کرنا بڑی نیکی ہے، مگر اُجرت کے حکم میں آنے والی خُصُوصی دعوت کو نیاز کا نام نہیں دیا جاسکتا۔

اس جگہ پر نعت خوانی کے لیے آنے میں بے رغبتی نہیں ہوگی؟ اگر مذکورہ افراد اپنی دِلی کیفیات تبدیل نہیں پاتے اور آنے والے وساوس کو نفس وشیطان کی شرارت قرار دیتے ہوئے ضِیافت نہ کرنے والے کی کسی کے سامنے نہ شکایت کرتے ہیں نہ ہی آئِندہ ایسی جگہ جانے سے کتراتے ہیں، نیز دیگر غریب اسلامی بھائیوں کی دعوت قبول کرنے میں بھی پَس وپیش سے کام نہیں لیتے تو ان پر آفرین ہے، ایسے نعت خواں قابلِ سِتائِش ہیں مگر دلوں کی حالت ایسی ہوتی ہے ...... یا نہیں؟ یہ قاری و نعت خواں حضرات خوب جانتے ہیں، اپنے دل کی گہرائی میں جھانک کر اس کا فیصلہ خود ہی کرلیں۔ ع:

شاید کہ اُتر جائے ترے دل میں مِری بات

وَسوسوں میں مت آئیے

محترم نعت خواں! ممکن ہے شیطان آپ کو طرح طرح کے وَسوسے ڈالے، بہکائے اور یہ باوَر کروانے کی کوشِش کرے کہ تُو

تو مُخلِص ہے، تیرا کوئی قُصور نہیں، لوگ تجھے مجبور کرتے ہیں، اور یہ بھی بے چارے مَحَبَّت کی وجہ سے بخوشی ایسا کرتے ہیں، کسی کا دل نہیں توڑنا چاہئے، تُو سب کچھ قَبول کر لیا کر اور یوں بھی یہ تیرے لئے تبرُّک ہے۔ نیز اگر کوئی نعت خواں نابینا یا معذور ہو تو اُس کو وسوسے کے ذَرِیعے مات کرنا شیطان کیلئے مزید آسان ہوتا ہے۔ دیکھئے! نابینا ہو یا بینا (یعنی دیکھتا) حکمِ شریعت ہر ایک کیلئے وُہی ہے جو میرے **آقا اعلیٰ حضرت** رحمۃُ اللّٰہ تعالیٰ علیہ کے فتاوٰی کی روشنی میں بیان کیا گیا۔ ہم سب کا اِسی میں بھلا ہے کہ **حرام کھانے، کھلانے** سے بچیں۔ نَفْس کی چال میں آ کر شَرْعی فتاوٰی کے مقابلے میں اپنی مَنطِق بگھار کر سادہ لوح عوام کو تو جھانسا دیا جاسکتا ہے **مگر حرام پھر بھی حرام ہی رہے گا۔** اللہ عَزَّوَجَلَّ ہم سب کو حرام کھانے پہننے سے بچائے۔

اٰمین بِجاہِ النَّبِیِّ الْاَمین صلَّی اللہ تعالٰی علیہ واٰلہٖ وسلَّم

حرام لقمے کی تباہ کاریاں

منقول ہے: آدمی کے پیٹ میں جب حَرام کا لقمہ پڑا، تو زمین و آسمان کا ہر فِرِشتہ اُس پر لعنت کریگا، جب تک کہ وہ لقمہ اس کے پیٹ میں رہے گا اور اگر اسی حالت میں مریگا تو اس کا ٹھکانا جہنّم ہوگا۔

(مکاشَفَۃُ القُلُوب ص ١٠)

نعت خوانی اِعزاز ہے

پیارے بلبلِ مدینہ! جو نعت خوانی کی سعادت کے اِعزاز کو سمجھنے سے محروم ہوا سے حُبِّ مال و جاہ وغیرہ کی آفتیں، سرمایہ داروں، وزیروں اور افسروں وغیرہ کے یہاں ہونے والی محفِلوں میں تو (خدانخواستہ نُمائشی ہوئیں تب بھی) خوش دلی سے لے جائیں گی مگر غریب اسلامی بھائی جو نہ ایکو ساؤنڈ کی ترکیب بنا سکے نہ آؤ بھگت کر سکے نہ ہی غربت کے سبب بے چارہ کثیر افراد جمع کر سکے وہاں جانے میں اس کا دل گھبرائے گا، جی اُکتائے گا اور گلا بھی ''بیٹھ'' جائے گا! جن کے دل میں

واقعی عشق ومَحبّت اور نعت خوانی کی حقیقی عَظَمت ہے ایسے عاشقانِ رسول کوغریبوں کے یہاں طالِب ثواب ہو کر حاضِری دینے میں کون سی رکاوٹ آسکتی ہے؟ امیر ہو یا غریب جو بھی شرعی تقاضوں کے مطابق اِخلاص کے ساتھ اجتماعِ ذِکرونعت کا اہتمام کرے گا اُس کا اور اُس میں شریک ہونے والے ہر مسلمان کا اِن شاءَ اللّٰه عَزَّوَجلّ بیڑا پار ہوگا۔

مصطفٰے کی نعت خوانی سے ہمیں تو پیار ہے ان شاءَ اللّٰه دوجہاں میں اپنا بیڑا پار ہے

نعت خوانی ایمان کی حفاظت کا ذریعہ ہے

نعت خوانی حُضور پُر نور، شافِعِ یومُ النُّشُور صلَّی اللّٰه تعالٰی علیه واٰلہٖ وسلَّم کی ثنا خوانی اور مَحبّت کی نشانی ہے اور حُضور پُر نور صلَّی اللّٰہ تعالٰی علیه واٰلہٖ وسلَّم کی ثنا خوانی اور مَحبّت اعلٰی درجے کی عبادت اور ایمان کی حفاظت کا بہترین ذریعہ ہے لہٰذا جب بھی اجتماعِ ذِکر ونعت میں حاضری ہوتو با ادب رَہنا چاہئے اور مقصود رِضائے الٰہی ہو۔ جہاں اختِتام پر لنگر وغیرہ کا اہتمام ہوتا ہوایسی جگہ تاخیر سے پہنچنا سخت مَعْیوب

اور اپنے لئے غیبت، تہمت اور بدگمانی کا دروازہ کھولنے کا سبب ہے ایسوں کے بارے میں بسا اوقات اِس طرح کی گناہوں بھری باتیں کی جاتی ہیں، کھانے کا لالچی ہے، کھانے کے وقت ہی پہنچتا ہے وغیرہ۔ ہاں جو مجبور ہے وہ معذور ہے۔

نعت خواں کی حِکایت

اب مُخلص نعت خواں کی فضیلت اور معمولی سی بے احتیاطی کی شامت پر مُشتمل نہایت ہی عبرت آموز حکایت مُلاحظہ فرمائیے، چنانچِہ حضرت سیِّدُنا محمد بن ترین ''مدّاحِ رسول'' (یعنی نعت خواں) کے متعلّق مشہور ہے کہ انہیں جاگتے میں حُضُور صلَّی اللّٰہ تعالٰی علیہ واٰلہٖ وسلَّم کی آمنے سامنے زیارت ہوتی تھی۔ جب وہ صُبْح کے وَقْت روضۂ اطہر حاضر ہوئے تو حضورِ انور صلَّی اللّٰہ تعالٰی علیہ واٰلہٖ وسلَّم نے ان سے اپنی قبرِ انور میں سے کلام فرمایا۔ یہ نعت خواں اپنے اسی مقام پر فائز رہے حتّٰی کہ ایک شخص نے ان سے درخواست کی کہ شہر کے حاکم کے پاس اس کی

سفارش کریں آپ رحمۃُ اللہ تعالیٰ علیہ حاکم کے پاس پہنچے اور سفارش کی۔ اس حاکم نے آپ رحمۃُ اللہ تعالیٰ علیہ کو اپنی مسند پر بٹھایا۔ تب سے آپ رحمۃُ اللہ تعالیٰ علیہ کی زیارت کا سلسلہ خَتْم ہو گیا پھر یہ ہمیشہ حُضُورِ اقدس صلَّی اللہ تعالیٰ علیہ واٰلہٖ وسلَّم کی بارگاہ میں زیارت کی تمنّا پیش کرتے رہے مگر زیارت نہ ہوئی۔ ایک مرتبہ ایک شِعر عرض کیا تو دُور سے زیارت ہوئی، حُضُورِ اکرم صلَّی اللہ تعالیٰ علیہ واٰلہٖ وسلَّم نے ارشاد فرمایا: ''ظالموں کی مَسنَد پر بیٹھنے کے ساتھ میری زیارت چاہتا ہے اس کا کوئی راستہ نہیں۔'' حضرت سیِّدُنا علی خَواص رحمۃُ اللہ تعالیٰ علیہ فرماتے ہیں کہ پھر ہمیں ان بُزُرگ (نعت خواں) کے متعلق خبر نہ ملی کہ ان کو سرکار صلَّی اللہ تعالیٰ علیہ واٰلہٖ وسلَّم کی زیارت ہوئی یا نہیں حتّٰی کہ ان کا وصال ہو گیا۔ (میزان الشریعة الکبریٰ ص ٤٨) **اَللہ عَزَّوَجَلَّ کی اُن پر رَحْمت ہو اور ان کے صَدْقے ہماری مغفِرت ہو۔** اٰمین بِجاہِ النَّبِیِّ الْاَمین صلَّی اللہ تعالیٰ علیہ واٰلہٖ وسلَّم

جو لوگ ذاتی مَفاد کی خاطر اربابِ اقتِدار کے آگے پیچھے پھرتے، کبھی کسی وزیر یا صدر وغیرہ کے یہاں موقع ملے تو اُڑتے ہوئے حاضِر ہو جاتے، صدر تمغا پہنا دے یا ہاتھ ملا لے تو اُس کی تصویر آویزاں کرتے دوسروں کو دکھاتے اور اس کو بہت بڑا اعزاز تصوّر کرتے ہیں اُن کیلئے گزشتہ حکایت میں بہت کچھ درسِ عبرت ہے

اَلْعَاقِلُ تَکْفِیْهِ الْاِ شَارَۃُ   یعنی عقلمند کیلئے اشارہ کافی ہے۔

پیارے نعت خواں! اگر آپ روحانیّت چاہتے ہیں، تو سامِعین کی کثرت وقلِت کو مت دیکھئے، چاہے ہزاروں کا اجتماع ہو یا فقط ایک ہی فرد، اُسی لگن اور دُھن کے ساتھ آقا صلّی اللّٰہ تعالٰی علیہ واٰلہٖ وسلّم کے تصوُّر میں ڈوب کر نعت شریف پڑھئے، بلکہ تنہائی میں بھی ثنا خوانی کی عادت بنائیے۔ حضرت مولانا حسن رضا خان علیہ رحمۃُ الرّحمٰن کے اس شعر کو صرف رسمی طور پر پڑھنے کے بجائے اس کی حقیقت

کی طرف بھی متوجّہ رہئے۔ ؎

دل میں ہو یاد تری گوشۂ تنہائی ہو پھر تو خلوت میں عجب انجمن آرائی ہو

اِن شاءَ اللہ عَزَّوَجَلَّ پھر تو۔۔۔۔۔۔ ع:

جلوے خود آئیں طالِب دیدار کی طرف

اگر کوئی بات غَلَط پائیں تو میری اِصلاح فرما دیجئے۔ دعائے مغفِرت کا بھکاری ہوں۔

غمِ مدینہ، بقیع،
مغفِرت اور بے حساب
جنّتُ الفِردَوس میں آقا
کے پڑوس کا طالِب

٢٩ صفر المظفر ١٤٣١ھ

’’غیبت کر کے نیکیاں برباد نہ کریں‘‘ کے پچیس حُرُوف کی نسبت سے نعت خواں کے بارے میں غیبت کے الفاظ کی 25 مثالیں

❁ میراثی ہے ❁ اِس کو نعت پڑھنے کا ڈھنگ نہیں آتا ❁ اِس کی آواز بس ایسی ہی ہے ❁ اس کی آواز بے سُری ہے ❁ پھٹے

ہوئے ڈھول جیسی آواز ہے ❁ دوسرے **نعت خوانوں** کی طرزیں چُراتا ہے ❁ دوسروں کے شعر چُرا کر خود شاعِر بن بیٹھا ہے ❁ **پیسوں** کے لئے **نعت** پڑھتا ہے ❁ یہ تو **پروفیشنل** نعت خواں ہے ❁ صرف بڑی پارٹیوں کی **محفلوں** میں جاتا ہے ❁ اِس میں اِخلاص نہیں ہے ❁ زیادہ لوگ ہوں یا ❁ ایکو ساؤنڈ ہو جبھی پڑھتا ہے ❁ جب آتا ہے مائیک نہیں چھوڑتا ❁ دوسروں کی باری ہی نہیں آنے دیتا ❁ جان بوجھ کر رونے جیسی آواز نکالتا ہے ❁ آہا! بڑا مہنگا سوٹ پہن رکھا ہے ضرور نعت خوانی کروانے والوں نے لے کر دیا ہوگا ❁ اس کی ادائیں دیکھو! لگتا ہے گانا گا رہا ہے ❁ اسکی آنکھیں نیند سے بھری پڑی ہیں پھر بھی **پیسوں** کے لالچ میں **نعت** پڑھنے آگیا ہے ❁ جس شعر پر نوٹ آنے شروع ہو جائیں بار بار اُسی شعر کو پڑھتا رہتا ہے ❁ بس کسی جگہ **محفل** کا پتا چل جائے، یہ وہاں **پیسوں** کے لالچ میں بِن بلائے بھی پہنچ جاتا ہے ❁ رات گئے تک **نعتیں** پڑھتا ہے، **فجر** مسجِد میں جماعت سے نہیں پڑھتا ❁ اب اس کے پاس ٹائم کہاں ہوگا اس کے تو سیزن کے دن ہیں، بڑے نوٹ دکھاؤ تو آئے گا

❀ پچھلی بار شاید پیسے کم ملے تھے تبھی اس بار نہیں آیا ❀ اپنا کیسٹ نکلوانے کے لئے کمپنی والوں کی بڑی چاپلوسی کرتا ہے۔

''غیبت سے ہم کو بچا، یاالٰہی'' کے اُنیس حُرُوف کی نسبت سے نعت خوانی / جلسے یا اجتماع میں ہونے والی غیبت کی 19 مثالیں

❀ یہ مبلّغ (یا مولانا یا نعت خواں) کہاں کھڑا ہو گیا اب تو یہ مائیک نہیں چھوڑے گا ❀ اُس کی آواز اچھّی ہے اس لئے قِراءت سن کر لوگ داد دیتے ہیں وَیسے تجوید کی کافی غلَطیاں کرتا ہے ❀ اس کے تلفُّظ غلَط ہوتے ہیں ❀ اِس کو تقریر کرنی ❀ یا نعت پڑھنی ہی کہاں آتی ہے ❀ چلو! چلو! اب یہ لمبی کریگا ❀ نوٹ چلتے ہیں تو اِس کی آواز کُھل جاتی ہے ❀ ہمارے شہر میں آنے کیلئے تو اس نے ہوائی جہاز کا رِیٹرن ٹکٹ مانگا تھا ❀ اس نعت خواں کا مزاج تو آسمان پر رہتا ہے ❀ اِس کو تو بس ایک ہی طرز آتی ہے ❀ یہ تو دوسرے نعت خوانوں کی طرزیں چُراتا ہے ❀ اِس نے بیان کی تیّاری نہیں کی اِدھر اُدھر کی باتیں کر کے وَقت گزار رہا ہے

۞ آیتیں تو پڑھتا نہیں بس قصّے کہانیاں سناتا ہے ۞ اُس مُقرِّر کی آواز اچّھی ہے مگر اس کی تقریر میں خاص مَواد نہیں ہوتا ۞ خطاب بڑا جوشیلا تھا مگر دلائل میں دم نہیں تھا ۞ ہمارے خطیب صاحِب اپنے بیان میں سنّت ایک نہیں بتاتے بس لٹھ لیکر بد مذہبوں کے پیچھے پڑے رہتے ہیں ۞ آج خطیب صاحِب کے بیان میں مزہ نہیں آیا ۞ وہ مولانا صاحِب جلسے میں دیر سے آنے کے عادی ہیں ۞ فُلاں کی تقریر میں بس جوش ہی جوش ہوتا ہے اپنے پلّے کچھ بھی نہیں پڑتا۔

''غیبتیں کرنے والے قیامت میں کُتے کی شکل میں اُٹھیں گے'' کے چالیس حُرُوف کی نسبت سے نعت خوانوں کے مابین ہونے والی غیبتوں کی 40 مثالیں

دعوتِ اسلامی کے اِشاعتی ادارے مکتبۃُ المدینہ کی مطبوعہ 505 صَفْحات پر مشتمل کتاب، ''**غیبت کی تباہ کاریاں**'' صَفْحہ 410 تا 411 پر ہے: ''نعت خوانی '' نہایت عمدہ عبادت ہے ، سُریلی آواز بے شک ربُّ العزّت عَزَّوَجَلَّ کی عنایت ہے مگر اس میں امتحان بہت

سخت ہے، جسے اِخلاص مل گیا وُہی کامیاب ہے۔ بعض نعت خواں ماشاءَ اللّٰہ عَزَّوَجَلَّ زبردست عاشقِ رسول ہوتے ہیں جو کہ بغیر کسی دُنیوی لالچ کے آنکھیں بند کئے عشقِ رسول میں ڈوب کر نعت شریف پڑھتے ہیں اور سامعین کے دلوں کو تڑپا کر رکھ دیتے ہیں جبکہ بعض لااُبالی چنچل اور انتہائی غیر سنجیدہ ہوتے ہیں، اِس طرح کے نعت خوانوں میں جن بدنصیبوں کا دل خوفِ خدا عَزَّوَجَلَّ سے خالی ہوتا ہے، وہ پیچھے سے ایک دوسرے پر جی بھر کر تنقیدیں کرتے، خوب خوب غیبتیں کرتے، آوازوں کی نقلیں اُتار کر ٹھیک ٹھاک مذاق اُڑاتے اور اوپر سے زوردار قہقہے لگاتے ہیں۔ **اللّٰہ** رحمٰن عَزَّوَجَلَّ حقیقی مدنی نعت خواں حضرت سیِّدُنا حسّان رضی اللّٰہ تعالٰی عنہ کے صدقے انہیں بھی عشقِ رسول میں رونے رُلانے والا مخلص نعت خواں بنائے۔ اٰمین بِجاہِ النَّبِیِّ الْاَمین صلَّی اللّٰہ تعالٰی علیہ واٰلہٖ وسلَّم ایسے نعت خوانوں کی اصلاح کے جذبے کے تحت ان کے درمیان ہونے والی مُتَوَقَّع غیبتوں کی 40 مثالیں عرض کرتا ہوں: ۞ پتا نہیں یہ مولوی مائیک پر کہاں

سے آ گیا کہ اتنی لمبی تقریر شروع کر دی ہے! ❁ لوگ اُکتا کر اُٹھ اُٹھ کر جا رہے ہیں مگر یہ ہے کہ مائیک ہی نہیں چھوڑتا ❁ بانیِ محفل نے لائٹ کا اِنتظام ٹھیک نہیں کروایا ❁ منچ (اسٹیج) پر ڈیکوریشن کم تھی ❁ اس نے نعت خوانوں کو گرمی میں مار دِیا ایک پیڈسٹل فین ہی رکھ دِیا ہوتا ❁ یار! یہ ساؤنڈ والا بھی بالکل بیکار ساؤنڈ لایا ہے ❁ کارڈلیس (Cordless) مائیک کی ترکیب بھی ٹھیک نہیں تھی ❁ اُس نعت خواں نے سارا وقت لے لیا ہماری باری ہی نہیں آنے دی مجھے تاخیر سے موقع دِیا ❁ مجھے کم وقت دِیا ❁ یار! یہ نعت خواں مائیک پر نہیں آنا چاہئے تھا، اس نے رُلانے والی نعت پڑھ کر محفل کا رُخ ہی بدل ڈالا، لوگ تو جھومانے والی طرز پر نوٹ لٹایا کرتے ہیں! ❁ یار! اس نعت خواں نے نیا کلام سنا کر بڑی چالاکی سے جیبیں خالی کروالی ہیں ہمارے لئے کچھ نہیں بچا! ❁ ارے! اِس کو مائیک کہاں دے دیا! ایک تو آواز بے سُری ہے اور اوپر سے لمبی کرتا ہے لوگ اٹھ جاتے ہیں، ہم کس کے سامنے نعت پڑھیں گے؟ ❁ اعلیٰ حضرت کا کلام پڑھنا نہیں آتا ❁ پُرانی طرز میں

پڑھتا ہے ۞ پُرسوز طرزیں ٹھیک سے نہیں پڑھ پاتا ۞ اس کو جھومانے والے کلام پڑھنے نہیں آتے ۞ عربی کلام نہیں پڑھ پاتا ۞ یہ نعت خواں طرزیں بگاڑ کر پڑھتا ہے ۞ فُلاں نعت خواں جہاں مال زیادہ ہو وہیں جاتا اور وہاں کے حساب سے کلام پڑھتا ہے ۞ وہ جب نعت پڑھتا ہے تو اس کا منہ کیسا بن جاتا ہے! ۞ ارے اُس کے نعت پڑھنے کا انداز دیکھا ہے ایسا ٹیڑھا منہ کر کے گلا پھاڑ کر سُر بناتا ہے کہ ہنسی روکنا مشکِل ہو جاتا ہے ۞ بانیِ محفل بڑا کنجوس ہے، جیب میں ہاتھ ہی نہیں ڈالتا تھا ۞ فُلاں کی آواز ذرا اچّھی ہے تو مغرور ہو گیا ہے ۞ وہ تو بھئی بہُت بڑا نعت خواں ہے، ہم جیسے چھوٹے نعت خوانوں کو تو لفٹ بھی نہیں کرواتا ۞ منچ (اسٹیج) پر مالداروں کو بٹھا رکھا تھا ۞ اس کے نخرے بہت ہو گئے ہیں ۞ طرز کلام کے مطابق نہیں تھی ۞ اِیکو ساؤنڈ پر اِس کا گلا زِیادہ کام کرتا ہے ۞ اِس کو نذرانے ملنے پر کیسا جوش چڑھتا ہے ۞ زیادہ لوگوں میں زِیادہ کُھلتا ہے ۞ فُلاں نعت خواں چُونکہ فارِغ ہے، اس لیے نئی نئی طرزیں بناتا رہتا ہے ۞ بھئی! وہ تو

جیسے بہُت بڑا نعت خواں ہو محفل میں اپنی باری کے وَقت ہی آتا اور کلام پڑھ کر چلا جاتا ہے ❁ اِس اور اُس نعت خواں کی جوڑی ہے یہ دونوں کسی کو گھاس نہیں ڈالتے ❁ بار بار ایک ہی کلام پڑھتا ہے ❁ فُلاں نعت خواں کی نقّالی کرتا ہے ❁ نہ جانے کس شاعر کا کلام اُٹھا لایا تھا ❁ بانیِ محفل نے ثنا خوانوں کی کوئی خدمت ہی نہیں کی ❁ بانیِ محفل نے مجھے ٹیکسی کا کرایہ تک نہیں دیا، بہُت کنجوس نکلا ❁ گلا پھاڑ پھاڑ کر کھانا سارا ہضم ہو گیا، بعد کو معلوم ہوا کہ بانیِ محفل نے ثنا خوانوں کیلئے کھانے کا کوئی انتظام ہی نہیں کیا تھا ❁ کل جس کے یہاں محفل تھی وہ بڑا دلیر تھا، کور کھولا تو 1200 روپے تھے! مگر آج والا بانیِ محفل کنجوس ہے 100 روپلّی تھما دی!۔

(ان کے علاوہ غیبت کی بے شمار مِثالوں کی معلومات کیلئے مکتبۃُ المدینہ کی مطبوعہ 505 صَفْحات کی کتاب ''غیبت کی تباہ کاریاں'' کا مطالعہ کیجئے)

الف

الفاظ	معانی
اَبَدی	ہمیشہ کیلئے
اَبْر	بادَل
اَبرِ باراں	برسنے والا بادَل
اَبرِ رَحمت	رحمت کا بادل
اَتْقِیا	تقی کی جمع، پرہیزگار لوگ
اِتْمام	ختم ہونا
اَثاثہ	سرمایہ۔ جمع کیا ہوا مال
اِجابَت	قبولیت
اَجَل	موت
اِحتِساب	حساب کتاب
اِحقاقِ حق	حق کا ثبوت دینا
اِختِتام	ختم ہونا
اُخُوَّت (اُخُوْ- وَت)	بھائی چارہ
اَخْیار	نیک لوگ
اِدراک	سمجھ
اِذْن	اجازت
اِرَم	جنّت
اَزَلی	دوامی۔ جس کی کوئی ابتداء نہ ہو
اِستِغاثہ	فریاد
اُسْتُوار	مضبوط۔ پائیدار
اَسرار	سِر کی جمع۔ راز
اَسْفار	سفر کی جمع

اَسِیرانِ قَفَس	پنجرے کے قیدی
اشجار	شجر کی جمع۔ بہت سے درخت
اَشْرار	شریر کی جمع
اَشکِ خُونیں بہانا	کثرت سے رونا
اَصفِیا	صفی کی جمع، برگزیدہ لوگ
اَطوار	طَور کی جمع۔ طور طریقے
اَعدا	عدو کی جمع۔ دشمن
اَعدائے دین	دشمنانِ دین
اعلیٰ عِلّیِّین (اعلیٰ۔عِلّ۔لیِّ۔یِین)	"جنّت کے نہایت ہی بُلند و بالا مکانات" یہ اہلِ ایمان کی روح کے رہنے کا سب سے اعلیٰ مقام ہے

اَغِثنی یارسولَ اللہ	اے اللہ کے رسول میری فریاد کو پہنچیے
اَغْنِیا	غنی کی جمع۔ مالدار لوگ
اُفْتاد	حادِثہ۔ آفت
اَفْسُردہ	غمزدہ
اَفْگار	زخمی
اَلْغِیاث	فریاد۔ فریاد ہے
اَلْفِراق	جُدائی کے وقت بولا جانے والا حسرت وافسوس کا لفظ
اَلَم	غم
اَلْوداع	رخصت۔ آخری سلام، جُدائی
امامُ الْاَسْخِیا	سخیوں کا پیشوا
اَمْواج	موج کی جمع۔ لہریں

آ

الفاظ	معانی
آباء و اَجداد	اَب اور جد کی جمع۔ باپ دادا
آبشار	اونچی جگہ سے گرنے والا پانی
آبگینۂ دل	کانچ یا شیشے کی طرح نازک دل
آٹھ پہر	رات دن۔ ہر وقت
آزار	تکلیف۔ دُکھ
آس	اُمّید
آشکار	ظاہر
آگہی	واقِفیّت
آلام	اَلَم کی جمع۔ بہت سارے غم
آنگن	گھر کے اندر کا صحن۔ انگنائی
اَنبار (اَم۔بار)	ڈھیر
اَندوھگیں (اَن۔دوہ۔گیں)	غمگین
اَوج	بُلندی
اُوجَڑ	ویران

ب

الفاظ	معانی
بادِ صبا	صبح کی ہوا۔ وہ ہوا جو مشرق سے چلے
بادِ مخالِف	آگے بڑھنے سے روکنے والی ہوا۔ آندھی۔ طوفان
بادِیدۂ نَم	روتی ہوئی آنکھ سے

بارِ دِگر	دوبارہ
بارِ گُنہ	گناہ کا بوجھ
باشُعُور	سمجھدار
باصَفا	پاکیزہ۔ کھرا
بالا	بلند
بامِ کعبہ	کعبہ شریف کی چھت کے اوپر کا حصّہ
بَبُول	کانٹوں کا درخت
بَجرا	ایک قسم کی گول خوبصورت کشتی
پُچکار	پیار۔ دِلاسہ
بَحرو بَر	سمندر اور خشکی

بَخت بیدار	قسمت والا
بَختور (بَخت۔ وَر)	خوش نصیب
بَختِ خوابِیدہ	سویا ہوا نصیب
بَداَطوار	بُرے ڈھنگوں کا
بَدرُ الدُّجیٰ	اندھیری رات کو روشن کرنے والا چاند
بَد گُفتار	بُرا بولنے والا
بَراءَت (بَرا۔ءَت)	نَجات
بُردِیَمانی	یمن کی چادر
بَرزَخ	موت اور قیامت کا درمیانی وقفہ
بَرق	بجلی

بَرکھا	بارش
بَرَهنه پا (بَ۔رَہْ۔نه۔پا)	ننگے پاؤں
بَسُوئے مَن	میری جانب
بِشارت	خوشخبری
بَشّاشَت	تازگی
بَصارت	آنکھوں کی نظر
بَصیرت	دل کی نظر
بَطنِ مادَر	ماں کا پیٹ
بَعید	دور
بقیعِ غَرقَد	جنّتُ البقیع کا نام
بَکّی	بکواسی۔فضول گو
بِلا رَیب	بے شک
بَلِیّات (بلی۔یات)	بلائیں
بَن	جنگل
بوڑیا	چٹائی
بَھنْوَر	گرداب۔پانی کا چکّر
بَیابان	جنگل
بے بَدَل	بے مثال
بے خُود	اپنے آپ سے بے خبر۔مست
بَیر	دشمنی
بِیر	کُنواں
بیڑا	کِشتی
بے عَدَد	لاتعداد

بیگانہ	پرایا
بے گُماں	بے شک
بے نَوا	بے کس۔ مجبور

پ

الفاظ	معانی
پارسا	پرہیزگار
پارہ پارہ	ٹکڑے ٹکڑے
پَٹ	کِواڑ۔ دروازہ
پَذیرائی	منظوری۔ اِستقبال۔ قَبولیت
پَرچار	تبلیغ
پُر اَنوار	روشن
پَرتَو	پَرچھائیں۔ روشنی
پُر ضِیا	روشن
پژ مُردہ	مُرجھایا ہوا۔ کُملایا ہوا
پِسَر	فرزند
پَسِ مرگ	مرنے کے بعد
پشیمانی	شرمندگی، نَدامت
پَنْچھی	پرندہ
پِنہاں	چُھپا ہوا۔ پوشیدہ
پَو پَھٹنا	صبحِ صادق ہونا
پُھوہار	پُھوار۔ ہلکی ہلکی بوندیں
پھیر	دھوکہ بازی۔ مکروفریب
پھیرا	گشت۔ دَورہ
پِیا	پیارا۔ محبوب

پِیادہ	پیدل چلنے والا
پیچ و خم	چکّر۔بل۔پھیر
پیچِیدہ گُتھی	اُلجھی ہوئی مشکل
پَیراھَن	لباس
پَیزار	جُوتی
پَیکِ اَجَل	مَلَکُ الموت
پَیمانہ	جام۔پیالہ۔ترازو
پَیھَم	لگاتار

ت

الفاظ	معانی
تابِش	چمک۔روشنی
تابَکے	کب تک
تار	دھاگا۔تاریک
تاریک	اندھیری
تَبَحُّرِ عِلمی	نہایت وُسعتِ علمی
تَبسُّم ریز	مسکرانے والا
تَجلّی	چمک۔جلوہ
تَجْھِیل (تَجْ۔ھِیل)	نادان کہنا۔جاہل کہنا
تُربَت	قبر
تڑکا	عَلَی الصَّباح۔صبح۔سویرا
تَسَلْسُل	سلسلہ
تِشنَگانِ دید	دیدار کے پیاسے
تِشْنَہ لَبی	پیاس
تِشْنگی	پیاس

تَصَدُّق	قربانی۔خیرات
تَصَرُّف (تَ۔صَر۔رُف)	اِختیار۔استِعمال۔طاقت
تَکثِیر (تَک۔ثِیر)	کثرت
تَکنا	دیکھنا
تلاطُم خیز	طوفانی
تَلْخِیوں	بدمزہ حالتوں
تمام	سب۔مکمل
تَمَسْخُر	مذاق مسخری
تَمہِید	ابتدا
تَندَہی	کوشش۔جانفِشانی
تَنَزُّل (تَ۔نَز۔زُل)	کمی،زَوال
تَنوِیر	روشنی۔چمک
تَونگر	مالدار
تَہنِیت (تَہ۔نی۔یَت)	مبارکباد
تُھوہر	ایک کانٹے دار زہریلا پودا جو دوزخیوں کی غذا ہوگا۔زَقُّوم
تِیرَگی	سیاہی۔اندھیرا
تِیرہ	اندھیرا
تیغ بَکف	ہاتھ میں تلوار لئے

ج

الفاظ	معانی
جا	جگہ
جامۂ نور	نور کا لباس
جامِ ہستی	زندگی کا جام۔پیدا ہونا

جاناں	محبوب
جاں بَلَب	مرنے کے قریب
جانفِزا (جاں۔فزا)	دل خوش کرنے والا۔مَسرّت انگیز
جانکنی	نزع۔ جانکَندَنی۔ سکرات۔ دم ٹوٹنے کا وقت
جانگُزا	جان کو تکلیف دینے والی
جانِ مُضطَر	بے قرار
جِبال	جَبَل کی جمع یعنی پہاڑ
جَبِینِ نیاز	عقیدت بھری پیشانی
جَحِیم	جہنّم کے ایک طبقے کا نام

جِگر	کلیجا
جِلا	صفائی، روشنی
جلوۂ زَیبا	حَسین جلوہ
جمال	حُسن۔خوبصورتی
جَنْجال	وَبال، حیرانی پریشانی، آفت، بکھیڑا
جُنُون	دیوانگی
جَوار	پڑوس
جَوھَر	قیمتی پتّھر۔کمال
جھالا	مقامی بارش
جِھلمِلاتے	جگمگاتے

چ

الفاظ	معانی
چارہ	علاج
چارہ گر	طبیب
چاک	چِرا ہوا
چاندنا	اُجالا۔روشنی
چاہَت	مَحبَّت
چڑھائی	حملہ۔بُلندی
چشمِ بِینا	دیکھنے والی آنکھ
چشمِ تر	رونے والی آنکھ
چشمِ گِریاں	رونے والی آنکھ
چَکاچَوند	جگمگ جگمگ
چوبدار	خبر دینے والا۔تشہیر کرنے والا
چو طرف	چاروں طرف
چوکس	ہوشیار۔چوکنّا
چَوکَھٹ	دروازہ
چَوگِرد	چاروں طرف

ح

الفاظ	معانی
حاوی	غالب
حُبِّ جاہ	عزت وشہرت اور مرتبے کی محبت
حُجّاج	حاجی کی جمع
حَجَر	پتّھر

حَجرِ اَسْوَد	کالا پتّھر (جو کعبے میں نصب ہے)
حُسّاد (حُس۔ساد)	حاسِد کی جمع
حَسرتا	افسوس کا کلمہ
حَسَنَین	سیدُ نا امام حسن اور سیّدُ نا امام حسین رضی اللہ تعالیٰ عنہما
حشر	(قیامت میں) اٹھایا جانا
حَشْمَت	شان وشوکت
حُضوری	حاضری۔قُرب۔نزدیکی
حق آشنا	خدا پرست۔حق بات کہنے والا
حیاتِ جاوِدانی	ہمیشہ کی زندگی

خ

الفاظ	معانی
خار	کانٹا
خارزار	کانٹوں بھرا جنگل
خاشِعانه	عاجزانہ
خاوَر	سورج
خدائی	دنیا، جہاں
خَر	گدھا
خِرَد	سمجھ۔دانائی۔عقل
خَزِینه	خزانہ۔گودام
خَسته جگر	عشق میں زخمی کلیجا۔رنجیدہ

خَس و خاشاک	سوکھی گھاس اور کانٹے۔ کوڑا کرکٹ
خَسِیس	نالائق۔کمینہ
خَصلتِ بد	بُری عادت
خَلّاق	اللہ عزوجل کا صفاتی نام، خالق کے مبالغے کا صیغہ یعنی بہت پیدا کرنے والا
خُلْد	جنّت
خُلق	اَخلاق
خُلْقِ عظیم	اعلیٰ اخلاق
خَم	ترچھاپن۔جُھکاؤ
خُمار	نشہ
خندۂ بے جا	فُضُول ہنسی
خوان (خان)	تھال۔طشت
خواھاں (خا۔ھاں)	آرزومند
خُود رَفْتگی	بےخودی۔مستی
خُوشا	کلمۂ تحسین۔مرحبا۔واہ واہ
خوش خِصال	اچھی عادتوں والا
خون رونا	بہت زیادہ رونا
خیر خواہ	بھلائی چاہنے والا

د

الفاظ	معانی
داغِ مُفارَقت	جُدائی کا صدمہ
دامانِ تر	گنہ آلود دامن
دَر	دروازہ۔میں۔بیچ

دَرَخشاں (درخ۔شاں)	روشن
دردِ پنہاں	چُھپا ہوا درد
دَرگہ	درگاہ کا مُخفّف
دَرماندَگی	بے چارگی۔عاجزی
دَستار	عمامہ۔پگڑی
دَست بَستہ	ہاتھ باندھ کر
دَستْ گِیر	ہاتھ تھامنے والا۔مددگار
دَشت	جنگل۔ریگستان
دِلدار	تسلی دینے والا۔ محبوب۔پیارا

دِل فِگار	زخمی دِل والا
دِل کَش	دلپسند
دِل کُشا	دل کو خوش کرنے والا۔ روشن۔فراخ
دم بدم	پے در پے۔ہر گھڑی
دم لَبوں پر آنا	مرنے کے قریب ہونا
دَنا	قریب ہونا
دِوانہ	دیوانہ کا مُخفّف
دو گام	دو قدم۔بہت ہی نزدیک
دُھائی	فریاد۔مدد طلب کرنا
دَہلیز (دَہْ۔لیز)	دروازہ
دَہَن (دَ۔ہَن)	مُنہ

الفاظ	معانی
دَھڑکا	خوف
دُھول	مٹی۔خاک
دِیا جلانا	چَراغ روشن کرنا
دِیار	شہر۔ملک۔علاقہ
دِیدَۂ تر	روتی آنکھ

ڈ

الفاظ	معانی
ڈَگر	راستہ۔رَوِش۔انداز

ذ

الفاظ	معانی
ذَم	مَذَمَّت، برائی

ر

الفاظ	معانی
رائیگاں	ضائع
رِحلَت	موت
رُخ	چہرہ
رَسائی	پہنچ۔دخل۔گزر
رِضا	خوشنودی
رَفاقت	ساتھ۔ہمراہی
رِفْعَت	بُلندی۔بزرگی
رَنْجُور	غمگین
رنگیں	رنگ کیا ہوا۔دلپسند
رُوسِیاہ	کالا چہرہ

رُوداد	حالت ۔رِپورٹ۔
روشن ضَمیر	دل کے حالات سے آگاہ
رِہا	آزاد
رِہائی	چھٹکارا
رُوئے اَنور	نورانی چہرہ
رُوئے پُراَنوار	روشن چہرہ
رُوئے تاباں	روشن چہرہ
ریگزار	ریگستان

ز

الفاظ	معانی
زار	ذلیل ورسوا۔کمزور
زاھِد	دنیا سے بے رغبت
زائر	زِیارت کرنے والا
زَر	سونا۔روپیہ پَیسہ
زَمَن	زمانہ
زُوّار	زائر کی جمع۔زیارت کرنے والے لوگ
زُور	دھوکہ۔فریب۔
زِیادَت	زیادہ ہونا
زیرِ نگیں	ماتحت
زِیست (زِیُس۔ت)	زندگی

س

الفاظ	معانی
ساحِل	سمندر یادریا کا گنارہ

ساغَر	جام۔ پیالہ
ساقِیا	اے ساقی، اے پلانے والے
ساگَر	سمندر
سالِ رَفْتہ	گیاہوا سال
سانِحہ (سا۔نِ۔حَہ)	صدمہ پہنچانے والا واقِعہ۔ حادِثہ
سائلِ بے پَر	عاجز بھکاری
سایہ گُسْتَر	مہربان۔ مددگار۔ حامی
سِبْطَین	امامِ حسن وامامِ حُسین رضی اللہ تعالیٰ عنہما
سَحَر	صبح
سُخَن	بات۔ قول۔ شِعر۔ کلام

سَدا	ہمیشہ
سِدرَہ (سِدرۃُ الْمُنتَہیٰ)	بیری کا درخت۔ ساتویں آسمان پر موجود وہ بیری کا درخت جس سے آگے کوئی نہیں جاسکتا یہاں تک کہ حضرت جبریل علیہ السلام بھی نہیں جاسکتے۔
سرِ بالیں	سِرہانے
سَر بَسَر	سراسر۔ تمام۔ یکساں
سرفراز	کامیاب۔ سُرخرو
سِرھانہ	تکیہ
سوْخْتہ	جلا ہوا
سفینہ	پانی کا جہاز
سَقَر	جہنّم کے ایک طبقے کا نام

سَکرات	نزع۔ جان نکلنے کا وقت
سگ	کتا
سلامِ شوق	محبت بھرا اسلام
سَلْبِ ایماں	ایمان چھن جانا
سَنگم	اِکٹھا ہونا
سَنگِ در	دروازے کا پتّھر
سَنگ ریزہ	پتّھر کا ٹکڑا، کنکر۔ روڑا
سوز	جلن۔ تپش
سَویر	جلدی۔ دیر کی ضد
سِیاحت	سَیر
سِینہ تَپاں	جلتا سینہ
سینہ سِپَر	خطرناک حالات میں ڈٹ کر مقابلہ کرنے والا
سَیلِ اَشک	آنسوؤں کا بہاؤ

ش

الفاظ	معانی
شاخسار	درختوں کا جُھنڈ
شاد	خوش
شاداں	خوش
شاد کام	کامیاب۔ خوشحال
شادماں	خوش
شادی	خوشی۔ بِیاہ
شاق	دُشوار

شائق	شوقین
شدائد	شدّت کی جمع۔ تکلیفیں
شَر	بُرائی
شُعلہ بار	جس سے شعلے اٹھتے ہوں
شَق ہونا	پھٹنا۔چِرنا۔دراڑ پڑنا
شِکْوَہ	شکایت
شِکیْبائی (شِ۔کے۔بائی)	صبر۔تحمُّل
شَمْس	سورج
شُمُول	شامل ہونا
شَناسائی	جان پہچان، واقِفیّت
شَناوَر	تیرنے والا
شورِیدہ سر	دیوانہ
شَہسُوار	ماہر گھوڑے سُوار
شَہی	بادشاہی
شَیخَین	حضراتِ صدّیقِ اکبر اور فاروقِ اعظم رضی اللہ تعالیٰ عنہما
شِیر خوار	دودھ پیتا بچّہ

ص

الفاظ	معانی
صائِم	روزہ دار
صَبا	ہوا۔مشرِقی ہوا
صدا	آواز۔پکار
صَدَقہ/صَدْقہ	خیرات۔وسیلہ

صُعُوبَت	مشکل
صَغَائر	چھوٹے گناہ
صَنَم	بُت

ض

الفاظ	معانی
ضعیف	بوڑھا۔کمزور
ضَلالت	گمراہی
ضَم	شامل کرنا، ملانا
ضِیا	روشنی

ط

الفاظ	معانی
طَراوَت (تَراوت)	نمی۔ٹھنڈک۔تازگی
طُغیانی	سرکشی۔سیلاب
طِینَت	طبیعت۔عادت

ظ

الفاظ	معانی
ظُلمت	اندھیرا

ع

الفاظ	معانی
عار	شرم۔عیب
عارِضی	وقتی۔تھوڑے وقت کیلئے
عاصی	نافرمان، بدکار
عالَمِ نا پائیدار	فانی دنیا
عَدو	دشمن
عَرصَۂ حَشر	حشر کا میدان

عِصیاں	گناہ
عِصیاں شِعار	گنہگار
عَفُو (عَ-فُو)	مُعاف کرنے والا
عَفْوْ (عَف-وْ)	مُعافی
عُقبیٰ	آخِرت
عُلُوِّ شان	بلندی شان
عَندَلیب	بلبل
عِندِیہ	رائے

غ

الفاظ	معانی
غُبار	خاک
غسّال	غسل دینے والا
غَش کھانا	بیہوش ہونا
غُصِیلے	غصّے والے
غُلْغُلہ	شوروغل - چرچا
غِلْمان	جنّت کے خادم
غمِ روزگار	دنیا کا غم
غم غَلَط ہونا	غم دور ہونا
غمناک	غمگین
غُنچہ	پھول کی کلی
غمِ ھِجْر (غمِ فُرقت)	جدائی کا صدمہ
غوثِ اعظم	بہت بڑا فریاد سننے والا

ف

الفاظ	معانی
فِتَن	فتنہ کی جمع
فُتُور	کمزوری۔خرابی۔فَساد
فِدائی	شیدائی
فِراق	جدائی
فراوانی	کثرت
فَرحَت	خوشی
فُرقَت	جُدائی
فُزوں تَر	بہت زیادہ
فَسانه	سرگزشت۔ماجرا۔احوال
فَلاح	کامیابی
فِی النّار	جہنمی۔آگ میں
فَیضان	بڑا فیض۔بڑا نفع۔بڑا فائدہ

ق

الفاظ	معانی
قاسِم	تقسیم کرنے والا
قاصِر	مجبور۔لاچار
قُربت	نزدیکی۔قُرب
قَرینه	ڈھنگ۔انداز
قَساوَت	سختی
قِسمت کا دَهنی	مُقدّروالا۔خوش قسمت
قَضا	موت۔تقدیر

قضِیّہ(قَ۔ضِی۔یَہ)	جھگڑا
قلبِ مُضْطَر	بےقرار دل
قلبِ فِگار	زخمی دِل
قُمری	فاختہ کی قسم کا ایک طوق دار پرندہ

ک

الفاظ	معانی
کاتِبِ تقدیر	تقدیر لکھنے والا (کنایۃً اللہ تعالیٰ)
کاسَہ	بھیک کا ٹھیکرا۔ پیالہ۔کٹورا
کاسَۂ دل	دل کو بھیک مانگنے کا پیالہ بنالینا
کافور	غائب۔دور
کالی گھٹا	کالے بادل
کامدار	کارکُن۔عہدیدار
کامگار	خوش نصیب
کان (مذکّر) کان (مؤنّث)	سننے والا عُضو۔ وہ جگہ جہاں سے کھود کر دھات یا جواہرات وغیرہ نکالتے ہیں۔منبع۔
کاہِل	سست
کبائر	بڑے گناہ
کُٹیا	جھونپڑی
کَشکول	بھیک مانگنے والوں کا کاسہ
کُلفَت	بیقراری

کِلک (کِلْ۔کْ)	قلم
کَنگُورہ	عمارت یا مسجد وغیرہ میں خوبصورتی کیلئے لگائے جانے والے طاقچے
کُوچہ	گلی
کوشاں	کوشش کرنے والا
کَون ومَکاں	دنیا۔ جہان
کَونَین	دین ودنیا۔ دونوں جہاں
کوہِ اَلم	غم کا پہاڑ
کُوئے یار	محبوب کی گلی
کہار	پالکی اُٹھانے والا
کہسار	پہاڑوں کی قطار

گ

الفاظ	معانی
گام	قدم
گامزن	چلنے والا
گدا	بھکاری۔ منگتا
گِراں	بھاری
گُریز	پرہیز۔ علیحدگی
گِریہ	رونا
گِریہ کُناں	رونے والا
گُفتار	بات چیت
گُل۔عِذار	پھول جیسے گال والا بچہ، خوبصورت بچہ

گُنْبدِ خضرا	سبز گُنْبد
گورِ تیره	اندھیری قبر
گورِ غریبان	قبرستان
گُہر	موتی
گھائل	زخمی
گیسوئے خمدار	بل کھائی ہوئی زُلفیں

ل

الفاظ	معانی
لا اُبالی پن	بے پروائی
لاجَرَم	بے شک۔ یقیناً
لارَیب	بلاشُبہ
لالہ زار	گلزار۔ باغ
لب	ہونٹ
لَحْد(لَح۔د)	قَبْر
لَحْظہ	لمحہ
لُعاب	تھوک
لَعِب (لَ۔عِب)	کھیل کود۔ سیر تماشا
لَعل	سُرخ ہیرا
لِلّٰہ	اللہ کیلئے
لِوائے حَمْد	حمد کا جھنڈا
لَپَک	شعلہ۔ چمک۔ خوشبو جو ہوا کے ساتھ پھیلے
لَیل و نَہار	رات اور دن

م

الفاظ	معانی
ماسِوا	علاوہ
ماہ لِقا	چاند جیسی صورت والا

مُحِیط ھونا	حاوی ہونا	مُردار	اپنی موت سے مراہوا۔ مُردہ
مختار	بااختیار۔ پسند کیا گیا		
مَخْزَن	خزانہ۔ ذخیرہ۔ گُودام	مُردَن	موت
مَخمور	نشے میں مست	مُرشَد	ہدایت کیا گیا۔
مُدام	ہمیشہ	مُرشِد	ہدایت کرنے والا۔ پیر
مُداوا	علاج		
مُداوَمَت	ہمیشگی	مُرشِدی	میرا پیر
مَدحت سَرا	تعریف کرنے والا	مَرغزار (مَرْغ۔زار)	مَرغ یعنی ہری گھاس مطلب کہ جہاں ہری گھاس پھیلی ہوئی ہو۔
مُدَّعا (مُد۔دَعا)	مقصد۔ خواہش		
مَدفن	دفن کی جگہ		
مَرحَلہ	سفر۔ کوچ	مَرغُوب	پسندیدہ
		مُرِید	خواہش مند، فرمانبردار
		مَرِید	سخت سرکش۔ بڑا شریر

مُزَیَّن	آراستہ۔سجا ہوا
مُژْدَہ	خوشخبری
مَسرور	خوش
مَسکَن	ٹھکانا
مَسِیْحا	حضرتِ سیّدنا عیسیٰ روحُ اللہ عَلٰی نَبِیِّنَا وَعَلَیْہِ الصَّلٰوۃُ وَالسَّلَام کا لقب
مُشْت	مٹھی
مَشْرُوب	پینے کی چیز
مَشِیَّت	مرضی
مُصْحَف(مُص۔حف)	قرانِ پاک
مُضْطَرِب(مُض۔طَ۔رِب)	بے چین۔بے قرار

مُطِیْع	فرماں بردار
مَظْهَر	ظاہر ہونے والا
مُظْهِر	مُخبِر۔گواہ۔بیان کرنے والا
مُعاوَنَت	اِمداد۔تعاوُن
مُعَطَّر	خوشبودار
مُعَنْبَر (مُ.عَم.بَر)	عنبر کی خوشبو میں بسا ہوا
مُعطِی	عطا کرنے والا
مُغِیْلان (مُ۔غی۔لان)	ایک کانٹے دار درخت، بَبُول۔کیکر
مَفْقُود(مَف۔قُود)	غائب۔گُم
مُفلِس	غریب

مُقابِل	سامنے والا۔رُوبرو
مقہور	قہر کیا گیا
مَکْرِ شیطان	شیطان کا دھوکا
مِلّت	قوم
مُلْتَجی	عرض گزار۔التجا کرنے والا
مَلْجا	جائے پناہ۔پناہ ملنے کی جگہ
مَلْحُوظ	لحاظ کیا گیا۔خیال رکھا گیا
مَلُوْل	غمگین
مُماثِل	مانند۔مثل

مَمْلُو	پُر۔لبریز۔بھرا ہوا
مَمنُون	احسان مند
مَنال	جائداد۔دھن۔دولت
مَنْبَع (مَم۔بَع)	جاری ہونے یا نکلنے کا مقام
منجدھار	دریا کے بیچ کی دھار
مَنقبَت	صحابہ واولیا کی شان میں تعریفی اشعار
مُنکَر (مُن۔کَر)	انکار کیا گیا
مُنکِر (مُن۔کِر)	انکار کرنے والا
مَوج زَن	ٹھاٹھیں مارنے والا
مَئے الفت (مئے عشق)	الفت کی شراب
مَہ	چاند۔مہینا

مہِ غُفران	مغفرت کا مہینا
میٹ کر	مِٹا کر
مے	شراب
مِیزان	ترازو
مَیکا	عورت کے والدین کا گھر
مِینا	صُراحی

ن

الفاظ	معانی
ناب	خالص
نابَکار	نکمّا
ناتَمام	نامکمّل
ناخُدا	مَلّاح۔ جہاز کا کپتان۔ رہنما
نادار	غریب
نار	آگ
نارَوا	ناجائز
ناطِق	بولنے والا
ناتا	رِشتہ
ناقہ سُوار	اُونٹنی سُوار
نامدار	عالی جناب
نامہ	رجسٹر، اعمالنامہ
ناؤ	کشتی
نایاب	وہ چیز جو نہ مل سکے۔ بیش قیمت
نِت نَیا	تازہ بہ تازہ
نَخْل	کھجور کا درخت
نَخْوَت	غُرُور

نَزار	کمزور	نَفَس	سانس
نَزْع (نَز۔ع)	سکرات۔روح قبض ہونے کا وقت	نَفْسِ اَمّارہ	برائی پر ابھارنے والا نفس
نُزُول	نازِل ہونا	نفسی نفسی (نفسا نفسی)	اپنی اپنی کرنا اور دوسرے کی پروا نہ ہونا
نُزْھَت	تر و تازگی		
نَسیمِ سَحَر	صبح کی ہوا	نقشِ کَفِ پا	پاؤں کے تلوے کا نشان
نَسیمِ طیبہ	ہوائے مدینہ	نَکیروں (نَ۔کی۔روں)	مُنکَر و نکیر
نعت	سرکارِ مدینہ صلّی اللہ تعالیٰ علیہ والہ وسلّم کی شان میں تعریفی کلام یا اشعار	نَکیرَین	مُنکَر و نکیر
		نِگہت (نکہت)	پھولوں کی خوشبو
		نَگیں (نَ۔گیں)	نگینہ
نَعش	لاش	نگینہ	جواہر۔قیمتی پتّھر
نَغمہ بار	نغمہ سنانے والا	نَم	تر۔بھیگی ہوئی

نَمناک آنکھ	روتی آنکھ
نَواسَنج	نغمہ گانے والا
نَوال	اِحسان، بخشش
نَوبَت بجنا	نقارہ بجنا، خوشی ہونا
نَونِہال	بہت چھوٹا بچّہ
نَوِید	خوشخبری
نِہاں	پوشیدہ
نِہایت	بکثرت۔ بے حد۔ حَد
نَیّا	کِشتی۔ ناؤ
نِیم جاں	اَدھ مُوا۔ کمزور

و

الفاظ	معانی
وا	کُھلا ہوا۔ کُشادہ
وارَفتگی (وا۔رَف۔ت۔گی)	دیوانگی۔ عشق ومستی
واصِف	تعریف کرنے والا
واں	وہاں کا مُخفَّف
وا ہونا	کُھلنا
وَحشت	ہیبت۔ گھبراہٹ۔ خوف
وَرَع	پرہیزگاری
وِصال	ملنا۔ ملاپ
وَصْف	خوبی۔ تعریف
وَصْل	ملاقات۔ مِلاپ
وَعید	دھمکی
وِلا	محبت

ہ

الفاظ	معانی
ہِجْر	جدائی

هَژْدہ ھزار عالم	اٹھارہ ہزار طرح کی مخلوق
ھَمدم	رفیق۔یار۔دوست
ھم سائگی	پڑوس
ھم شَبِیہ	ہم شکل
ھَوَس	حرص۔لالچ
ھُوک اُٹھنا	درد ہونا

ی،ے

الفاظ	معانی
یاوَر	حمایتی۔مددگار
یاوَہ گوئی	فضول باتیں
یَلْغَار	حملہ

اِحتِیاطی تجدیدِ ایمان کب کب کریں؟

مَدَنی مشورہ ہے روزانہ کم از کم ایک بار مَثَلاً سونے سے قبل (یا جب چاہیں) **اِحتیاطی توبہ وتجدیدِ ایمان کرلیجئے** اور اگر بَآسانی گواہ دستیاب ہوں تو میاں بیوی توبہ کر کے گھر کے اندر ہی کبھی کبھی اِحتِیاطاً **تجدیدِ نکاح** کی ترکیب بھی کرلیا کریں۔ماں،باپ ،بہن، بھائی اور اَولاد وغیرہ عاقِل وبالِغ مسلمان مردوعورت نِکاح کے گواہ بن سکتے ہیں۔(یعنی دومرد یاایک مرداور دوعورتیں گواہ ہوسکتی ہیں) **احتیاطی تجدیدِ نکاح بالکل مفت ہےاس کے لئے مَہر کی بھی ضَرورت نہیں۔**

حمد ونعت اور منقبت کسے کہتے ہیں؟

سُوال: حمد ونعت اور منقبت کے معنیٰ بتادیجئے۔

جواب: تینوں کے لفظی معنیٰ قریب قریب ایک ہی ہیں یعنی تعریف وتوصیف مگر مجازی معنیٰ جُدا جُدا ہیں۔ لہٰذا ''حمد'' کا لفظ خدا کی تعریف کیلئے بولا جاتا ہے۔ سرورِ کائنات صلَّی اللّٰہ تعالٰی علیہ واٰلہٖ وسلَّم کی تعریف کو **نعت** اور صَحابۂ کرام واولیائے عُظام عَلَیْہِمُ الرِّضوان کی خوبیوں کے بیان کو **منقبت** کہتے ہیں۔ آج کل عام شعرا ''نعت'' کم ہی لکھتے ہیں۔ عُمُوماً ان کے کلام ہِجر و فِراق ، مدینۂ منوّرہ کی حاضِری کی تڑپ یا ''استِغاثہ'' یعنی فریاد پر مشتمل ہوتے ہیں۔ بارگاہِ رسالت صلَّی اللّٰہ تعالٰی علیہ واٰلہٖ وسلَّم میں فریاد کرنا اور امداد طلب کرنا بے شک جائز ہے۔ مُتَذَکَّرہ تمام کلام عرفِ عام میں **نعت** ہی کہلاتے ہیں اور اس میں حرج بھی نہیں۔ **نعت** کے مَعنوی اعتبار سے نعتیہ اشعار لکھنا بَہُت دشوار ہوتا ہے۔

حمد و مُناجات

اَلْحَمْدُ لِلّٰهِ رَبِّ الْعٰلَمِيْنَ وَالصَّلٰوةُ وَالسَّلَامُ عَلٰى سَيِّدِ الْمُرْسَلِيْنَ
اَمَّا بَعْدُ فَاَعُوْذُ بِاللّٰهِ مِنَ الشَّيْطٰنِ الرَّجِيْمِ ؕ بِسْمِ اللّٰهِ الرَّحْمٰنِ الرَّحِيْمِ ؕ

یا خدا میری مغفِرت فرما

یاخدا میری مغفِرت فرما باغِ فِردوس مَرْحَمَت فرما
دینِ اسلام پر مجھے یارب اِستِقامت تُو مَرْحَمَت فرما
تُو گناہوں کو کر مُعاف اللّٰہ! میری مقبول معذِرت فرما
مصطَفٰے کا وسیلہ توبہ پر تُو عنایت مُداوَمَت فرما
موت ایماں پہ دے مدینے میں اور محمُود عاقِبت فرما
تُو شَرَف زیرِ گُنْبدِ خَضْرا مجھ کو مرنے کا مَرْحَمَت فرما
سرفراز اور سُرخرو مولیٰ مجھ کو تُو روزِ آخرت فرما
مُشکلوں میں مِرے خدا میری ہر قدم پر مُعاوَنت فرما
مجھ کو ''قُفلِ مدینہ'' پر یارب تُو عنایت مُداوَمَت فرما
یاخدا مَدنی قافِلوں پر بھی تُو عنایت مُداوَمت فرما
کاش! چھوڑوں نہ ''مَدنی اِنْعامات'' تُو عنایت مُداوَمت فرما

ہو نہ عطّارؔ حَشر میں رُسوا
بے حساب اس کی مغفِرت فرما

ھمارے دل سے زمانے کے غم مِٹا یارب

ہمارے دل سے زمانے کے غم مِٹا یارب
ہو میٹھے میٹھے مدینے کا غم عطا یارب
غمِ حیات ابھی راحتوں میں ڈھل جائیں
تِری عطا کا اشارہ جو ہو گیا یارب
پئے حُسین و حَسَن فاطمہ علی حیدر
ہمارے بگڑے ہوئے کام دے بنا یارب
ہماری بگڑی ہوئی عادتیں نکل جائیں
ملے گناہوں کے اَمراض سے شِفا یارب
مجھے دے خود کو بھی اور ساری دنیا والوں کو
سُدھارنے کی تڑپ اور حوصَلہ یارب
ہمیشہ ہاتھ بھلائی کے واسِطے اُٹّھیں
بچانا ظلم و ستم سے مجھے سدا یارب

رہیں بھلائی کی راہوں میں گامزن ہر دم
کریں نہ رُخ مِرے پاؤں گناہ کا یارب
گناہ گار طلبگارِ عَفْوْ و رَحْمت ہے
عذاب سَہنے کا کس میں ہے حوصَلہ یارب
کرم سے ''نیکی کی دعوت'' کا خوب جذبہ دے
دوں دھوم سنّتِ مَحْبوب کی مچا یارب
عطا ہو دعوتِ اسلامی کو قبولِ عام
اسے شُرُور و فِتَن سے سدا بچا یارب
میں پُلْ صراط بِلا خوف پار کرلوں گا
تِرے کرم کا سہارا جو مل گیا یارب
کہیں کا آہ! گناہوں نے اب نہیں چھوڑا
عذابِ نار سے عطّار کو بچا یارب

مِٹا دے ساری خطائیں مِری مٹا یارب

مِٹا دے ساری خطائیں مِری مِٹا یارب
بنادے نیک بنا نیک دے بنا یارب

بنادے مجھ کو الٰہی خُلوص کا پیکر
قریب آئے نہ میرے کبھی ریا یارب

اندھیری قبر کا دل سے نہیں نکلتا ڈر
کروں گا کیا جو تُو ناراض ہو گیا یارب

گناہگار ہوں میں لائقِ جہنَّم ہوں
کرم سے بخش دے مجھ کو نہ دے سزا یارب

بُرائیوں پہ پشیماں ہوں رَحم فرمادے
ہے تیرے قَہر پہ حاوی تری عطا یارب

مُحیط دل پہ ہوا ہائے نفسِ اَمّارہ
دِماغ پر مِرے ابلیس چھا گیا یارب

رِہائی مجھ کو ملے کاش! نفس وشیطاں سے
ترے حبیب کا دیتا ہوں واسِطہ یارب

گناہ بے عَدَد اور جُرم بھی ہیں لاتعداد
مُعاف کر دے نہ سہ پاؤں گا سزا یارب

میں کر کے توبہ پلٹ کر گناہ کرتا ہوں
حقیقی توبہ کا کر دے شَرَف عطا یارب

سنوں نہ فُحش کلامی نہ غیبت وچغلی
تِری پسند کی باتیں فَقَط سنا یارب

کریں نہ تنگ خیالاتِ بد کبھی، کردے
شُعُور و فکر کو پاکیزگی عطا یارب

نہیں ہے نامۂ عطّارؔ میں کوئی نیکی
فَقَط ہے تیری ہی رَحمت کا آسرا یارب

حُبِّ دُنیا سے تُو بچا یارب!

حُبِّ دُنیا سے تُو بچا یارب
عاشقِ مُصطَفٰے بنا یارب

کردے حج کا شَرَف عطا یارب
سبز گُنْبَد بھی دے دکھا یارب

ہے تِری ہی عنایت و رحمت
مجھ کو مکّے بلا لیا یارب

آج ہے رُوبرو مِرے کعبہ
سلسلہ ہے طواف کا یارب

اَبْر برسا دے نُور کا میں لوں
بارشِ نور میں نہا یارب

کاش لب پر مِرے رہے جاری
ذِکْر آٹھوں پَہَر تِرا یارب

چشمِ تَر اور قلبِ مُضْطَر دے
اپنی اُلفت کی مَے پِلا یارب

آہ! طُغیانیاں گناہوں کی
پار نیّا مِری لگا یارب

نَفْس و شیطان ہوگئے غالب
ان کے چُنگل سے تُو چُھڑا یارب

کر کے توبہ میں پھر گناہوں میں
ہو ہی جاتا ہوں مُبتَلا یارب

نِیم جاں کر دیا گناہوں نے
مرضِ عصیاں سے دے شِفا یارب

کس کے در پر میں جاؤں گا مولا ۔۔۔ گر تُو ناراض ہوگیا یارب
وقتِ رِحْلَت اب آ گیا مولیٰ ۔۔۔ جلوۂ مصطَفٰے دکھا یارب
قبر میں آہ! گُھپ اندھیرا ہے ۔۔۔ روشنی ہو پئے رضا یارب
سانپ لپٹیں نہ میرے لاشے سے ۔۔۔ قَبْر میں کچھ نہ دے سزا یارب
نورِ احمد سے قبر روشن ہو ۔۔۔ وَحْشَتِ قبر سے بچا یارب
ہائے! حُسنِ عمل نہیں پلّے ۔۔۔ حَشْر میں میرا ہوگا کیا یارب
گرمیِ حَشْر، پیاس کی شدّت ۔۔۔ جامِ کوثر مجھے پلا یارب
خوف دوزخ کا آہ! رحمت ہو ۔۔۔ خاکِ طیبہ کا واسطہ یارب
میرا نازُک بَدَن جہنَّم سے ۔۔۔ از طُفیلِ رضا بچا یارب
طالِبِ مغفِرت ہوں یا اللّٰہ ۔۔۔ بَخْش حیدر کا واسِطہ یارب
سب نے ٹھکرادیا تو کیا پروا ۔۔۔ مجھ کو تیرا ہے آسرا یارب
زُلفِ مَحْبوب کا بنا قَیدی ۔۔۔ اور ہرگز نہ پھر چُھڑا یارب
مُشکِلوں میں دے صَبْر کی توفیق ۔۔۔ اپنے غم میں فَقَط گُھلا یارب
دے دے سوزِ بِلال یااللّٰہ ۔۔۔ اَشکبار آنکھ ہو عطا یارب
آہ! اَعْدا ہیں خون کے پیاسے ۔۔۔ دشمنوں سے مجھے بچا یارب

دے شہادت مجھے مدینے میں | از پئے شاہِ کربلا یارب
سبز گُنبد کے زیرِ سایہ ہو | جاں مِری جسم سے جُدا یارب
قبر میری بنے مدینے میں | تجھ سے ہے یہ مِری دُعا یارب
حِرصِ دنیا نکال دے دل سے | بس رہوں طالبِ رِضا یارب
دیدے ''قُفلِ مدینہ'' آنکھوں کا | واسِطہ چار یار کا یارب
دیدے ''قُفلِ مدینہ'' لب کا بھی | واسِطہ چار یار کا یارب
کاش! عادت فُضُول باتوں کی | دُور ہو از پئے رضا یارب
واسِطہ میرے پِیرومُرشِد کا | مجھ کو تُو مُتَّقی بنا یارب
دِل کا اُجڑا چمن ہو پھر آباد | کوئی ایسی ہوا چلا یارب
ہر برس کاش! آکے مکّے میں | لطف اٹھاؤں طواف کا یارب
جس کسی نے کہا، ''دُعا کرنا'' | اُس کا پورا ہو مُدَّعا یارب

کر دے جنّت میں تُو جَوار اُن کا
اپنے عطّار کو عطا یارب

مُعاف فَضْل و کرم سے ہو ہر خطا یارب

مُعاف فضل و کرم سے ہو ہر خطا یارب
ہو مغفِرت پئے سلطانِ اَنبِیا یارب

بِلا حساب ہو جنّت میں داخِلہ یارب
پڑوس خُلد میں سرور کا ہو عطا یارب

نبی کا صَدْقہ سدا کیلئے تُو راضی ہو
کبھی بھی ہونا نہ ناراض یاخدا یارب

ترے حبیب اگر مُسکراتے آ جائیں
تو بالیقین اُٹھے قبر جگمگا یارب

خزاں پھٹک نہ سکے پاس، دے بہار ایسی
رہے حیات کا گلشن ہرابھرا یارب!

ہمارے دل سے نکل جائے الفتِ دنیا
دے دل میں عشقِ محمد مرے رچا یارب

نبی کی دید ہماری ہے عید یا اللّٰہ
عطا ہو خواب میں دیدارِ مصطفٰے یارب!

تِرے حبیب کی سنّت کی دھوم مچ جائے
گلی گلی میں پھرے ''مَدنی قافِلہ'' یارب!

مِری زَبان پہ ''قُفْلِ مدینہ'' لگ جائے
فُضُول گوئی سے بچتا رہوں سدا یارب

اُٹھے نہ آنکھ کبھی بھی گناہ کی جانب
عطا کرم سے ہو ایسی مجھے حیا یارب

کسی کی خامیاں دیکھیں نہ میری آنکھیں اور
سنیں نہ کان بھی عیبوں کا تذ کِرہ یارب

تُلیں نہ حَشْر میں عطّار کے عمل مولیٰ
بِلا حساب ہی تُو اس کو بخشنا یارب

کب گناھوں سے کَنارا میں کروں گا یا رب!

کب گناہوں سے کنارا میں کروں گا یارب!
نیک کب اے مِرے **اللہ**! بنوں گا یارب!
کب گناہوں کے مَرَض سے میں شِفا پاؤں گا
کب میں بیمار، مدینے کا بنوں گا یارب!
گر ترے پیارے کا جلوہ نہ رہا پیشِ نظر
سختیاں نَزْع کی کیوں کر میں سہوں گا یارب!
نَزْع کے وقت مجھے جلوۂ محبوب دکھا
تیرا کیا جائے گا میں شاد مروں گا یارب!
قَبْر میں گر نہ محمد کے نظارے ہوں گے
حَشْر تک کیسے میں پھر تنہا رہوں گا یارب!
ڈنک مچّھر کا سَہا جاتا نہیں، کیسے میں پھر
قبر میں بچّھو کے ڈنک آہ سہوں گا یارب!
گُھپ اندھیرے کا بھی وَحْشت کا بسیرا ہوگا
قبر میں کیسے اکیلا میں رہوں گا یارب!
گر کفن پھاڑ کے سانپوں نے جمایا قبضہ
ہائے بربادی! کہاں جا کے چھپوں گا یارب!

ہائے! معمولی سی گرمی بھی سہی جاتی نہیں
گرمیِ حشر میں پھر کیسے سہوں گا یارب!

آج بنتا ہوں مُعزَّز جو کُھلے حشر میں عیب
آہ! رُسوائی کی آفت میں پھنسوں گا یارب!

پُلِ صِراط آہ! ہے تلوار کی بھی دھار سے تیز
کس طرح سے میں اسے پار کروں گا یارب!

قبرِ مَحْبُوب کے جلووں سے بسا دے مالِک
یہ کرم کر دے تو میں شاد رہوں گا یارب!

گر تُو ناراض ہوا میری ہلاکت ہوگی
ہائے! میں نارِ جہنَّم میں جلوں گا یارب!

دَرْدِ سر ہو یا بُخار آئے تڑپ جاتا ہوں
میں جہنَّم کی سزا کیسے سَہوں گا یارب!

عَفْو[1] کر اور سدا کے لئے راضی ہوجا
گر کرم کر دے تو جنّت میں رہوں گا یارب!

تو ہے مُعْطی[2] وہ ہیں قاسِم[3] یہ کرم ہے تیرا
تیرے مَحْبُوب کے ٹکڑوں پہ پلوں گا یارب!

۱: درگزر ۲: عطا کرنے والا ۳: تقسیم کرنے والا

چشمِ نَم دے غمِ سلطانِ اُمَم دے مولیٰ!
اُن کا کب عاشِقِ صادِق میں بنوں گا یارب!

دے دے مرنے کی مدینے میں سعادت دیدے
کس طرح سندھ کے جنگل میں مروں گا یارب!

مجھ گنہگار پہ گر خاص کرم ہوجائے!
جام، طیبہ میں شہادت کا پیوں گا یارب!

حج کا ہر سال شَرَف دیدے تو مکّے آکر
جھوم کر کعبے کے چَو گِرد[1] پھروں گا یارب!

کاش! ہر سال مدینے کی بہاریں دیکھوں
سبز گُنْبَد کا بھی دیدار کروں گا یارب!

اِذْن سے تیرے سَرِ حَشْر کہیں کاش! حُضُور
ساتھ عطّار کو جنّت میں رکھوں گا یارب!

ا: چاروں طرف

شرف دے حج کا مجھے میرے کبریا یارب

شَرَف دے حج کا مجھے میرے کبریا یارب
روانہ سُوئے مدینہ ہو قافِلہ یارب
دکھا دے ایک جھلک سبز سبز گُنْبد کی
بس اُن کے جلووں میں آجائے پھر قضا یارب
مدینے جائیں پھر آئیں دوبارہ پھر جائیں
اِسی میں عمر گزر جائے یاخدا یارب
مِرا ہو گُنْبدِ خَضْرا کی ٹھنڈی چھاؤں میں
رسولِ پاک کے قدموں میں خاتِمہ یارب
بوقتِ نَزْع سلامت رہے مِرا ایماں
مجھے نصیب ہو توبہ ہے اِلتجا یارب
جو ''دیں کا کام'' کریں دل لگا کے یااللہ
اُنہیں ہو خواب میں دیدارِ مصطَفٰے یارب

تِری مَحبّت اُتر جائے میری نَس نَس میں
پئے رضا ہو عطا عِشقِ مصطفیٰ یارب

زمانے بھر میں مچادیں گے دھوم سنّت کی
اگر کرم نے ترے ساتھ دیدیا یارب

نَماز و روزہ و حَجّ و زکوٰۃ کی توفیق
عطا ہو اُمّتِ مَحبُوب کو سدا یارب

جواب قبر میں مُنکَر نکیر کو دوں گا
ترے کرم سے اگر حوصَلہ ملا یارب

بروزِ حَشْر چھلکتا سا جام کوثر کا
بدستِ ساقیِ کوثر ہمیں پلا یارب

بقیعِ پاک میں عطّار دَفْن ہو جائے
برائے غوث و رضا از پئے ضِیا یارب

یارب! پھر اَوج پر یہ ھمارا نصیب ھو

(حرمینِ شریفین کی جدائی کے چندروز بعد ۸ محرّم الحرام ۱٤۱٥ھ کو یہ کلام تحریر کیا)

یارب پھر اَوج پر یہ ہمارا نصیب ہو
سُوئے مدینہ پھر ہمیں جانا نصیب ہو

مکّہ بھی ہو نصیب مدینہ نصیب ہو
دشتِ عَرب نصیب ہو صَحرا نصیب ہو

حج کا سفر پھر اے مِرے مولیٰ نصیب ہو
عَرفات کا مِنٰی کا نظارہ نصیب ہو

اللّٰہ! دیدِ گُنْبدِ خَضْرا نصیب ہو
یارب! رسولِ پاک کا جلوہ نصیب ہو

چوموں عرب کی وادِیاں اے کاش! جا کے پھر
صَحْرا میں اُن کے گھومنا پھرنا نصیب ہو

کعبے کے جلووں سے دلِ مُضْطَر ہو کاش! شاد
لُطفِ طوافِ خانۂ کعبہ نصیب ہو

مکّے میں ان کی جائے وِلادت پہ یا خدا
پھر چشمِ اشکبار جمانا نصیب ہو

کس طرح شوق سے وہاں کرتے تھے ہم طواف
پھر گردِ کعبہ جھوم کے پھرنا نصیب ہو

ہم جا کے خوب لوٹیں مدینے کی دھول پر
آنکھوں میں خاکِ طیبہ لگانا نصیب ہو

صد آفرین! گُنْبَدِ خَضْرا کی تابِشیں[1]
جلووں میں اس کے خود کو گُمانا نصیب ہو

واں چِلچِلاتی دھوپ کا بھی اِک سُرور ہے
جوتے اُتار کر وہاں چلنا نصیب ہو

نَمناک آنکھ گُنْبَدِ خَضْرا کو چوم لے
جُھک جائے پھر ادب سے وہ لمحہ نصیب ہو

[1] چمک۔ روشنیاں۔ نور

کردوں میں کاش! جالیوں پر اپنی جاں فِدا
رَوضے کا ان کے جس گھڑی جلوہ نصیب ہو

محراب و مِنْبَر اور وہ ہریالی جالیاں
اور مسجِدِ حبیب کا جلوہ نصیب ہو

جنّت کی پیاری کیاری کی تھیں خوب رَونقیں
پھر بیٹھنا وہاں پہ خُدایا نصیب ہو

چُھپ چُھپ کے دیکھوں مِنْبَرِ اقدس کی پھر بہار
شاید کبھی تو شاہ کا جلوہ نصیب ہو

ہِجْرِ رسول میں ہمیں یاربِّ مصطَفٰے
اے کاش! پھوٹ پھوٹ کے رونا نصیب ہو

عطّار کی ہو حاضِری ہر سال یا خدا
آخِر کو طیبہ میں اسے مرنا نصیب ہو

تُو ھی مالکِ بَحْر و بَر ھے یااللّٰہُ یااللّٰہ

تُو ہی مالِکِ بَحْر و بَر ہے یااللّٰہُ یااللّٰہ
تُو ہی خالِقِ جِنّ و بَشَر ہے یااللّٰہُ یااللّٰہ

تُو اَبَدی ہے تُو اَزَلی ہے تیرا نام عَلیم و علی ہے
ذات تِری سب سے بَرتَر ہے یااللّٰہُ یااللّٰہ

وَصْف بیاں کرتے ہیں سارے سَنگ و شَجر اور چاند ستارے
تسبیحِ ہر خُشک و تَر ہے یااللّٰہُ یااللّٰہ

تیرا چرچا ہر گھر آنگن صحرا صحرا گلشن گلشن
واصِف ہر پھول اور ثَمَر ہے یااللّٰہُ یااللّٰہ

خَلقت جب پانی کو ترسے رِم جھم رِم جھم بَرکھا بَرسے
ہراِک پر رَحْمت کی نَظَر ہے، یااللّٰہُ یااللّٰہ

رات نے جب سر اپنا چُھپایا چِڑیوں نے یہ ذِکر سنایا
نَغمہ بار نسیمِ سَحَر ہے یااللّٰہُ یااللّٰہ

بَخْش دے تُو عطّارؔ کو مولیٰ واسِطہ تُجھ کو اُس پیارے کا
جو سب نبیوں کا سَرور ہے یااللّٰہُ یااللّٰہ

اللہ ہمیں کر دے عطا قُفلِ مدینہ[۱]

اللّٰہ ہمیں کر دے عطا قُفلِ مدینہ
ہر ایک مسلماں لے لگا قفلِ مدینہ

یا رب نہ ضَرورت کے سوا کچھ کبھی بولوں!
اللّٰہ زَباں کا ہو عطا قفلِ مدینہ

بک بک کی یہ عادت نہ سرِ حَشْر پھنسا دے
اللّٰہ زَباں کا ہو عطا قفلِ مدینہ

ہر لَفظ کا کس طرح حساب آہ! میں دوں گا
اللّٰہ زَباں کا ہو عطا قفلِ مدینہ

اکثر مِرے ہونٹوں پہ رہے ذِکرِ محمّد
اللّٰہ زَباں کا ہو عطا قفلِ مدینہ

بڑھتا ہے خَموشی سے وقار اے مِرے پیارے
اے بھائی! زَباں پر تُو لگا قفلِ مدینہ

مدینہ

[۱] ''قفلِ مدینہ'' دعوتِ اسلامی کے مدنی ماحول میں بولی جانے والی ایک اصطِلاح ہے کسی بھی عُضْو کو گناہ اور فُضُولیات سے بچانے کو قفلِ مدینہ لگانا کہتے ہیں۔ مَثَلاً فضول گوئی سے جو پرہیز کرتا ہے اور خاموشی کی عادت ڈالنے کیلئے حسبِ ضَرورت اشاروں سے یا لکھ کر گفتگو کرتا ہے اُس کے بارے میں کہا جائے گا کہ ''اس نے زَبان کا قفلِ مدینہ لگایا ہے۔''

ہے دبدبہ خاموشی میں ہیبت بھی ہے پنہاں
اے بھائی! زَباں پر تُو لگا قفلِ مدینہ
رکھ لیتے تھے پتھّر سُن ابوبکر دَہَن میں[۱]
اے بھائی! زَباں پر تُو لگا قفلِ مدینہ
چُپ رہنے میں سَو سکھ ہیں تو یہ تجرِبہ کرلے
اے بھائی! زَباں پر تُو لگا قفلِ مدینہ
آقا کی حیا سے جُھکی رہتی نظر اکثر[۲]
آنکھوں پہ مرے بھائی لگا قفلِ مدینہ

مدینہ

۱: غیر ضَروری گفتگو سے بچنے کیلئے سیِّدُنا ابوبکر صدّیق رضی اللّٰہ تعالٰی عنہ مُنہ میں پتّھر رکھ لیتے تھے۔(احیاء العلوم ج۳ ص۱۳۷) ۲: جب سرکارِ دوعالم، نُورِ مجَسَّم صلَّی اللّٰہ تعالٰی علیہ واٰلہٖ وسلَّم کسی طرف توجُّہ فرماتے تو پورے مُتَوَجِّہ ہوتے، مبارَک نظریں نیچی رہتی تھیں، نظر شریف آسمان کے بجائے زیادہ تر زمین کی طرف ہوتی تھی، اکثر آنکھ مبارک کے کَنارے سے دیکھا کرتے تھے۔(الشَّمائل لِلتِّرمذی ص ۲۳ حدیث ۷) مزید معلومات کیلئے دعوتِ اسلامی کے اِشاعتی ادارے مکتبۃُ المدینہ کی مطبوعہ کتاب ''پردے کے بارے میں سُوال جواب'' صَفْحہ 312 تا 314 کامُطالَعہ فرمایئے۔

یاالٰہی رنگ لائیں جب مِری بے باکیاں　　ان کی نیچی نیچی نظروں کی حیا کا ساتھ ہو

گر دیکھے گا فلمیں تو قِیامت میں پھنسے گا
آنکھوں پہ مِرے بھائی لگا قفلِ مدینہ

آنکھوں میں سرِ حَشْر نہ بھر جائے کہیں آگ
آنکھوں پہ مِرے بھائی لگا قفلِ مدینہ

بولوں نہ فُضول اور رہیں نیچی نگاہیں
آنکھوں کا زَباں کا دے خدا قفلِ مدینہ

آئیں نہ مجھے وسوسے اور گندے خیالات
دے ذِہْن کا اور دل کا خدا قفلِ مدینہ

رفتار کا گُفتار کا کردار کا دے دے
ہر عُضْو کا دے مجھ کو خدا قفلِ مدینہ

دوزخ کی کہاں تاب ہے کمزور بدن میں
ہر عُضْو کا عطّار لگا قفلِ مدینہ

ہر خطا تو دَرگزر کر بیکس و مجبور کی

ہر خطا تو دَرگزر کر بیکس و مجبور کی
ہو الٰہی مغفِرت ہر بیکس و مجبور کی

یاالٰہی! کردے پوری اَز پئے غوث و رضا
آرزُوئے دید سرور بیکس و مجبور کی

زندگی اور موت کی ہے یاالٰہی کشمکش
جاں چلے تیری رِضا پر بیکس و مجبور کی

اَعْلٰی عِلِیّیْن میں یارب! اسے دینا جگہ
رُوح چلدے جب نکل کر بیکس و مجبور کی

ہو بقیعِ پاک کی اللّٰہ! پوری آرزو
از پئے حَسَنَین و حیدر بیکس و مجبور کی

واسِطہ نورِ محمد کا تجھے پیارے خُدا
گورِ تیرہ کر مُنَوَّر بیکس و مجبور کی

آپ کے میٹھے مدینے میں پئے غوث و رضا
حاضِری ہو یانبی! ہر بیکس و مجبور کی

آمِنہ کے لال! صَدْقہ فاطِمہ کے لال کا
دُور شامِ رنج و غم کر بیکس و مجبور کی

نفس و شیطاں غالِب آئے لو خبر اَب جلد تر
یارسولَ اللّٰہ! آکر بیکس و مجبور کی

کہتے رہتے ہیں دعا کے واسطے بندے ترے
کردے پوری آرزو ہر بیکس و مجبور کی

جس کسی نے بھی دعا کے واسطے یارب! کہا
کردے پوری آرزو ہر بیکس و مجبور کی

بَہرِ خاکِ کربلا ہوں دُور آفات و بلا
اے حبیبِ ربِّ داوَر! بیکس و مجبور کی

آپ خود تشریف لائے اپنے بیکس کی طرف
"آہ" جب نکلی تڑپ کر بیکس و مجبور کی

اے مدینے کے مسافر! تُو وہاں غم کی کتھا
اُن سے کہنا خوب رو کر بیکس و مجبور کی

ہُوک اُٹھی، رُوح تڑپی، جب مدینہ چُھٹ گیا
جان تھی غمگین و مُضْطَر بیکس و مجبور کی

آپ کے قدموں میں گر کر موت کی یا مصطَفٰے
آرزو کب آئے گی بَر، بیکس و مجبور کی

نامۂ عطّار میں حُسنِ عمل کوئی نہیں
لاج رکھنا روزِ مَحْشر بیکس و مجبور کی

از: ارمغانِ نغمات

گناہوں کی نحوست بڑھ رہی ہے دم بدم مولیٰ

(٢٥ ذوالحِجّة الحرام ١٤٣٤ھ)

گناہوں کی نحوست بڑھ رہی ہے دم بدم مولیٰ
میں توبہ پر نہیں رہ پارہا ثابت قدم مولیٰ

کمر توڑی ہے عصیاں نے، دبایا نفس وشیطاں نے
نہ کرنا حشر میں رُسوا، مِرا رکھنا بھرم مولیٰ

گناہوں نے مجھے ہائے! کہیں کا بھی نہیں چھوڑا
کرم ہو از طفیلِ سیّدِ عَرب و عجم مولیٰ!

اندھیری قبر کا احساس ہے پھر بھی نہیں جاتیں
گناہوں کی خدایا عادتیں، فرما کرم مولیٰ

نہ کرنا حَشْر میں پُرسِش مری ہو بے سبب بخشش
عطا کر باغِ فردوس از پئے شاہِ اُمَم مولیٰ

گنہ کرتے ہوئے گر مر گیا تو کیا کروں گا میں
بنے گا ہائے میرا کیا کرم فرما کرم مولیٰ

خِرَد کرتی نہیں اب کام الٰہی! میں ہوا ناکام
تجھی سے التجا ہے مجھ پہ کر رَحم و کرم مولیٰ

مسلماں ہوں اگرچہ بد ہوں، سچّے دل سے کرتا ہوں
ترے ہر حکم کے آگے سرِ تسلیم خم مولیٰ

تو ڈر اپنا عنایت کر رہیں اس ڈر سے آنکھیں تر
مٹا خوفِ جہاں دل سے مٹا دنیا کا غم مولیٰ

تُو بس رہنا سدا راضی، نہیں ہے تابِ ناراضی
تو ناخوش جس سے ہو برباد ہے تیری قسم مولیٰ

چلوں دنیا سے میں اس شان سے اے کاش! یااللہ
شہِ اَبرار کی چوکھٹ پہ سر ہو میرا خم مولیٰ

سنہری جالیوں کے سامنے اے کاش! ایسا ہو
نکل جائے رسولِ پاک کے جلووں میں دم مولیٰ

عطا کر عافیت تو نَزْع و قَبْر وحَشْر میں یارب
وسیلہ فاطِمہ زَہرا کا کر لطف و کرم مولیٰ

الٰہی پُل صراط اِک پَل کے اندر پار کر جاؤں
تو کر ایسی عنایت از پئے شاہِ حرم مولیٰ

میں رحمت، مغفِرت، دوزخ سے آزادی کا سائل ہوں
مہِ رمضان کے صدقے میں فرما دے کرم مولیٰ

بَراءَت دے عذابِ قبر سے نارِ جہنَّم سے
مہِ شعبان کے صدقے میں کر فضل و کرم مولیٰ

عبادت میں، ریاضت میں، تلاوت میں لگا دے دل
رجب کا واسِطہ دیتا ہوں فرما دے کرم مولیٰ

بنا مجھ کو محمد مصطفٰے کا عاشِقِ صادِق
تُو دیدے سوزِ سینہ کر عنایت چشمِ نَم مولیٰ

نہیں درکار وہ خوشیاں، جو غفلت کا بنیں ساماں
عطا کر اپنی الفت اپنے پیارے کا تُو غم مولیٰ

غمِ عشقِ نبی ایسا عطا فرمایئے مُرشِد
ہو نعتِ مصطفٰے سنتے ہی میری آنکھ نَم مولیٰ

بچیں بے کار باتوں سے پڑھیں اے کاش کثرت سے
ترے محبوب پر ہر دم دُرُودِ پاک ہم مولیٰ

ہماری فالتو باتوں کی عادت دُور ہو جائے
لگائیں مُستقل قفلِ مدینہ لب پہ ہم مولیٰ

جسے نیکی کی دعوت دوں اُسے دیدے ہدایت تُو
زَباں میں دے اثر کردے عطا زورِ قلم مولیٰ

الٰہی ہر مبلّغ پیکرِ اِخلاص بن جائے
کرم ہو دعوتِ اسلامی والوں پر کرم مولیٰ

زمانے کے مصائب نے الٰہی گھیر رکھا ہے
پئے شاہِ مدینہ دور ہوں رنج و اَلَم مولیٰ

رسولِ پاک کی دکھیاری امّت پر عنایت کر
مریضوں، غمزدوں، آفت نصیبوں پر کرم مولیٰ

پئے شاہِ مدینہ اب مُشرَّف حج سے فرما دے
چلے عطّار پھر روتا ہوا سُوئے حرم مولیٰ

گناھوں سے مجھ کو بچا یاالٰھی!

یہ اَشعار اور اس کے بعد والے تمام وہ کلام جن میں "عطا، گما، گیا وغیرہ" قافیہ اور "یاالٰہی" ردیف ہے، سفرِ مدینہ ۱۴۲۱ھ میں عرض کرنے کی سعادت حاصل ہوئی۔

گناہوں سے مجھ کو بچا یاالٰہی
بُری عادتیں بھی چُھڑا یاالٰہی

خطاؤں کو میری مِٹا یاالٰہی
مجھے نیک خَصلت بنا یاالٰہی

مُطیع[1] اپنا مجھ کو بنا یاالٰہی
سدا سُنّتوں پر چلا یاالٰہی

تجھے واسِطہ سارے نَبیوں کا مولیٰ
مِری بَخْش دے ہر خطا یاالٰہی

غمِ مصطَفٰے دے غمِ مصطَفٰے دے
ہو دَرْدِ مدینہ عطا یاالٰہی

میں عشقِ نبی میں رہوں گُم ہمیشہ
تُو دیوانہ ایسا بنا یاالٰہی

مدینے کی مستی رہے مجھ پہ چھائی
سدا یاالٰہی سدا یاالٰہی

دِکھا ہر برس تُو حرم کی بہاریں
تو مکّہ مدینہ دکھا یاالٰہی

شَرَف ہر برس حج کا پاؤں خدایا
چلے طیبہ پھر قافِلہ یاالٰہی

جو روتے ہیں ہجرِ مدینہ میں اُنکو
مدینے کی گلیاں دکھا یاالٰہی

زَبان اور آنکھوں کا قُفلِ مدینہ
عطا ہو پئے مصطَفٰے یاالٰہی

تُو مُرشِد کے صدقے دِوانہ بنادے
شَہَنْشاہِ بغداد کا یاالٰہی

مدینہ

[1]: فرماں بردار

مجھے سُنّیت پر تُو دے استِقامت | پئے شاہِ احمد رضا یاالٰہی
تُو انگریزی فیشن سے ہردم بچا کر | مجھے سنّتوں پر چلا یاالٰہی
مُطِیع اپنے مُرشِد کا مجھ کو بنا دے | میں ہو جاؤں ان پر فِدا یاالٰہی
مُطِیع اپنے ماں باپ کا کر میں انکا | ہر اِک حکم لاؤں بجا یاالٰہی
سدا پِیرومُرشِد رہیں مجھ سے راضی | کبھی بھی نہ ہوں یہ خَفا یاالٰہی
بنادے مجھے ایک در کا بنادے | میں ہردم رہوں باوفا یاالٰہی
تجھے واسِطہ سیّدہ آمِنہ کا | بنا عاشقِ مصطفٰے یاالٰہی
مجھے مال و دولت کی آفت نے گھیرا | بچا یاالٰہی بچا یاالٰہی
نہ دے جاہ وحَشمت نہ دولت کی کثرت | گدائے مدینہ بنا یاالٰہی
مجھے غیبت و چغلی و بدگمانی | کی آفات سے تُو بچا یاالٰہی
یہ دل گورِ تیرہ سے گھبرا رہا ہے | پئے مصطفٰے جگمگا یاالٰہی
بقیعِ مبارک میں تدفین میری | ہو، حَسنَین کا واسِطہ یاالٰہی

تُو عطّار کو چشمِ نَم دے کے ہر دم
مدینے کے غم میں رُلا یاالٰہی

عمل کا ھو جذبہ عطا یا الٰھی

عمل کا ہو جذبہ عطا یاالٰہی
گُناہوں سے مجھ کو بچا یاالٰہی

میں پانچوں نمازیں پڑھوں باجماعت
ہو توفیق ایسی عطا یاالٰہی

میں پڑھتا رہوں سُنّتیں، وَقْت ہی پر
ہوں سارے نوافِل ادا یاالٰہی

دے شوقِ تلاوت دے ذَوقِ عبادت
رہوں بَاوُضو میں سدا یاالٰہی

ہمیشہ نگاہوں کو اپنی جھکا کر
کروں خاشِعانہ دُعا یاالٰہی

نہ ''نیکی کی دعوت'' میں سُستی ہو مُجھ سے
بنا شائقِ قافِلہ یاالٰہی

سعادت ملے درسِ ''فیضانِ سُنّت''
کی روزانہ دو مرتبہ یاالٰہی

میں مِٹّی کے سادہ سے برتن میں کھاؤں
چٹائی کا ہو بِسْتَرا یاالٰہی

ہے عالِم کی خدمت یقیناً سعادت
ہو توفیق اِس کی عطا یاالٰہی

''صدائے مدینہ'' دوں روزانہ صَدْقہ
ابوبکر و فاروق کا یاالٰہی

میں نیچی نگاہیں رکھوں کاش اکثر
عطا کر دے شَرْم و حیا یاالٰہی

ہمیشہ کروں کاش پردے میں پردہ
تُو پیکر حیا کا بنا یاالٰہی

لباس اپنا سنّت سے آراستہ ہو
عِمامہ ہو سر پر سجا یاالٰہی

سبھی رُخ پہ اک مُشت داڑھی سجائیں
بنیں عاشقِ مصطفٰے یاالٰہی

ہر اِک ''مَدَنی اِنْعام'' اے کاش! پاؤں
کرم کر پئے مصطفٰے یاالٰہی

ہو اَخْلاق اچّھا ہو کردار سُتھرا
مُجھے متّقی تُو بنا یاالٰہی

غُصِیلے مِزاج اور تَمَسْخُر کی خَصلت
سے عطّار کو تُو بچا یاالٰہی

مَحبّت میں اپنی گُما یا الٰهی

مَحبّت میں اپنی گُما یاالٰہی نہ پاؤں میں اپنا پتا یاالٰہی
رہوں مست و بےخود میں تیری وِلا میں پِلا جام ایسا پِلا یاالٰہی
میں بے کار باتوں سے بچ کے ہمیشہ کروں تیری حمدوثنا یاالٰہی
مِرے اَشک بہتے رہیں کاش ہر دم ترے خوف سے یاخدا یاالٰہی
ترے خوف سے تیرے ڈر سے ہمیشہ میں تھرتھر رہوں کانپتا یاالٰہی
مِرے دل سے دنیا کی چاہت مٹا کر کر اُلفت میں اپنی فنا یاالٰہی
تُو اپنی وِلایت کی خیرات دیدے مِرے غوث کا واسِطہ یاالٰہی
گناہوں نے میری کمر توڑ ڈالی مِرا حَشْر میں ہوگا کیا یاالٰہی
گناہوں کے اَمراض سے نیم جاں ہوں پئے مُرشِدی دے شِفا یاالٰہی
بنادے مجھے نیک نیکوں کا صَدْقہ گناہوں سے ہردم بچا یاالٰہی
مِرا ہر عمل بس ترے واسطے ہو کر اِخلاص ایسا عطا یاالٰہی
عبادت میں گزرے مِری زندگانی کرم ہو کرم یاخدا یاالٰہی

مسلماں ہے عطّار تیری عطا سے
ہو ایمان پر خاتمہ یاالٰہی

میں مکّے میں پھر آگیا یا الٰھی

میں مکّے میں پھر آ گیا یاالٰہی	کرم کا ترے شکریہ یاالٰہی
نہ کر رَد کوئی اِلتجا یاالٰہی	ہو مقبول ہر اِک دُعا یاالٰہی
رہے ذِکر آٹھوں پَہَر میرے لب پر	ترا یاالٰہی ترا یاالٰہی
مِری زندگی بس تری بندگی میں	ہی اے کاش گزرے سدا یاالٰہی
نہ ہوں اَشک برباد دنیا کے غم میں	محمد (صلی اللہ تعالٰی علیہ والہٖ وسلّم) کے غم میں رُلا یاالٰہی
عطا کردے اِخلاص کی مجھ کو نعمت	نہ نزدیک آئے رِیا یاالٰہی
مجھے اولیا کی مَحبّت عطا کر	تُو دیوانہ کر غوث کا یاالٰہی
میں یادِ نبی میں رہوں گُم ہمیشہ	مجھے اُن کے غم میں گُھلا یاالٰہی
مِرے بال بچّوں پہ سارے قبیلے	پہ رَحمت ہو تیری سدا یاالٰہی
دے عطّاریوں بلکہ سب سُنّیوں کو	مدینے کا غم یاخدا یاالٰہی
خدایا اجل[1] آ کے سر پر کھڑی ہے	دِکھا جلوۂ مصطفٰے یاالٰہی
مِری لاش سے سانپ بچّھو نہ لپٹیں	کرم از طُفیلِ رضا یاالٰہی

تو عطّار کو سبز گُنبد کے سائے
میں کردے شہادت عطا یاالٰہی

[1] موت

مجھے بخش دے بے سبب یا الٰہی

(یہ کلام ۷ ربیع الآخر ۱۴۳۲ھ کو موزوں کیا)

مجھے بخش دے بے سبب یا الٰہی ـــ نہ کرنا کبھی بھی غضب یا الٰہی
گُناہوں نے ہائے! کہیں کا نہ چھوڑا ـــ میں کب تک پھروں خوار اب یا الٰہی
پئے شاہِ بَطحا مِری چھوٹ جائیں ـــ بُری عادتیں سب کی سب یا الٰہی
بڑا حج پہ آنے کو جی چاہتا ہے ـــ بُلاوا اب آئیگا کب یا الٰہی
میں مکّے میں آؤں مدینے میں آؤں ـــ بنا کوئی ایسا سبب یا الٰہی
میں دیکھوں مدینے کا گلشن دکھا دے ـــ تو دَشت[1] و جِبالِ[2] عَرب یا الٰہی
کرم ایسا کر دے مدینے میں آ کر ـــ گزاروں میں پھر روز و شب یا الٰہی
دکھا دے بہارِ مدینہ دکھا دے ـــ پئے تاجدارِ عَرب یا الٰہی
سلیقہ شِعاری[3] کا میں ہوں بِھکاری ـــ مٹے خُوئے شور و شَغَب[4] یا الٰہی
ملے بیقراری کروں آہ وزاری ـــ ترے خوف سے پیارے رب یا الٰہی

مـــــــــــدینہ

[1] میدان۔ جنگل [2] جبل کی جمع۔ پہاڑ [3] تمیزداری۔ [4] شوروغل۔

کروں عالموں کی کبھی بھی نہ توہین بنا دے مجھے با ادب یا الٰہی

حُسین ابنِ حیدر کے صدقے میں مولیٰ ٹلیں آفتیں میری سب یا الٰہی

زمانے کی فکروں سے آزاد کر دے مِٹا غم عطا کر طَرَب[1] یا الٰہی

جو مانگا وہ دے مجھ کو وہ بھی عطا کر نہیں کر سکا جو طَلَب یا الٰہی

مسلماں مسلمان کے خوں کا پیاسا ہوا وَقْت آیا عجب یا الٰہی

سبھی ایک ہو جائیں ایمان والے پئے شاہِ عالی نَسَب یا الٰہی

کبھی تو مجھے خواب میں میرے مولیٰ ہو دیدارِ ماہِ عَرَب یا الٰہی

خدایا بُرے خاتمے سے بچا لے گنہگار ہے جاں بَلَب[2] یا الٰہی

نظر میں محمد کے جلوے بسے ہوں چلوں اِس جہاں سے میں جب یا الٰہی

پسِ مَرگ[3] ہو روزِ روشن کی مانند مِری قَبْر کی تیرہ شب[4] یا الٰہی

گناہوں سے عطّارؔ کو دے مُعافی
کرم کر، نہ کرنا غَضَب یا الٰہی

م ـــ دینہ

۱ خوشی۔ ۲ مرنے کے قریب۔ ۳ مرنے کے بعد۔ ۴ اندھیری رات۔

مِٹا میرے رنج و اَلَم یا الٰھی

مِٹا میرے رنج و اَلَم یاالٰہی
عطا کر مجھے اپنا غم یاالٰہی

شراب ِ مَحبّت کچھ ایسی پِلا دے
کبھی بھی نشہ ہو نہ کم یاالٰہی

مجھے اپنا عاشِق بنا کر بنا دے
تُو سرتاپا تصویرِ غم یاالٰہی

فَقَط تیرا طالِب ہوں ہرگز نہیں ہوں
طلبگارِ جاہ و حَشَم یاالٰہی

نہ دے تاجِ شاہی نہ دے بادشاہی
بنا دے گدائے حرم یاالٰہی

جو عشقِ محمد میں آنسو بہائے
عطا کر دے وہ چشمِ نَم یاالٰہی

شَرَف حج کا دیدے چلے قافِلہ پھر
مِرا کاش! سُوئے حرم یاالٰہی

دکھا دے مدینے کی گلیاں دکھا دے
دکھا دے نبی کا حرم یاالٰہی

چلے جان اِس شان سے کاش یہ سر
درِ مصطَفٰے پر ہو خَم یاالٰہی

مِرا سبز گُنْبَد کے سائے میں نکلے
محمد (صلّی اللّٰہ تعالٰی علیہ واٰلہٖ وسلّم) کے قدموں میں دم یاالٰہی

عبادت میں لگتا نہیں دل ہمارا
ہیں عِصیاں میں بدمَست ہم یاالٰہی

مجھے دیدے ایمان پر اِستِقامت　　پئے سیّدِ مُحْتَشَم یاالٰہی

مِرے سر پہ عِصیاں کا بار آہ مولیٰ!　　بڑھا جاتا ہے دم بدم یاالٰہی

زمیں بوجھ سے میرے پھٹتی نہیں ہے　　یہ تیرا ہی تو ہے کرم یاالٰہی

حُقُوقُ الْعِباد! آہ! ہوگا مِرا کیا!　　کرم مجھ پہ کر دے کرم یاالٰہی

بڑی کوششیں کی گنہ چھوڑنے کی　　رہے آہ! ناکام ہم یاالٰہی

مجھے سچّی توبہ کی توفیق دیدے　　پئے تاجدارِ حرم یاالٰہی

جو ناراض تُو ہوگیا تو کہیں کا　　رہوں گا نہ تیری قسم یاالٰہی

مجھے نارِ دوزخ سے ڈر لگ رہا ہے　　ہو مجھ ناتُواں پر کرم یاالٰہی

سدا کیلئے ہوجا راضی خدایا　　ہمیشہ ہو لُطف و کرم یاالٰہی

خدایا بُرے خاتِمے سے بچانا　　پڑھوں کلمہ جب نکلے دم یاالٰہی

گناہوں سے بھرپور نامہ ہے میرا　　مجھے بخش دے کر کرم یاالٰہی

تُلیں میرے اعمال میزاں پہ جس دم　　پڑے اِک بھی نیکی نہ کم یاالٰہی

میں تھا لائقِ نارِ دوزخ خدایا　　دی جنّت ہے کتنا کرم یاالٰہی

بروزِ قیامت ہو ایسی عنایت رہوں پُل پہ ثابت قدم یاالٰہی
جَلا دے نہ نارِ جہنّم کرم ہو پئے بادشاہِ اُمَم یاالٰہی
گناہوں کی عادت بڑھی جارہی ہے کرم یاالٰہی کرم یاالٰہی
گناہوں کی تاریکیاں چھاگئی ہیں کرم یاالٰہی کرم یاالٰہی
چلے قبر میں سب اکیلا لِٹا کر کرم یاالٰہی کرم یاالٰہی
نَکِیْرَین بھی قبر میں آچکے ہیں کرم یاالٰہی کرم یاالٰہی
قِیامت کی گرمی میں کیسے سہوں گا کرم یاالٰہی کرم یاالٰہی
یہود و نصاریٰ کو مغلوب کردے ہو خَتْم اُن کا جَور و سِتم یاالٰہی
مجھے دونوں عالَم کی خوشیاں عطا ہوں مِٹا دے زمانے کے غم یاالٰہی
جو بیمار آئے شِفا پاکے جائے سکھا دے مجھے ایسا دم یاالٰہی
میں تحریر سے دِیں کا ڈنکا بجادوں عطا کر دے ایسا قلم یاالٰہی

تُو عطّار کو بے سبب بخش مولیٰ
کرم کر کرم کر کرم یاالٰہی

یاربِّ محمّدمِری تقدیر جگادے

یاربِّ محمد مِری تقدیر جگادے
صَحرائے مدینہ مجھے آنکھوں سے دکھادے

پیچھا مِرا دنیا کی مَحبَّت سے چُھڑا دے
یارب مجھے دیوانہ مدینے کا بنادے

روتا ہوا جس وقت میں دربار میں پہنچوں
اُس وقت مجھے جلوۂ مَحْبوب دکھادے

دل عشقِ محمد میں تڑپتا رہے ہردم
سینے کو مدینہ مِرے اللہ بنادے

بہتی رہے اکثر شہِ ابرار کے غم میں
روتی ہوئی وہ آنکھ مجھے میرے خدا دے

ایمان پہ دے موت مدینے کی گلی میں
مدفن مِرا مَحْبوب کے قدموں میں بنادے

اللہ کرم اتنا گنہ گار پہ فرما
جنّت میں پڑوسی مِرے آقا کا بنادے

دیتا ہوں تجھے واسِطہ میں پیارے نبی کا
اُمّت کو خدایا رہِ سنّت پہ چلا دے

اللہ ملے حج کی اِسی سال سعادت
بدکار کو پھر روضۂ مَحْبوب دکھادے

عطّار سے مَحْبوب کی سُنَّت کی لے خدمت
ڈنکا یہ ترے دین کا دُنیا میں بجادے

اللہ! مجھے حافظِ قرآن بنادے

(حفظ وناظرہ کے طلبہ کی مُناجات)

اللہ! مجھے حافظِ قرآن بنادے
قرآن کے اَحکام پہ بھی مجھ کو چلا دے

ہوجایا کرے یاد سَبَق جلد الٰہی!
مولیٰ تُو مِرا حافِظہ مضبوط بنا دے

سُستی ہو مِری دور اُٹھوں جلد سَویرے
تُو مَدرَسے میں دِل مِرا اللہ! لگا دے

ہو مَدرَسے کا مجھ سے نہ نقصان کبھی بھی
اللہ! یہاں کے مجھے آداب سکھا دے

چُھٹّی نہ کروں بھول کے بھی مَدرَسے کی میں
اَوقات کا بھی مجھ کو تُو پابند بنا دے

اُستاد ہوں موجود یا باہَر کہیں مصروف
عادت تُو مِری شور مچانے کی مِٹا دے

خصلت ہو مری دُور شرارت کی الٰہی!
سنجیدہ بنادے مجھے سنجیدہ بنا دے

اُستاد کی کرتا رہوں ہر دم میں اِطاعت
ماں باپ کی عزّت کی بھی توفیق خُدا دے

کپڑے میں رکھوں صاف تُو دِل کو مِرے کر صاف
مولیٰ تُو مدینہ مِرے سینے کو بنا دے

فِلموں سے ڈِراموں سے دے نفرت تُو الٰہی
بس شوق مجھے نَعْت و تِلاوت کا خُدا دے

میں ساتھ جماعت کے پڑھوں ساری نمازیں
اللہ! عبادت میں مِرے دل کو لگا دے

پڑھتا رہوں کثرت سے دُرُود اُن پہ سَدا مَیں
اور ذِکْر کا بھی شوق پئے غوث و رضا دے

ہر کام شریعت کے مطابق میں کروں کاش!
یارب تو مُبلّغ مجھے سُنّت کا بنا دے

میں جھوٹ نہ بولوں کبھی گالی نہ نِکالوں
اللہ مَرَض سے تُو گناہوں کے شِفا دے

میں فالتو باتوں سے رہوں دُور ہمیشہ
چُپ رہنے کا اللہ! سلیقہ تُو سِکھا دے

اَخلاق ہوں اچّھے مِرا کردار ہو سُتھرا
مَحبُوب کا صدقہ تُو مجھے نیک بنا دے

اُستاد ہوں، ماں باپ ہوں، عطّار بھی ہو ساتھ
یُوں حج کو چلیں اور مدینہ بھی دکھا دے

فرمانِ مصطَفٰے صَلَّی اللہ تعالٰی علیہ واٰلہٖ وسلَّم ہے: جس نے مجھ پر روزِ **جُمُعہ** دوسو بار دُرُودِ پاک پڑھا اُس کے **دوسو سال** کے گناہ مُعاف ہوں گے۔ (کَنْزُ الْعُمّال ج ۱ ص ۲۵٦ حدیث ۲۲۳۸)

اللّٰہ مجھے عالمۂ دین بنادے[1]

(دعوتِ اسلامی کے کئی مدرَسۃ المدینہ (للبنات) اور جامعۃ المدینہ (للبنات) ہیں، خُصوصاً ان کی طالِبات اور عُموماً تمام دینی طالبات کیلئے نظم)

اللہ! مجھے عالِمۂ دین بنادے[2]
قراٰن کے اَحکام پہ بھی مجھ کو چلادے

ہو جایا کرے کاش مجھے جلد سبق یاد
مولا تو مِرا حافِظہ مضبوط بنادے

سُستی ہو مری دُور میں اُٹھ جاؤں سویرے
تُو دل مِرا تعلیم میں اللہ لگادے

ہو جامِعہ کا مجھ سے نہ نقصان کبھی بھی
اللہ! یہاں کے مجھے آداب سکھادے

مدینہ

[1]: واضح رہے کہ سابقہ صفحات میں یہ کلام کچھ تغیّر کے ساتھ مذکّر کے لیے کہا گیا ہے اُمّید ہے کہ ضَروری تفریق کے ساتھ دونوں کلام علٰیحدہ علٰیحدہ ہونے میں قارئین کو سہولت رہے گی۔

[2]: حفظ کرنے والی طالبات یہ مِصرع یوں بھی پڑھ سکتی ہیں: ”اللہ! مجھے حافِظہ قُرآں کی بنادے“

چُھٹّی نہ کروں بھول کے پڑھنے کی کبھی بھی
مولا مجھے اَوقات کی پابند بنادے
اُستانی ہوں موجود یا باہَر کہیں مصروف
عادت تُو مِری شور مچانے کی مِٹادے
خَصلت ہو شرارت کی مِری دُور الٰہی!
سنجیدہ بنادے مجھے سنجیدہ بنادے
اُستانی کی کرتی رہوں ہر دم میں اِطاعت
ماں باپ کی عزّت کی بھی توفیق خدا دے
کپڑے میں رکھوں صاف تُو دل کو مرے کر صاف
اللہ! مدینہ مِرے سینے کو بنادے
فِلموں سے ڈِراموں سے عطا کردے تُو نفرت
بس شوق مجھے نعت و تلاوت کا خدا دے
اَوقات کے اندر ہی پڑھوں ساری نَمازیں
اللہ! عبادت میں مِرے دل کو لگادے

پڑھتی رہوں کثرت سے دُرُود اُن پہ سدا میں
اور ذِکْر کا بھی شوق پئے غوث و رضا دے

سنّت کے مطابِق میں ہر اک کام کروں کاش
تُو پیکرِ سنّت مجھے اللہ! بنادے

میں جھوٹ نہ بولوں کبھی گالی نہ نکالوں!
اللہ مَرَض سے تُو گناہوں کے شِفا دے

میں فالتو باتوں سے رہوں دُور ہمیشہ
چُپ رہنے کا اللہ! سلیقہ تُو سکھادے

اَخلاق ہوں اچّھے مِرا کِردار ہو ستھرا
محبوب کا صدقہ تُو مجھے نیک بنادے

اُستانی ہوں ماں باپ ہوں عطّار بھی ہو ساتھ
یُوں حج کو چلیں اور مدینہ بھی دِکھادے

اللہ! کوئی حج کا سبب اب تو بنا دے

اللہ! کوئی حج کا سبب اب تو بنا دے
جلوہ مجھے پھر گُنْبدِ خَضْرا کا دکھا دے

غم ایسا مدینے کا عطا کردے الٰہی
خوشیوں[1] کے گلستان کو جو میرے جلا دے

یارب! میں ترے خوف سے روتا رہوں ہر دم
دیوانہ شَہَنْشاہِ مدینہ کا بنا دے

جب نعت سُنوں جھوم اٹھوں عشقِ نبی میں
ایسا مجھے مستانہ محمد (صلّی اللہ تعالٰی علیہ والہٖ وسلّم) کا بنا دے

صَدْقے میں مِرے غوث کے تُو خواب میں یارب
جلوہ مجھے سلطانِ مدینہ کا دکھا دے

[1] یہاں اللہ ورسول سے دُوری کا سبب بننے والی غفلت بھری ''خوشیاں'' مُراد ہیں۔

سَکرات میں گر رُوئے محمد پہ نظر ہو
ہر موت کا جھٹکا بھی مجھے پھر تو مزا دے

جب حَشْر میں آقا نظر آئیں مجھے اے کاش!
بے ساختہ قدموں میں مِرا شوق گرا دے

اُف حَشْر کی گرمی بھی ہے اور پیاس بَلا کی
اے ساقیِ کوثر مجھے اِک جام پلا دے

ہر وقت جہاں سے کہ انہیں دیکھ سکوں میں
جنّت میں مجھے ایسی جگہ پیارے خدا دے

اللّٰہ! مجھے سوز و گداز ایسا عطا کر
تڑپا دے بیاں نعتِ نبی مجھ کو رُلا دے

تُو پیچھے نہ ہٹنا کبھی اے پیارے مبلّغ!
شیطان کے ہر وار کو ناکام بنا دے

عطّار ہُوں میں ان کا گدا اب تو توجُّہ
بس جانبِ شاہانِ جہاں میری بلا دے

تُو نے مجھ کو حج پہ بُلایا یااللّٰہ مِری جھولی بھر دے

تُو نے مجھ کو حج پہ بُلایا یااللّٰہ مِری جھولی بھر دے
گردِ کعبہ خوب پھرایا یااللّٰہ مِری جھولی بھر دے
میدانِ عَرفات دکھایا یااللّٰہ مِری جھولی بھر دے
بخش دے ہر حاجی کو خدایا یااللّٰہ مِری جھولی بھر دے
بَہرِ کوثر و بیرِ زم زم کردے کرم اے ربِّ اکرم
حَشر کی پیاس سے مجھ کو بچانا یااللّٰہ مِری جھولی بھر دے
مولیٰ مجھ کو نیک بنادے اپنی الفت دل میں بسا دے
بَہرِ صَفا اور بَہرِ مَروہ یااللّٰہ مِری جھولی بھر دے
یَااللّٰہُ یَا رَحْمٰنُ یَاحنّانُ یَا مَنّانُ
بخش دے بخشے ہوؤں کا صدقہ یااللّٰہ مِری جھولی بھر دے
واسِطہ نبیوں کے سَروَر کا واسِطہ صِدّیق اور عُمَر کا
واسِطہ عثمان و حیدر کا یااللّٰہ مِری جھولی بھر دے
نارِ جہنَّم سے تُو بچانا خُلدِ بریں میں مجھ کو بسانا
یارب اَز پئے شاہِ مدینہ یااللّٰہ مِری جھولی بھر دے
سائل ہوں میں تیری وِلا کا پھیر دے رُخ ہر رنج و بلا کا

واسِطہ شاہِ کربِ و بلا کا — یااللّٰہ مِری جھولی بھر دے
جس دم سُوئے طیبہ سفر ہو — آنکھیں تَر ہوں پھٹتا جگر ہو
اور عطا ہو سوزِشِ سینہ — یااللّٰہ مِری جھولی بھر دے
سامنے جب ہو گُنبدِ خضرا — قلب و جگر ہوں پارہ پارہ
بہ نکلے اَشکوں کا دھارا — یااللّٰہ مِری جھولی بھر دے
شاہِ مدینہ کی اُلفت دے — سوز دے اور درد و رِقّت دے
عشقِ نبی میں خوب رُلانا — یااللّٰہ مِری جھولی بھر دے
میں ہوں بندہ تُو ہے مولیٰ — تُو ہے قادِر میں ناکارہ
میں منگتا تُو دینے والا — یااللّٰہ مِری جھولی بھر دے
سوزِ اُوَیس و بِلال خُدا دے — غوث کا صَدْقہ مجھ کو بنا دے
شاہِ مدینہ کا دیوانہ — یااللّٰہ مِری جھولی بھر دے
حاضِرِ در ہوں میں دُکھیارا — یارب! تیرا ہی ہے سہارا
رنج و اَلَم نے مجھ کو مارا — یااللّٰہ مِری جھولی بھر دے
ہے تیرا فرماں اُدْعُوْنِیْ[1] — ہے یہ دعا ہو قبر نہ سُونی
جلوۂ یار سے اِس کو بسانا — یااللّٰہ مِری جھولی بھر دے

مدینہ

[1] اِس آیتِ کریمہ کی طرف اشارہ: وَقَالَ رَبُّكُمُ ادْعُوْنِیْۤ اَسْتَجِبْ لَكُمْ (پ۲٤ المؤمن:٦٠)
ترجمۂ کنز الایمان: اورتمہارے رب نے فرمایا مجھ سے دعا کرو میں قبول کروں گا۔

دے حُسنِ اَخلاق کی دولت کردے عطا اِخلاص کی نِعمت
مجھ کو خزانہ دے تقویٰ کا یااللّٰہ مِری جھولی بھردے
بخش دے میری ساری خطائیں کھول دے مجھ پر اپنی عطائیں
برسادے رَحمت کی بَرکھا[1] یااللّٰہ مِری جھولی بھردے
دعوتِ اسلامی کی قیُّوم اِک اِک گھر میں مچ جائے دھوم
اِس پہ فِدا ہو بچّہ بچّہ یااللّٰہ مِری جھولی بھردے
یُوں میرا دنیا سے سفر ہو ان کی چوکھٹ[2] میرا سَر ہو
پیشِ نظر ہو اُن کا جلوہ یااللّٰہ مِری جھولی بھردے
تاج وتخت وحکومت مت دے کثرتِ مال و دولت مت دے
اپنی رِضا[3] کا دیدے مُژدہ[4] یااللّٰہ مِری جھولی بھردے

جنّت میں آقا کا پڑوسی
بن جائے عطّارؔ الٰہی
مولیٰ از پئے قُطبِ مدینہ
یااللّٰہ مِری جھولی بھردے

۱: بارِش ۲: دروازہ ۳: راضی ہونا ۴: خوش خبری

یاالٰہی! دُعا ہے گدا کی میرے مولیٰ تُو خیرات دیدے

(۱٦ محرَّمُ الْحرم ۱٤۳۳ھ۔بمطابق2011-12-12)

یا الٰہی! دُعا ہے گدا کی — میرے مولیٰ تو خیرات دیدے
جلوۂ سَرورِ اَنبیا کی — میرے مولیٰ تو خیرات دیدے

سبز گُنبد کی مہکی فَضا کی — دِیدِ دربارِ خیرُالورٰی کی
باغِ طیبہ کی ٹھنڈی ہوا کی — میرے مولیٰ تو خیرات دیدے

بھیک دے اُلفتِ مصطَفٰے کی — سب صَحابہ کی آلِ عَبا[1] کی
غوث وخواجہ کی احمد رضا کی — میرے مولیٰ تو خیرات دیدے

کوئی حج کا سبب اب بنا دے — مجھ کو کعبے کا جلوہ دکھادے
دِیدِ عَرفات و دِیدِ مِنٰی کی — میرے مولیٰ تو خیرات دیدے

دے مدینے کی مجھ کو گدائی — ہو عطا دو جہاں کی بھلائی
ہے صدا عاجز و بے نَوا کی — میرے مولیٰ تو خیرات دیدے

حاضِری کے لیے جو بھی تڑپے — سبز گُنبد کا دیدار کر لے
اُس کو طیبہ کی مہکی فَضا کی — میرے مولیٰ تو خیرات دیدے

عازِمِ راہِ بغداد کر دے — جلوۂ غوث سے شاد کر دے
مجھ کو دیدارِ کرب و بلا کی — میرے مولیٰ تو خیرات دیدے

ہر دم ابلیس پیچھے لگا ہے — حِفظِ ایمان کی التجا ہے

مدینہ

[1] سیّدُنا علی، سیّدَتُنا بی بی فاطمہ، سیّدُنا امام حسن اور سیّدُنا امام حُسین علیہم الرضوان کو ''آلِ عَبا'' کہتے ہیں۔

ہو کرم اَمنِ روزِ جزا کی میرے مولیٰ تو خیرات دیدے
مغفِرت کر بروزِ قِیامت تُو کرم کر عطا کر عنایت
خُلْد میں قُربِ خیرُالوریٰ کی میرے مولیٰ تو خیرات دیدے
بارہ مہ کے مسافِر بنے ہیں یا جو ''وقفِ مدینہ''[1] ہوئے ہیں
اُن کو عشقِ شہِ دُو سَرا کی میرے مولیٰ تو خیرات دیدے
وہ بچارے کہ بیمار ہیں جو جِنّ و جادو سے بیزار ہیں جو
اپنی رَحْمت سے اُن کو شِفا کی میرے مولیٰ تو خیرات دیدے
وہ کہ آفات میں مبتَلا ہیں جو گرفتارِ رنج و بلا ہیں
فَضْل سے اُن کو صبر و رِضا کی میرے مولیٰ تو خیرات دیدے
لا دوا کہہ چکے سب طبیب اب دم لبوں پر ہے ربِّ مُجیب اب
جلوۂ شاہِ ارض وسَما کی میرے مولیٰ تو خیرات دیدے
قَبْر تیرے کرم سے بنے گی باغ، رَحْمت کی چادر تنے گی
روزِ مَحْشر بھی لطف و عطا کی میرے مولیٰ تو خیرات دیدے
روح، عطّار کی جب جدا ہو سامنے جلوۂ مصطَفٰے ہو
اُنکے قدموں میں اِس کو قَضا کی میرے مولیٰ تو خیرات دیدے

مدینہ

[1] ایسے بے شمار عاشقانِ رسول ہیں جنہوں نے دِین کے مَدَنی کاموں کی خاطِر اپنے آپ کو عمر بھر کیلئے دعوتِ اسلامی کے مَدَنی مرکز کے حوالے کر دیا ہے۔ ایسے خوش نصیبوں کو دعوتِ اسلامی کی اِصطِلاح میں ''وقفِ مدینہ'' کہتے ہیں۔

لاج رکھ میرے دستِ دُعا کی میرے مولیٰ تُو خیرات دیدے

(۱۶ محرّمُ الْحرم ۱۴۳۳ھ۔ بمطابق 12-12-2011)

لاج رکھ میرے دستِ دُعا کی — میرے مولیٰ تو خیرات دیدے
اپنی رَحْمت کی اپنی عطا کی — میرے مولیٰ تو خیرات دیدے
قلب میں یاد تیری بسی ہو — ذِکْر لب پر ترا ہر گھڑی ہو
مستی و بے خودی اور فنا[۱] کی — میرے مولیٰ تو خیرات دیدے
کرنا رَحْمت خدا مجھ پہ اپنی — رکھ عنایت سدا مجھ پہ اپنی
دائمی[۲] اور حتمی[۳] رِضا کی — میرے مولیٰ تو خیرات دیدے
نَفْس نے لذّتوں میں پھنسایا — مجھ پہ لطف و کرم ہو خدایا
دل سے چاہَت مِٹا ماسِوا[۴] کی — میرے مولیٰ تو خیرات دیدے
اَز پئے غوثِ اعظم ولایت — اپنی رَحْمت سے فرما عنایت
اپنی، اپنے نبی کی وِلا کی — میرے مولیٰ تو خیرات دیدے

مدینه

۱ فَنافِی اللہ ۲ ہمیشہ کیلئے ۳ مُستقل ۴ خاص اِصطِلاح کے اعتِبار سے ہر وہ چیز جو خدا سے دور لیجانے والی ہے اُسے ماسِوا کہتے ہیں۔

حال عاصی کا بے حد بُرا ہے تیری رَحمت کا بس آسرا ہے
عَفْوِ جُرم و قُصُور و خطا کی میرے مولیٰ تو خیرات دیدے

میں گناہوں میں لتھڑا ہوا ہوں بد سے بدتر ہوں بگڑا ہوا ہوں
عَفْوِ جُرم و قُصُور و خطا کی میرے مولیٰ تو خیرات دیدے

ہے یہ تسلیم سب سے بُرا ہوں میں سُدھرنا خدا چاہتا ہوں
عَفْوِ جُرم و قُصُور و خطا کی میرے مولیٰ تو خیرات دیدے

ہو کرم از طُفیلِ مدینہ میں نہ ہرگز پھروں کر کے توبہ
عَفْوِ جُرم و قُصُور و خطا کی میرے مولیٰ تو خیرات دیدے

بات عِصیاں سے میں نے بگاڑی دل کی ہاتھوں سے بستی اُجاڑی
لُطف و رَحمت کی عَفْو[1] و عطا کی میرے مولیٰ تو خیرات دیدے

ــدینہ

[1] مُعافی

تیرے ڈر سے سدا تھرتھراؤں   خوف سے تیرے آنسو بہاؤں
کیف ایسا دے، ایسی ادا کی   میرے مولیٰ تو خیرات دیدے
مَکرِ شیطان سے تو بچانا   ساتھ ایماں کے مجھ کو اٹھانا
نَزْع میں دِیدِ بدرُ الدُّجےٰ کی   میرے مولیٰ تو خیرات دیدے
پھر عرب کی حسیں وادیاں ہوں   کاش! مکّے کی شادابیاں ہوں
مجھ کو دیدارِ ثَور و حِرا کی   میرے مولیٰ تو خیرات دیدے
دیدے پردہ بہو بیٹیوں کو   ماؤں بہنوں سبھی عورَتوں کو
ہم سبھی کو حقیقی حیا کی   میرے مولیٰ تو خیرات دیدے
اب تک اولاد سے جو ہیں محروم   اُن کی بھر گود اے ربِّ قَیُّوم
سب کو رَحْمت کی اپنی عطا کی   میرے مولیٰ تو خیرات دیدے
جگمگاتی رہے قبرِ عطّار   اے رحیم اور ستّار و غفّار
تا ابد فَضْل و رَحْم و عطا کی   میرے مولیٰ تو خیرات دیدے

حج کا شَرَف ہو پھر عطا یا ربِّ مصطَفٰے

(١٥ جمادی الاخرہ ١٤٣٤ھ۔بمطابق 25-04-2013)

حج کا شَرَف ہو پھر عطا یاربِّ مصطَفٰے
میٹھا مدینہ پھر دِکھا یا ربِّ مصطَفٰے

مل جائے اب رہائی فراقِ مدینہ سے
ہو یہ کرم، ہو یہ عطا یا ربِّ مصطَفٰے

دیدے طوافِ خانۂ کعبہ کا پھر شَرَف
فرما یہ پورا مُدَّعا یا ربِّ مصطَفٰے

رُخ سُوئے کعبہ ہاتھ میں زم زم کا جام ہو
پی کر مَیں پھر کروں دُعا یا ربِّ مصطَفٰے

پھر قافلہ الٰہی بنے ''چل مدینہ'' کا
احمد رضا کا واسِطہ یاربِّ مصطَفٰے

سب اہلِ خانہ ساتھ میں ہوں کاش! چل پڑے
سُوئے مدینہ قافِلہ یا ربِّ مصطَفٰے

ہوں ساتھ میں نواسیاں اور ان کے والِدین
چلدے مدینے قافِلہ یا ربِّ مصطَفٰے

ہوں ساتھ پوتے پوتیاں اور ان کے والِدین
چلدے مدینے قافِلہ یا ربِّ مصطَفٰے

دِیوانے مصطَفٰے کے مِرے ساتھ ساتھ ہوں
چلدے مدینے قافِلہ یا ربِّ مصطَفٰے

روتی رہے جو ہر گھڑی عشقِ رسول میں
وہ آنکھ دیدے یا خدا یا ربِّ مصطَفٰے

اے کاش! مجھ کو خواب میں ہو جائے ایک بار
دیدارِ شاہِ انبِیا یاربِّ مصطَفٰے

ہوں خَتْم میرے مُلک سے تخریب کاریاں
اَمْن و اَمان ہو عطا یا ربِّ مصطَفٰے

دنیا کے جھگڑے خَتْم ہوں اور مشکِلیں ٹلیں
صدقہ حسن حسین کا یا ربِّ مصطَفٰے

گو جاں کو خطرہ ہے مِری اِمداد پر ہے تُو
پھر دشمنوں کا خوف کیا یا ربِّ مصطفٰے

اِس طرح پھیلے نیکی کی دعوت کہ نیک ہو
ہر ایک چھوٹا اور بڑا یا ربِّ مصطفٰے

بے پردَگی کا خاتمہ ہو عورَتوں کو دے
زیور حیا و شرم کا یاربِّ مصطفٰے

ہر ماہ مَدنی قافلے میں سب کریں سفر
اللہ! جذبہ کر عطا یاربِّ مصطفٰے

اَحکامِ شَرْع پر مجھے دے دے عمل کا شوق
پیکر خلوص کا بنا یاربِّ مصطفٰے

''قفلِ مدینہ'' لب پہ ہو اور یہ شَرَف ملے
ہر دم کروں تری ثنا یا ربِّ مصطفٰے

ہو جائیں مولا مسجِدیں آباد سب کی سب
سب کو نَمازی دے بنا یا ربِّ مصطفٰے

غیبت سے اور تُہمت و چغلی سے دُور رکھ
خُوگر تُو سچ کا دے بنا یا ربِّ مصطفٰے

عُجب و تکبُّر اور بچا حُبِّ جاہ سے
آئے نہ پاس تک رِیا یا ربِ مصطفٰے

اَمراضِ عِصیاں نے مجھے کر نیم جاں دیا
مُرشِد کا صدقہ دے شِفا یاربِ مصطفٰے

جوں ہی گناہ کرنے لگوں، تیرے خوف سے
فوراً اُٹھوں میں تھرتھرا یا ربِّ مصطفٰے

تیری خَشیّت اور ترے ڈر سے، خوف سے
ہر دم ہو دِل یہ کانپتا یا ربِّ مصطفٰے

دے نَزْع و قبر و حشر میں ہر جا اَمان، اور
دوزخ کی آگ سے بچایا ربِّ مصطفٰے

آنکھوں میں جلوہ شاہ کا اور لب پہ نعت ہو
جب روح تن سے ہو جدا یاربِّ مصطفٰے

اے کاش! زیرِ گنبدِ خضرا پئے ضیا
ایمان پر ہو خاتمہ یاربِّ مصطفٰے

مجھ کو بقیعِ پاک میں مدفن نصیب ہو
غوثُ الوریٰ کا واسِطہ یاربِّ مصطفٰے

جس دم وہ آئیں قبر میں، میری زَبان پر
بس مرحبا کی ہو صدا یاربِّ مصطفٰے

مَحشر میں پُل صراط پہ میرے قدم کہیں
جائیں پھسل نہ یا خدا یا ربِّ مصطفٰے

فردوس میں پڑوس دے اپنے حبیب کا
مولیٰ علی کا واسِطہ یاربِّ مصطفٰے

تو بے حساب بخش دے عطّارِ زار کو
تجھ کو نبی کا واسِطہ یاربِّ مصطفٰے

سر ہے خَم ہاتھ میرا اُٹھا ہے یا خُدا تجھ سے میری دُعا ہے

(یہ کلام ۸ شوال المکرّم ۱٤۳۱ھ کو کمپوز کیا گیا)

سر ہے خَم ہاتھ میرا اُٹھا ہے
یاخدا تجھ سے میری دُعا ہے
فَضْل کی رَحْم کی اِلتجا ہے
یاخدا تجھ سے میری دُعا ہے
قَلْب میں یاد لب پر ثنا ہے
میرے ہر درد کی یہ دوا ہے
کون دُکھیوں کا تیرے سِوا ہے
یاخدا تجھ سے میری دُعا ہے
قَلْب سختی میں حد سے بڑھا ہے
بندہ طالِب تِرے خوف کا ہے
اِلتجائے غمِ مصطفٰے ہے
یاخدا تجھ سے میری دُعا ہے
حُبِّ دُنیا میں دل پھنس گیا ہے
نَفْسِ بدکار حاوِی ہوا ہے
ہائے شیطاں بھی پیچھے پڑا ہے
یاخدا تجھ سے میری دُعا ہے
آہ! بندہ دُکھوں میں گِھرا ہے
اِس کو تیرا ہی بس آسرا ہے
اِلتجائے کرم یاخُدا ہے
یاخدا تجھ سے میری دُعا ہے
تیرا اِنْعام ہے یاالٰہی
کیسا اِکْرام ہے یاالٰہی
ہاتھ میں دامنِ مصطفٰے ہے
یاخدا تجھ سے میری دُعا ہے
عِشْق دے سوز دے چشمِ نَم دے
مجھ کو میٹھے مدینے کا غم دے

واسِطہ گُنبَدِ سبز کا ہے	یاخدا تجھ سے میری دُعا ہے
ہر گُنہَ سے بچا مجھ کو مولیٰ	نیک خَصلَت بنا مجھ کو مولیٰ
تجھ کو رَمضان کا واسِطہ ہے	یاخدا تجھ سے میری دُعا ہے
فَضل کر رَحم کر تُو عطا کر	اور مُعاف اے خدا ہر خطا کر
واسِطہ پنجتن پاک کا ہے	یاخدا تجھ سے میری دُعا ہے
عَفو و رَحمت کا بخشش کا سائِل	ہوں نہایت گنہگار و غافِل
میرا سب حال تجھ پر کُھلا ہے	یاخدا تجھ سے میری دُعا ہے
ہوں بظاہِر بڑا نیک صورت	کر بھی دے مجھ کو اب نیک سِیرت
ظاہِر اچھا ہے باطِن بُرا ہے	یاخدا تجھ سے میری دُعا ہے
بے سبب اے خدا کر دے بخشش	حَشر میں مجھ سے کرنا نہ پُرسِش
نام غفّار مولیٰ تِرا ہے	یاخدا تجھ سے میری دُعا ہے
مجھ خطا کار پر بھی عطا کر	بے سبب بخش دے رَبِّ اکبر
مجھ کو دوزخ سے ڈر لگ رہا ہے	یاخدا تجھ سے میری دُعا ہے
نَزع میں ربِّ غفّار تجھ سے	موت سے قبل بیمار تجھ سے
طالبِ جلوۂ مصطَفٰے ہے	یاخدا تجھ سے میری دُعا ہے

قبر میں مجھ کو تنہا لِٹا کر
چلدیئے ہائے سارے بَرادَر
دل اندھیرے میں گھبرا رہا ہے
یاخدا تجھ سے میری دُعا ہے
مَغفِرت کا ہوں تجھ سے سُوالی
پھیرنا اپنے در سے نہ خالی
مجھ گنہگار کی اِلتجا ہے
یاخدا تجھ سے میری دُعا ہے
میرے مُرشِد جو غوثُ الْوَرا ہیں
شاہ احمد رضا رہنُما ہیں
یہ ترا لُطف تیری عطا ہے
یاخدا تجھ سے میری دُعا ہے
نارِ دوزخ سے مجھ کو اَماں دے
مغفِرت کرکے باغِ جِناں دے
کردے رَحمت مِری اِلتجا ہے
یاخدا تجھ سے میری دُعا ہے
واسِطہ تجھ کو پیارے نبی کا
اور اَصحاب و الِ نبی کا
بَخش دے مجھ کو یہ اِلتجا ہے
یاخدا تجھ سے میری دُعا ہے
یاخدا ماہِ رمضاں کے صدقے
سچّی توبہ کی توفیق دیدے
نیک بن جاؤں جی چاہتا ہے
یاخدا تجھ سے میری دُعا ہے
دَرْدِ عِصیاں مِٹا یاالٰہی
دیدے کامِل شِفا یاالٰہی
تجھ سے بیمار کی اِلتجا ہے
یاخدا تجھ سے میری دُعا ہے
جو ہیں بیمار صحّت کے طالِب
ان پہ فرما کرم ربِّ غالِب

تجھ سے رَحْم و کرم کی دُعا ہے — یاخدا تجھ سے میری دُعا ہے

میں نے مانا کہ سب سے بُرا ہوں — کس کا ہوں؟ تیرا ہوں میں ترا ہوں

ناز رَحمت پہ مجھ کو بڑا ہے — یاخدا تجھ سے میری دُعا ہے

عیب دُنیا میں تو نے چھپائے — حشر میں بھی نہ اب آنچ آئے

آہ! نامہ مِرا کُھل رہا ہے — یاخدا تجھ سے میری دُعا ہے

عُمر بدیوں میں ساری گزاری — ہائے! پھر بھی نہیں شرمساری

بَخْش مَحْبوب کا واسِطہ ہے — یاخدا تجھ سے میری دُعا ہے

وِرْدِ لب کلمۂ طَیِّبَہ ہو — اور ایمان پر خاتمہ ہو

آ گیا ہائے! وَقْتِ قضا ہے — یاخدا تجھ سے میری دُعا ہے

یاخدا ایسے اَسباب پاؤں — کاش مکے مدینے میں جاؤں

مجھ کو اَرمان حج کا بڑا ہے — یاخدا تجھ سے میری دُعا ہے

آہ! رنج و اَلَم نے ہے مارا — یاالٰہی مجھے دے سہارا

ایک غمگین دل کی صدا ہے — یاخدا تجھ سے میری دُعا ہے

میری جان آفتوں سے چھڑانا — مُوذی اَمراض سے بھی بچانا

تجھ کو صِدّیق کا واسِطہ ہے — یاخدا تجھ سے میری دُعا ہے

تو عَطا حِلْم کی بھیک کر دے　　میرے اَخْلاق بھی ٹھیک کر دے
تجھ کو فاروق کا واسِطہ ہے　　یاخدا تجھ سے میری دُعا ہے
گو یہ بندہ نکمّا ہے بیکار　　اِس سے لے فَضْل سے ربِّ غفّار
کام وہ جس میں تیری رِضا ہے　　یاخدا تجھ سے میری دُعا ہے
تیرے پیارے کی دُکھیاری اُمّت　　پر ہے سیلاب[1] کی آئی آفَت
رَحْم کر بس ترا آسرا ہے　　یاخدا تجھ سے میری دُعا ہے
ہر طرف سے بلاؤں نے گھیرا　　آفتوں نے لگایا ہے ڈیرا
تُو ہی اب میرا حاجت رَوا ہے　　یاخدا تجھ سے میری دُعا ہے
اُس کی جھولی مُرادوں سے بھر دے　　اُس کے حق میں جو بہتر ہو کر دے
جس نے مجھ سے دُعا کا کہا ہے　　یاخدا تجھ سے میری دُعا ہے
عِشقِ اَحْمد میں آنسو بہاؤں　　حُبِّ دُنیا سے خود کو بچاؤں
ایسی توفیق دے اِلتجا ہے　　یاخدا تجھ سے میری دُعا ہے
میری دشمن سے فرما حِفاظت　　دین و ایماں بھی رکھنا سلامت

مدینہ

[1] یہاں ''سیلاب'' کی جگہ حسبِ حال ''مہنگائی'' بھی پڑھ سکتے ہیں۔

دَشت بستہ مِری اِلتجا ہے
یاخدا تجھ سے میری دُعا ہے

مِہرباں تُو ہی، تُو ہی مددگار
اُس دُکھی دِل کا تُو حامیِ کار

جس کو دُنیا نے ٹھکرا دیا ہے
یاخدا تجھ سے میری دُعا ہے

سخت گوئی کی مِٹ جائے خَصلَت
نَرم گوئی کی پڑ جائے عادت

واسِطہ خُلقِ مَحبُوب کا ہے
یاخدا تجھ سے میری دُعا ہے

سُنّتوں کی کروں خوب خدمت
ہر کسی کو دوں نیکی کی دعوت

نیک میں بھی بنوں اِلتجا ہے
یاخدا تجھ سے میری دُعا ہے

قافِلوں میں سفر کی ہو کثرت
ہم سے یوں دین کی لے لے خدمت

عاجزانہ الٰہی دُعا ہے
یاخدا تجھ سے میری دُعا ہے

میری بَک بَک کی عادت مِٹادے
اور آنکھیں حیا سے جھکا دے

صَدْقہ عثماں کا جو باحیا ہے
یاخدا تجھ سے میری دُعا ہے

یاالٰہی کر ایسی عنایت
دیدے ایمان پر اِستِقامت
تجھ سے عطّارؔ کی اِلتجا ہے
یاخدا تجھ سے میری دُعا ہے

ٹھنڈی ٹھنڈی ہوا حرم کی ہے

ٹھنڈی ٹھنڈی ہوا حرم کی ہے — بارِش اللہ کے کرم کی ہے
آمِنہ کے مکاں پہ روز و شب — بارِش اللہ کے کرم کی ہے
جو حرم کا ادب کریں اُن پر — بارِش اللہ کے کرم کی ہے
نوری چادر تنی ہے کعبے پر — بارِش اللہ کے کرم کی ہے
مُلْتَزَم اور بِیرِ زَم زَم پر — بارِش اللہ کے کرم کی ہے
باب و میزاب و حَجرِ اَسْوَد پر — بارِش اللہ کے کرم کی ہے
مُسْتَجار اور رُکنِ شامی پر — بارِش اللہ کے کرم کی ہے
کیسا رُکنِ عِراقی ہے نِکھرا — بارِش اللہ کے کرم کی ہے
مُسْتَجاب و حَطیم پر بے شک — بارِش اللہ کے کرم کی ہے
رَحْمتیں ہیں مَطاف پر بھی اور — بارِش اللہ کے کرم کی ہے
پاک گھر کے طواف والوں پر — بارِش اللہ کے کرم کی ہے
مکّۂ پاک پر مدینے پر — بارِش اللہ کے کرم کی ہے
سبز گُنْبد پہ رَحْمتیں ہیں اور — بارِش اللہ کے کرم کی ہے
کعبۂ پاک پر مَناروں پر — بارِش اللہ کے کرم کی ہے
ان کے مِحراب اور مِنْبر پر — بارِش اللہ کے کرم کی ہے
یاالٰہی! غمِ مدینہ دے — اِلتجا مصطفٰے کے غم کی ہے

قلبِ مُضطَر کی لاج رکھ مولیٰ
یہ صدا میری چشمِ نَم کی ہے

جو نظر آرہی ہے ہر جانب
سب بہار اُن کے دمِ قدم کی ہے

میرے مولیٰ غمِ مدینہ ہی
آبرو میری چشمِ نَم کی ہے

سوزِشِ سینہ و جگر دے دے
آرزو مجھ کو چشمِ نَم کی ہے

خُوں رُلائے سدا تری اُلفت
آرزو ایسی چشمِ نَم کی ہے

آفتوں سے بچالے یاالله
مجھ پہ یَلغار[1] رنج وغم کی ہے

بگڑی تقدیر ابھی سنور جائے
دیر اِک جُنبِشِ قلَم کی ہے

''قافِلوں'' میں سفر کرو یارو!
بِالیقیں راہ یہ اِرَم کی ہے

سارے اپناؤ ''مَدَنی اِنْعامات''
گر تمہیں آرزو اِرَم کی ہے

لائِق نار ہیں مِرے اعمال
التجا یاخدا کرم کی ہے

اپنی اُمّت کی مغفِرت ہوجائے
آرزو شافعِ اُمَم کی ہے

بَخش دے اب تو مجھ کو یاالله
یہ دُعا تجھ سے چشمِ نم کی ہے

دے دے ''قُفلِ مدینہ'' یاالله
ہو کرم التجا کرم کی ہے

کاش! ہر سال حج کرے عطّار
عرض بدکار پر کرم کی ہے

[1] : حملہ

نعتیہ شاعِری کرنا کیسا؟

سُوال: نعتیہ شاعری کرنا کیسا ہے؟

جواب: سنّتِ صَحابہ عَلَیھِمُ الرِّضوان ہے یعنی بعض صَحابہ مَثَلاً حسّان بن ثابت رضی اللّٰہ تعالٰی عنہ اور حضرت سیِّدُنا زید رضی اللّٰہ تعالٰی عنہ وغیرھما سے نعتیہ اشعار لکھنا ثابت ہے۔ تاہم یہ ذِہن میں رہے کہ **نعت شریف** لکھنا نہایت مُشکِل فن ہے، اِس کے لیے ماہِرِ فَن عالِمِ دین ہونا چاہئے، ورنہ عالِم نہ ہونے کی صورت میں رَدیف، قافِیہ اور بَحْر (یعنی شعر کا وزن) وغیرہ کو نبھانے کیلئے خلافِ شان الفاظ ترتیب پا جانے کا خدشہ رہتا ہے۔ عوامُ النّاس کو **شاعِری** کا شوق چَرانا مناسِب نہیں کہ نَثر کے مقابلے میں نَظم میں **کُفرِیّات** کے صُدُور کا زیادہ اندیشہ رَہتا ہے۔ اگر شَرعی اَغلاط سے کلام محفوظ رہ بھی گیا تو ''فُضولیات'' سے بچنے کا ذِہن بہُت کم لوگوں کا ہوتا ہے۔ جی ہاں آج کل جس طرح عام گفتگو میں فُضول الفاظ کی بھر مار پائی جاتی ہے اِسی طرح ''بیان'' اور ''نعتیہ کلام'' میں بھی ہوتا ہے۔ (کفریہ کلمات کے بارے میں سوال جواب ص ۲۳۲ مکتبۃ المدینہ)

نعت واِستغاثات

آمدِ مصطفٰے مرحبا مرحبا

آمدِ مصطفٰے مرحبا مرحبا — اَحمدِ مُجْتَبٰی مرحبا مرحبا
یاشفیعَ الْوَرٰی مرحبا مرحبا — خاتَمُ الْاَنْبِیا مرحبا مرحبا
یارسولِ خدا مرحبا مرحبا — جان تم پر فدا مرحبا مرحبا
آئے شمسُ الضُّحٰی مرحبا مرحبا — شاہِ بدرُالدُّجٰی مرحبا مرحبا
آئے نورُالْھُدٰی مرحبا مرحبا — شاہِ خیرُالْورٰی مرحبا مرحبا
آئے مُشکِل کُشا مرحبا مرحبا — میرے حاجت روا مرحبا مرحبا
رهبرورهنُما مرحبا مرحبا — شاہِ ہر دوسرا مرحبا مرحبا
رَحْمتِ کبریا مرحبا مرحبا — شاہِ ارض و سَما مرحبا مرحبا
یاحبیبِ خدا مرحبا مرحبا — سیِّدُالْاَتْقِیا مرحبا مرحبا
راحتِ آمِنہ مرحبا مرحبا — والِدِ فاطِمہ مرحبا مرحبا
آئے صدرُالْعُلٰی مرحبا مرحبا — سب لگاؤ صدا مرحبا مرحبا
اے سِراجِ مُنیر اے عَلیم وخَبیر — سرورِ اَنْبِیا مرحبا مرحبا
آمِنہ کے یہاں شاہِ کون و مکاں — آئے غُل پڑ گیا مرحبا مرحبا
سر پہ تاجِ شَفاعت ہے جن کے وہ آج — آگئے مرحبا مرحبا مرحبا
آئے پیارے نبی ہر طرف تھی خوشی — چارسُو شور تھا مرحبا مرحبا

ٹھنڈی ٹھنڈی ہوا مہکی مہکی فَضا گُنگُناتی صَبا مرحبا مرحبا

پھول کھِلنے لگے نعت کہنے لگے ہر شَجَر جُھوم اٹھا مرحبا مرحبا

ابرِ رَحمت اُٹھا اور برسنے لگا کیف سا چھا گیا مرحبا مرحبا

چار سُو چاندنی ہر طرف روشنی جابجا نور تھا مرحبا مرحبا

تھی ہوا مُشکبار آئی ہرسُو بَہار نِکھری نِکھری فَضا مرحبا مرحبا

واعِظِ خوش بیاں اُن کا ہر نعت خواں کہتا ہے کہتا تھا مرحبا مرحبا

ہے بڑا مرتبہ ماہِ مِیلاد کا اس میں کیا شک بھلا مرحبا مرحبا

مُنہ اُجالا ہوا بول بالا ہوا ہر مسلمان کا مرحبا مرحبا

ہر صَنَم[1] گر پڑا کعبہ کہنے لگا آگئے مصطَفٰے مرحبا مرحبا

دُور اندھیرا ہوا لو سَویرا ہوا آگئے مصطَفٰے مرحبا مرحبا

دھوم صلِّ علٰی کی مچی چار سُو آگئے مصطَفٰے مرحبا مرحبا

بے قرارو سنو دل فِگارو[2] سنو آگئے مصطَفٰے مرحبا مرحبا

مَرْغزارو[3] سُنو ریگزارو سُنو آگئے مصطَفٰے مرحبا مرحبا

گُل عِذارو[4] سُنو ماہ پارو سنو آگئے مصطَفٰے مرحبا مرحبا

شاندارو سُنو جاندارو سُنو آگئے مصطَفٰے مرحبا مرحبا

۱ بُت ۲ زخمی دل والو ۳ مَرْغ یعنی ہری گھاس ''مرغزار'' یعنی جہاں ہری گھاس پھیلی ہوئی ہو۔
۴ پھول جیسے گال والا بچّہ، خوبصورت بچّہ

اے دُلارو سُنو میرے پیارو سُنو آ گئے مصطفٰے مرحبا مرحبا
میرے یارو سُنو دُوشتدارو سُنو آ گئے مصطفٰے مرحبا مرحبا
آبشارو سُنو تیز دھارو سُنو آ گئے مصطفٰے مرحبا مرحبا
شاخسارو[1] سُنو خارزارو[2] سُنو آ گئے مصطفٰے مرحبا مرحبا
اے بہارو سُنو تُم نظارو سُنو آ گئے مصطفٰے مرحبا مرحبا
چاند تارو سُنو تم بھی غارو سُنو آ گئے مصطفٰے مرحبا مرحبا
لالہ زارو[3] سُنو تم بہارو سُنو آ گئے مصطفٰے مرحبا مرحبا
تاجدارو سُنو مالدارو سُنو آ گئے مصطفٰے مرحبا مرحبا
اے کہارو[4] سُنو تم سُنارو سُنو آ گئے مصطفٰے مرحبا مرحبا
ہونہارو سُنو ہوشیارو سُنو آ گئے مصطفٰے مرحبا مرحبا
رازدارو سُنو روزہ دارو سُنو آ گئے مصطفٰے مرحبا مرحبا
کامدارو[5] سُنو کامگارو[6] سُنو آ گئے مصطفٰے مرحبا مرحبا
شَہسُوارو[7] سُنو نامدارو[8] سُنو آ گئے مصطفٰے مرحبا مرحبا
عیدِ میلاد ہے کس قدَر شاد ہے قلب، عطّار کا مرحبا مرحبا

مدینہ

۱ درختوں کا جھنڈ ۲ کانٹوں بھرا جنگل ۳ یعنی گلزار ٤ پالکی اٹھانے والا
۵ کارکن، عہدیدار ٦ خوش نصیب ۷ گھوڑے سوار ۸ عالی جناب

تاجدارِ اَنۢبیاء اھلًا وَّ سھلًا مرحبا

تاجدارِ اَنۢبیا، اھلاً وَّسَھلاً مــــرحبــــا
رازدارِ کبریا، اھلاً وَّسَھلاً مــــرحبــــا

آگئے خیرُ الْوریٰ، اھلاً وَّسَھلاً مــــرحبــــا
آئے شاہِ اَنۢبیا، اھلاً وَّسَھلاً مــــرحبــــا

مَظہرِ ربُّ الْعُلیٰ، اھلاً وَّسَھلاً مــــرحبــــا
مصطَفٰے وُ مُجتبٰی، اھلاً وَّسَھلاً مــــرحبــــا

پیشوائے اَنۢبیا، اھلاً وَّسَھلاً مــــرحبــــا
مُرسَلیں کے مقتدا، اھلاً وَّسَھلاً مــــرحبــــا

سیّدِ ارض وسما، اھلاً وَّسَھلاً مــــرحبــــا
سروَرِ ہر دوسَرا، اھلاً وَّسَھلاً مــــرحبــــا

خَلق کے حاجت روا، اھلاً وَّسَھلاً مــرحبــا

دافعِ رنج وبلا، اھلاً وَّسَھلاً مــرحبــا

سیّد وسردارِ ما، اھلاً وَّسَھلاً مــرحبــا

بےکسوں کے آسرا، اھلاً وَّسَھلاً مــرحبــا

مالکِ ومُختارِ ما، اھلاً وَّسَھلاً مــرحبــا

حامیِ ہر بےنوا، اھلاً وَّسَھلاً مــرحبــا

مشرق ومغرِب میں اِک اِک بامِ کعبہ پر بھی ایک

نَصْب پرچم ہوگیا، اھلاً وَّسَھلاً مــرحبــا

چاند سا چمکاتے چہرہ نور برساتے ہوئے

آگئے بدرُ الدُّجیٰ، اھلاً وَّسَھلاً مــرحبــا

آمِنہ کے گھر میں آقا کی ولادت ہوگئی

مرحبا صلِّ علیٰ، اھلاً وَّسَھلاً مــرحبــا

جُھک گیا کعبہ سبھی بُت منہ کے بل اَوندھے گرے
دبدبہ آمد کا تھا، اھلاً وَّسَھلاً مرحبا

چوڈہ[۱٤] کنگورے گرے آتشکدہ ٹھنڈا ہوا
سٹپٹا شیطاں گیا، اھلاً وَّسَھلاً مرحبا

سوئی قسمت جاگ اٹھی اور سب کی بگڑی بن گئی
بابِ رَحمت وا ہوا، اھلاً وَّسَھلاً مرحبا

آتے ہی سجدہ کیا اور ربِّ ھَبْ لِی اُمَّتِی[۱]
کی، زباں پر تھی دُعا، اھلاً وَّسَھلاً مرحبا

خوب جھومو عاصِیو! وہ مسکراتے آگئے
شافِعِ روزِ جزا، اھلاً وَّ سَھلاً مرحبا

---

[۱]: اعلیٰ حضرت رَحمةُ اللّٰہ تعالیٰ علیہ لکھتے ہیں: دنیا میں تشریف لاتے ہی آپ صَلَّی اللہ تعالٰی علیہ والہٖ وسلّم نے بارگاہِ الٰہی میں سجدہ کیا۔ اس وقت ہونٹوں پر یہ دُعا جاری تھی: رَبِّ ھَبْ لِیْ اُمَّتِیْ یعنی پروردگار! میری اُمّت مجھے ہِبہ کردے۔ (فتاوٰی رضویہ ج ۳۰ ص ۷۱۷)

عیدِ میلادُ النَّبی ہے چار جانب روشنی
ہر طرف ہے غُلغُلہ، اھلاً وَّسَھلاً مرحبا
چھَٹ گئے ظُلمت کے بادَل نور ہر سُو چھا گیا
آ گئے نورِ خدا، اھلاً وَّسَھلاً مرحبا
جن کے پَرتَو سے ہے ساری جگمگاتی کہکشاں
آئے وہ شمسُ الضُّحیٰ، اھلاً وَّسَھلاً مرحبا
آسمانوں پر گئے اور خُلْد کی بھی سَیر کی
شاہ کا یہ مرتبہ، اھلاً وَّسَھلاً مرحبا
حاضِر و ناظِر بھی ہیں اور باطِن و ظاہر بھی ہیں
کچھ نہیں ان سے چُھپا، اھلاً وَّسَھلاً مرحبا
قبر میں عطّار کی، آمد ہو جب سرکار کی
ہو زَباں پر یا خدا، اھلاً وَّسَھلاً مرحبا
حَشْر میں عطّار ان کو دیکھتے ہی بول اٹھا
مرحبا یا مصطفٰے، اھلاً وَّسَھلاً مرحبا

اے عَرَب کے تاجدار! اھلًا وَّسھلًا مرحبا

اے عَرَب کے تاجدار، اھلاً وَّسَھلاً مــرحبــا
اے رسولِ ذی وقار، اھلاً وَّسَھلاً مــرحبــا
آئے شاہِ نامدار، اھلاً وَّسَھلاً مــرحبــا
سب پکارو باربار، اھلاً وَّسَھلاً مــرحبــا
اے حبیبِ کردگار، اھلاً وَّسَھلاً مــرحبــا
اے خُدا کے شاہکار، اھلاً وَّسَھلاً مــرحبــا
آمِنہ کے گُل عِذار، اھلاً وَّسَھلاً مــرحبــا
اے ہمارے شَہر یار، اھلاً وَّسَھلاً مــرحبــا
اَنْبِیا کے تاجدار، اھلاً وَّسَھلاً مــرحبــا
طیبہ کے ناقہ سُوار، اھلاً وَّسَھلاً مــرحبــا

بَہرِ اُمّت اشکبار، اھلاً وَّسَھلاً مــــرحبـــا
شافِعِ روزِ شمار، اھلاً وَّسَھلاً مــــرحبـــا
رَحْمتِ پروردگار، اھلاً وَّسَھلاً مــــرحبـــا
حق کے تم آئینہ دار، اھلاً وَّسَھلاً مــرحبـا
آئے شاہِ ذی وقار، اھلاً وَّسَھلاً مــرحبـــا
غیب تم پر آشکار، اھلاً وَّسَھلاً مــــرحبـــا
یا شہِ عالی وقار، اھلاً وَّسَھلاً مــــرحبـــا
بادشاہِ نامدار، اھلاً وَّسَھلاً مــــرحبـــا
غمزدوں کے غمگسار، اھلاً وَّسَھلاً مــرحبـــا
بے قراروں کے قرار، اھلاً وَّسَھلاً مــرحبـا
دو جہاں کے تاجدار، اھلاً وَّسَھلاً مــرحبـا
سرورِ با اختیار، اھلاً وَّسَھلاً مــــرحبـــا

مرہمِ قلبِ فِگار، اھلاً وَّسَھلاً مــــرحبـــا
میرا بگڑا دل سَنوار، اھلاً وَّسَھلاً مــــرحبـــا
عزّتِ رُسوا و زار، اھلاً وَّسَھلاً مــــرحبـــا
قوّتِ زار و نزار، اھلاً وَّسَھلاً مــــرحبـــا
نور کی برسی پُھوار، اھلاً وَّسَھلاً مــــرحبـــا
آیا ہر شے پر نِکھار، اھلاً وَّسَھلاً مــــرحبـــا
کر منوّر قلبِ تار، اھلاً وَّسَھلاً مــــرحبـــا
دُور ہو دل کا غُبار، اھلاً وَّسَھلاً مــــرحبـــا
سب سے بڑھ کر کامگار، اھلاً وَّسَھلاً مرحبا
باعثِ باغ و بہار، اھلاً وَّسَھلاً مــــرحبـــا
جلوہ کر دے آشکار، اھلاً وَّسَھلاً مــــرحبـــا
ہو فِدا عطّارِ زار، اھلاً وَّسَھلاً مــــرحبـــا

سب پکارو جھوم کر میٹھا مدینہ مرحبا

(الحمدُ للّٰہ ۱۴۱۴ھ کی حاضری میں بتاریخ ۲۷ ذوالحجہ مسجدِ نبوی شریف علٰی صاحبِہا الصّلوٰۃ وَالسّلام میں بیٹھ کر یہ کلام قلمبند کیا)

سب پکارو جھوم کر میٹھا مدینہ مرحبا
کر کے خم سب اپنا سر میٹھا مدینہ مرحبا

ڈوبا رَہتا ہے مدینہ روشنی میں ہر گھڑی
شام ہو یا ہو سَحَر[1] میٹھا مدینہ مرحبا

نور برساتے مَنارے سبز گُنْبد کی بہار
دل ہو روشن دیکھ کر میٹھا مدینہ مرحبا

جانتے ہو سبز گُنْبد کیوں حسیں ہے اس قدَر
اس میں ہے آقا کا گھر میٹھا مدینہ مرحبا

پھول مہکے، دھول چمکے، خوبصورت ہر بَبُول
پُرکَشِش ہر اِک حَجَر[2] میٹھا مدینہ مرحبا

پَو پھٹی تڑکا ہوا اور چہچہائیں بُلبُلیں
ہے سماں رنگین تر میٹھا مدینہ مرحبا

۱: صُبْح ۲: پتّھر

جبکہ چلتی ہے صَبا آقا کا روضہ چوم کر
جھوم اٹھتے ہیں شَجَر میٹھا مدینہ مرحبا
بَرْق[1] چمکی، لہر اُبھری، اَبْر[2] برسا اور گیا
گُنبَدِ خَضْرا نکھر میٹھا مدینہ مرحبا
عظمتیں ہیں رِفعتیں ہیں نِعمتیں ہیں بَرکتیں
رَحْمتیں ہیں ہر ڈَگر میٹھا مدینہ مرحبا
پھول تو پھر پھول ہیں کانٹے بھی اسکے حُسن میں
خوب سے ہیں خوب تر میٹھا مدینہ مرحبا
سنگریزوں[3] کی چمک کے سامنے سب ہیچ ہیں
دُنیوی لَعْل و گُہر میٹھا مدینہ مرحبا
ہیں فَضائیں خوشگوار اس کی ہوائیں مُشکبار
ہے مُعطّر کس قَدَر میٹھا مدینہ مرحبا
اس لئے تو ہم کو پیارا ہے مدینہ رہتے ہیں
اِس میں شاہِ بحروبر میٹھا مدینہ مرحبا
خُلْد کی رنگینیاں شادابیاں تسلیم ہیں
یہ سب اپنی جا مگر میٹھا مدینہ مرحبا

۱: بجلی ۲: بادَل ۳: پتھر کے ٹکڑوں

نور کی برسے پھُوار اس میں رہے ہردم بہار
خوبصورت ہے نگر میٹھا مدینہ مرحبا
حُسنِ پیرِس کا فِدائی بھی یہاں پر جھوم اُٹھے
سبز گُنبد دیکھ کر میٹھا مدینہ مرحبا
بکریاں تو بکریاں، چِڑیاں بھی اِس کی محترم
اور کبوتر بختور[1] میٹھا مدینہ مرحبا
ہِجرِ طیبہ میں جو روتے ہیں خدایا ہو نصیب
ان کو طیبہ کا سفر میٹھا مدینہ مرحبا
یا رسولَ اللّٰہ کہتے ہی ٹلیں گی مشکلیں
غمزدو آؤ اِدھر میٹھا مدینہ مرحبا
رات روشن دن منوّر سب سَماں پر نُور ہے
دیکھ لو اہلِ نظر میٹھا مدینہ مرحبا
جھوم کر تارے کریں دیدارِ طیبہ روز اور
ہوں فِدا شمس و قمر میٹھا مدینہ مرحبا
جو مدینے آگیا عطّار آکر مرگیا
وہ بڑا ہے بختور میٹھا مدینہ مرحبا

مـــــــــــــــــــــــــــدینہ

[1] نصیب دار

کاش! دشتِ طیبہ میں میں بھٹک کے مر جاتا

کاش! دشتِ طیبہ میں، میں بھٹک کے مر جاتا
پھر بقیعِ غَرقَد میں دَفْن کوئی کر جاتا

کاش! جانبِ طیبہ آہ! یوں اگر جاتا
چاک چاک میں لیکر سینہ و جگر جاتا

کاش! گُنبدِ خضْرا پر نگاہ پڑتے ہی
کھا کے غش میں گر جاتا پھر تڑپ کے مر جاتا

زاہدینِ دُنیا بھی رشک کرتے عاصی پر
مصطفٰے کے قدموں میں دَفْن ہو اگر جاتا

یانبیِّ رَحمت یہ میرے دل کی حسرت ہے
خاک بن کے طیبہ کی کاش! میں بکھر جاتا

کاش! ایسا مل جاتا عشق نام سنتے ہی
آنکھ بھی اُمنڈ آتی دل بھی غم سے بھر جاتا

دل سے الفتِ دنیا بِالیقیں نکل جاتی
خار ان کے صَحرا کا دل میں گر اُتَر جاتا

جذبۂ غزالی دو وَلْوَلہ بِلالی دو
کاش مُرشِدی جیسا مل تَپاں جگر جاتا

زائرِ مدینہ تُو چل رہا ہے ہنس ہنس کر
کاش! لے کے مُضْطَر قلب اور چشمِ تر جاتا

بے دھڑک مدینے میں داخِلہ ہوا تیرا
کاش! پاؤں کے بدلے سر کے بل اگر جاتا

روتے روتے مر جاتا وقتِ رُخصتِ طیبہ
کاش! میں مدینے سے لوٹ کر نہ گھر جاتا

کاش! فُرقتِ طیبہ سے میں رہتا رنجیدہ
ہر خوشی کا لمحہ بھی روتے ہی گزر جاتا

کام میرا بن جاتا جو تِری نظر ہوتی
میرا ڈوبا بیڑا بھی یانبی اُبھر جاتا

لازِمی ہے ہر صورت چھوڑنا گناہوں کا
بھائی موت سے پہلے کاش! تُو سدھر جاتا

غیر کے تُو فیشن کو چھوڑ دے مِرے بھائی
اُن کی سُنّتیں اپنا کیوں ہے دربدر جاتا

بے عدد غلام آقا خُلد جا رہے ہیں کاش!
میں بھی ساتھ ان کے یا شاہِ بَحرؔ و بر جاتا

یاخدا! مبلّغ میں سُنّتوں کا ہوتا کاش!
تیرے دین کی خدمت کچھ جہاں میں کر جاتا

اُن کا آ گیا عطّار اُن کا آ گیا عطّار
شور تھا یہ ہر جانب حَشْر میں جدھر جاتا

کاشکے نہ دنیا میں پیدا میں ہوا ہوتا

(نَزْع کی سختیوں، قبر کی ہولناکیوں، مَحْشَر کی دشواریوں اور جَہَنَّم کی خوفناک وادیوں کا تصوُّر باندھ کر خوفِ خداعزوجل سے لرزتے ہوئے اشکبار آنکھوں سے اِس کلام کو پڑھئے)

کاشکے نہ دنیا میں پیدا مَیں ہوا ہوتا
قبر و حَشْر کا ہر غم خَتْم ہو گیا ہوتا

آہ! سَلْبِ ایماں کا خوف کھائے جاتا ہے
کاشکے مِری ماں نے ہی نہیں جنا ہوتا

میں نہ پھنس گیا ہوتا آ کے صورتِ انساں
کاش! میں مدینے کا اُونٹ بن گیا ہوتا

اُونٹ بن گیا ہوتا اور عیدِ قُرباں میں
کاش! دَستِ آقا سے نَحْر ہو گیا ہوتا

کاش! میں مدینے کا کوئی دُنْبہ ہوتا یا
سینگ والا چِتْکَبرا مَینڈھا بن گیا ہوتا

تار بن گیا ہوتا مُرشِدی کے کُرتے کا
مُرشِدی کے سینے کا بال بن گیا ہوتا

دو جہاں کی فِکروں سے یوں نَجات مل جاتی
میں مدینے کا سچ مُچ کُتّا بن گیا ہوتا

کاش! ایسا ہوجاتا خاک بن کے طَیبہ کی
مصطَفٰے کے قدموں سے میں لپٹ گیا ہوتا

پھول بن گیا ہوتا گلشنِ مدینہ کا
کاش! ان کے صَحْرا کا خار بن گیا ہوتا

میں بجائے اِنساں کے کوئی پودا ہوتا یا
نَخل بن کے طیبہ کے باغ میں کھڑا ہوتا

گلشنِ مدینہ کا کاش! ہوتا میں سبزہ
یا مَیں بن کے اِک تِنکا ہی وہاں پڑا ہوتا

مُرغ زارِ طیبہ کا کاش! ہوتا پروانہ
گِردِ شَمْع پھر پھر کر کاش! جل گیا ہوتا

کاش! خَر یا خَچّر یا گھوڑا بن کرآتا اور
آپ نے بھی کُھونٹے سے باندھ کر رکھا ہوتا

جاں کَنی کی تکلیفیں ذَبْح سے ہیں بڑھ کر کاش!
مُرغ بن کے طیبہ میں ذَبْح ہو گیا ہوتا

آہ! کثرتِ عِصیاں ہائے! خوف دوزخ کا
کاش! میں نہ دنیا کا اِک بَشَر بنا ہوتا

شور اُٹھا یہ مَحْشَر میں خُلد میں گیا عطّار
گر نہ وہ بچاتے تو نار میں گیا ہوتا

کاش !پھر مجھے حج کا، اِذْن مل گیا ہوتا

کاش! پھر مجھے حج کا، اِذْن مل گیا ہوتا
اور روتے روتے میں، کاش! چل پڑا ہوتا
ہائے! پھوٹی قسمت نے، حاضِری سے روکا ہے
کاش! میں مدینے میں، پھر پَہُنچ گیا ہوتا
اِس سفر کی تیّاری، کرچکا تھا میں ساری
کاش! میری قسمت نے ساتھ دیدیا ہوتا
میرے قلبِ مُضْطَر کو بھی قرار آجاتا
حج کا مُژدہ کوئی کاش! آکے دے گیا ہوتا
مجھ کو چھوڑ کر تنہا قافِلہ چلا طیبہ
کاش! ساتھ میں لے کر مجھکو بھی گیا ہوتا
کاش! اِن کی راہوں کو پھول اور کانٹوں کو
چومتا گیا ہوتا جھومتا گیا ہوتا

مِثْلِ سالِ رَفْتہ پھر کاش! چشمِ تر لے کر
سبز سبز گُنْبَد کے روبرو کھڑا ہوتا

مجھ کو پھر مدینے میں اس برس بھی بُلواتے
آپ کا بڑا اِحْساں مجھ پہ یہ شہا ہوتا

زیرِ گُنْبَدِ خَضْرا اشکبار آنکھوں نے
کاش! میری فُرقت کا داغ دھو دیا ہوتا

کاش! گُنْبَدِ خَضْرا کے حسین جلووں میں
میرا روتے روتے ہی دم نکل گیا ہوتا

دم نکل گیا ہوتا میرا اِن کے قدموں میں
ساتھ گر مقدّر نے میرا دے دیا ہوتا

جن دنوں مدینے میں حاضِری ہوئی تھی کاش!
مَر کے ان کے کُوچے میں دَفْن ہو گیا ہوتا

کاش! ایسا ہو جاتا گورے گورے قدموں میں
گر کر آپ کا عطّار آپ پر فِدا ہوتا

دل ہائے گناہوں سے بیزار نہیں ہوتا

دل ہائے گناہوں سے بیزار نہیں ہوتا
مغلوب شہا! نفسِ بدکار نہیں ہوتا

شیطان مُسلَّط ہے افسوس! کسی صورت
اب صَبْر گناہوں پر سرکار نہیں ہوتا

اے رب کے حبیب آؤ! اے میرے طبیب آؤ
اچّھا یہ گناہوں کا بیمار نہیں ہوتا

گو لاکھ کروں کوشش اِصلاح نہیں ہوتی
پاکیزہ گناہوں سے کِردار نہیں ہوتا

یہ سانس کی مالا اب بس ٹوٹنے والی ہے
دل آہ! مگر اب بھی بیدار نہیں ہوتا

سنّت کی طرف لوگو تم کیوں نہیں آجاتے
کیوں سرد گناہوں کا بازار نہیں ہوتا

سرکار کا عاشِق بھی کیا داڑھی مُنڈاتا ہے!
کیوں عِشق کا چِہرے سے اظہار نہیں ہوتا

آقا کی اطاعت سے جی اپنا چُراتے ہیں
جو، ایسوں سے خوش ربِّ غفّار نہیں ہوتا
جینے کا مزہ اُس کو ملتا ہی نہیں جس کا
دل عشقِ محمد سے سرشار نہیں ہوتا
جو یادِ مدینہ میں دن رات تڑپتے ہیں
دُور ان سے مدینے کا دربار نہیں ہوتا
مغموم ہے غم جس کو آقا کا نہیں ملتا
بیمار ہے جو اُن کا بیمار نہیں ہوتا
خوشیوں میں مَسَرت میں آسائش وراحت میں
اَسرارِ محبّت کا اظہار نہیں ہوتا
وہ عشقِ حقیقی کی لذّت نہیں پاسکتا
جو رنج و مصیبت سے دو چار نہیں ہوتا
اے زائرِ طیبہ! تُو دم توڑ دے چوکھٹ پر
دیدار، مدینے کا ہر بار نہیں ہوتا
کون ایسی کرے جُرأت کہہ سکتا نہیں عاقِل
سرکار کا دیوانہ ہُشیار نہیں ہوتا

آجائے مدینے میں لے جائے ذرا سی خاک
جو ٹھیک کسی صورت بیمار نہیں ہوتا

اے سائلو! آجاؤ اور جھولیاں پھیلاؤ
دربارِ رسالت سے انکار نہیں ہوتا

وہ بحرِ سخاوت ہیں وہ قاسمِ نعمت ہیں
طیبہ کا گدا ہرگز نادار نہیں ہوتا

دنیا میں بھی ٹھنڈا ہے عقبیٰ میں بھی ٹھنڈا ہے
جو ان کا ہے دیوانہ وہ خوار نہیں ہوتا

دنیا میں بھی جلتا ہے عقبیٰ میں بھی جلتا ہے
میں کیسے کہوں منکر فی النّار نہیں ہوتا

چھوڑو اے فرشتو وہ، آتے ہیں شفاعت کو
وہ جس کے بھی حامی ہیں فی النّار نہیں ہوتا

افسوس ندامت بھی عصیاں پہ نہیں ہوتی
نیکی کی طرف مائل عطّاؔر نہیں ہوتا

آقا کا گدا ہو کر عطّاؔر تُو گھبرائے
گھبرائے وُہی جس کا غمخوار نہیں ہوتا

مدینے ہمیں لے گیا تھا مقدّر مدینے میں کیسا سُرُور آ رہا تھا

(٤ محرم الحرام ١٤١٦ھ کو سفرِ مدینہ سے واپسی ہوئی، ٧ محرم الحرام ١٤١٦ھ کو اپنے جذبات کو اَشعار کے سانچے میں ڈھالا)

مدینے ہمیں لے گیا تھا مقدّر
مدینے میں کیسا سُرُور آ رہا تھا

نہ ہم کاش! آتے یہاں لوٹ کر گھر
مدینے میں کیسا سُرُور آ رہا تھا

وہاں بارِشِ نور ہوتی تھی پیہم
نہ دنیا کی جھنجٹ زمانے کا تھا غم

ملا تھا ہمیں قُربِ محبوبِ داوَر
مدینے میں کیسا سُرُور آ رہا تھا

خوشی بھی خوشی سے وہاں جھومتی تھی
مَسرَّت مِرے چوطرف گھومتی تھی

مزہ بھی مزے لے رہا تھا وہاں پر
مدینے میں کیسا سُرُور آ رہا تھا

کبھی رُوبرو سبز گُنبد کا منظر
کبھی تکتے ہم ان کے دیوار اور در

کبھی سامنے ہوتے مِحراب و مِنبَر
مدینے میں کیسا سُرُور آ رہا تھا

وہاں راہ چلتے تھے ہم دَست بَستہ
دُرُود اُن پہ پڑھتے کبھی سارا رَستہ

کبھی نَعت پڑھتے تھے ہم راستے بھر
مدینے میں کیسا سُرُور آ رہا تھا

کبھی بیٹھتے اُن کی مسجد میں جا کر
کبھی دُور سے تکتے مِحراب و مِنبَر

نَمازوں کا بھی لُطف تھا کیا وہاں پر
مدینے میں کیسا سُرُور آ رہا تھا

فَضائیں مُنوّر ہوائیں مُعَطّر
سماں تھا وہاں کس قَدَر کیف آور
جہاں میں کہیں بھی نہیں ایسا منظر
مدینے میں کیسا سُرُور آ رہا تھا

مدینے کا صَحرا بھی رَشکِ گُلستاں
تَصَدُّق مُغَیلاں[1] پہ بادِ بہاراں
تنی تھی پہاڑوں پہ نورانی چادر
مدینے میں کیسا سُرُور آ رہا تھا

کبھی مست ہو کر شَجَر جھومتے تھے
تو جَھڑ جَھڑ کے پتّے زمیں چومتے تھے
اُٹھا لیتے ان کو کبھی ہم بھی بڑھ کر
مدینے میں کیسا سُرُور آرہا تھا

وہاں تو اندھیرے میں بھی روشنی ہے
یہاں پر اُجالے میں بھی تیرَگی[2] ہے
وہاں دن تھے روشن تو شب بھی مُنَوَّر
مدینے میں کیسا سُرُور آ رہا تھا

خوشا! دھوپ تھی ٹھنڈی ٹھنڈی وہاں پر
تھی کیا چھاؤں بھی مہکی مہکی وہاں پر
وہاں ذَرّہ ذَرّہ ہے صَد رشکِ گوہَر
مدینے میں کیسا سُرُور آ رہا تھا

یقیناً مدینہ ہے صَد رشکِ جنّت
مدینے میں ہے میٹھے آقا کی تُربَت
اے عطّارؔ کیوں چھوڑ کر آئے وہ در
مدینے میں کیسا سُرُور آ رہا تھا

[1]: کانٹے دار جھاڑی یا کانٹے دار درخت [2]: اندھیرا

دل پہ غم چھاگیا یا رسولِ خدا

دل پہ غم چھا گیا، یارسولِ خدا — کیا بنے گا مِرا، یارسولِ خدا

زورِ طوفان ہے، پھنس گئی جان ہے — اَلْمدد ناخدا، یارسولِ خدا

آہ! ناکامیاں، ہائے بربادیاں — ہوگا اب میرا کیا، یارسولِ خدا

چھائیں تاریکیاں، اُف! یہ اندھیاریاں — کیجئے چاندنا[1]، یارسولِ خدا

ناؤ منجدھار[2] میں، ڈوبا سرکار میں — آہ! اے ناخدا، یارسولِ خدا

دھنس گیا دھنس گیا، پھنس گیا پھنس گیا — تم نکالو شہا، یارسولِ خدا

قَلْب غِربال[3] ہے، حال بے حال ہے — تیرے بیمار کا، یارسولِ خدا

قَلْب ناشاد[4] ہے، چین برباد ہے — ہو کرم سیِّدا، یارسولِ خدا

دیدو دل کو قرار، اے شہِ ذی وقار — صَدْقہ صِدِّیق کا، یارسولِ خدا

بگڑی قسمت سَنوار، اے مِرے تاجدار — صَدْقہ فاروق کا، یارسولِ خدا

۱: روشنی ۲: دریا کے بیچ کی دھار ۳: زخموں سے چھلنی ٤: رنجیدہ

دُور آفات ہوں، ٹھیک حالات ہوں صَدْقہ عثمان کا، یارسولِ خدا

ہم سبھی ایک ہوں، ایک ہوں نیک ہوں از پئے مُرتَضٰی، یارسولِ خدا

ایسے برباد ہوں، پھر نہ آباد ہوں دشمنانِ خدا، یارسولِ خدا

جس قَدَر حاسِدیں، ہیں مِرے شاہِ دیں سب کا دل ہو صَفا،[1] یارسولِ خدا

ہو نگاہِ کرم، تاجدارِ حرم واسِطہ غوث کا یارسولِ خدا

میں سراپا خطا، ہُوں بڑا رُوسیاہ حَشْر میں ہوگا کیا، یارسولِ خدا

یاشفیعِ اُمَم، تم ہی رکھنا بھرم روزِ مَحْشَر مِرا، یارسولِ خدا

سرورِ کائنات، اپنی جنّت میں ساتھ لے کے چلنا شہا، یارسولِ خدا

شاہِ دنیا و دیں، کام کرتا نہیں ذِہن عطّار کا، یارسولِ خدا

ہو کرم یانبی، پار بیڑا ابھی

ہوگا عطّار کا، یارسولِ خدا

مـــــــــــــدینہ

[1] پاک

عطّار نے دربار میں دامن ہے پَسارا

عطّار نے دربار میں دامن ہے پَسارا
ہے اِذْنِ مدینہ کا طلب گار بچارا

چمکا دو شہا! میرے مقدّر کا ستارا
پھر حج کا شَرَف مجھ کو عطا کردو خدارا

میں سالِ گُزَشتہ بھی تو آیا تھا مدینے
اِس سال بھی ہو جائے مدینے کا نظارا

مکّے کی حسیں شام کی دیکھوں میں بہاریں
پھر دیکھوں مدینے کی شہا صبحِ دل آرا

''سامانِ مدینہ'' تو شہا! لا کے رکھا ہے
اب دے دو سفر کا بھی ہمیں اِذْن خدارا

مایوس نہیں تم سے یہ دیوانے تمہارے
اب کردو کرم تم نہ کرو دیر خدارا

تاخیر ہوئی جاتی ہے کیوں کُوچ میں آخِر؟
تشویش میں طیبہ کا مسافِر ہے بچارا

بگڑا ہوا ہر کام سنور جائے گا میرا
کردیں گے شہا! آپ جو اَبرُو کا اشارہ

سرکار! مدینے میں اِسی سال بُلالو
اے شاہ! بڑی آس سے ہے تم کو پکارا

یارب ہمیں مکّے کی فَضاؤں میں بُلالے
پھر خانۂ کعبہ کا کریں جم کے نظارا

ہوجائے مِری حاضِری عرفات و مِنٰی میں
اور مُزدَلِفہ کا بھی کروں خوب نظارا

جو ہجرِ مدینہ میں تڑپتے ہیں شب و روز
کرلیں کبھی طیبہ کا شہا! وہ بھی نظارا

کس طرح مدینے میں مِرا داخِلہ ہوگا — آلودہ وُجود آہ! گناہوں سے ہے سارا
اے کاش! مِری آنکھ ہو دیدار کے قابل — جی بھر کے کروں گُنبدِ خضرا کا نظارا
مرنے دو مدینے میں مجھے قافلے والو — اے چارہ گرو! تم بھی نہ کرنا کوئی چارہ
ہم جائیں کہاں اور شہا کس کو پکاریں — ہمدرد نہیں تیرے سوا کوئی ہمارا
دُکھیوں کا نہیں تیرے سوا کوئی بھی ہَمدَم — ہے کس کو غَرَض دُور کرے دَرْد ہمارا
گو بد ہوں گنہگار ہوں بدکار بُرا ہوں — جیسا بھی ہوں سرکار تمھارا ہوں تمہارا
ہم کیوں کریں حُکّام کی اُمرا کی خوشامد — جب آپ کے ٹکڑوں پہ ہمارا ہے گزارا
شیطان نے بہکا کے گناہوں میں پھنسایا — اور نفسِ بداَطوار نے عِصیاں پہ اُبھارا
عِصیاں کے سُمُندر میں پھنسی ناؤ ہماری — تم آکے سنبھالو ہے بہُت دُور کَنارا
افسوس! گناہوں سے ہے پُر نامۂ اعمال — رکھیے گا مِری لاج قِیامت میں خُدارا

عطّار کا بس آپ کے ہاتھوں میں بھرم ہے
کہہ دیجئے عطّار ہمارا ہے ہمارا

فرمانِ مصطفٰے صلَّی اللہ تعالٰی علیہ واٰلہٖ وسلَّم: جو کسی مسلمان کو بھوک میں کھانا کِھلا کر سیر کردے تو اللہ تعالٰی اُسے جنّت میں اُس دروازے سے داخِل فرمائے گا جس میں سے اس جیسے لوگ ہی داخِل ہوں گے۔ (اَلْمُعْجَمُ الْکَبِیر لِلطّبَرانی ج ۲۰ ص ۸۰ حدیث ۱۶۲)

آج طیبہ کا ھے سفر آقا

آج طیبہ کا ہے سفر آقا
دے دو توشے میں چشمِ تر آقا

غمزدہ ہوں میں کس قدَر آقا
تم کو میری ہے سب خبر آقا

مجھ کو بیماریوں نے گھیرا ہے
آپ ہیں میرے چارہ گر آقا

چند اَشکوں کے ماسِوا پلّے
کچھ نہیں توشۂ سفر آقا

تاجِ شاہی کا میں، نہیں طالِب
کردو رَحْمت کی اِک نظر آقا

تیری الفت کا میں بھکاری ہوں
میرا کشکول جائے بھر آقا

قلبِ مُضْطَر دو چشمِ تَر دو اور
چاک سینہ تپاں جگر آقا

''چل مدینہ'' کا وہ بھی لیں مُژْدہ
جن کے پلّے نہیں ہے زَر آقا

کیا عِمامے کی ہو بیاں عَظَمت
تیرے نَعلین تاجِ سر آقا

تیرے ہوتے ہوئے بھلا کیوں ہو
وار دُشمن کا کارگر آقا

اِس طرح سے چُھپا لو دامن میں
نہ عَدو کی پڑے نظر آقا

مُعْتَرِف ہوں گناہ کرنے میں
کوئی چھوڑی نہیں کسر آقا

پھنس گیا ہوں گنہ کی دلدل میں
ہو کرم شاہِ بحروبر آقا

میں گنہگار ہوں مگر قرباں
تیری رَحْمت کی ہے نظر آقا

واسِطہ میرے غوثِ اعظم کا
ہر خطا کر دو درگزر آقا

تم اُسے بھی گلے لگاتے ہو
جس کو دُھتکارے ہر بشر آقا

میں جہنَّم میں گِر گیا ہوتا
نہ بچاتے مجھے اگر آقا

کاش! نیچی نظر رہے، بے کار
میں نہ دیکھوں اِدھر اُدھر آقا

جان چُھوٹے فُضُول باتوں سے
از پئے حضرتِ عمر آقا

مولیٰ مشکلکشا کے صدقے میں
استِقامت دو دِین پر آقا

ازپئے مرشِدی ضِیاءُ الدّین
میرے دل میں بناؤ گھر آقا

کاش! اِس شان سے یہ دم نکلے
تیری دَہلیز پر ہو سَر آقا

اِذْن دیدو بقیعِ غَرقد کا
تیرے جلووں میں جاؤں مَر، آقا

کیا بنے گا بجائے طیبہ کے
سندھ میں مر گیا اگر آقا

موت عطّارؔ کو مدینے میں
آئے اب تو نہ جائے گھر آقا

صاحِبِ عزّت و جلال آقا

صاحِبِ عزّت و جلال آقا　　تُو ہے با عَظمت و کمال آقا

ہر صِفت تیری لازوال[1] آقا　　بالیقیں تُو ہے بے مِثال آقا

میں ہوں بدخُلق و بدخِصال[2] آقا　　تم ہو خوش خُلق و خوش مَقال[3] آقا

رنج و غم نے کیا نِڈھال آقا　　آقا آقا مجھے سنبھال آقا

میں ہوں بے روپ بے جمال آقا　　کچھ نہیں ڈھنگ اور کمال آقا

تری رَحمت ہی سے ملی عزّت　　خاک مجھ میں ہے کچھ کمال آقا

قَتْل کرنے عَدو چڑھ آیا تھا　　بچ گیا ہوں میں بال بال آقا

تیرے ہوتے ہوئے مِرا اب کیوں　　کوئی بیکا[4] کرے گا بال آقا

ٹھوکریں دَر بَدَر کی کیوں کھاؤں　　تیرے دم سے ہوں مالا مال آقا

حق کے پیارے ہیں آپ اور پیارا　　آپ کا ربِّ ذُوالجلال آقا

سب حَسینوں سے بالیقیں بڑھ کر　　حُسن تیرا تِرا جمال آقا

تُم نے ہی سر بُلندیاں بَخشیں　　مجھ میں کچھ بھی نہ تھا کمال آقا

بد خَصائل[5] نکال کر سرور　　دو بنا مجھ کو خوش خِصال آقا

مــــــــــــــــــــــــدینہ

[1]: جس میں کبھی کمی نہ آئے [2]: بُری عادتوں والا [3]: عمدہ گفتگو [4]: ٹیڑھا۔ [5]: خَصلت کی جمع خصائل یعنی عادتیں

اپنے غم میں رُلایئے ہر دم ‏ ‏ ‏ از پئے حضرتِ بِلال آقا
میرا سِینہ مدینہ بن جائے ‏ ‏ ‏ از پئے ربِّ ذُوالْجلال آقا
آپ نے صرف اپنی رَحْمت سے ‏ ‏ ‏ بخشی عزّت دیا جلال آقا
گندے گندے وساوِس آتے ہیں ‏ ‏ ‏ میرے دل سے انہیں نکال آقا
یادِ طیبہ میں گُم رہوں ہردم ‏ ‏ ‏ تیرا ہر دم رہے خیال آقا
اہلِ اسلام غالِب آئیں اور ‏ ‏ ‏ کافِروں کو لگے زَوال[1] آقا
کاش! اِس سال میں مدینے میں ‏ ‏ ‏ دیکھوں رَمضان کا ہلال آقا
حُسنِ اَخلاق اور نرمی دو ‏ ‏ ‏ دُور ہو خُوئے اِشْتِعال[2] آقا
سبز گُنْبد کے سائے میں میرا ‏ ‏ ‏ کاش! ہو جائے اِنتِقال آقا
لڑکھڑائے مِرے قدم جب بھی ‏ ‏ ‏ تُم نے بڑھ کر لیا سنبھال آقا
اِس مَرَض سے بھی تم شِفا دے دو ‏ ‏ ‏ جَھڑتے رہتے ہیں میرے بال آقا
لب کُھلیں گُل جَھڑیں فَضا مہکے ‏ ‏ ‏ تم پہ قرباں میں، خوش مقال آقا

کاش! عطّار کا ہو طیبہ میں
تیرے جلووں میں اِنتِقال آقا

مـــــــــــــــــــــــدینہ

[1] پستی ‏ ‏ [2] خوئے اشتِعال یعنی غصّے کی عادت

قسمت مِری چمکائیے آقا

قسمت مِری چمکایئے چمکایئے آقا!
مجھ کو بھی درِ پاک پہ بُلوایئے آقا

سینے میں ہو کعبہ تو بسے دل میں مدینہ
آنکھوں میں مری آپ سما جایئے آقا

بےتاب ہوں بےچین ہوں دیدار کی خاطر
لِلّٰہ مِرے خواب میں آ جایئے آقا

ہر سَمْت سے آفات و بَلِیّات نے گھیرا
مجبور کی اِمداد کو اب آیئے آقا

سَکرات کا عالَم ہے شَہا! دم ہے لبوں پر
تشریف سِرہانے مِرے اب لایئے آقا

وَحْشت ہے اندھیرا ہے مِری قَبْر کے اندر
آ کر ذرا روشن اِسے فرمایئے آقا

مُجرِم کو لئے جاتے ہیں اب سُوئے جہنَّم
لِلّٰہ! شَفاعت مِری فرمایئے آقا

عطّار پہ یا شاہِ مدینہ ہو عِنایت
وِیرانۂ دل آ کے بسا جایئے آقا

اِسراف کی تعریف

غیرِ حق میں صَرْف (یعنی خرْچ) کرنا۔ (فتاوٰی رضویہ مُخَرَّجہ ج۱ص۶۹۰ رضا فاؤنڈیشن مرکز الاولیا لاہور) مَثَلاً نافرمانی کی جگہوں پر خرچ کرنا۔

یا مصطفٰی عطا ہو اب اِذْن حاضِری کا

(اَلحمدُ لِلّٰہ ۲۰ شعبانُ المعظّم ۱٤۱٤ھ کو یہ کلام قلمبند کیا گیا)

یامصطفٰی عطا ہو اب اِذْن، حاضِری کا　　کرلوں نظارہ آکر میں آپ کی گلی کا

اِک بار تو دِکھا دو رَمضان میں مدینہ　　بیشک بنالو آقا مہمان دو۲ گھڑی کا

روتا ہوا میں آؤں داغِ جگر دکھاؤں　　افسانہ بھی سناؤں میں اپنی بیکسی کا

میں سبز سبز گُنبد کی دیکھ لوں بہاریں　　اب اِذْن دیدو آقا تم مجھ کو حاضِری کا

مولیٰ غمِ مدینہ دیدے غمِ مدینہ　　دیوانہ تُو بنا دے مجھ کو ترے نبی کا

خونِ جگر سے سِینچا ہے باغ سُنِّیت کا　　کردو کرم وَسیلہ اُس مَدنی مُرشِدی کا

یاسیِّدِ مدینہ! بس آپ ہی نبھانا　　گو ہوں بڑا کمینہ پر ہوں تو آپ ہی کا

یامصطفٰی! گُناہوں کی عادَتیں نکالو　　جذبہ مجھے عطا ہو سنّت کی پَیروی کا

ہوں دُور اب بلائیں دیتا ہوں واسِطہ میں　　مظلومِ کربلا کی سرکار! بیکسی کا

اَللّٰہ! حُبِّ دنیا سے تُو مجھے بچانا سائل ہوں یاخدا میں عشقِ محمدی کا
فخر و غُرور سے تُو مولیٰ مجھے بچانا یارب! مجھے بنا دے پیکر تُو عاجزی کا
ایماں پہ ربِّ رَحْمت دیدے تُو استِقامت دیتا ہوں واسِطہ میں تجھ کوتِرے نبی کا
ہو ہر نَفَس[1] مدینہ دھڑکن میں ہو مدینہ جب تک نہ سانس ٹوٹے سرکارزندَگی کا
دنیا کے تاجدارو! تم سے مجھے غَرَض کیا! منگتا ہوں میں تو منگتا سرکار کی گلی کا
اَللّٰہ! اِس سے پہلے ایماں پہ موت دیدے نقصاں مِرے سبب سے ہوسنّتِ نبی کا
الفت کی بھیک دیدو دیتا ہوں واسِطہ میں صِدّیق کا عمر کا عُثمان کا علی کا
کچھ نیکیاں کمالے جلد آخِرت بنالے کوئی نہیں بھروسا اے بھائی! زندَگی کا

مِیزاں[2] پہ سب کھڑے ہیں اعمال تُل رہے ہیں
رکھ لو بھرم خدارا! عطّار قادِری کا

مـــدینہ

۱: سانس ۲: ترازو

آیاھے بُلاوا پِھر اِک بار مدینے کا

آیا ہے بُلاوا پھر اِک بار مدینے کا
پھر جاکے میں دیکھوں گا دربار مدینے کا
گلشن سے حَسیں تر ہے کُہسار مدینے کا
بے مِثل جہاں میں ہے گلزار مدینے کا

میں پُھول کو چُوموں گا اور دُھول کو چُوموں گا
جس وقت کروں گا میں دیدار مدینے کا
آنکھوں سے لگالوں گا اور دل میں بَسالوں گا
سینے میں اُتاروں گا میں خار[1] مدینے کا

سینے میں مدینہ ہو اور دل میں مدینہ ہو
آنکھوں میں بھی ہو نقشہ سرکار! مدینے کا
لاتی ہے سرِ بالیں[2] رحمت کی ادا اُن کو
جس وقت تڑپتا ہے بیمار مدینے کا

[1]: کانٹا [2]: سرہانے

روتے ہیں جو دیوانے بے تاب ہیں مستانے
ان سب کو دکھا دیجے دربار مدینے کا

روتا ہے جو راتوں کو اُمّت کی مَحبَّت میں
وہ شافِعِ مَحْشَر ہے سردار مدینے کا

راتوں کو جو روتا ہے اور خاک پہ سوتا ہے
غم خوار ہے، سادہ ہے مُختار مدینے کا

قبضے میں دُو عالَم ہیں پَر ہاتھ کا تکیہ ہے
سوتا ہے چٹائی پر سَردار مدینے کا

دُکھ دَرد جہاں بھر کے سب دُور شہا کر کے
مجھ کو تو بنا لیجے بیمار مدینے کا

اِس در کے بھکاری کی جھولی میں دُو عالَم ہیں
شاہوں سے بھی بڑھ کر ہے نادار مدینے کا

مقبول جہاں بھر میں ہو "دعوتِ اسلامی"
صَدْقہ تجھے اے ربِّ غفّار! مدینے کا

تقدیر چمک اٹھّے قسمت ہی تو کُھل جائے
بن جائے جو ادنیٰ سگ ،عطّار مدینے کا

اِذْن مل جائے گر مدینے کا

اِذْن مل جائے گر مدینے کا
کام بن جائے گا کمینے کا

جاکے اُن کو دکھاؤں گا میں تو
زخْمِ دل اور داغ سینے کا

قلبِ عاشِق اُٹھا دھڑک اِک دم
ذِکْر جب چِھڑ گیا مدینے کا

آنکھ سے اَشک ہوگئے جاری
جب چلا قافِلہ مدینے کا

اُس کی قسمت پہ رَشک آتا ہے
جو مُسافِر ہوا مدینے کا

تجھ پہ رَحْمت ہو زائرِ طیبہ!
جا، نِگہباں خدا سفینے کا

ہم کو بھی وہ بُلائیں گے اِک دن
اِذْن مل جائے گا مدینے کا

ہو غمِ مُصطَفٰے عطا یارب!
دَرْد بڑھتا رہے مدینے کا

نَزْع میں، قبْر میں، قِیامت میں
تم ہی رکھنا بھرم کمینے کا

دُور رَنج و اَلَم ہوں دُنیا کے
ہم کو مل جائے غم مدینے کا

لُطْف سے ہے ترے بھرم ورنہ
کام کوئی نہیں قرینے کا

ایک مدّت سے دل میں اَرماں ہے
یا نبی! جامِ دید پینے کا

موت گر آئے تیرے قدموں میں
لُطْف آجائے پھر تو جینے کا

اپنے عطّار پر کرم کر دو
سگ بنا لو اسے مدینے کا

مدینے کی طرف پھر کب روانہ قافِلہ ہو گا

مدینے کی طرف پھر کب روانہ قافِلہ ہوگا
مجھے اِذْنِ مدینہ کب مِرے آقا عطا ہوگا

یقیناً روزِ مَحْشَر صِرْف اُسی سے خوش خدا ہوگا
یہاں دنیا میں جس نے مصطفٰے کو خوش کیا ہوگا

وُہی سَر بَر سرِ مَحْشَر بُلندی پائے گا جو سر
یہاں دنیا میں ان کے آستانے پر جُھکا ہوگا

کوئی ہفتہ نہ کوئی دن کوئی گھنٹا تو کیا افسوس
کوئی لمحہ بھی عِصیاں سے نہیں خالی گیا ہوگا

نہیں جاتی گناہوں کی شہا! عادت نہیں جاتی
کرم مولیٰ پسِ مُردَن نہ جانے میرا کیا ہوگا

فَقَط نیکوں پہ ہوگا گر کرم اے سروَرِعالم!
کہاں جائے گا وہ بندہ جو بد ہوگا بُرا ہوگا

تِرے رَحْم وکرم پر آس میں نے باندھ رکھی ہے
بڑی اُمّید ہے آقا! کرم روزِ جزا ہوگا

نبی کے عاشِقوں کو موت تو انمول تحفہ ہے
کہ ان کو قبر میں دیدارِ شاہِ اَنْبِیا ہوگا

اندھیری گور ہے تنہا ہوں مجھ پر خوف طاری ہے
تم آؤ گے تو آقا دُور اندھیرا قبر کا ہوگا

فِرِشتے قبر میں پوچھیں گے جب مجھ سے سُوال آکر
مِرے لب پر ترانہ اِن شاءَ اللّٰہ نعت کا ہوگا

نبی کے عاشِقوں کی عید ہوگی عیدِ مَحْشَر میں
کوئی قدموں میں ہوگا کوئی سینے سے لگا ہوگا

تِرے دامانِ رَحمت کی کُھلے گی حَشر میں وُسعت
وہ آآکر چُھپے گا جو گنہگار اور بُرا ہوگا

تسلّی رکھ تسلّی رکھ نہ گھبرا حَشْر سے عطّارؔ
تِرا حامی وہاں پر آمِنہ کا لاڈْلا ہوگا

نہ گھبرا موت سے عطّارؔ بَرزَخ میں تُو مِل لینا
وہاں غوثُ الْوَرا ہونگے وہاں احمد رضا ہوگا

قافِلہ آج مدینے کو روانہ ہوگا

(اَلْحَمْدُ لِلّٰہ عَزَّوَجَلَّ ذُوالحجّۃِ الحرام شریف ١٤١٦ھ کوروانگیِ مدینۂ منوّرہ زادَھَااللّٰہُ شَرَفًاوَّ تَعظِیْمًا سے قبل مکّۂ مکرَّمہ زادَھَااللّٰہُ شَرَفًاوَّ تَعظِیْمًا میں یہ کلام تحریر کرنے کی سعادت حاصل ہوئی)

قافِلہ آج مدینے کو روانہ ہوگا
عنقریب اپنا مدینے میں ٹھکانا ہوگا

لب پہ نغماتِ محمد کا ترانہ ہوگا
جھومتے جھومتے دیوانہ روانہ ہوگا

کس قدَر زائرو! وہ وقت سُہانا ہوگا
رُوبرو جب درِ سلطانِ زمانہ ہوگا

درد و آلام کا جب لب پہ فسانہ ہوگا
ابرِ رَحمت کے برسنے کا بہانہ ہوگا

نیکیاں پلّے مدینے کے مسافِر کے کہاں!
آنسوؤں کا مِری جھولی میں خزانہ ہوگا

اِتنی بے تاب نہ ہو آنے دے طیبہ کی گلی
رُوحِ مُضطَر تجھے کچھ وقت بڑھانا ہوگا

گُنبدِ خضرا کی جس وقت میں دیکھوں گا بہار
مجھ گنہگار کی بخشش کا بہانہ ہوگا

جب سُوالات، نکیرین کریں گے مجھ سے
لب پہ سرکار کی نعتوں کا ترانہ ہوگا

حَشْر میں جب ہمیں سرکار نظر آئیں گے
کیسا منظر وہ حسین اور سُہانا ہوگا

تجھ کو گر رُتبۂ عالی کی طلب ہے بھائی!
غور سے سن تجھے ہَستی کو مٹانا ہوگا

اُن کی دَہلیز پہ سر اپنا جُھکا دے بھائی!
دیکھنا سب تِرے قدموں میں زمانہ ہوگا

بھائیو! چاہیے گر ربِّ محمد کی رِضا
خود کو محبوب کی سنّت پہ چلانا ہوگا

میری سرکار کے قدموں میں ہی اِن شاءَ اللّٰہ
میرا فِردَوس میں عطّارؔ ٹھکانا ہوگا

اِس برس بھی نہ مدینے میں اگر آئی موت
گھر کو روتے ہوئے عطّارؔ روانہ ہوگا

مجھ کو آقا مدینے بلانا، سبز گنبد کا جلوہ دکھانا

مجھ کو آقا مدینے بلانا، سبز گُنبد کا جلوہ دکھانا
تم نِقاب اپنے رُخ سے اُٹھانا اپنے قدموں سے مجھ کو لگانا

آنا آنا مِرے سرور آنا، آکر آنکھوں میں میری سمانا
مجھ کو الفت کا ساغر پلانا، میرا سینہ مدینہ بنانا

اب گھڑی ہائے! رخصت کی آئی، ماہِ رَمضاں سے ہوگی جدائی
دیدو اب غم مدینے کا دیدو مجھ کو عیدی میں شاہِ زمانہ

واسِطہ لاڈلی فاطِمہ کا، واسِطہ غوث و احمد رضا کا
واسِطہ میرے مُرشِد ضِیا کا مجھ کو دیوانہ اپنا بنانا

گو گنہگار بھی ہوں تو تیرا گرچہ بدکار بھی ہوں تو تیرا
میں سِیہ کار بھی ہوں تو تیرا بہرِ خاکِ مدینہ نبھانا

رخصت اب ماہِ رَمضان کی ہے عید یا مصطَفٰی آ گئی ہے
غم مدینے کا عیدی میں دیدو از پئے غوث شاہِ زمانہ

عَزْم داڑھی کا جب سے کیا ہے جب سے سر پر عمامہ سجا ہے
سب قبیلہ مخالِف ہوا ہے یا نبی اس پہ تم رَحْم کھانا

ہوگیا جُرم سنّت پہ چلنا اور اُلفت میں تیری مچلنا
میٹھی سنّت سے لوگوں کا ہٹنا آ گیا ہائے کیسا زمانہ

تُو ٹَھَہر جا ذرا روحِ مُضْطَر آنیوالا ہے میٹھا مدینہ
جبکہ آئے نظر سبز گُنْبد تن سے ہو جانا اُس دم روانہ

جلد دفناؤ میّت خدارا کُھل نہ جائے کہیں بھید سارا
میرے چہرے سے میرے عزیزو! تم کفن کو نہ ہرگز ہٹانا

ہِجْر میں جو تڑپتے ہیں آقا یادِ طیبہ میں روتے ہیں آقا
دیکھ لیں وہ بھی شاہِ مدینہ سبز گُنْبد کا منظر سُہانا

دشمنِ دیں اکڑ کر کھڑا ہے حاسِدوں کا حَسَد بڑھ چلا ہے
ظُلْم ہر سَمت سے ہو رہا ہے جلد عطّار کو تم بچانا

اب بُلا لیجئے نا مدینہ،آرھا ھے یہ حج کا مھینا

اب بُلا لیجئے نا مدینہ ،آرہا ہے یہ حج کا مہینا
ٹوٹ جائے نہ دل کا نگینہ، المدد تاجدارِ مدینہ

آنسوؤں کی لڑی بن رہی ہو، اور آہوں سے پھٹتا ہو سینہ
وِرْدِ لب ہو، ''مدینہ مدینہ'' جب چلے سُوئے طیبہ سفینہ

مجھ کو آقا! مدینے بلالو! حسرتیں میرے دل کی نکالو
غوثِ اعظم کا صَدْقہ نبھالو، اب تو کہہ دو مجھے ''چل مدینہ''

جب مدینے میں ہو اپنی آمد، جب میں دیکھوں ترا سبز گُنْبَد
ہچکیاں باندھ کر روؤں بے حد، کاش! آجائے ایسا قرینہ

کاش! اِس شان سے حاضری ہو، مجھ پہ دیوانگی چھا گئی ہو
ہر رُکاوٹ وہاں ہٹ گئی ہو، بس نظر میں ہوں شاہِ مدینہ

مشکلیں، آفتیں دور ہوں گی، ظلمتیں غم کی کافور ہونگی
میری آنکھیں بھی پُرنور ہونگی، اِک جھلک! میرے ماہِ مدینہ

دِل سے اُلفت جہاں کی نکالو، اِس تباہی سے مولیٰ بچالو
مجھ کو دیوانہ اپنا بنالو، میرا سینہ بنا دو مدینہ

مجھ پہ آقا! نگاہِ کرم ہو،دُور دُنیا کا رنج واَلَم ہو
بس عطا اپنا غم چشمِ نم ہو،دیجئے مجھ کو پُر سوز سینہ

میں مُبَلِّغ بنُوں سُنّتوں کا ،خُوب چرچا کروں سُنّتوں کا
یا خُدا ! درس دوں سُنّتوں کا ،ہوکرم! بَہرِ خاکِ مدینہ

آنسوؤں کی جھڑی لگ گئی ہے،یاد آقا کی تڑپا رہی ہے
اِس پہ دیوانگی چھا گئی ہے،یاد آیا ہے اس کو مدینہ

بعدِ مُردَن یہ اِحْسان کرنا، مُنہ پہ خاکِ مدینہ چھڑکنا
اور میرے کفن پر لگانا،گر مُیَسَّر ہو اُن کا پسینہ

ہے تمنّائے عطّارؔ یارب !ان کے جلووں میں یوں موت آئے
جھوم کر جب گرے میرا لاشہ،تھام لیں بڑھ کے شاہِ مدینہ

نزدیک آرہا ہے رَمضان کا مہینا

نزدیک آرہا ہے رَمضان کا مہینا
ساحِل سے حاجیوں کا پھر آلگا سفینہ
آقا! نہ ٹوٹ جائے یہ دل کا آبگینہ
بلوایئے مدینے دِکھلایئے مدینہ

دِل رو رہے ہیں جن کے آنسو چھلک رہے ہیں
اُن عاشِقوں کا صَدْقہ! بُلوایئے مدینہ
ہِجْر و فِراق میں دِل بے تاب ہو رہے ہیں
عُشّاق رو رہے ہیں لو چل دیا سفینہ

بے تاب ہو رہا ہے طیبہ کی حاضِری کو
عاشِق تڑپ رہا ہے اور پھٹ رہا ہے سینہ
روضے کو دیکھنے کو آنکھیں ترس رہی ہیں
دکھلا دو سبز گُنْبد یا سیِّدِ مدینہ

نظرِ کرم خدارا میرے سیاہ دِل پر
بن جائے گا یہ دم بھر میں بے بہا نگینہ

رنگینیِ جہاں سے دِل ٹوٹ جائے میرا
یارب! مجھے بنادے تُو عاشِقِ مدینہ

آنسو نہ تھم رہے ہوں دِل خُون اُگل رہا ہو
جس وقت تیرے دَر پر آؤں شہِ مدینہ

بس آرزو یہی ہے قدموں میں جان نکلے
پیارے نبی ہمارا مدفن بنے مدینہ

اے بیکسوں کے ہَمدم! دُنیا کے دُور ہوں غم
بس جائے دِل میں کعبہ سینہ بنے مدینہ

تبلیغ سُنّتوں کی کرتا رہوں ہمیشہ
مرنا بھی سُنّتوں میں ہو سُنّتوں میں جینا

آقا مِری حُضُوری کی آرزُو ہو پُوری
ہوجائے دُور دُوری اے والیِ مدینہ

اُن کے دِیار میں تُو کیسے چلے پھرے گا؟
عطّارؔ تیری جُرأت! تُو جائے گا مدینہ!!

آہ! شاہِ بحر و بر! میں مدینہ چھوڑ آیا

(کاش! میرے بھی یہ جذبات ہوتے ، یہ صرف عاشقِ رسول کی مدینے سے جدائی کے جذبات کی ترجمانی ہے)

آہ! شاہِ بَحر و بر! میں مدینہ چھوڑ آیا
کوہِ غم پڑا سر پر، میں مدینہ چھوڑ آیا
آہ! مسجدِ نبوی، ہائے گُنْبَدِ خَضْرا
آہ! روضۂ انور، میں مدینہ چھوڑ آیا
غم کے چھا گئے بادَل، دل میں مچ گئی ہَل چل
آہ! اے مِرے یاور! میں مدینہ چھوڑ آیا
جب چلا تھا طیبہ کو، تھی خوشی مِرے دل کو
آہ! اب ہے دل مُضْطَر میں مدینہ چھوڑ آیا
دل میں بیقراری ہے اور گریہ طاری ہے
بہ رہی ہے چشمِ تَر، میں مدینہ چھوڑ آیا

چُھپ گیا نگاہوں سے، آہ! سب مدینے کا
دلکش و حَسیں منظر، میں مدینہ چھوڑ آیا

قلب پارہ پارہ ہے، ہجرِ شہ نے مارا ہے
آہ !میرے چارہ گر! میں مدینہ چھوڑ آیا

اب غمِ مدینہ سے، چاک چاک سینہ ہے
کیوں کہوں نہ رو رو کر، میں مدینہ چھوڑ آیا

لُطف جو ہے طیبہ میں وہ کہاں وَطَن میں ہے
کیا کروں گا جا کر گھر، میں مدینہ چھوڑ آیا

لَوٹ کر نہ میں آتا، کاش! جان دے دیتا
گِر کے خاکِ طیبہ پر، میں مدینہ چھوڑ آیا

آہ! دن مدینے کے، جلد جلد گزرے تھے
ہائے جلد چُھوٹا در، میں مدینہ چھوڑ آیا

دن کو بھی سُرور آتا، شب کو بھی ضَرور آتا
کیا فَضا تھی کیف آور، میں مدینہ چھوڑ آیا

تھا وہاں سماں نوری، رنج وغم سے تھی دُوری
آہ! نور کے پیکر! میں مدینہ چھوڑ آیا

وقتِ ہِجْر جب آیا، پھوٹ پھوٹ کر رویا
درد ناک تھا منظر، میں مدینہ چھوڑ آیا

ہِجْر کا ہے صدمہ اور سینہ و جگر میرے
رکھ کے قلب پر پتّھر، میں مدینہ چھوڑ آیا

ہِجر کے میں صدموں سے، چُور چُور زخموں سے
چل رہا تھا رو رو کر، میں مدینہ چھوڑ آیا

جب مدینہ چُھوٹا تھا غم کا کوہ[1] ٹُوٹا تھا
جان و دل لئے مُضْطَر میں مدینہ چھوڑ آیا

سبز گُنبدْ اور مینار، آہ! چُھٹ گئے سرکار
پھر بُلائیے سرور، میں مدینہ چھوڑ آیا

[1] پہاڑ

تھا غمِ مدینہ میں، فُرقتِ مدینہ میں
دل مِرا بَہُت مُضْطَر، میں مدینہ چھوڑ آیا

میرے حامی و ہَمدم! دُور ہوں جہاں کے غم
دے دو اپنا غم سروَر! میں مدینہ چھوڑ آیا

دل میں ہے پریشانی، ہو کرم اے سلطانی
آؤ خواب میں سروَر! میں مدینہ چھوڑ آیا

دل کی ہے عَجَب حالت، صدمہ و غمِ فُرقت
اَلْفِراق اے سروَر !میں مدینہ چھوڑ آیا

چلدیا سفینہ ہے چُھٹ گیا مدینہ ہے
ہائے ! کیا کروں سروَر میں مدینہ چھوڑ آیا

غم کی ہو گیا تصویر، آہ! ہِجْر ہے تقدیر
چُپ ہوا ہوں رو رو کر! میں مدینہ چھوڑ آیا

دُور ہو گیا سرکار! آہ! غمزدہ عطّار
جلد آؤں پھر در پر، میں مدینہ چھوڑ آیا

جس کو چاہا میٹھے مدینے کا اُس کو مہمان کیا

جس کو چاہا میٹھے مدینے کا اُس کو مہمان کیا
جس پر نظرِ کرم فرمائی اُس پر یہ اِحسان کیا

طالبِ دنیا نے تو طلب لندن ہے کیا جاپان کیا
دیوانوں نے حق سے طلب طیبہ کا ریگستان کیا

جن کا ستارا چمکا اُن کو طیبہ کا پیغام ملا
بَخْتوروں نے در پر آ کر بخشش کا سامان کیا

شُکْر ادا ہو کیونکر تیرا پیارے نبی کی اُمّت میں
مجھ سے نکمّے کو بھی پیدا تُو نے اے رَحْمٰن کیا

شاہِ مدینہ دین کی دولت اپنی الفت بھی دی اور
اپنی غُلامی مجھ کو عطا کی تُو نے بڑا اِحسان کیا

دورِ جَہالت تھا ہر سُو جب کُفْر کی ظُلمت چھائی تھی
تم نے حَیوانوں جیسے لوگوں کو بھی انسان کیا

حق کی راہ میں پتھّر کھائے خُوں میں نہائے طائف میں
دین کا کتنی محنَت سے کام آپ نے اے سلطان کیا

جان کے دشمن خون کے پیاسوں کو بھی شَہرِ مکّہ میں
عام مُعافی تم نے عطا کی کتنا بڑا اِحْسان کیا

رونا مصیبت کا مت روتُو پیارے نبی کے دیوانے
کرب و بلا والے شہزادوں پر بھی تُو نے دھیان کیا

پیارے مُبَلِّغ! معمولی سی مشکِل پر گھبراتا ہے
دیکھ حُسین نے دین کی خاطِر سارا گھر قربان کیا

وہ دنیا کی رنگینی میں کھویا رہا برباد ہوا
جس نے عشقِ نبی سے دل کو خالی اور ویران کیا

شاہ کو یہ معراج کی شب کتنا اونچا اِعزاز ملا
آپ نے تو چشمانِ سر سے دیدارِ رحمٰن کیا

آہ! مقدّر عرصہ ہوا عطّاؔر مدینے جا نہ سکا
ہائے! اِسے حالات نے جکڑا یوں خونِ ارمان کیا

سرکار پھر مدینے میں عطّار آگیا

(اَلحَمدُ لِلّٰہ ۲ رَمَضانُ المبارَك ۱٤۱٤ ھ کومدینۂ منوّرہ زادَھَااللّٰہُ شَرَفًاوَّ تعظِیمًا کی مہکی مہکی فَضاؤں میں پہلے ہی دن یہ معروضہ پیش کرنے کاشَرَف حاصل ہوا)

سرکار پھر مدینے میں عطّار آگیا
پھر آپ کا گدا شہِ اَبرار آگیا

تم بخشوا دو ہر خطا صَدْقہ حُسین کا
اُمّیدِ مغفِرت پہ گنہگار آگیا

راضی ہمیشہ کیلئے ہو جایئے شہا!
یہ دائمی رِضا کا طلب گار آگیا

ہوتی ہیں رات دن یہاں رَحْمت کی بارِشیں
بخشا گیا جو طیبہ میں بدکار آگیا

دولت کی تاج و تَخْت کی آقا نہیں طلب
تم سے فَقَط تمہارا طلبگار آگیا

اس کی بلائیں ٹل گئیں غم دور ہوگئے
جو کوئی در پہ بے کس و ناچار آگیا

آقا غمِ مدینہ میں بے حال کیجئے
ہر کوئی دیکھ کر کہے بیمار آگیا

دل بیقرار دو مجھے آنکھ اشکبار دو
یہ بھیک لینے در پہ میں سرکار آگیا

سوزِ جگر عطا کرو سینہ فِگار دو
یہ بھیک لینے در پہ میں سرکار آگیا

اے کاش! یاد میں ترِی رونا نصیب ہو
یہ بھیک لینے در پہ میں سرکار آگیا

مَرضِ گناہ سے مجھے دے دیجئے شِفا
یہ بھیک لینے در پہ میں سرکار آگیا

مجھ کو بقیعِ پاک میں دو گز زمین دو
یہ بھیک لینے در پہ میں سرکار آگیا

ہے زائرِ مدینہ شَفاعت کا مستحق
یہ بھیک لینے در پہ میں سرکار آگیا

عاصی پہ کیجئے کرم اے شافِعِ اُمَم
عطّارؔ مغفِرت کا طلب گار آگیا

کیوں بارھویں پہ ھے سبھی کو پیار آگیا

کیوں بارھویں پہ ہے سبھی کو پیار آ گیا
آیا اِسی دن احمدِ مُختار آ گیا

گھر آمِنہ کے سیّدِ اَبرار آ گیا
خوشیاں مناؤ غمزدو غمخوار آ گیا

جس وقت کوئی مَرحَلہ دُشوار آ گیا
اُس وقت کام سیّدِ اَبرار آ گیا

برسیں گھٹائیں رَحْمتوں کی جھوم جھوم کر
رَحْمت سراپا جب مِرا سردار آ گیا

عرصہ جدائی کو ہوا اب تو بلائیے
پھر کاش! رو رو کر کہوں سرکار! آ گیا

آؤں گا جب مدینے تو رو کر کہوں گا میں
بھاگا ہوا یہ تیرا گنہگار آ گیا

بارِ گناہ سر پہ ہے آنکھوں میں اَشک ہیں
بخشش کی آس لے کے گنہگار آ گیا

مجھ کو شِفا دو یا نبی مَرضِ گناہ سے
در پر تمہارے عِصیاں کا بیمار آ گیا

بیمار اپنے عشق کا مجھ کو بنائیے
یہ عرض لے کے در پہ میں سرکار آ گیا

کاسہ لیے امید کا سلطانِ دو جہاں　　در پر تمہارا طالبِ دیدار آ گیا

خالی نہ لوٹا کوئی بھی دربار سے کبھی　　سلطان آیا یا کوئی نادار آ گیا

سرکار! مجھ کو شربتِ دیدار ہو عطا　　اب دم لبوں پہ یا شہِ اَبرار آ گیا

غوث و رضا کا واسِطہ ہم کو بلایئے　　آ کر خوشی سے سب کہیں دربار آ گیا

جوتے اتارلو چلو باہوش باادب　　دیکھو مدینے کا حسیں گلزار آ گیا

اب سر جھکائے زائرو! پڑھتے ہوئے دُرُود　　آگے بڑھو لو دیکھ لو دربار آ گیا

عشقِ نبی میں اشک کرو پیش زائرو　　دربارِ عالی مَنْبَعِ انوار آ گیا

آگے بڑھو اے عاصیو قدموں میں جا پڑو　　وہ بے کسوں کا یاور و غمخوار آ گیا

اب مسکراتے آیئے سُوئے گناہ گار　　آقا اندھیری قبر میں عطّار آ گیا

عطّار کو جو دیکھا اُٹھا حَشْر میں یہ شور

دیکھو غلامِ سیّدِ اَبرار آ گیا

بِالیقیں اُس کو تو جینے کا قرینہ آگیا

بِالیقیں اُس کو تو جینے کا قرینہ آ گیا
جس کے لب پر ہر گھڑی ذِکرِ مدینہ آ گیا

ساحِلِ جَدّہ پہ لو اپنا سفینہ آ گیا
جھوم جاؤ عاشِقو! میٹھا مدینہ آ گیا

خوب مچلو جُھوم لو اور خاک اُٹھا کر چوم لو
لو وہ مکّہ آ گیا دیکھو مدینہ آ گیا

غم غلَط ہوجائیں گے بس مُسکرا کے دیکھ لو!
غم کا مارا در پہ یاشاہِ مدینہ آ گیا

پاؤں میں جُوتا ارے! محبوب کا کوچہ ہے یہ
ہوش کر تُو ہوش کر غافِل! مدینہ آ گیا

ہِجْر کے ماروں کے دل میں ہُوک سی اٹھنے لگی
قافِلے طیبہ چلے حج کا مَہینا آ گیا

مجھ کو روتا چھوڑ کر سب قافِلے والے چلے
لوٹ کر میں غمزَدہ، شاہِ مدینہ آ گیا

موج ہر بپھری ہوئی ہے اب خُدارا آیئے!
گردِشِ طوفان میں اپنا سفینہ آ گیا

کس قَدَر ہے بامُقدّر وہ مسلماں بھائیو!
خواب میں جس کو نظر شاہِ مدینہ آگیا

اِک تبسُّم ریز ہونٹوں کی جھلک دکھلایئے
جاں بَلَب[۱] کے اب تو ماتھے پر پسینہ آگیا

ٹل گیا مجھ سے عذاب اور قبر روشن ہوگئی
قَبْر میں میری شَہَنْشاہِ مدینہ آگیا

شافِعِ مَحْشَر! مِری امداد کو اب آیئے!
حَشْر میں بارِ گُنہ لیکر کمینہ آگیا

کیوں نہ رَشک اُس پر کریں پھر یہ جہاں کے تاجدار
ہاتھ جسکے عشقِ احمد کا خزینہ[۲] آگیا

عرض رو رو کر کروں گا جب مدینے جاؤنگا
یانبی در پر گنہگار و کمینہ آگیا

آپ کے لطف و کرم سے کہہ اُٹھے عطّؔار کاش!
دل مدینہ ہو گیا دل میں مدینہ آگیا

مدینہ

۱: مرنے کے قریب ۲: خزانہ

پھر مدینے کی فَضائیں پاگیا

(اَلْحَمْدُ لِلّٰہ عَزَّوَجَلَّ مدینۂ منوّرہ زادَھَا اللّٰہُ شَرَفًاوَّ تعظِیْماً کی رنگین فضاؤں میں ۲۸ ذوالحجّۃِ الحرام ١٤١٦ھ کو یہ کلام قلمبند کرنے کی سعادت نصیب ہوئی)

پھر مدینے کی فَضائیں پاگیا
یارسولَ اللّٰہ مجرِم آگیا

اپنے سر پر لاد کر بارِ گناہ
یارسولَ اللّٰہ مجرِم آگیا

آہ! پلّے نیکیاں کچھ بھی نہیں
یارسولَ اللّٰہ مجرِم آگیا

اس کے نامے کی سیاہی دور ہو
یارسولَ اللّٰہ مجرِم آگیا

نیکیوں سے دو بدل اس کے گناہ
یارسولَ اللّٰہ مجرِم آگیا

دیجئے اس کو شَفاعت کی سند
یارسولَ اللّٰہ مجرِم آگیا

از پئے غوث و رضا ہو مغفِرت
یارسولَ اللّٰہ مجرِم آگیا

صَدْقہ شہزادوں کا ہو چشمِ کرم
یارسولَ اللّٰہ مجرِم آگیا

لے کر اُمّیدِ کرم جانِ کرم
یارسولَ اللّٰہ مجرِم آگیا

واسطہ زَہرا کا دو خُلدِ بریں
یارسولَ اللّٰہ مجرِم آگیا

اُس کو بھی تم تو لگاتے ہو گلے
جس کو ہر دروازے سے ٹالا گیا

اے مِرے سرورَ عطا ہو چشمِ تر
بھیک لینے در پہ منگتا آگیا

قلبِ مُضطَر کا سُوالی ہوں شہا! بھیک لینے در پہ منگتا آگیا
دیجئے سوزِ جگر سلطانِ دیں! بھیک لینے در پہ منگتا آگیا
میرا سینہ ہی مدینہ دو بنا بھیک لینے در پہ منگتا آگیا
یانبی قُفلِ مدینہ دیجئے بھیک لینے در پہ منگتا آگیا
سیّدی! اَخلاق اچّھے کیجئے بھیک لینے در پہ منگتا آگیا
لے کے کشکول آپ کے دربار میں بھیک لینے در پہ منگتا آگیا
دور ہو جائے گناہوں کا مَرَض بھیک لینے در پہ منگتا آگیا
دو بنا مجھ کو پسندیدہ غلام بھیک لینے در پہ منگتا آگیا
دولتِ اِخلاص ہو آقا عطا بھیک لینے در پہ منگتا آگیا
آپ کی نظرِ کرم جُوں ہی پڑی ابرِ رَحمت میرے سر پر چھا گیا
اَلْمدد اے آمِنہ کے لاڈلے ہائے! مجھ پر نفس غالِب آگیا
بدرِ کامِل دیکھ کر تلوا ترا فَق ہوا پھیکا پڑا شرما گیا
اللہ اللہ! آپ کا حُسن و جمال دوست کیا دشمن کے دل کو بھا گیا
دشمنِ محبوب بوجہلِ لَعِیں بَدْر میں رُسوا ہوا مارا گیا

گلشنِ عالم کی کیا دیکھوں بہار
میرے دل کو دشتِ طیبہ بھا گیا

ناخُنِ پا کی ضِیائیں مرحبا!
یہ ہِلالِ عید بھی شرما گیا

سبز گُنبد کی بہاریں دیکھ لو!
آنکھ کھولو دیکھو روضہ آگیا

لے کے پلٹا ان سے منہ مانگی مُراد
جو کوئی دربار میں منگتا گیا

قافِلہ سوئے مدینہ جب چلا
لب پہ نعتوں کا ترانہ آگیا

چاند دو ٹکڑے ہوا صدقے گیا
جب اِشارہ مصطَفٰے کا پاگیا

پاکے مرضی سرورِ کونین کی
ڈوبا سورج پھر پلٹ کر آگیا

مرحبا صلِّ علیٰ کا شور اٹھا
حَشر میں جب ان کا دیوانہ گیا

ناز اٹھائے تھے جہاں میں جس کے وہ
حَشر میں نازوں کا پالا آگیا

حَشر میں ان کے گدا کو دیکھ کر
خود جہنَّم کو پسینہ آگیا

آنکھ ٹھنڈی ہو ترے دیدار سے
طالبِ دیدار در پر آگیا

شور اُٹھا مَحشر میں یہ چاروں طرف
آگیا عطّارؔ ان کا آگیا

مجھے مدینے کی دو اجازت، نبیِّ رَحْمت شفیعِ اُمّت

مجھے مدینے کی دو اجازت، نبیِّ رَحْمت شفیعِ اُمّت
پلاؤ بُلوا کے جامِ الفت، نبیِّ رَحْمت شفیعِ اُمّت
اگر نہیں میری ایسی قسمت، سدا حُضُوری کی پاؤں لذّت
رُلائے مجھ کو تمہاری فُرقت، نبیِّ رَحْمت شفیعِ اُمّت
عطا ہو مجھ کو غمِ مدینہ، تپاں جگر چاک چاک سینہ
بڑھے محبّت کی خوب شِدّت، نبیِّ رَحْمت شفیعِ اُمّت
لگاؤ سینے میں آگ ایسی، قرار پائے نہ دل کبھی بھی
رُلائے ہر دم تمہاری الفت، نبیِّ رَحْمت شفیعِ اُمّت
میں نام پر تیرے واری جاؤں، میں عشق میں تیرے گھر لُٹاؤں
مِلے وہ جذبہ مِلے وہ ہمّت، نبیِّ رَحْمت شفیعِ اُمّت
حُسین ابنِ علی کا صَدْقہ، ہمارے غوثِ جلی کا صَدْقہ
عطا مدینے میں ہو شہادت، نبیِّ رَحْمت شفیعِ اُمّت
ہر اِک نبی ہر ولی کا صَدْقہ، تجھے تری ہر گلی کا صَدْقہ
دے طیبہ میں مرنے کی سعادت، نبیِّ رَحْمت شفیعِ اُمّت
امام احمد رضا کا صَدْقہ، ہمارے مُرشِد ضِیا کا صَدْقہ

بقیعِ غرقد کرو عنایت، نبیِّ رحمت شفیعِ اُمّت
وسیلہ خُلفائے راشدیں کا، تمام اَصحاب و تابِعیں کا
جوارِ جنّت میں ہو عنایت، نبیِّ رحمت شفیعِ اُمّت
مجھے تم ایسی دو ہمّت آقا، دوں سب کو نیکی کی دعوت آقا
بنادو مجھ کو بھی نیک خصلت، نبیِّ رحمت شفیعِ اُمّت
قلیل روزی پہ دو قناعت، فُضُول گوئی سے دیدو نفرت
دُرُود پڑھتا رہوں بکثرت نبیِّ رحمت شفیعِ اُمّت
گنہ کے دلدل سے اب نکالو، مجھے سنبھالو مجھے بچالو
کہیں نہ ہو جاؤں شاہ! غارت، نبیِّ رحمت شفیعِ اُمّت
بنادو صَبْر و رِضا کا پیکر، بنوں خوش اَخلاق ایسا سرور
رہے سدا نرم ہی طبیعت، نبیِّ رحمت شفیعِ اُمّت

نہ ہو عطا اس کو مال و دولت،
نہ دیجے عطّار کو حکومت
یہ تیرا طالِب ہے جانِ رحمت،
نبیِّ رحمت شفیعِ اُمّت

پہنچوں مدینے کاش! میں اِس بے خودی کے ساتھ

پہنچوں مدینے کاش! میں اِس بے خودی کے ساتھ
روتا پھروں گلی گلی دیوانگی کے ساتھ

آتے ہیں مجھ کو یاد وہ لمحاتِ خوشگوار
گزرے تھے طیبہ میں جو کبھی مُرشِدی کے ساتھ

جوں ہی نگاہ گُنبَدِ خَضرا کو چوم لے
قربان میری جان ہو خود رَفتگی[1] کے ساتھ

مجھ کو بقیعِ پاک میں دوگز زمیں ملے
یارب! دعا ہے تجھ سے مِری عاجزی کے ساتھ

اَللّٰہ! میرا حَشْر ہو بُوبکر اور عمر
عثماں غنی و حضرتِ مولیٰ علی کے ساتھ

پلٹے گا پاک ہو کے درِ مصطفٰے سے وہ
پہنچے گا جو گناہوں کی آلودَگی کے ساتھ

[1]: بے خُودی، مدہوشی

ہر اِک گناہ گار پکارے گا حَشْر میں
آقا کو اشکبار بڑی بے بسی کے ساتھ

مَحْشَر میں مجھ کو جُوں ہی نظر آئیں گے حُضُور
قدموں میں لوٹ جاؤں گا وارفتگی[1] کے ساتھ

یارب! تِرے کرم سے جگہ خُلد[2] میں ملے
مجھ کو رسولِ پاک کی ہمسائیگی کے ساتھ

وہ یارِ غار بھی ہیں تو یارِ مزار بھی
بُوبکر آج بھی تو ہیں ہر دم نبی کے ساتھ

روٹی بھی جَو کی اور بِچھونا چٹائی کا
کرتے گزر بسر وہ بڑی سادَگی کے ساتھ

فیضانِ غوثِ پاک بِلا رَیب[3] سب کے سب
عطّاریوں کے ساتھ ہے ہر قادِری کے ساتھ

ایسا کرم ہو نیکیوں میں دِل لگا کرے
پڑھتا ہوں گر نَماز بھی تو بے دِلی کے ساتھ

مدینہ

[1]: دیوانگی [2]: جنّت [3]: بے شک

اے ذُوالجلال تجھ سے مِرے دو سُوال ہیں
طیبہ میں موت، زندگی گزرے خوشی کے ساتھ

اِک بار مسکرا کے مجھے دیکھ لیجئے
دم توڑ دوں گا قدموں میں وارفتگی کے ساتھ

مایوس کیوں ہو عاصِیو! تم حوصَلہ رکھو
رَبّ کی عطا سے انکا کرم ہے سبھی کے ساتھ

خطبہ، اذاں، نَماز، عبادت کوئی سی ہو
ذکرِ نبی ضَرور ہے ہر بندگی کے ساتھ

تم مَدنی قافِلوں میں اے اسلامی بھائیو!
کرتے رہو ہمیشہ سفر خوشدِلی کے ساتھ

اپنائے جو سدا کیلئے سنّتِ نبی
میری دعا ہے خُلد میں جائے نبی کے ساتھ

اسلامی بھائی، ''دعوتِ اِسلامی'' کا سدا
تم مَدنی کام کرتے رہو تندَہی کے ساتھ

سرکار حاضِری ہو مدینے کی بار بار
عطّار کی ہے عرض بڑی عاجزی کے ساتھ

مرحبا صد مرحبا صلِّ علٰی خوش آمدید

(١٦ صفر المظفر ١٤٢٦ھ)

مرحبا صد مرحبا صلِّ علٰی خوش آمدید
آمدِ نورِخدا صلِّ علٰی خوش آمدید

یاحبیبِ کبریا صلِّ علٰی خوش آمدید
تاجدارِ اَنۢبِیا صلِّ علٰی خوش آمدید

اے مِرے مُشکِل کُشا صلِّ علٰی خوش آمدید
جان و دل تم پر فِدا صلِّ علٰی خوش آمدید

سرورِ ارض و سما صلِّ علٰی خوش آمدید
اے شہِ ہر دو سَرا صلِّ علٰی خوش آمدید

شمس میں تیری ضِیا صلِّ علٰی خوش آمدید
مہ میں تیرا چاندنا صلِّ علٰی خوش آمدید

کیوں یہ گھر گھر روشنی ہے آج کس کا جشن ہے؟
آمِنہ کے لال کا صلِّ علٰی خوش آمدید

آج کیوں چاروں طرف یہ مرحبا کی دھوم ہے؟
کیوں ہے ہر سُو غُلغُلہ صلِّ علیٰ خوش آمدید؟

بات یہ ہے آج دنیا میں ہوئے ہیں جلوہ گر
میٹھے میٹھے مصطفےٰ صلِّ علیٰ خوش آمدید

مرحبا جشنِ ولادت مرحبا صد مرحبا
نورِ عینِ آمِنہ صلِّ علیٰ خوش آمدید

جشنِ میلادُالنّبی کی دھوم ہے چاروں طرف
ہر کوئی ہے کہہ رہا صلِّ علیٰ خوش آمدید

رَحْمَۃٌ لِّلْعٰلمیں کی ہو گئی جلوہ گری
بابِ رَحْمت وا ہوا صلِّ علیٰ خوش آمدید

چشمِ ما روشن دلِ ماشاد اے جانِ چمن
مرحبا یامصطفٰے صلِّ علیٰ خوش آمدید

چھَٹ گئے ظُلمت کے بادَل دُور اندھیرا ہوگیا
نور والا آگیا صلِّ علیٰ خوش آمدید

خانۂ کعبہ میں جو بُت تھے سب اُوندھے گر پڑے
دبدبہ آمد کا تھا صلِّ علیٰ خوش آمدید

اَنْبِیاء و مُرسلیں سب کی امامت کا ترے
سر پہ ہے سہرا سجا صلِّ علیٰ خوش آمدید

آمِنہ کے گھر میں جب آمد محمد کی ہوئی
چار سُو یہ شور اُٹھا صلِّ علیٰ خوش آمدید

خوب صدقہ بٹ رہا ہے آمِنہ کے گھر پہ آج
آئے شاہِ اَسْخِیا صلِّ علیٰ خوش آمدید

ہم غریبوں کے تو بس وارے ہی نیارے ہو گئے
در تمہارا مل گیا صلِّ علیٰ خوش آمدید

بھر دو سینے میں سُرور اور آنکھ کر دو نور نور
دل مِرا دو جگمگا صلِّ علیٰ خوش آمدید

قبر میں جلوہ نبی کا دیکھ کر عطّار کاش!
بول اُٹھے بے ساختہ صلِّ علیٰ خوش آمدید

آگئے ہیں مصطفٰے صلِّ علٰی خوش آمدید

(١٦ صفر المظفر ١٤٢٦ھ)

آگئے ہیں مصطفٰے صلِّ علٰی خوش آمدید ہوگئے جلوہ نُما صلِّ علٰی خوش آمدید
سیِّد و سردارِ ما صلِّ علٰی خوش آمدید رازدارِ کبریا صلِّ علٰی خوش آمدید
مالِک و مُختارِ ما صلِّ علٰی خوش آمدید نائبِ ربُّ الْعُلٰی صلِّ علٰی خوش آمدید
گمرہی سے لو بچا اور سیدھے رستے پر چلا اے ہمارے رہنُما صلِّ علٰی خوش آمدید
مسکُراتی پھول برساتی اور اِٹھلاتی ہوئی گُنگُناتی ہے صبا صلِّ علٰی خوش آمدید
بُلبلیں ہیں نغمہ خواں اور پڑھ رہی ہیں قُمریاں نعتِ پاکِ مصطَفٰے صلِّ علٰی خوش آمدید
سبز پرچم چار سُو لہرا رہے ہیں جشن ہے آمدِ مَحْبوب کا صلِّ علٰی خوش آمدید
غم زدو غم کھاؤ مت اے بے کسو گھبراؤ مت آگئے مشکِل کُشا صلِّ علٰی خوش آمدید
جھوم جاؤ بے کسو امداد کرنے آگئے خَلْق کے حاجت روا صلِّ علٰی خوش آمدید
بے نواؤ آؤ تم، آؤ گداؤ آؤ تم صَدْقہ لے لو نور کا صلِّ علٰی خوش آمدید

آمِنہ کے گھر پہ چلتے ہیں سب آ ؤ مل کے ساتھ | اور لگاتے ہیں صدا صلِّ علیٰ خوش آمدید
بے کسوں کے دادرس اے خَلْق کے فریادرس | دور کر رنج و بلا صلِّ علیٰ خوش آمدید
چشمِ رحمت کیجئے اپنی مَحبّت دیجئے | در پہ حاضِر ہے گدا صلِّ علیٰ خوش آمدید
اپنا غم دے دیجئے اور چشمِ نَم دے دیجئے | در پہ حاضِر ہے گدا صلِّ علیٰ خوش آمدید
دَرْدِ عِصیاں کی دوا دو تم شِفا دو تم شِفا | در پہ حاضِر ہے گدا صلِّ علیٰ خوش آمدید
گُنْبَدِ خَضْرا کے جلووں سے یہ دل آباد ہو | در پہ حاضِر ہے گدا صلِّ علیٰ خوش آمدید
آپ کے قدموں میں آقا خاتِمہ بِالْخیر ہو | در پہ حاضِر ہے گدا صلِّ علیٰ خوش آمدید
اب بقیعِ پاک میں دو گز زمیں دے دیجئے | در پہ حاضِر ہے گدا صلِّ علیٰ خوش آمدید

جھوم کر ہاں جھوم کر عطّار لب کو چوم کر
مست ہو کر دو صدا صلِّ علیٰ خوش آمدید

جو چُپ رہا اُس نے نَجات پائی۔ (تِرمذی حدیث ٢٥٠٩)

یانبی مجھ کو مدینے میں بلانا بار بار

یانبی مجھ کو مدینے میں بُلانا بار بار
بار بار آؤں بنے آخِر مدینے میں مزار
ہیں ہوائیں مہکی مہکی تو فَضائیں خوشگوار
ذرّہ ذرّہ ہے مدینے کا یقیناً نور بار[1]
کاش جب آؤں مدینے خوب طاری ہو جُنوں[2]
ہو گرِیباں چاک سینہ چاک دامن تارتار
مال کی کثرت کا تخت و تاج کا طالِب نہیں
ہو عطا خَستہ جگر اور آنکھ دے دو اشکبار
واسِطہ سِبْطَین کا میرا گناہوں کا مَرض
دُور کر دیجے خُدارا اے طبیبِ ذی وقار
فکرِ نَزْعِ روح و قَبْر و حَشْر سے بچ جاتا گر
کاش ہوتا آپ کی گلیوں کا میں گَرد و غبار

[1] نور برسانے والے [2] دیوانگی

آہ چھایا ہے گناہوں کا اندھیرا چار سُو
ہو نگاہِ نور مجھ پر یاشہِ عالَم مدار

کاش یاوَہ گوئی بد اَخلاقی اور بے جا ہنسی
کی مِری سب عادتیں چُھوٹیں مرے پَروَرْدگار

مثلِ بِسمل[1] میں تڑپتا ہی رہوں سرکار کاش!
آپ کے غم میں رہوں آقا ہمیشہ دلفِگار

دولتِ دنیا سے بے رغبت مجھے کر دیجئے
میری حاجت سے مجھے زائد نہ کرنا مالدار

ہو مدینہ ہی مدینہ ہر گھڑی وِردِ زَباں
بس مدینہ ہی کی ہو تکرار لب پر باربار

گُنْبَدِ خَضرا کی ٹھنڈی چھاؤں میں مِرا
خاتِمہ بِالْخَیر ہو اے کاش! میرے کِردگار

اے مِرے آقا عزیزوں نے جسے ٹھکرا دیا
اُس کو قدموں سے لگا لو غمزدوں کے غمگسار

عرصۂ مَحْشَر میں آقا لاج رکھنا آپ ہی
دامنِ عطّار ہے سرکار بے حد داغدار

مـــــــــــــــــــــــــــــــدینہ

[1]: زخمی۔بیقرار

غم کے ماروں پر کرم اے دو جہاں کے تاجدار

غم کے ماروں پر کرم اے دوجہاں کے تاجدار
اپنے غم میں اپنی الفت میں رُلاؤ زار زار
صَدْقے جاؤں مجھ سے عاصی پر شہِ کون و مکاں
بے عَدَد تیری عطائیں رَحْمتیں ہیں بے شمار
جو تڑپتے ہیں مدینے کی زِیارت کے لیے
ان کو بھی آقا دکھادو تم مدینے کی بہار
ہو مِرا سینہ مدینہ تاجدارِ اَنْبِیا
دل میں بس جائے تِرا جلوہ شہِ عالی وقار
از پئے غوث و رضا مسکَن مدینہ دو بنا
کاش ہو مدفَن مدینہ از طُفیلِ چار یار
گھومتے رہتے ہو تم آقا کی گلیوں میں سدا
تم پہ ہو جاؤں تصدُّق اے سگانِ کوئے یار

بُلبلو تم کو مبارَک پھول، پر میری نظر
میں مدینے کی حسیں وہ جھاڑیاں ہیں خاردار

آج کے اِس سُنّتوں کے اجتماعِ پاک میں
جو بھی آیا بخش دے اس کو مِرے پَروَردگار[1]

کچھ تو کر اِحْساس بھائی چھوڑ نافرمانیاں
غم میں آقا اپنی اُمّت کے ہیں ہوتے بے قرار

میرے غیرت مند بھائی مت مُنڈا داڑھی کو تُو
یاد رکھ یہ دشمنانِ مصطفٰے کا ہے شِعار[2]

چھوڑ انگریزی طریقے اور فیشن چھوڑ دے
بھائی کرلے سنّتوں سے خوب رِشتہ اُستوار[3]

دے شَرَف عطّار کو ہرسال حج کا یاخدا
ہر برس اِس کو دکھا میٹھے مدینے کا دِیار[4]

مدینہ

[1] یہ کلام "دعوتِ اسلامی" کے ۱٤۱۱ ھ کے سالانہ اجتماع (منعقدہ باب المدینہ کراچی) کے موقع پر پیش کیا گیا تھا لہٰذا شرکائے اجتماع کیلئے بھی دعائیہ شعر شامل کیا گیا ہے۔ سگِ مدینہ عُفِیَ عَنہُ [2] طریقہ [3] مضبوط [4] شہر۔ عَلاقہ

رُوسیاھوں پر کرم اے دو[۲] جھاں کے تاجدار

رُوسیاہوں پر کرم اے دوٗ[۲] جہاں کے تاجدار!
اپنے غم میں اپنی اُلفت میں رُلاؤ زار زار

حُسنِ گلشن میں سَراسَر ہے فَریب اے دوستو!
دیکھنا ہے حُسن تو دیکھو عَرَب کے ریگزار

راہ بھولا آہ منزِل سے بھٹک کر رہ گیا
ساتھ لے لو اے عَرَب کے مہرباں ناقہ سُوار[۱]

ہم غریبوں کو مدینے میں بُلا لو یا نبی!
واسِطہ احمد رضا کا دوٗ[۲] جہاں کے تاجدار

گر مقدّر میں مِرے دُوری لکھی ہے یا نبی!
کاش! فُرقَت میں تِری روتا رہوں میں زار زار

اُن کا دیوانہ عِمامہ اور زُلف و رِیش[۲] میں
واہ! دیکھو تو سہی لگتا ہے کتنا شاندار

مــــــــــــــــــــــــــــــــــــدینہ

[۱]: اونٹنی سُوار [۲]: داڑھی

کاش! خدمت سنّتوں کی میں سدا کرتا رہوں
اہلِ سنّت کا سدا[1] بن کے رہوں خدمت گزار

ہیں علی مُشکل کشا سایہ کُناں سر پر مِرے
لَا فَتٰـی اِلَّا عَلِی لَا سَیْفَ اِلَّا ذُوالْفِقَارْ[2]

یاشہیدِ کربلا! ہو دُور ہر رنج و بلا
اب مدد کو آؤ دَشتِ کربلا کے شہسوار

المدد یاغوثِ اعظم دَسْت گِیرِ بے کساں
پھنس گئی ہے ناؤ طوفاں میں لگادیں آپ پار

یامُعینَ الدّین! آؤ اب مدد کے واسطے
ہو کرم بد حال پر اے چِشتیوں کے تاجدار

یا امام احمد رضا! صدقہ ضیاءُ الدّین کا
ہو کرم کی اِک نظر اے سُنّیوں کے تاجدار

مصطَفٰے والی ترے عطّار ڈر کس بات کا
کارگر ہوگا نہ تجھ پر دشمنوں کا کوئی وار

[1]: ہمیشہ [2]: حضرتِ علی کَرَّمَ اللّٰہُ وَجْھَہُ الکَرِیم جیسا کوئی بہادُر نہیں اور ذُوالفِقار جیسی کوئی تلوار نہیں

پھر مدینے کی گلیوں میں اے کِردگار

پھر مدینے کی گلیوں میں اے کِردگار　　کاش پہنچوں میں روتا ہوا زار زار
کاش آ کر مدینے میں پروانہ وار　　سبز گُنبد پہ ہو جاؤں آقا نثار
مال و دولت کے اَنبار[1] بیشک نہ دو　　بس مُقدّر میں لکھ دو مدینے کے خار
ساقِیا جام ایسا پلادو مجھے　　بعدِ مُردَن[2] بھی اُترے نہ جس کا خُمار
چومتا رہتا نَعْلَین، سرکار کے　　کاش ہوتا میں طیبہ کا گَرد و غُبار
آ گیا حج کا موسِم قریب آ گیا　　مجھ پہ بھی ہو کرم میرے پروردگار
سندھ کے باغ آنکھوں میں جچتے نہیں　　اب دکھا دو عَرَب کے حسیں ریگزار
ہم سبھی ان کے دَربارِ دُربار[3] میں　　جائیں گے اِن شاءَ اللّٰہ ضَرور ایکبار
از طُفیلِ بِلال و اُوَیس و رضا　　دو دلِ بے قرار آنکھ دو اشکبار
مجھ کو آلامِ دُنیا سے آزاد کر　　میں ترے غم میں روؤں شہا زار زار

مدینہ

[1]: ڈھیر　[2]: موت　[3]: موتی برسانے والا

آپ کا نام سنتے ہی سرکار کاش　　دل مچلنے لگے جان ہو بے قرار

میرا سینہ مدینہ بنا دیجئے　　قلب کی ہو مدینہ مدینہ پکار

گِر پڑوں اُن کے قدموں میں روتے ہوئے　　عاصیوں پر بھی ان کو تو آتا ہے پیار

اب تو آجائیے مجھ کو چُھڑوایئے　　ہر طرف سے گناہوں کا ہوں میں شِکار

میرے آقا! سِرہانے چلے آیئے　　جاں بَلَب[1] کب تلک اب کرے اِنتظار

میری آمد ہو طیبہ میں اے کاش یوں　　چاک سینہ ہو دامن بھی ہو تار تار

بھائیو، بہنو اپناؤ تم سُنّتیں　　خوش ہو رب تم سے راضی شہِ نامدار

موت بدکار کو آئے طیبہ میں پھر　　ہو بقیعِ مبارَک میں اِس کا مزار

یاخدا بے سبب بَخْش عطّار کو

اِس کو جنّت میں دیدے نبی کا جِوار[2]

[1]: جو مرنے کے قریب ہو　[2]: پڑوس

ہو گیا حاجیوں کا شُروع اب شُمار

ہو گیا حاجیوں کا شُروع اب شُمار اِذْن مجھ کو بھی دے دو شہِ ذی وقار
تیری نظرِ کرم کا ہوں اُمّید وار گو مِرے جُرم سرکار ہیں بے شمار
پھر مدینے کی جانب چلے قافلے ہو گئے عاشِقانِ نبی بے قرار
از پئے غوثِ اعظم نگاہِ کرم پھر دکھا دو مدینے کے لَیل و نَہار
میرے میٹھے مدینے کی کیا بات ہے ہے فَضا مہکی مہکی ہوا خوشگوار
جس قدَر بھی ہیں اسلامی بھائی بَہن سب کو بُلواؤ مَحْبُوبِ پروردگار
عَرش پر فرش پر خُلْد پر خَلْق پر اذنِ رب سے ہے نافِذ ترا اقتِدار
کیجئے دُور دنیا کے رنج و اَلَم آپ پر میرے حالات ہیں آشکار
میرے نزدیک آئے نہ پت جھڑ کبھی تاجدارِ مدینہ دو ایسی بہار
پھنس گئی ناؤ عِصیاں کے طوفان میں اب لگا دو مِرے ناخدا جلد پار
میرے دامانِ تَر کی شفیعُ الْوریٰ لاج رکھنا خدارا بَروزِ شمار
سُنّتوں کا میں چرچا کروں رات دن ہو عطا ایسا جذبہ پئے چار یار
اے مدینے کے زائر درِ پاک پر عرض کرنا مِرا بھی سلام اشکبار

پیرومُرشِد کے صدقے ہو ایسی عطا
آئے عطّارؔ دربار میں باربار

حسرت بھرے دلوں سے ہم آئے ہیں لوٹ کر

حسرت بھرے دلوں سے ہم آئے ہیں لوٹ کر
ہے چاک چاک ہجر میں یہ سینہ و جگر

اچّھا لگے گا اب ہمیں کیسے وطن میں گھر
افسوس چھوڑ آئے محمد کا پاک در

ہم کو تو اِس لئے ہے مدینہ عزیز تر
اِس میں جنابِ رحمتِ عالم ہیں جلوہ گر

ایسا سُکون جا کے میں ڈھونڈوں گا اب کدھر!
جیسا سُکون تھا مجھے روضے کو دیکھ کر

وہ سبز گُنبد اور وہ مینار چُھٹ گئے
سرکار کا مدینہ ہم آئے ہیں چھوڑ کر

میٹھا مدینہ ہائے! نگاہوں سے چُھپ گیا
اے آنکھ! خون رولے تُو رونا ہے جس قدَر

دل خون اُگل رہا تھا مِرا ہجرِ شاہ میں
جب چل پڑا تھا شہرِ مدینہ کو چھوڑ کر

اشکوں کی لگ گئی تھی جَھڑی میری آنکھ سے
چُھوٹا تھا جب مدینہ میں رویا تھا پھوٹ کر

کُوچے میں شاہِ کون و مکاں کے سُکون تھا
آتا تھا لُطف گُنْبدِ خَضرا کو دیکھ کر

بِہتر ہے موت فُرقَتِ طیبہ سے بِالیقیں
مرجاتا کاش! آقا مدینے کی خاک پر

روتا رہوں تڑپتا رہوں چین ہی نہ آئے
غم اپنا ایسا دو مجھے اے شاہِ بحروبر

سوز و گُداز اِس کی فَضاؤں میں چار سُو
پُرکیف و پُرسُکون ہے سرکار کا نگر

مجھ کو بقیعِ پاک میں دوگز زمین دو[۲]
حَسنَین کے طُفیل، مدینے کے تاجور

دنیا کے رنج میٹ کے غم اپنا دے اِسے
بدکار پر ہو ایسی مِرے مصطَفٰے نظر

عطّار کر رہا ہے یہ رو رو کے اِلتِجا
پھر سے بُلائیے گا مدینے میں جلد تر

لِکھ رہا ہوں نعتِ سَرور سبز گُنبد دیکھ کر

لِکھ رہا ہوں نعتِ سَرور سبز گُنبد دیکھ کر
کیف طاری ہے قلم پر سبز گُنبد دیکھ کر

ہے مُقدّر یاوری پر سبز گُنبد دیکھ کر
پھر نہ کیوں جُھومے ثَنا گر سبز گُنبد دیکھ کر

مسجدِ نبوی پہ پہنچے مَرحَبا صلِّ علےٰ
ہوگیا جاری زَباں پر سبز گُنبد دیکھ کر

جُوں ہی میں پہنچا مدینے کی گلی میں بیقرار
آنکھ میری ہوگئی تَر سبز گُنبد دیکھ کر

رُوح کو تسکین جَانِ مُضطَرِب کو چَین ہے
دِل کو بھی رَاحت مُیَسّر سبز گُنبد دیکھ کر

انکے منگتے، انکے سائل دوجہاں کی نعمتیں
مانگتے ہیں ہاتھ اُٹھا کر سبز گُنبد دیکھ کر

آپ سے بس آپ ہی کو مانگتا ہے یا نبی!
آپ کا ادنیٰ گداگر سبز گُنبد دیکھ کر

لندن و پیرس کا عاشق بھی یقیناً مَرحبا!
بول اُٹھے گا روح پَرور سبز گُنبد دیکھ کر

دُھوپ روزانہ مدینہ جھوم کر ہے چُومتی
اور لپٹ جَاتی ہے آ کر سبز گُنبد دیکھ کر

چُوم لیتا ہے مدینہ روز آ کر آفتاب
پھر لِپٹ جاتا ہے آ کر سبز گُنبد دیکھ کر

ٹُوٹ جائے دَم مدینے میں مِرا یارب! بقیع
کاش ہوجائے مُیَسَّر سبز گُنبد دیکھ کر

جَب جُدائی کی گھڑی آتی ہے تو کوہِ اَلَم
ٹوٹ پڑتا ہے دِلوں پر سبز گُنبد دیکھ کر

آپ کی گلیوں کے کُتّے مُجھ سے تو اچھے رہے
ہے سُکُوں ان کو مُیَسَّر سبز گُنْبَد دیکھ کر

وقتِ رُخصت خُون اُگلتے تھے مِرے قلب وجگر
آنکھ رو پڑتی تھی اکثر سبز گُنْبَد دیکھ کر

میرے مُرشِد نے گزارے ہیں مدینے میں برس
اُن کی رَحمت سے سَتَتَّو سبز گُنْبَد دیکھ کر

یارسُول اللّٰہ !مُرشِد پر کرم ہوں بے شمار
سوئے ہیں قدموں میں آ کر سبز گُنْبَد دیکھ کر

آہ! اے عطّار اتنا بھی نہ تُجھ سے ہوسکا!
جَان کر دیتا نچھاوَر سبز گُنْبَد دیکھ کر

نابینا کو چالیس قدم چلانے کی فضیلت

حضرتِ سیِّدُنا اَنَس رضی اللہ تعالٰی عنہ سے مروی ہے کہ جو کسی نابینا کو چالیس قدم ہاتھ پکڑ کر چلائے گا اُس کے چِہرے کو جہنَّم کی آگ نہیں چُھوئے گی۔ (تاریخ مدینة دمشق لابن عساکر ج ٤٨ ص٣)

سویا ھوا نصیب جگا دیجئے حُضُور

سویا ہوا نصیب جگا دیجئے حُضُور　　میٹھا مدینہ مجھ کو دکھا دیجئے حُضُور
اب ''چل مدینہ'' کا مجھے مُژدہ سنایئے　　روتے ہوئے کو اب تو ہنسا دیجئے حُضُور
پھر سبز گُنْبد اور وہ مینار کی بہار　　غوث و رضا کا صَدْقہ دکھا دیجئے حُضُور
مِسکین ہوں، غریب ہوں پلّے نہیں ہے کچھ　　خَرچہ سفر کا دیجئے نا دیجئے حُضُور
عَرفات اور مُزْدَلِفہ اور مِنٰی چلوں　　حج کرلوں حق سے اِذْن دِلا دیجئے حُضُور
خُلفائے راشِدین کے صَدْقے میں یا نبی　　خوابوں میں اپنا جلوہ دکھا دیجئے حُضُور
سائل غمِ مدینہ کا ہوں شاہِ بحروبر　　مجھ کو غمِ مدینہ شہا دیجئے حُضُور
احمد رضا کا واسِطہ الفت کا سَاقِیا　　مجھ کو چھلکتا جام پِلا دیجئے حُضُور
ہر وقت سوزِ عشق میں تڑپا کروں شہا　　آگ ایسی میرے دِل میں لگا دیجئے حُضُور
زَہرا کے لاڈلوں کا وسیلہ میں لایا ہوں　　پژمُردہ دل کو میرے کِھلا دیجئے حُضُور

صَدْقہ شہیدِ کربلا کا شاہِ اَنبیا دیوانۂ مدینہ بنا دیجئے حُضور

یامصطَفٰے میں الفتِ دنیا میں پھنس گیا اِس قید سے خُدارا چُھڑا دیجئے حُضُور

پُرخاروادِیوں میں بھٹک کے میں رہ گیا بُھولے ہوئے کو راہ دکھا دیجئے حُضُور

توبہ نِباہ میں نہیں پاتا ہوں یانبی! اب استِقامت آپ شہا دیجئے حُضُور

ڈر لگ رہا ہے آہ! جہنَّم کی آگ سے بخشش کا مجھ کو مُژدہ سنا دیجئے حُضُور

''قفلِ مدینہ'' دیجئے مُرشِد کا واسِطہ خاموش رہنا مجھ کو سکھا دیجئے حُضُور

عطّارِ بدخِصال کا عِصیاں شِعار کا

دل مُردہ ہوچکا ہے جِلا دیجئے حُضُور

مُعَزَّز کون؟

حضرتِ سیِّدنا موسیٰ کَلِیمُ اللّٰہ علٰی نبینا وعلیہ الصلوۃ والسلام نے عرض کی: اے ربِّ اعلیٰ عزوجل! تیرے نزدیک کونسا بندہ زیادہ عزّت والا ہے؟ فرمایا: وہ جو بدلہ لینے کی قدرت کے باوجود معاف کردے۔ (شعب الایمان ج۶ ص۳۱۹ حدیث ۸۳۲۷)

یارسولَ اللّٰہ !تیرے چاھنے والوں کی خیر

یارسولَ اللّٰہ تیرے چاہنے والوں کی خیر
سب غلاموں کا بھلا ہو سب کریں طیبہ کی سیر

کاشکے ہجرِ مدینہ مجھ کو رکھے بیقرار
چَین ہی آئے نہ مجھ کو یادِ طیبہ کے بِغیر

یانبی اب تو مدینے میں مجھے بلوایئے
ہو مُیسَّر با ادب پھر آپ کی گلیوں کی سَیر

کاش ! طیبہ میں شہادت کا عطا ہو جائے جام
جلوۂ محبوب میں انجام میرا ہو بخیر

فالتو باتوں کی عادت دُور ہو جائے حُضُور!
ہو زباں پر میری اکثر آپ ہی کا ذکرِ خیر

عائد آقا فردِ عصیاں ہو گئی کر دے کرم
کون ہے جو بخشوائے گا مجھے تیرے بِغیر

تیز ہے تلوار کی بھی دھار سے یہ پُل صراط
تم سنبھالا دو کہیں جائے پھسل میرا نہ پَیر

اُمّتِ محبوب کا یارب بنا دے خیر خواہ
نفس کی خاطِر کسی سے دل میں میرے ہو نہ بَیر

جام ایسا اپنی الفت کا پلا دے ساقیا
نعت سن کر حالتِ عطّار ہو رو رو کے غَیر

ظُلمتِ دنیا مجھے تنہا سمجھ کر یُوں نہ گھیر

ظُلمتِ دنیا مجھے تنہا سمجھ کر یُوں نہ گھیر
ماہِ طیبہ کی تجلّی میں نہیں کچھ لگتی دیر[1]

یانبی تیری دُہائی آفتوں میں گھر گیا
رُخ بدل دے مشکلوں کا اور بلائیں مجھ سے پھیر

گُنبدِ خضرا کو دیکھے ایک عرصہ ہو گیا
کب کُھلے گی میری قسمت اب لگے گی کتنی دیر!

نفس و شیطاں پر مجھے غَلبہ عطا کر یاخدا
اُس علی کا واسِطہ دیتا ہوں جو ہے تیرا شیر

آہ !میزاں پر کھڑا ہوں شافِعِ محشر کرم!
نیکیاں پلّے نہیں ہیں بس گناہوں کا ہے ڈھیر

نارِ دوزخ میں نہ لے جائے کہیں مالِ حرام
کر لو توبہ چھوڑ دو اے بھائیو !سب ہیر پھیر

سب کو مرنا ہی پڑیگا یاد رکھو بھائیو!
دیر میں جائیگا کوئی ،کوئی چلدے گا سویر

یاخدا عالَم میں اونچا پرچمِ اسلام ہو
دشمنانِ دیں مسلمانوں سے ہوں مغلوب و زیر

عشقِ احمد ہی سے عطّار آدمی ہے آدمی
ورنہ یہ مِٹّی کا پُتلا ہے فَقَط مِٹّی کا ڈھیر[2]

[1]،[2]: دونوں اَشعار ''مُفَتِّش'' نے مَوزُوں کیے ہیں۔

مرحبا آج چلیں گے شہِ اَبرار کے پاس

(اَلْحَمْدُ لِلّٰہ عَزَّوَجَلَّ ۱۴۲۲ھ تا ۱۴۲۳ھ کے سفرِ مدینہ میں حرمین طیبین میں یہ کلام قلمبند کیا)

مرحبا آج چلیں گے شہِ اَبرار کے پاس
اِن شاءَ اللّٰہ پہنچ جائیں گے سرکار کے پاس

پیش کرنے کیلئے کچھ نہیں بدکار کے پاس
ڈھیروں عصیاں ہیں گنہگاروں کے سردار کے پاس

مل چکا اِذن، مبارک ہو مدینے کا سفر
قافِلے والو چلو چلتے ہیں سرکار کے پاس

خوب رو رو کے وہاں غم کا فسانہ کہنا
غمزدو آؤ چلو احمدِ مختار کے پاس

میں گنہگار گناہوں کے سِوا کیا لاتا
نیکیاں ہوتی ہیں سرکار نِکوکار کے پاس

سر بھی خَم آنکھ بھی نَم، شَرم سے پانی پانی
کیا کرے عُذر نہیں کچھ بھی گنہگار کے پاس

آنکھ جب گُنبدِ خضرا کا نظارہ کرلے
دم نکل جائے مِرا آپ کی دیوار کے پاس

عرصۂ حَشر میں جب روتا بِلکتا دیکھا
رَحم کھاتے ہوئے دوڑ آئے وہ بدکار کے پاس

مجرِمو! اتنا بھی گھبراؤ نہ محشر میں تم
مل کے چلتے ہیں سبھی اپنے مددگار کے پاس

دونوں عالَم کی بھلائی کا سُوالی بن کر
اِک بھکاری ہے کھڑا آپ کے دربار کے پاس

شاہِ والا یہ مدینے کا بنے دیوانہ
اِک بھکاری ہے کھڑا آپ کے دربار کے پاس

اپنا غم چشمِ نم اور رقّتِ قلبی دیجے — اِک بِھکاری ہے کھڑا آپ کے دربار کے پاس

اُلفتِ ناب[1] ملے اور دلِ بےتاب ملے — اِک بِھکاری ہے کھڑا آپ کے دربار کے پاس

حسنِ اَخلاق ملے بھیک میں اِخلاص ملے — اِک بِھکاری ہے کھڑا آپ کے دربار کے پاس

از پئے غوث ورضا ''قُفلِ مدینہ[2]'' مل جائے — اِک بِھکاری ہے کھڑا آپ کے دربار کے پاس

استِقامت اِسے ایماں پہ عطا کر دیجے — اِک بِھکاری ہے کھڑا آپ کے دربار کے پاس

ہے مدینے میں شہادت کا یہ منگتا مولیٰ — اِک بِھکاری ہے کھڑا آپ کے دربار کے پاس

قَبْر و مَحْشَر میں اَماں کا ہے طلبگار حُضُور — اِک بِھکاری ہے کھڑا آپ کے دربار کے پاس

نارِ دوزخ سے رِہائی کا ملے پروانہ — اِک بِھکاری ہے کھڑا آپ کے دربار کے پاس

اِس کو جنّت میں جِوار[3] اپنا عطا ہو داتا — اِک بِھکاری ہے کھڑا آپ کے دربار کے پاس

آپ سے آپ ہی کا ہے یہ سُوالی آقا — اِک بِھکاری ہے کھڑا آپ کے دربار کے پاس

قَبْر میں یوں ہی نکیرو! نہیں آیا وَاللّٰہ

ہے غلامی کی سَنَد دیکھ لو عطّاؔر کے پاس

مــــــــــــــــــــــــــــدینہ

[1] الفتِ ناب یعنی ایسی مَحَبَّت جس میں مِلاوٹ نہ ہو۔ [2] یہ دعوتِ اسلامی کی اصطِلاح ہے۔ اِس شعر میں ''قفلِ مدینہ'' سے مُرادخاموشی کی سعادت ہے۔ [3] پڑوس

حسرتا واحسرتا شاہِ مدینہ الوداع

حسرتا وا حسرتا شاہِ مدینہ الوداع
پھٹ رہا ہے آپ کے غم میں یہ سینہ الوداع

خوب آتا تھا سُرور آقا مدینے میں مجھے
چُھوٹتا ہے ہائے اب میٹھا مدینہ الوداع

تیری گلیوں سے بچھڑ کر بھی ہے کوئی زندگی
دُور رہ کر ہائے مرنا ہائے جینا الوداع

آنکھ روتی ہے تڑپتا ہے دلِ غمگین اب
لُٹ رہا ہے ہائے قُربت کا خَزینہ الوداع

دل مِرا غم ناک فُرقت سے کلیجا چاک چاک
پھٹ رہا ہے تیرے غم میں ہائے! سینہ الوداع

میں شِکَستہ دل لئے بوجھل قدم رکھتا ہوا
چل پڑا ہوں یاشَہَنْشاہِ مدینہ الوداع

خون روتا ہے دلِ مغموم ہجرِ شاہ میں
چاک ہے میرا کلیجا چاک سینہ الوداع

قافِلہ چلنے کو ہے سب رو رہے ہیں زار زار
ٹوٹتا ہے ہائے! دل کا آبگینہ الوداع

جانے کب پھر آئے گا میٹھا مدینہ دیکھنے
کب سفر پائے گا بدکار و کمینہ الوداع

نام سنتے ہی مدینے کا میں آقا رو پڑوں
کاش! آجائے مجھے ایسا قرینہ الوداع

آپ کی یادوں کے صَدْقے وہ ملے سنجیدگی
مَیں نہ پھر بے جا ہنسوں شاہِ مدینہ الوداع

مال کا طالب نہیں دے دو فَقَط سوزِ بِلال
ہو عطا اپنے گدا کو یہ خَزینہ الوداع

اپنی اُلفت کی شراب ایسی پِلا آئے نہ ہوش
مجھ کو ہرگز اے شہنشاہِ مدینہ الوداع

کاش! میں جاؤں جدھر دیکھوں مدینے کی بہار
ہو عطا آقا مجھے وہ چشمِ بِینا الوداع

گو بُرا ہوں، بے عمل ہوں پر نہیں ہوں بے ادب
آپ کا ہوں، آپ کا، گو ہوں کمینہ، الوداع

اَلفِراق آہ الفِراق اے پیارے آقا اَلفِراق
پھر بُلا لو جلد آقائے مدینہ الوداع

یارسولَ اللّٰہ! اب لے لو سلامِ آخری
چلنے والا ہے کراچی کو سفینہ الوداع

آہ! اب عطّار جاتا ہے مدینے سے وطن
ہائے مجبوری! سُکونِ قلب چھینا الوداع

پھر عطا کر دیجئے حج کی سعادت یارسول

پھر عطا کر دیجئے حج کی سعادت یارسول
ہو مدینے کی اجازت بھی عنایت یارسول

حج کا موسِم آگیا حُجّاج نے باندھی کمر
میرے حج کی بھی کوئی ہوجائے صورت یارسول

چل پڑے ہیں قافِلوں پر قافِلے سُوئے حِجاز
میں رہا جاتا ہوں ہائے! جانِ رَحْمت یارسول

یارسولَ اللہ! صَدْ قہ فاطِمہ کے لال کا
دیجئے مجھ کو مدینے کی اجازت یارسول

سبز گُنْبد کی فضاؤں میں بُلالو اب مجھے
از پئے شاہِ امامِ اہلِ سنّت یارسول

گر مِری تقدیر میں دُوری لکھی ہے یانبی
ہر گھڑی مجھ کو رُلائے تیری فُرقت یارسول

صَدْ قہ صِدّیق و عُمر عُثمان وحَیدر کا حُضُور
غم مدینے کا مجھے کر دو عِنایت یارسول

دل سے دُنیا کی مَحبّت دُور کرکے دیجئے
اپنی اُلفت اپنی چاہت دَرد و رِقّت یارسول

تاجِ سلطانی ہے میری ٹھوکروں پر یانبی
تیرا نَعْلِ پاک میرا تاجِ عزّت یارسول

ٹوٹ جائے دم مدینے میں شہا! عطّار کا
اور بقیعِ پاک میں بن جائے تُربَت یارسول

ہو بیاں کس سے تمھاری شان و عَظمت یارسول

ہو بیاں کس سے تمہاری شان وعَظمت یارسول
جب تمہاری خود خدا کرتا ہے مِدحَت یارسول

جب بھی آتا ہے ترا یومِ ولادت یا رسول
خوب ہوتی ہے مُیَسَّر دل کو راحت یارسول

عَرش پر بھی سلطنت ہے فَرش پر بھی سلطنت
دونوں عالم پر تمھاری ہے حُکومت یارسول

دولتِ دنیا کے پیچھے مارا مارا کیوں پھروں!
آپ ہی ہیں میری دولت اور ثَروت یارسول

جو تڑپتے ہیں مدینے کے لئے آقا اُنہیں
کاش! ہو جائے مدینے کی زیارت یارسول

لحہ لحہ بڑھ رہی ہیں ہائے! نافرمانیاں
اور گناہوں کی نہیں جاتی ہے عادت یارسول

کاش! ہنسنے کے بجائے مجھ کو رونا ہو نصیب
آنکھ سے بہتے رہیں اشکِ محبَّت یارسول

نیکیوں میں یارسولَ اللہ دل لگ جائے کاش!
اور گناہوں سے مجھے ہو جائے نفرت یارسول

یانبی! بے کار باتوں کی ہو عادت مجھ سے دُور
بس دُرُودِ پاک کی ہو خوب کثرت یارسول

آمِنہ کے لال! مجھ کو دیجئے سوزِ بلال
مالِ دنیا سے مجھے ہو جائے نفرت یارسول

رَحْمتِ عالم سرہانے مسکراتے آیئے
جاں بَلَب ہوں آگیا اب وقتِ رِحْلَت یارسول

آپکے قدموں میں گر جاؤں گا فَرطِ شوق سے
قبر میں ہو گی مجھے جس دم زیارت یارسول

نارِ دوزخ میں گِرا ہی چاہتا تھا میں نثار
اپنی رَحْمت سے عطا فرمائی جنّت یارسول

یاشہِ اَبرار! دے دو خُلْد میں اپنا جِوار[1]
از پئے غوثُ الورٰی ہو چشمِ رَحْمت یارسول

نیکیاں بالکل نہیں ہیں نامۂ اعمال میں
کیجئے عطّار کی آکر شَفاعت یارسول

[1] پڑوس

پھر سے بلاؤ جلد مدینے میں یارسول

پھر سے بلاؤ جلد مدینے میں یارسول
کردو کرم حُضُور! پئے فاطِمہ بَتول

دُنیا پرست زَر پہ مرے گل پہ عَندَلیب
اپنا تو اِنتخاب مدینے کا ہے بَبُول

بیمارِ ہجر کا ابھی ہو جائے گا علاج
جاؤ اُٹھا کے لاؤ مدینے کی تھوڑی دھول

دنیا کی لذّتوں سے مِری جان چھوٹ جائے
مجھ کو بنا دے یاخدا تو عاشِقِ رسول

میری زَبان تر رہے ذِکر و دُرُود سے
بے جا ہنسوں کبھی نہ کروں گفتگو فُضُول

میری پسند خارِ مدینہ ہے بُلبلو
لیکر میں کیا کروں گا تمہارے یہاں کے پھول

خوش بخت بے شُمار مدینے میں دَفْن ہیں
ہو جائے ان میں کاش! مِرا بھی کبھی شُمول

پُرچار سنّتوں کا جو کرتا ہے رات دن
ہردم ہو اس پہ رَحْمتوں کا یاخدا نُزُول

دیتا ہوں تجھ کو واسِطہ یارب حُضُور کا
ہر ہر خطا تو بخش دے کر ہر مُعاف بھول

غوث و رضا کا واسِطہ یاشافِعِ اُمَم
رکھنا نہ مجھ کو حَشْر میں رنجیدہ و مَلول

گر لمحہ بھر بھی حاضِری طیبہ کی ہو نصیب
حاصِل یِہی ہے زِیْسْت کا محنت ہوئی وُصُول

سرکار! چار یار کے صدقے میں ہو کرم
عطّار کو سدا کے لئے کر لو تم قَبول

آپ آقاؤں کے آقا آپ ہیں شاہِ انام

(حَرَمَینِ طیِّبین زادَھُمَا اللہُ شَرَفًاوَّ تعظِیمًا کی حاضِری ۱۴۱۵ھ میں یہ کلام تحریر کرنے کی سعادت نصیب ہوئی)

آپ آقاؤں کے آقا آپ ہیں شاہِ اَنام
یارسولَ اللہ میں ہوں آپ کا ادنیٰ غلام

بات کی ہمّت نہیں پڑتی ادب کا ہے مقام
دل اجازت ہی نہیں دیتا کروں کیسے کلام

سوزِ سرکار اے خدائے پاک تُو کر دے عطا
عشقِ سرور میں تڑپتا ہی رہوں مولیٰ مُدام

یاالٰہی! مجھ کو دیوانہ مدینے کا بنا
کاش! ہو ذِکرِ مدینہ میرے لب پر صبح و شام

تلخیوں میں خوش رہوں اور لذّتوں سے بے نیاز
کاش! قابو میں رہے یہ میرا نفسِ بدلگام

جو تڑپتے ہیں مدینے کی جدائی میں شہا!
ان غریبوں کا بھی کردو یانبی کچھ انتِظام

اب تو دیدو تم مدینے میں شہادت کا شَرَف
یانبی! کردو یہ پوری آرزوئے ناتمام

حَشْر کی گرمی بلا کی پیاس سے ہوں نیم جاں
ساقِیا! لِلّٰہ کوثر کا چھلکتا ایک جام

یاالٰہی! فالتو باتوں کی عادت دور ہو
کاش! لب پر کوئی بھی جاری نہ ہو بے جا کلام

ہر گھڑی شرم و حیا سے بس رہے نیچی نظر
پیکرِ شرم و حیا بن کر رہوں آقا مُدام

اے خدائے مصطفٰے عطّار کو وہ آنکھ دے
ہو غمِ محبوب میں آنسو بہانا جس کا کام

سر ہو چوکھٹ پہ خَم، تاجدارِ حرم

سر ہو چوکھٹ پہ خَم، تاجدارِ حرم
یہ نِکل جائے دَم، تاجدارِ حرم

یہ رہا میرا سَر، سینہ قلب و جگر
رکھ دو آقا قدم، تاجدارِ حرم

حاضِری کا سبب، ہوا ے ماہِ عَرب!
آئیں طیبہ میں ہم، تاجدارِ حرم

ہر برس حج کروں، گردِ کعبہ پھروں
یاشہِ محترم، تاجدارِ حرم

دیدو خَستہ جگر، کردو شوریدہ[1] سر
اپنا جانِ کرم، تاجدارِ حرم

جو کہ بہتی رہے، درد کہتی رہے
دیدو وہ چشمِ نَم، تاجدارِ حرم

آیئے خواب میں، قلبِ بے تاب میں
سَروَرِ محترم، تاجدارِ حرم

کر کے اَطوار ٹھیک، اِستِقامت کی بھیک
دیدو شاہِ حرم، تاجدارِ حرم

سب خطائیں مُعاف، اور نامہ[2] ہو صاف
پاؤں باغِ اِرَم، تاجدارِ حرم

[1]: دیوانہ [2]: نامۂ اعمال

پڑھ لے تحریر جو، اُس کی اصلاح ہو دیدو ایسا قلم، تاجدارِ حرم
آمِنہ کے پِسَر، خیر سے ہوں بَسَر زِیْست کے پیچ و خَم، تاجدارِ حرم
میرے ماہِ مُبیں جو ہیں اَنْدوہ گیں ان کے ہوں دُور غم، تاجدارِ حرم
حاسِدوں کے حسد، کی نہیں کوئی حد اب تو کر دو کرم، تاجدارِ حرم
یانبی تا بکے، ہائے کُفّار کے ہم سَہیں گے سِتَم، تاجدارِ حرم
از طُفیلِ رضا، خَتْم ہوں سرورا دشمنوں کے سِتَم، تاجدارِ حرم
اے مِرے تاجوَر، دُور ہوں سارے شَر ہو نگاہِ کرم، تاجدارِ حرم
ہُوں بڑا رُوسِیَہ، ہے گُنہ پر گُنہ ہو نگاہِ کرم، تاجدارِ حرم
کھولو رَحْمت کے پٹ، جائے ظُلمت پلٹ ہو نگاہِ کرم، تاجدارِ حرم

تیرے عطّار کا، ہے یہ ارماں شہا
نِکلے طیبہ میں دم، تاجدارِ حرم

مــــــــــــــــــــــــــــدینہ

لف: کب تک

ہم پہ نَظرِ کرم تاجدارِ حرم

ہم پہ نَظرِ کرم، تاجدارِ حرم — نیک بن جائیں ہم، تاجدارِ حرم
دردِ عِصیاں مٹے، عادتِ بد چُھٹے — شاہِ عَرب و عَجَم، تاجدارِ حرم
نفس و شیطان کا، آہ! غَلبہ ہوا — یا نبی ہو کرم، تاجدارِ حرم
یکساں ہوں مَدْح وذَم، مجھ کو، کردو کرم — کچھ خوشی ہو نہ غم، تاجدارِ حرم
بدکلامی نہ ہو، یاوہ گوئی نہ ہو — بولوں میں کم سے کم، تاجدارِ حرم
رکّھوں نیچی نظر میں ، اِدھر یا اُدھر — کچھ نہ دیکھوں کرم، تاجدارِ حرم
اشکباری کروں، آہ و زاری کروں — ہو نگاہِ کرم، تاجدارِ حرم
عشقِ خَلّاق[1] دو، حُسنِ اَخلاق دو — ہو نگاہِ کرم، تاجدارِ حرم
خوب مُخلِص بنوں، میں رِیا سے بچوں — ہو نگاہِ کرم، تاجدارِ حرم
آفتیں جائیں ٹل، مشکِلیں بھی ہوں حل — کردو ایسا کرم، تاجدارِ حرم
ہوں دُرُودوسلام آقا لب پر مُدام[2] — ہرگھڑی دم بدم، تاجدارِ حرم

مدینہ

[1]: بَہُت پیدا کرنے والا [2]: ہمیشہ

بدخَصائل[1] ٹلیں، سیدھے رستے چلیں کردو آقا کرم، تاجدارِحرم

ہوگیا گر عذاب، اے رسالت مآب سہہ سکیں گے نہ ہم، تاجدارِحرم

خُلد کی دو سَنَد، از طُفیلِ صَمد یاشفیعِ اُمَم، تاجدارِحرم

روزِ مَحشَر شہا! مجھ گنہگار کا آپ رکھنا بھرم، تاجدارِ حرم

ظاہر و باطِن ایک، آقا ہو کر دو نیک یاشفیعِ اُمَم، تاجدارِحرم

اپنا دیوانہ کر، مست و مستانہ کر شہریارِ اِرَم، تاجدارِحرم

اب مدینے بُلا، سبز گُنبد دکھا چوموں خاکِ حرم، تاجدارِحرم

صبر و ہمّت ملے، دل کو راحت ملے کر دو ایسا کرم، تاجدارِحرم

کاش آئے وہ پَل، روتے روتے نِکل جائے قدموں میں دم، تاجدارِحرم

کاش! ہوتا شہا، جِسم عطّار کا
خاکِ طیبہ میں ضَم[2]، تاجدارِحرم

مـــــــــــــــــــــــــــــــدینہ

[1]: بُری عادتیں [2]: مِلانا، ایک چیز کو دوسری چیز میں شامل کر دینا۔

ہو عطا اپنا غم ، تاجدارِ حرم

ہو عطا اپنا غم، تاجدارِ حرم — دیجئے آنکھ نم، تاجدارِ حرم
کیجئے شاد کام[1] اپنا کہہ کے غلام — جھوم جائیں گے ہم، تاجدارِ حرم
مال بھی آل بھی، بال بھی کھال بھی — صَدْقے جان و دِلم، تاجدارِ حرم
تیرا کھاتے ہیں ہم، تیرا پیتے ہیں ہم — تیرے رب کی قسم، تاجدارِ حرم
ایسا کردو سبب، بس اُتر جائے اب — دِل میں خارِ حرم، تاجدارِ حرم
یہ چمک یہ دمک، یہ مہک یہ لہک — ہے بہارِ قدم، تاجدارِ حرم
جو بھی مانگا مِلا، مرحبا مرحبا — شانِ جُود و کرم، تاجدارِ حرم
گھر سجاتے رہیں اور مناتے رہیں — عیدِ میلاد ہم، تاجدارِ حرم
عیدِ میلاد میں، گاڑیں گے یاد میں — سبز پیارا عَلَم[2]، تاجدارِ حرم

مـــــــــــــــــــــــدینہ

[1]: خوش حال [2]: پرچم

گُنگناتے رہیں گیت گاتے رہیں عمر بھر تیرے ہم، تاجدارِحرم
تیرے دیوانے سب، آئیں سُوئے عَرَب دیکھیں سارے حرم، تاجدارِحرم
سینہ جلتا رہے، دِل مچلتا رہے ہو نگاہِ کرم، تاجدارِحرم
یارسولِ خُدا، سروَرِ اَنبِیا ہو نگاہِ کرم، تاجدارِحرم
غم کی کالی گھٹا، کو شہا دو ہٹا ہو نگاہِ کرم، تاجدارِحرم
مِہر و ماہِ مُبیں، ہے یہ عرضِ حزیں[1] ہو نگاہِ کرم، تاجدارِحرم
یانبی اَلْمدد، اے رسول المدد ہو کرم ہو کرم، تاجدارِحرم
جلوۂ یار ہو، قبرِ عطّار ہو
کاش ہو یہ کرم، تاجدارِحرم

مرد کیلئے سب سے بڑا وظیفہ: تکبیرِ اُولیٰ کے ساتھ پانچ وَقت مسجِد کی پہلی صَف میں نَماز پڑھنا۔

مدینہ

[1] غمگین

میں سَراپا ہوں غم، تاجدارِ حرم

میں سَراپا ہوں غم، تاجدارِ حرم کیجیے رَحْم وکرم، تاجدارِ حرم
اُجڑا اُجڑا سماں، چھا گئی ہے خزاں برسے ابرِ کرم، تاجدارِ حرم
اے شہِ بَحْر وبَر، آہ! کمزور پر ٹوٹا کوہِ اَلَم، تاجدارِ حرم
صَدْقہ حسنَین کا، مجھ سے بے چین کا دُور ہو رنج و غم، تاجدارِ حرم
بگڑی قسمت سنور، جائے گی ہو نظر سُوئے لوح وقلم، تاجدارِ حرم
اب بُلالو وَہیں، دُور رہ کر کہیں ٹوٹ جائے نہ دم، تاجدارِ حرم
شاہِ جنّ وبشر، خیر سے میرے گھر تیرے آئیں قدم، تاجدارِ حرم
دور ہوں آفتیں، دیجیے راحتیں ہو نگاہِ کرم، تاجدارِ حرم
از پئے چار یار، اب تو بیڑا ہو پار ہو نگاہِ کرم، تاجدارِ حرم
اے مِرے چارَہ گر[1]، اپنے بیمار پر ہو نگاہِ کرم، تاجدارِ حرم
دو نِقاب اب اُلٹ، آئیں جلوے سِمَٹ ہو نگاہِ کرم، تاجدارِ حرم
مجھ کو دیدو بقیع، اب تو دیدو بقیع ہو نِگاہِ کرم، تاجدارِ حرم
آپ حاضِر بھی ہیں، آپ ناظِر بھی ہیں ہاں خدا کی قسم، تاجدارِ حرم
سرو َرِ دو[2] جہاں، آپ ہیں غیب داں کبریا کی قسم، تاجدارِ حرم

اپنے عطّار کو، مال و دولت نہ دو
دیدو بس اپنا غم، تاجدارِ حرم

[1]: طبیب

یا شَہَنْشاہِ اُمَم چشمِ کرم

(اَلْحَمْدُ لِلّٰہ یہ کلام ١٤١٤ھ کی حاضری کے دوران ٢٩ ذُو الحجّۃِ الحرام کو مسجدِ نبوی شریف علٰی صاحِبِہا الصَّلٰوۃ وَالسَّلام میں بیٹھ کر تحریر کیا)

یا شَہَنْشاہِ اُمَم! چشمِ کرم
کیجئے آقا! کرم چشمِ کرم

آ گیا اب تو مدینہ ہو عطا
قلبِ مُضْطَر آنکھ نَم چشمِ کرم

ٹھوکریں در در کی کھائیں کب تلک
یارسولَ اللّٰہ! ہم چشمِ کرم

چاند سے چِہرے کو چمکاتے ہوئے
خواب میں کردو کرم چشمِ کرم

فالتو باتوں کی عادت دور ہو
یانبیِّ محترم! چشمِ کرم

نفس کا زُنّار توڑو جس طرح
توڑے کعبے کے صَنَم چشمِ کرم

کربلا والوں کا صَدْقہ یانبی!
دُور ہوں رنج و اَلَم چشمِ کرم

وِرْدِ لب ہر دم دُرُودِ پاک ہو
یاشہِ عَرب و عَجَم! چشمِ کرم

واسِطہ آقا! ضِیاءُ الدّین کا
اپنا غم دو اپنا غم چشمِ کرم

یانبی! ذِکرِ مدینہ ہی رہے   لب پہ میرے دم بدم چشمِ کرم
میرا سینہ ہو مدینہ یانبی!   کاش! ہو ایسا کرم چشمِ کرم
گُنْبَدِ خَضْرا کے جلوے آنکھ میں   جائیں بس شاہِ حرم چشمِ کرم
یانبی! ''نیکی کی دعوت'' کی تڑپ   ہو کسی صورت نہ کم چشمِ کرم
سارے دیوانوں کو طیبہ لو بُلا!   یـارسـولِ مُحْترم !چشمِ کرم
موت آئے کاش! طیبہ میں مجھے   از پئے خاکِ حَرَم چشمِ کرم
دو بقیع آقا بقیع اب تو بقیع   ہو کرم آقا! کرم چشمِ کرم
اب سِرہانے آیئے یامصطفٰے!   ٹوٹنے والا ہے دم چشمِ کرم
حَشْر ہے نامہ گناہوں سے ہے پُر   تم ہی اب رکھ لو بھرم چشمِ کرم

لکھ سکے عطّارؔ نعتیں آپ کی
دیجئے! ایسا قلم چشمِ کرم

گو ذلیل وخوار ہوں کر دو کرم

(اَلْحَمْدُ لِلّٰہ یہ کلام ۱۴۱۴ھ کی حاضری میں ۲۹ ذُوالحجّۃِ الحرام کو مسجدِ نبوی علٰی صاحِبِہا الصّلٰوۃُ وَالسّلام میں بیٹھ کر قلم بند کیا)

گو ذلیل و خوار ہوں کر دو کرم — پر سگِ دربار ہوں کر دو کرم
یارسولَ اللّٰہ! رَحمت کی نظر — حاضِرِ دربار ہوں کر دو کرم
رَحمتوں کی بھیک لینے کے لئے — حاضِرِ دربار ہوں کر دو کرم
دَردِ عِصیاں کی دوا کے واسطے — حاضِرِ دربار ہوں کر دو کرم
اپنا غم دو چشمِ نَم دو دردِ دل — حاضِرِ دربار ہوں کر دو کرم
آہ! پلّے کچھ نہیں حُسنِ عمل! — مُفلس و نادار ہوں کر دو کرم
جذبۂ حُسنِ عمل ہے اور نہ عِلْم — ناقِص و بیکار ہوں کر دو کرم
عاصِیوں میں کوئی ہم پلّہ نہ ہو! — ہائے وہ بدکار ہوں کر دو کرم
ہے ترقّی پر گناہوں کا مَرَض — آہ! وہ بیمار ہوں کر دو کرم
تم گنہگاروں کے ہو آقا شَفیع — میں بھی تو حق دار ہوں کر دو کرم
دولتِ اَخلاق سے محروم ہوں — ہائے! بدگُفتار ہوں کر دو کرم
آنکھ دے کر مُدّعا پورا کرو — طالبِ دیدار ہوں کر دو کرم
دوست، دشمن ہوگئے یامصطفٰے — بیکس و ناچار ہوں کر دو کرم

کر کے توبہ پھر گُنہ کرتا ہے جو
میں وُہی عطّار ہوں کر دو کرم

آپ کی نسبت اے نانائے حُسین

آپ کی نسبت اے نانائے حُسین
ہے بڑی دولت اے نانائے حُسین

دُور کر فُرقت اے نانائے حسین
اپنی دے قُربت اے نانائے حُسین

مر کے بھی نکلے نہ میرے قلب سے
آپ کی الفت اے نانائے حُسین

گھر چُھٹے یا سر کٹے پر گُم نہ ہو
دین کی دولت اے نانائے حُسین

ہوں گناہوں کا مریضِ دائمی
دُور ہو شامت اے نانائے حُسین

واسِطہ غوث و رضا کا دُور ہو
ہر بُری خصلت اے نانائے حُسین

غم تمھارا چَین لینے ہی نہ دے
دیدو یہ راحت اے نانائے حُسین

اب مدینے میں بُلا کر دُور کر
یہ غمِ فُرقت اے نانائے حُسین

سبز گُنبَد کی بہاریں دیکھ لوں
آئے وہ ساعت اے نانائے حُسین

موت سر پر آگئی کر دو عطا
دِید کا شربت اے نانائے حُسین

اپنے جلووں سے عطا فرمایئے
نَزْع میں راحت اے نانائے حُسین

دو بقیعِ پاک میں دوگز زمیں
تم پئے تُربت اے نانائے حُسین

اَز طُفیلِ غوثِ اعظم دُور ہو
قبر کی وَحْشت اے نانائے حُسین

نارِ دوزخ سے بچا کر یانبی!
دیجئے جنّت اے نانائے حُسین

حضرتِ شَبّیر و شَبّر کے طُفیل
ٹال دو آفت اے نانائے حُسین

آل سے اصحاب سے قائم رہے
تا ابد نسبت اے نانائے حُسین

پیر و مُرشِد پر مرے ماں باپ پر
ہو سدا رَحْمت اے نانائے حُسین

ہر طرف ''نیکی کی دعوت'' عام ہو
نیک ہو امَّت اے نانائے حُسین

سنّتوں کی ہر طرف آئے بہار
نیک ہو امَّت اے نانائے حُسین

خوب مَدَنی قافِلوں کی دھوم ہو
نیک ہو امَّت اے نانائے حُسین

''مَدَنی اِنْعامات'' کی ہو ریل پیل
نیک ہو امَّت اے نانائے حُسین

نیکیوں میں دل لگے ہر دم، بنا
عامِلِ سنّت اے نانائے حُسین

میں گناھوں سے سدا بچتا رہوں
کیجئے رَحْمت اے نانائے حُسین

جھوٹ سے بغض و حسد سے ہم بچیں
کیجئے رَحْمت اے نانائے حُسین

بدگمانی، بدنگاہی سے بچیں
کیجئے رَحْمت اے نانائے حُسین

دیجئے قفلِ مدینہ دیجئے
کیجئے رَحْمت اے نانائے حُسین

دولتِ اِخلاص ہم کو دیجئے
کیجئے رَحْمت اے نانائے حُسین

کیجئے حج کا شَرَف مجھ کو عطا
کیجئے رَحْمت اے نانائے حُسین

پھر طوافِ خانۂ کعبہ کروں
کیجئے رَحْمت اے نانائے حُسین

میں مدینے کا مسافِر اب بنوں
کیجئے رَحْمت اے نانائے حُسین

''چل مدینہ'' کی بِشارت دیجئے
کیجئے رَحْمت اے نانائے حُسین

اپنا غم اور چشمِ نم دے دیجئے
کیجئے رَحْمت اے نانائے حُسین

عشق میں آہیں بھروں، روتا رہوں
کیجئے رَحْمت اے نانائے حُسین

"یَارَسُوْلَ اللّٰہِ اُنْظُرْ حَالَنَا" کیجئے رَحمت اے نانائے حُسین
"یَاحَبِیْبَ اللّٰہِ اِسْمَعْ قَالَنَا" کیجئے رَحمت اے نانائے حُسین
"اِنَّنِیْ فِیْ بَحْرِ ھَمٍّ مُّغْرَقٌ" کیجئے رَحمت اے نانائے حُسین
"خُذْیَدِیْ سَہِّلْ لَّنَا اَشْکَالَنَا" کیجئے رَحمت اے نانائے حُسین
اِستِقامت دیجئے اسلام پر کیجئے رَحمت اے نانائے حُسین
دل سے دنیا کی ہَوَس سب دُور ہو کیجئے رَحمت اے نانائے حُسین
نَزْع، قَبْر و حَشْر، میزاں ہر جگہ کیجئے رَحمت اے نانائے حُسین
عیب کُھل جائیں نہ مَحْشَر میں کہیں کیجئے رَحمت اے نانائے حُسین
از طُفیلِ چار یارِ باصفا کیجئے رَحمت اے نانائے حُسین
صَدْقہ شہزادوں کا آقا کیجئے کیجئے رَحمت اے نانائے حُسین
سب صَحابہ کا وسیلہ سیِّدا کیجئے رَحمت اے نانائے حُسین
غوث و خواجہ اور رضا کا واسِطہ کیجئے رَحمت اے نانائے حُسین
مُرشِدی قطبِ مدینہ کے طُفیل کیجئے رَحمت اے نانائے حُسین
"دعوتِ اسلامی" والوں پر سدا کیجئے رَحمت اے نانائے حُسین

ہر ولی کا واسِطہ عطّار پر
کیجئے رَحمت اے نانائے حُسین

یا خدا حج پہ بُلا آکے میں کعبہ دیکھوں

یاخدا! حج پہ بُلا آ کے میں کعبہ دیکھوں
کاش! اِکبار میں پھر میٹھا مدینہ دیکھوں

پھر مُیَسَّر ہو مجھے کاش! وُقوفِ عَرفات
جلوہ میں مُزدَلِفہ اور مِنیٰ کا دیکھوں

جھوم کر خوب کروں خانۂ کعبہ کا طواف
پھر مدینے کو چلوں گُنبدِ خضرا دیکھوں

سبز گُنبد کا حسیں جلوہ دکھا دے یارب!
مسجِد نَبوی کا پُر نور مَنارہ دیکھوں

رَوضۂ پاک کے سائے میں بُلا کر آقا
آنکھ دے دیجئے میں آپ کا جلوہ دیکھوں

چوم لوں کاش! نگاھوں سے سُنَہری جالی
اشکبار آنکھ سے مِنبَر کا بھی جلوہ دیکھوں

کاش! وہ آنکھ عطا ہو میں مدینے آ کر
جس طرف جاؤں اُدھر نور برستا دیکھوں

جامِ عِشق ایسا پِلا دیجئے جانِ عالم
ہر گھڑی آہیں بھروں خود کو تڑپتا دیکھوں

چشمِ تر سوزِ جگر دیجئے قلبِ مُضطَر
عِشق میں روتا رہوں جب بھی میں روضہ دیکھوں

سوزِشِ عِشق میں جلتا ہی رہوں میں ہر دم
آنکھ سے غم میں ترے خون برستا دیکھوں

اُس پہ رَشک آتا ہے اور پیار بَہُت آتا ہے
عِشق میں تیرے جسے روتا بِلکتا دیکھوں

کاش! میں رونے لگوں قلب بھی ہو میرا اُداس
جب مدینے کی طرف قافِلہ جاتا دیکھوں

زائرو! کہنا یہ رو رو کے شہا! اِک مسکین
کہہ رہا تھا یہ تڑپ کر: ''میں مدینہ دیکھوں''

تُو جو چاہے تو مِری آنکھ سے پردے اُٹّھیں
میں وطن سے بھی مدینے کا نظارہ دیکھوں

وہ کِھلاتے ہیں پِلاتے ہیں نِبھاتے بھی ہیں
کیوں کہیں جاؤں کسی اور طرف کیا دیکھوں

اپنی رَحْمت سے مجھے کر دو عطا ایسی بہار
مُنہ کبھی بھی نہ خَزاں کا مِرے آقا دیکھوں

تیرے اِحْسان کروڑوں ہیں ہو یہ بھی اِحساں
یا خدا نَزْع میں جلوہ میں نبی کا دیکھوں

باغِ جنّت میں جَوار[۱] اپنا عطا فرما دو
خُلْد میں ہر گھڑی جلوہ میں تمہارا دیکھوں

دوڑ کر قدموں میں عطّارؔ گروں میں اُس دم
حَشْر میں جس گھڑی سرکار کو آتا دیکھوں

[۱] : پڑوس

طیبہ کے مسافر مجھے تو بھول نہ جانا اے عازمِ طیبہ! میں طلبگارِ دعا ہوں

(۲۸ اور ۲۹ ذوالقعدۃ الحرام ۱۴۳۱ھ کو یہ کلام موزوں کیا گیا)

طیبہ کے مسافِر مجھے تو بھول نہ جانا
اے عازِمِ طیبہ! میں طلبگارِ دعا ہوں
رو رو کے نبی کو مِری رُوداد[1] سنانا
اے عازِمِ طیبہ! میں طلبگارِ دعا ہوں

ہو مجھ پہ کرم صَدْقے میں سلطانِ دَنا کے
دکھلا دے مَناظر مجھے عرفات و منیٰ کے
کہتا تھا پھر اللہ مجھے حج پہ بلانا
اے عازِمِ طیبہ! میں طلبگارِ دعا ہوں

بے چارہ مدینے سے بَہُت دُور پڑا ہے
بدکار سہی پر تِرا دیوانہ بڑا ہے
کہتا تھا مجھے حاضِری کا اِذْن دِلانا
اے عازِمِ طیبہ! میں طلبگارِ دعا ہوں

[1] کیفیت

کہنا بڑا عرصہ ہوا طیبہ نہیں پہنچا
برسوں سے نہیں دیکھ سکا گُنْبَدِ خَضْرا
مسکین کو اب قدموں میں سرکار بلانا
اے عازِمِ طیبہ! میں طلبگارِ دعا ہوں

اے راہِ مدینہ کے مسافر تو ٹھَہَر کر
مجبور کی بِپتا ذرا سُن کان کو دھر کر
کر حق سے دعا رنج و الم اِس کے مٹانا
اے عازِمِ طیبہ! میں طلبگارِ دعا ہوں

تو رب کا ہے مِہماں رہِ جاناں کا ہے عازِم[1]
میں سَخْت گُنہگار و خطا کار ہوں مجرم
اللہ سے کر عرض اِسے دوزخ سے بچانا
اے عازِمِ طیبہ! میں طلبگارِ دعا ہوں

اللہ کے گھر کا جُوں ہی دیکھے تو دَوارا[2]
جس وقت کہ کعبے کا کرے پہلا نظارہ
گر ہوش ہوں قائم ترے مجھ کو نہ بُھلانا
اے عازِمِ طیبہ! میں طلبگارِ دعا ہوں

[1] مسافر [2] دروازہ

رو رو کے تُو کرنا مِرے حق میں یہ دعائیں
بولے نہ فضول اور رکھے نیچی نگاہیں
کر عرض خدا سے تُو اسے نیک بنانا
اے عازِمِ طیبہ! میں طلبگارِ دعا ہوں

بَہکاتا ہے شیطان تو ہے نفس ستاتا
توبہ بھی بَہُت کرتا ہے پَر بچ نہیں پاتا
کر حق سے دعا اِس کو گناہوں سے بچانا
اے عازِمِ طیبہ! میں طلبگارِ دعا ہوں

سکرات کے صَدْمے مِرے بس میں نہیں سہنا
کہتا تھا: تو سرکار سے رو رو کے یہ کہنا
جلوہ بھی دکھانا مجھے کلمہ بھی پڑھانا
اے عازِمِ طیبہ! میں طلبگارِ دعا ہوں

کہتا تھا بُرے خاتمے کا خوف بڑا ہے
دیکھا ہے اسے بار ہا یہ رو بھی پڑا ہے
یارب اسے ایمان پہ دُنیا سے اٹھانا
اے عازِمِ طیبہ! میں طلبگارِ دعا ہوں

نادِم ہے مزید اِس کو تُو شَرمندہ نہ کرنا
بے پوچھے ہی دے بَخشش قیامت میں نہ دھرنا[1]
کر عرض خدا سے اِسے جنّت میں بسانا
اے عازِمِ طیبہ! میں طلبگارِ دعا ہوں

جب تک ہو مدینے میں مُیسَّر تجھے رہنا
رو رو کے سلام اُن سے مِرا روز تو کہنا
خیرات شَفاعت کی تَبَرُّک میں لے آنا
اے عازِمِ طیبہ! میں طلبگارِ دعا ہوں

اِخلاص کی اللہ اسے کر دے عطا بھیک
اور غصّے کی عادت ٹلے اَخلاق بھی ہوں ٹھیک
حَسنین کے صَدْقے اِسے ہَنس مُکھ تُو بنانا
اے عازِمِ طیبہ! میں طلبگارِ دعا ہوں

[1] گرفتار کرنا

چھائی ہے مِرے رخ پہ گناہوں کی سیاہی
مَقسوم[1] نہ ہو جائے کہیں بھائی تباہی
کر عرض، انہیں آتا ہے تقدیر بنانا
اے عازِمِ طیبہ! میں طلبگارِ دعا ہوں

کہنا کہ ندامت اسے عصیاں پہ بڑی ہے
دَہلیز[2] پہ موت آ کے شہا اس کے کھڑی ہے
تم نزع میں دیدار کا جام اِس کو پلانا
اے عازِمِ طیبہ! میں طلبگارِ دعا ہوں

کہتا تھا کراچی میں نہیں مجھ کو ہے مرنا
رو رو کے گزارش تُو یہ سرکار سے کرنا
سلطانِ مدینہ اِسے قدموں میں سُلانا
اے عازِمِ طیبہ! میں طلبگارِ دعا ہوں

[1] حصّہ۔نصیب۔مقدّر [2] دروازہ

تُو دعوتِ اسلامی کے حق میں یہ دعا دے
اسلام کا ڈنکا یہ زمانے میں بجا دے
فرمائیں کرم اِس پہ شَہَنْشاہِ زمانہ
اے عازِمِ طیبہ! میں طلبگارِ دعا ہوں

جب گُنْبَدِ خَضْرا کو نظر جھوم کے چومے
آجائے تجھے وَجْد تُو بے ساختہ جھومے
کہنا: کہیں[1]، عطّار ہمارا ہے دِوانہ
اے عازِمِ طیبہ! میں طلبگارِ دعا ہوں

چُغلی کی تعریف

کسی کی بات ضَرر (یعنی نقصان) پہنچانے کے ارادے سے دوسروں کو پہنچانا چُغلی ہے۔

(عمدۃ القاری ج۲ ص۵۹۴ تحت الحدیث ۲۱۶)

مدینہ

[1] یہاں مُراد ہے، "یارسولَ اللّٰہ صلّی اللہ تعالیٰ علیہ والہٖ وسلَّم ارشاد فرمادیجئے۔"

ھے یہ فضلِ خدا، میں مدینے میں ھوں

(اَلحمد لِلّٰہ عَزَّوَجَلَّ مدینہ منوّرہ (مُحرّمُ الحرام ۱۴۲۲ھ) کی حاضری کے پُر کیف لمحات میں یہ کلام قلم بند کیا)

ہے یہ فضلِ خدا، میں مدینے میں ہوں
ہے اُسی کی عطا میں مدینے میں ہوں

یارسولِ خدا میں مدینے میں ہوں
تم نے بُلوا لیا میں مدینے میں ہوں

گو گنہگار ہوں، میں بداَطوار ہوں
پر کرم ہے ترا میں مدینے میں ہوں

سر پہ عِصیاں کا بار، آہ! ہے نامدار
پر کرم ہے ترا میں مدینے میں ہوں

جُرم کی حد نہیں، شاہِ دُنیا و دِیں
پر کرم ہے ترا میں مدینے میں ہوں

کوئی خوبی نہیں، پاس نیکی نہیں
پر کرم ہے ترا میں مدینے میں ہوں

سخت بدکار ہوں، معصیت کار ہوں
پر کرم ہے ترا میں مدینے میں ہوں

میرا قلبِ سِیَہ، دیجئے جگمگا
اب تو نُورِ خدا میں مدینے میں ہوں

زَنگ کافُور ہو، قلب پُر نور ہو
کر دو چشمِ عطا میں مدینے میں ہوں

ہے یہ رَحْمت تری، اور عِنایت تری
ساتھ ہے قافِلہ میں مدینے میں ہوں

جانتے ہو میں کیوں، آیا طیبہ میں ہوں
ہیں یہاں مصطَفٰے میں مدینے میں ہوں

مُرشِدی نے کہا، تُو نہیں جا رہا　　بلکہ ہے آ رہا میں مدینے میں ہوں[1]
اپنے مہمان کو غم مدینے کا دو　　سرورِ اَنبِیا میں مدینے میں ہوں
آنکھ رویا کرے، قلب تڑپا کرے　　کردو ایسی عطا میں مدینے میں ہوں
شاہِ خیرُالاَنام اپنی اُلفت کا جام　　اِک چھلکتا پِلا میں مدینے میں ہوں
دیدو سینہ فِگار آنکھ بھی اشکبار　　دل تڑپتا ہوا میں مدینے میں ہوں
آمِنہ کے پِسَر مجھ کو خَستہ جگر　　اب تو کردو عطا میں مدینے میں ہوں
ایسی مَستی ملے ہوش جاتا رہے　　ایسا مجھ کو گُما میں مدینے میں ہوں
بے قراری ملے آہ و زاری ملے　　ہوکرم مصطَفٰے میں مدینے میں ہوں
اپنا دیوانہ کر مجھ کو مستانہ کر　　مست و بے خود بنا میں مدینے میں ہوں
جھومتا جھومتا خاک کو چومتا　　میں پھِروں جابجا میں مدینے میں ہوں

مدینہ

[1] اس شعر کا پس منظر یہ ہے کہ جب پہلی بار (۱٤۰۰ھ بمطابق 1980ء) حاضریِ مدینۂ منورہ کے بعد وطن واپسی کا وقت آیا، بارگاہِ رسالت صلّی اللہ تعالٰی علیہ والہٖ وسلّم میں الوداعی حاضری دیکر سیّدی مرشِدی قطبِ مدینہ رحمۃ اللہ تعالٰی علیہ کی بارگاہ میں حاضر ہوا اور رو رو کر عرض کی کہ میں وطن جارہا ہوں تو مرشِد کی زبان سے نکلا "تم جا نہیں آ رہے ہو" اُس وقت تو یہ ارشاد میری موٹی عقل میں نہ آیا مگر بعد میں سمجھ میں آ گیا کیوں کہ فیضِ مرشِد سے اَلْحَمْدُ لِلّٰہ عَزَّوَجَلَّ بے شمار بار سفرِ مدینہ درپیش آیا کہ مرشدی نے جو فرمایا تھا کہ "تم جا نہیں آ رہے ہو"

کاش! روتا پھروں اِک تماشا بنوں ۔۔۔ بے خودی ہو عطا میں مدینے میں ہوں
اپنے غم میں شہا مجھ کو ایسا گُما ۔۔۔ ہو نہ اپنا پتا میں مدینے میں ہوں
اپنا کہہ دیجئے مجھ کو دے دیجئے ۔۔۔ مُژدۂ جانفِزا میں مدینے میں ہوں
اب شَفاعت کی مجھ کو سَنَد ہو عطا ۔۔۔ یاشَفِیعَ الْوَریٰ میں مدینے میں ہوں
دھوپ ٹھنڈی یہاں چھاؤں مہکی یہاں ۔۔۔ ہے مُعَطَّر فَضا میں مدینے میں ہوں
شب منوَّر یہاں دن مُعَنْبَر یہاں ۔۔۔ ٹھنڈی ٹھنڈی ہوا میں مدینے میں ہوں
ہے سماں نور نور آ رہا ہے سُرور ۔۔۔ ہے منوَّر فَضا میں مدینے میں ہوں
مجھ پہ اِحْسان ہو پورا ارمان ہو ۔۔۔ آپ کی دید کا میں مدینے میں ہوں
خوب حیران ہوں اور پریشان ہوں ۔۔۔ دُور کر دو بلا میں مدینے میں ہوں
جلوۂ یار کا اُن کے دیدار کا ۔۔۔ مولیٰ شربت پلا میں مدینے میں ہوں
جام پی لوں شہادت کا شاہِ اَنام ۔۔۔ ہو کرم ہو عطا میں مدینے میں ہوں
جھومتے ہیں شَجَر[1] وَجْد میں ہیں حَجَر[2] ۔۔۔ ہر سُو ہے کیف سا میں مدینے میں ہوں
گُنبدِ سبز پر ہر مَنارے پہ ہے ۔۔۔ نور چھایا ہوا میں مدینے میں ہوں

مـــــــــــــــــــدینہ

[1]: درَخْت [2]: پتّھر

دشت و کُہسار پر کِشت[۱] و گلزار پر
ہر سُو چھائی ضِیا میں مدینے میں ہوں

چُوموں اَشجار[۲] کو پھول کو خار[۳] کو
ایسا بے خود بنا میں مدینے میں ہوں

کوئی چارہ[۴] نہ کر مرنے دے چارہ گر[۵]
لوں مزہ موت کا میں مدینے میں ہوں

چُوموں ہریالیاں چوم لوں ڈالیاں
بوسہ لوں خار کا میں مدینے میں ہوں

میری عید آج ہے میری معِراج ہے
میں یہاں آ گیا میں مدینے میں ہوں

ان کے دربار و دَر اور دیوار پر
نور ہے چھا رہا میں مدینے میں ہوں

ہے کرم ہی کرم ہاں خدا کی قسم
کھا کے ہوں کہہ رہا میں مدینے میں ہوں

خوب اُمنڈ آئی ہے ہر طرف چھائی ہے
رَحمتوں کی گھٹا میں مدینے میں ہوں

آنکھ میں ہے سَجی تن پہ بھی ہے لگی
میرے خاکِ شِفا میں مدینے میں ہوں

مجھ کو تقدیر پر اس کی تَنویر[۶] پر
رشک ہے آ رہا میں مدینے میں ہوں

دو بقیعِ مبارک میں دو گز زمیں
تم سے ہے اِلْتِجا میں مدینے میں ہوں

موت قدموں میں دو اپنے عطّار کو
ہو کرم سرورا میں مدینے میں ہوں

مـــــــــــــــدینه

۱: کھیتی، بویا ہوا کھیت ۲: شجَر کی جمع ۳: کانٹا ۴: علاج ۵: ڈاکٹر، طبیب ۶: روشنی، نورانیت، چمک

نہ دولت نہ مال اور خزینے کی باتیں

نہ دولت نہ مال اور خزینے کی باتیں
سناؤ ہمیں بس مدینے کی باتیں

مدینے کی باتیں سناؤ کہ ہیں یہ
مریضِ محبّت کے جینے کی باتیں

مُقدّس ہیں دیگر مہینے بھی لیکن
نِرالی ہیں حج کے مہینے کی باتیں

سناؤ نہ پیرس کے قصّے، سناؤ
مدینے کے پیارے سفینے کی باتیں

نہ کر مُشک وعَنبر کی باتیں، بیاں کر
نبی کے مُعطّر پسینے کی باتیں

مِری یاوہ گوئی کی عادت نکالو
کروں میں ہمیشہ قرینے کی باتیں

فُضول اور بیکار باتوں کے بدلے
کروں کاش! ہر دم مدینے کی باتیں

گو گرمی میں مَشروب ٹھنڈا ہے مَرغوب
کرو جام آقا سے پینے کی باتیں

شہا! میرا سینہ مدینہ بنا دو
خیالوں میں ہوں بس مدینے کی باتیں

بنے کاش! عطّار ایسا مبلّغ
مُؤثّر ہوں آقا کمینے کی باتیں

دل کو سکوں چمن میں نہ ہے لالہ زار میں

دل کو سُکوں چمن میں نہ ہے لالہ زار[1] میں
سوز و گُداز ہے فَقَط ان کے دِیار[2] میں

یامصطَفٰے بلائیے اپنے دِیار میں
سرکار! آؤں طیبہ کے پھر لالہ زار میں

ہر سال یاالٰہی مجھے حج نصیب ہو
جب تک جِیوں میں عالَمِ ناپائیدار میں

ہر سال حاضِری ہو مدینے کی خیر سے
ہر سال کاش! آؤں میں تیرے دِیار میں

سوزِ بِلال دو مجھے سوزِ بِلال دو
دے سکتے ہو تمہارے تو ہے اختِیار میں

یارب! غمِ حبیب میں رونا نصیب ہو
آنسو نہ رائیگاں ہوں غمِ روزگار میں

افسوس گھٹتی جا رہی ہے روز زندگی
پر میں دبا ہی جاتا ہوں عصیاں کے بار میں

تجھ کو حَسَن حُسین کا دیتا ہوں واسِطہ
اللّٰہ! موت دے مجھے اُن کے دِیار میں

مــدینہ

۱: باغ۔ گلزار ۲: شہر

کُچھ روز پہلے تو میں، مدینے میں تھا اب آہ!
آ کر وطن میں پھنس گیا پھر کاروبار میں

ہجرِ مدینہ میں جو تڑپتے ہیں یا نبی
ان کو بلائیے شہا! اپنے دیار میں

کر مغفرت مِری تِری رحمت کے سامنے
میرے گناہ یاخدا ہیں کس شمار میں

فضلِ خدا سے مالکِ کون و مکاں ہیں آپ
دونوں جہان آپ کے ہیں اختیار میں

فیشن کو چھوڑو بھائیو! اپناؤ سنّتیں
کب تک جِیو گے عالمِ ناپائیدار میں

وہ دینِ حق کے واسطے طائف میں زخم کھائیں
افسوس ہم پھنسے رہیں بس کاروبار میں

بدکارو نابَکار کا ایمان یانبی
محفوظ رکھنا آپ کے ہے اختِیار میں

کرتے رہو یہ حق سے دعا میرے بھائیو!
عطّارؔ کو دے موت نبی کے دِیار میں

سارا اندھیرا دور سماں ہو گا نور نور
عطّارؔ جب وہ آئیں گے تیرے مزار میں

پاؤں وہ آنکھ تجھ سے اے پروردگار میں

پاؤں وہ آنکھ تجھ سے اے پروردگار میں
روتا رہوں غمِ نبی میں زار زار میں

دن رات ہجرِ شاہ میں آہیں بھرا کروں
رویا کروں فِراق میں زاروقِطار میں

کہنا نہ حج مبارک اے اہلِ وطن مجھے
ہائے فِراقِ طیبہ سے ہوں دلفِگار میں

داغِ مُفارَقت[1] تو ملا کاش! اب ایسا ہو
رویا کروں فِراق[2] میں زاروقِطار میں

سینہ تپاں عطا ہو ملے قلبِ مُضطَرِب
غم میں تمہارے کاش! رہوں بےقرار میں

دشتِ حرم پہ واری میں، قُمری[3] چمن پہ تُو
تُو پھول لے لے طیبہ کا لیتا ہوں خار میں

وہ دن اب آئے خیر سے یاربِّ مصطفٰے
سُوئے مدینہ چل پڑوں پھر اشکبار میں

جوں ہی مجھے حبیب کا جلوہ نصیب ہو
اے کاش! جان اُس گھڑی کردوں نثار میں

زُہدووَرَع میں یانبی تم بے مثال ہو
بے حد گناہگار میں عِصیاں شِعار میں

گم ہوکے عشقِ مصطفٰے میں اے خدائے پاک
کرتا رہوں بیان سدا اشکبار میں

تبلیغِ دین کے لیے دردر پھروں اے کاش!
طالب ہوں ایسے ولولے کا کردگار میں

عطّار نیکیاں نہ تھیں زادِ سفر میں کچھ
لے کر گیا تھا در پہ بس اشکوں کا ہار میں

۱: جُدائی ۲: جُدائی ۳: فاختہ کی قسم کا ایک طوق دار پرندہ

اے کاش کہ آجائے عطّار مدینے میں

(اَلحَمدُ لِلّٰہ عَزَّوَجَلَّ ۲۵شعبانُ المعظم ۱۴۱۴ ھ کو یہ مَعروضہ پیش کیا گیا)

اے کاش کہ آجائے عطّار مدینے میں
بُلوا لو خُدارا! اب سرکار مدینے میں

کب تک میں پھروں دردر مرنے بھی دواب سرور!
دَہلیز پہ سر رکھ کر سرکار مدینے میں

روضے کے قریب آکر ،گر جاؤں میں غش کھا کر
ہوجائے تمہارا پھر دیدار مدینے میں

روتی ہوئی آنکھوں سے بیتاب نگاہوں سے
ہو گُنبدِ خَضرا کا دیدار مدینے میں

دنیا کے غموں کی تم لِلّٰہ دوا دیدو
بُلوا کے غم اپنا دو سرکار مدینے میں

مل جائے شِفا اسکو دربارِ محمد سے
آجائے جو کوئی بھی بیمار مدینے میں

ہو ''دعوتِ اسلامی'' کی دھوم مچی ہر سُو
ترکیب ہو مرکز کی سرکار مدینے میں
ٹھہرو گے شَفاعت کے حقدار یقیناً تم
آجاؤ گنہگارو! اِک بار مدینے میں
اِخلاص عطا کردو اور خُلْق بھلا کر دو!
بُلوا کے شَہَنْشاہِ اَبرار مدینے میں
بے جا نہ ہنسی آئے سنجیدہ بنا دیجے
بُلوا کے شَہَنْشاہِ اَبرار مدینے میں
اللہ کی الفت دو اور اپنی مَحبّت دو
بُلوا کے شَہَنْشاہِ اَبرار مدینے میں
بیتاب جگر دیدو اور آنکھ بھی تَر دیدو
بُلوا کے شَہَنْشاہِ اَبرار مدینے میں
عِصیاں کی دوا دیدو سرکار شِفا دیدو
بُلوا کے شَہَنْشاہِ اَبرار مدینے میں
اِس نَفْسِ سِتمگر کو قابو میں مِرے کردو!
بُلوا کے شَہَنْشاہِ اَبرار مدینے میں

دنیا کی محبّت سے دل پاک مِرا کر دو
بُلوا کے شہَنْشاہِ اَبرار مدینے میں
رونا بھی سکھا دو اور سِکھلا دو تڑپنا بھی
بُلوا کے شہَنْشاہِ اَبرار مدینے میں
آنکھوں میں سما جاؤ سینے میں اُتر آؤ
بُلوا کے شہَنْشاہِ اَبرار مدینے میں
جلووں سے دلِ ویراں آباد کرو جاناں
بُلوا کے شہَنْشاہِ اَبرار مدینے میں
سگ اپنا مجھے کہہ دو قدموں میں مجھے رکھ لو
بُلوا کے شہَنْشاہِ اَبرار مدینے میں
قدموں سے لگالو تم دیوانہ بنالو تم
بُلوا کے شہَنْشاہِ اَبرار مدینے میں
قسمت مِری چمکا دو تُربَت مِری بنوا دو
بُلوا کے شہَنْشاہِ اَبرار مدینے میں
رَمضاں کی بہاریں ہوں طیبہ کی فَضائیں ہوں
اور جھومتا پھرتا ہو عطّار مدینے میں

بُلالو پھر مجھے اے شاہِ بَحر و بَر مدینے میں

بُلا لو پھر مجھے اے شاہِ بَحر و بَر مدینے میں
میں پھر روتا ہوا آؤں ترے دَر پر مدینے میں

میں پہنچوں کوئے جاناں میں گرِیباں چاک سینہ چاک
گِرا دے کاش مجھ کو شوق تڑپا کر مدینے میں

مدینے جانے والو جاؤ جاؤ فِی اَمَانِ اللّٰہ
کبھی تو اپنا بھی لگ جائے گا بِستر مدینے میں

سلامِ شوق کہنا حاجیو! میرا بھی رو رو کر
تمہیں آئے نظر جب روضۂ انور مدینے میں

پَیامِ شوق لیتے جاؤ میرا قافِلے والو
سنانا داستانِ غم مِری رو کر مدینے میں

مِرا غم بھی تو دیکھو میں پڑا ہوں دُور طیبہ سے
سُکوں پائے گا بس میرا دلِ مُضْطَر مدینے میں

نہ ہو مایوس دیوانو پکارے جاؤ تم ان کو
بُلائیں گے تمہیں بھی ایک دن سرور مدینے میں

بُلالو ہم غریبوں کو بُلا لو یارسولَ اللّٰہ
پئے شَبیّر و شَبَّر فاطِمہ حیدر مدینے میں

خدایا واسِطہ دیتا ہوں میرے غوثِ اعظم کا
دکھا دے سبز گُنبد کا حسیں منظر مدینے میں

وسیلہ تجھ کو بُوبکر و عُمر، عثمان و حیدر کا
الٰہی تُو عطا کر دے ہمیں بھی گھر مدینے میں

مدینے جب میں پہنچوں کاش ایسا کیف طاری ہو
کہ روتے روتے گر جاؤں میں غَش کھا کر مدینے میں

نِقابِ رُخ اُلَٹ جائے تِرا جلوہ نظر آئے
جب آئے کاش! تیرا سائلِ بے پر مدینے میں

جو تیری دید ہو جائے تو میری عید ہو جائے
غم اپنا دے مجھے عیدی میں بُلوا کر مدینے میں

مدینے جوں ہی پہنچا اَشک جاری ہوگئے میرے
دمِ رخصت بھی رویا ہچکیاں بھر کر مدینے میں

مدینے کی جدائی عاشِقوں پر شاق ہوتی ہے
وہ روتے ہیں تڑپ کر ہچکیاں بھر کر مدینے میں

کہیں بھی سوز ہے دنیا کے گلزاروں میں باغوں میں؟
فَضا پُرکیف ہے لو دیکھ لو آکر مدینے میں

وہاں اک سانس مل جائے یہی ہے زِیست کا حاصل
وہ قسمت کا دھنی ہے جو گیا دم بھر مدینے میں

مدینہ جنَّتُ الفِردَوس سے بھی اَولیٰ و اعلیٰ
رسولِ پاک کا ہے رَوضۂ انور مدینے میں

چلو چوکھٹ پہ ان کی رکھ کے سر قربان ہو جائیں
حیاتِ جاوِدانی پائیں گے مر کر مدینے میں

مدینہ میرا سینہ ہو مِرا سینہ مدینہ ہو
مدینہ دل کے اندر ہو دلِ مُضْطَر مدینے میں

مجھے نیکی کی دعوت کیلئے رکھو جہاں بھی کاش!
میں خوابوں میں پہنچتا ہی رہوں اکثر مدینے میں

نہ دولت دے نہ ثَروت دے مجھے بس یہ سعادت دے
ترے قدموں میں مرجاؤں میں رو رو کر مدینے میں

عطا کر دو عطا کر دو بقیعِ پاک میں مدفن
مِری بن جائے تُربت یاشہِ کوثر مدینے میں

مدینہ اِس لیے عطّار جان و دل سے ہے پیارا
کہ رہتے ہیں مِرے آقا مِرے سرور مدینے میں

دَیُّوث کی تعریف

جو شخص اپنی بیوی یا کسی مَحْرَم پر غَیرت نہ کھائے (وہ ''دیُّوث'' ہے)(درِمختار ج۶ ص۱۱۳) باوُجُودِ قدرت اپنی زَوجہ، ماں بہنوں اور جوان بیٹیوں وغیرہ کو گلیوں بازاروں، شاپنگ سینٹروں اور مَخْلُوط تفریح گاہوں میں بے پردہ گھومنے پھرنے، اجنبی پڑوسیوں، نامحرم رشتے داروں، غیر مَحْرَم ملازِموں، چوکیداروں اور ڈرائیوروں سے بے تَکلُّفی اور بے پردَگی سے مَنع نہ کرنے والے دَیُّوث، جنّت سے محروم اور جہنّم کے حقدار ہیں۔

مٹتے ہیں جہاں بھر کے آلام مدینے میں

مٹتے ہیں جہاں بھر کے آلام مدینے میں ‏ ‏ ‏ بگڑے ہوئے بنتے ہیں سب کام مدینے میں

آقا کی عنایت ہے ہر گام[1] مدینے میں ‏ ‏ ‏ ہوتا نہیں کوئی بھی ناکام مدینے میں

اے حاجیو! رو رو کر کہہ دینا سلام ان سے ‏ ‏ ‏ لے جاؤ غریبوں کا پیغام مدینے میں

آجاؤ گنہگارو بے خوف چلے آؤ ‏ ‏ ‏ سرکار کی رَحْمت تو ہے عام مدینے میں

وہ شافِعِ محشر تو بُلوا کے غلاموں کو ‏ ‏ ‏ دیتے ہیں شَفاعت کا اِنْعام مدینے میں

چھیڑو نہ طبیبو تم بیمارِ مدینہ کو ‏ ‏ ‏ اِس کو تو ملے گا بس آرام مدینے میں

جتنے بھی مبلِّغ ہیں ہو خاص کرم اُن پر ‏ ‏ ‏ سب آئیں شَہَنْشاہِ اِسلام مدینے میں

دربار میں جب پہنچوں اے کاش! شہا اُس دم ‏ ‏ ‏ دیدار کا ہو جائے اِنْعام مدینے میں

اے کاش! کہ رو رو کر دم توڑ دوں قدموں میں ‏ ‏ ‏ ہو جائے مِرا بالْخَیر انجام مدینے میں

اللّٰہ قیامت تک جس کا نہ خُمار[2] اُترے ‏ ‏ ‏ اُلفت کا پیوں ایسا اِک جام مدینے میں

اے کاش! تڑپ کر میں سرکار لگوں گرنے ‏ ‏ ‏ اور آپ مجھے بڑھ کر لیں تھام مدینے میں

بُلوا کے بقیع آقا حَسَنَین کے صدقے میں ‏ ‏ ‏ عیدی میں عطا کر دو اِنْعام مدینے میں

مدینہ

۱: ہر قدم ‏ ‏ ۲: نشہ

وہ اپنے غلاموں کو شفقت سے پِلاتے ہیں بھر بھر کے مئے الفت کے جام مدینے میں

انساں کے بجائے میں اے کاش! مقدّر سے ہوتا کوئی ادنیٰ سگِ[1] گمنام مدینے میں

جب شاہِ مدینہ نے پردہ کیا دنیا سے وَاللّٰہ گیا تھا مچ کُہرام مدینے میں

عطّارؔ پہ اب ایسا اے کاش! کرم ہو جائے

مکّے میں سَحَر گزرے تو شام مدینے میں

مدینہ

[1]: اپنے آپ کو سگِ مدینہ کہنا کہلوانا عاشِقانِ رسول کا طُرّۂ امتیاز ہے چُنانچہ عارِف بِاللّٰہ سیِّدی امام عبدالرحمٰن جامیؔ قُدِّسَ سِرُّہُ السّامی بارگاہِ رسالت میں عرض کرتے ہیں: ؎

سَگَت را کاش جامیؔ نام بُودے کہ آید بَر زَبانت گاہے گاہے

(یعنی کاش آپ کے کُتّے کا نام جامیؔ ہوتا تا کہ کبھی کبھی آپ کی زَبانِ پاک پر آ جاتا) بطورِ عاجزی خود کو غیر انسان کہنے میں عَظَمتِ انسانی کی کوئی توہین نہیں، حضرتِ سیِّدُنا ابوبکر صِدّیق رضی اللہ تعالٰی عنہ نے فرمایا: کاش! میں کسی راستے کے کَنارے پر کوئی دَرَخْت ہوتا، وہاں سے کسی اُونٹ کا گزر ہوتا، وہ مجھے منہ میں ڈالتا چباتا پھر نگل جاتا۔ اے کاش! میں انسان نہ ہوتا۔ (مُصَنَّف ابن ابی شَیبة ج۸ ص ١٤٤) حضرتِ سیِّدُنا عمر فاروقِ اعظم رضی اللہ تعالٰی عنہ نے ارشاد فرمایا: کاش! میں انسان نہ ہوتا۔ (حلیة الاولیاء ج١ ص٨٨ رقم١٣٦) حضرتِ عائشہ صِدّیقہ رضی اللہ تعالٰی عنہا نے خوفِ خدا کے باعث بجائے انسان کے کبھی دَرَخت، کبھی دَرَخت کے ایک پتّے تو کبھی گھاس تو کبھی خاک کی صورت میں پیدا ہونے کی آرزو فرمائی۔ (الطبقات الکبری ج ٨ ص ٦٠،٥٩ ملخصاً) تفصیلی معلومات کیلئے مکتبۃُ المدینہ کا مطبوعہ رسالہ ''سگِ مدینہ کہنا کیسا؟'' کا مطالعہ فرمائیے۔

ہیں صَف آرا سب حُور و مَلک اور غِلماں خُلد سجاتے ہیں[1]

ہیں صَف آرا سب حُور و مَلک اور غِلماں خُلد سجاتے ہیں
اِک دھوم ہے عرشِ اعظم پر مہمان خُدا کے آتے ہیں

ہے آج فلک روشن روشن، ہیں تارے بھی جگمگ جگمگ
محبوب خُدا کے آتے ہیں محبوب خُدا کے آتے ہیں

قربان میں شان و عَظمت پر سوئے ہیں چَین سے بستر پر
جبریلِ امیں حاضِر ہوکر مِعراج کا مُژدہ سناتے ہیں

---

[1]: دعوتِ اسلامی کے قِیام سے کئی برس قبل ایک مُشاعرے میں حصّہ لینے کے لئے اِس مصرعۂ طرح: "اِک دھوم ہے عرشِ اعظم پر مہمان خدا کے آتے ہیں" پر گرہ لگا کر چند اشعار موزوں کئے تھے۔ دعوتِ اسلامی کے معرضِ وجود میں آنے کے بعد کسی موقع پر ایک شاعر سے اصلاح کروائی تھی، اصلاح کے ساتھ ساتھ ان کی طرف سے بعض مصرعے بھی "چُست" کروائے گئے تھے۔ اپنی یادداشت کے مطابق اُن کے عطا کردہ مصرعے "جلی" کردیئے ہیں۔ سگِ مدینہ عفی عنہ

جبریل امین بُراق لئے جنت سے زمیں پر آپہنچے
بارات فِرِشتوں کی آئی مِعراج کو دولہا جاتے ہیں

ہے خُلد کا جوڑا زیب بدن رَحمت کا سجا سہرا سر پر
کیا خوب سُہانا ہے منظر مِعراج کو دولہا جاتے ہیں

ہے خوب فَضا مہکی مہکی چلتی ہے ہوا ٹھنڈی ٹھنڈی
ہر سَمت سماں ہے نورانی مِعراج کو دولہا جاتے ہیں

یہ عِزّ وجلال اللہ اللہ! یہ اَوج وکمال اللہ اللہ!
یہ حُسن وجمال اللہ اللہ! مِعراج کو دولہا جاتے ہیں

دیوانو! تصوُّر میں دیکھو! اَسریٰ کے دولہا کا جلوہ
جُھرمٹ میں ملائک لیکر انہیں مِعراج کا دولہا بناتے ہیں

اقصٰی میں سُواری جب پہنچی جِبریل نے بڑھ کے کہی تکبیر
نبیوں کی امامت اب بڑھ کر سلطانِ جہاں فرماتے ہیں

وہ کیسا حسیں منظر ہوگا جب دولہا بنا سروَر ہوگا
عُشّاق تصوُّر کرکر کے بس روتے ہی رہ جاتے ہیں

یہ شاہ نے پائی سعادت ہے خالِق نے عطا کی زیارت ہے
جب ایک تجلّی پڑتی ہے موسیٰ تو غش کھا جاتے ہیں

جبریل ٹھہر کر سِدرہ پر بولے جو بڑھے ہم ایک قدم
جل جائیں گے سارے بال و پَر اب ہم تو یہیں رہ جاتے ہیں

اللہ کی رَحمت سے سرور جا پہنچے دَنَا کی منزِل پر
اللہ کا جلوہ بھی دیکھا دیدار کی لذّت پاتے ہیں

مِعراج کی شب تو یاد رکھا پھر حشر میں کیسے بھولیں گے
عطّاؔر اِسی اُمّید پہ ہم دن اپنے گزارے جاتے ہیں

جو سینے کو مدینہ ان کی یادوں سے بناتے ہیں

جو سینے کو مدینہ اُن کی یادوں سے بناتے ہیں
وُہی تو زندگانی کا حقیقی لُطف اٹھاتے ہیں

جو اپنی زندگی میں سنّتیں اُن کی سجاتے ہیں
انہیں پیارا محمد مصطفٰے اپنا بناتے ہیں

غمِ سَروَر میں رونے کا قرینہ یاالٰہی دے
مجھے افسوس بے جا غم زمانے کے رُلاتے ہیں

جو دیدارِ محمد کی تڑپ رکھتے ہیں سینے میں
نبیِ پاک ان کو خواب میں جلوہ دکھاتے ہیں

زمانہ جس کو ٹھکرادے، ہر اک دُھتکار دے ایسے
نکمّے سے نکمّے کو بھی سینے سے لگاتے ہیں

فِدا میں کیوں نہ ہوجاؤں، نبی کی شانِ رحمت پر
وہ بڑھ کر تھام لیتے ہیں قدم جب لڑکھڑاتے ہیں

جب اُن کے سامنے لال آمِنہ کا مسکراتا ہے
غم و آلام کے مارے ہوئے غم بھول جاتے ہیں

بِاِذْنِ اللّٰہ ساری نعمتوں کے ہیں وُہی قاسِم
ہمیں آقا کِھلاتے ہیں ہمیں آقا پلاتے ہیں

مــــــــــــــدینہ

اے سرکارِ مدینہ، راحتِ قلب وسینہ صلّی اللہ تعالٰی علیہ والہٖ وسلّم کا فرمانِ عالی شان ہے: "اِنَّمَا اَنَا قَاسِمٌ وَّ اللّٰہُ یُعْطِیْ" یعنی **اللہ** عَزَّوَجَلَّ عطا کرتا ہے اور میں تقسیم کرتا ہوں (صَحیح بُخاری ج ۱ ص ۴۳ حدیث ۷۱) اِس حدیثِ پاک کے تحت حضرتِ سیِّدُ نا مفتی احمد یار خان علیہ رحمۃُ الحنّان فرماتے ہیں کہ دین و دنیا کی ساری نعمتیں عِلْم، ایمان، مال، اولاد وغیرہ دیتا اللہ ہے بانٹتے حُضُور ہیں جسے جو ملا حُضُور کے ہاتھوں ملا کیونکہ یہاں نہ اللہ کی دین میں کوئی قید ہے نہ حُضُور کی تقسیم میں۔

(مراۃ المناجیح ج ۱ ص ۱۸۷)

اعلیٰ حضرت رحمۃ اللہ تعالٰی علیہ فرماتے ہیں:

رب ہے مُعطی یہ ہیں قاسم رِزْق اُس کا ہے کھلاتے یہ ہیں

(حدائقِ بخشش)

مدینے کی تمنّا میں جئے جاتے ہیں دیوانے
کہ جانے کب ہمیں آقا مدینے میں بلاتے ہیں

حسد کی آگ میں جل بُھن کے شیطاں خاک اُڑاتا ہے
تِرا جشنِ ولادت دھوم سے جب ہم مناتے ہیں

خدا و مصطفٰے ناراض ہوتے ہیں سنو ان سے
جو داڑھی کو مُنڈاتے ہیں یا مُٹّھی سے گھٹاتے ہیں

غلامو، مت ڈرو محشَر کی گرمی سے چلے آؤ
وہ کوثر کے پِیالے بھر کے پیاسوں کو پلاتے ہیں

نظارے ان کے آگے ہیچ ہوتے ہیں گلستاں کے
جو صَحرائے مدینہ کے مَناظِر دیکھ آتے ہیں

نہیں ہیں نیکیاں پلّے مگر گھبرا نہ اے عطّار
خطاکاروں کو بھی وہ اپنے سینے سے لگاتے ہیں

یادِ شہِ بطحا میں جو اشک بہاتے ہیں

یادِ شہِ بطحا میں جو اَشک بہاتے ہیں
گھر بیٹھ کے طیبہ کا وُہ لُطف اُٹھاتے ہیں

جو یادِ مدینہ کو سینوں میں بَساتے ہیں
جینے کا مزہ ایسے عُشّاق ہی پاتے ہیں

کِس پیار سے اُمّت کے وہ ناز اُٹھاتے ہیں
عِصیاں کو غلاموں کے اَشکوں سے مٹاتے ہیں

وہ اپنے غلاموں کو دوزخ سے بچاتے ہیں
اللہ کی رَحمت سے جنّت میں بساتے ہیں

سرکار کِھلاتے ہیں سرکار پِلاتے ہیں
سلطان و گدا سب کو سرکار نبھاتے ہیں

روتے ہیں تڑپتے ہیں یہ آپ کے دیوانے
سرکار مدینے کو پھر قافِلے جاتے ہیں

بپھری ہوئی موجوں میں جب اُنکو پکارا ہے
طُوفان سے کَشتی کو وہ پَار لگاتے ہیں

جتنے بھی ہیں دیوانے ان سب کو بُلا لیجے
ارمان غریبوں کو طیبہ کے رُلاتے ہیں

یہ آپ کی مرضی ہے جن پر بھی کرم کر دیں
جنّت کی سَنَد دینے روضے پہ بُلاتے ہیں

وہ حَشْر کے مَیداں میں دامن میں چُھپائیں گے
ہم سب کے یہاں پر بھی جو عَیب چُھپاتے ہیں

غم مُجھ کو مدینے کا سرکار عطا کر دو!
آزار زمانے کے بیکار رُلاتے ہیں

قُربان! سرِ مَحْشَر ہم پیاس کے ماروں کو
بھر بھر کے وہ کوثر کے کیا جام پلاتے ہیں!

عَرصہ ہُوا اے آقا! طیبہ سے جُدائی کو
عطّارؔ کو کب جاناں! پھر در پہ بلاتے ہیں

جو مدینے کے تصوُّر میں جِیا کرتے ہیں

جو مدینے کے تصوُّر میں جِیا کرتے ہیں
ہر جگہ لطف مدینے کا لیا کرتے ہیں

عشقِ سَروَر میں جو ہستی کو فنا کرتے ہیں
بھید الفت کے فَقَط اُن پہ کُھلا کرتے ہیں

مال و دولت کی دعا ہم نہ خدا کرتے ہیں
ہم تو مرنے کی مدینے میں دعا کرتے ہیں

آگ دوزخ کی جلا ہی نہیں سکتی ان کو
عشق کی آگ میں دل جن کے جَلا کرتے ہیں

دُرِّ نایاب بِلاشک ہیں وہ ہیرے انمول
اشک آقا کی جو یادوں میں بہا کرتے ہیں

درد و آلام میں تسکین انہیں ملتی ہے
نام انکا جو مصیبت میں لیا کرتے ہیں

تُو سلام اُن سے درِ پاک پہ جاکر کہنا
التجا تجھ سے ہم اے بادِ صبا کرتے ہیں

کیوں پھِریں شوق میں ہم مال کے مارے مارے
ہم تو سرکار کے ٹکڑوں پہ پلا کرتے ہیں

سنّتوں کی وہ بنے رہتے ہیں ہر دم تصویر
جام جو ان کی مَحَبَّت کا پِیا کرتے ہیں

سنّتوں کے اے مبلّغ! ہو مبارَک تجھ کو
تجھ سے سرکار بڑا پیار کیا کرتے ہیں

آپ کی گلیوں کے کتّوں پہ تصدُّق جاؤں
کہ مدینے کے وہ کوچوں میں پِھرا کرتے ہیں

سُن لو! نقصان ہی ہوتا ہے بالآخر ان کو
نفس کے واسطِے غصّہ جو کیا کرتے ہیں

بِالیقیں ایسے مسلمان ہیں بے حد نادان
جو کہ رنگینیِ دنیا پہ مرا کرتے ہیں

چاند سورج کا مُقدّر بھی تو دیکھو اکثر
گُنۡبدِ خَضۡرا کے نظّارے کیا کرتے ہیں

جِھلِملاتے ہوئے تاروں کی بھی قسمت ہے خوب
گُنۡبدِ خَضۡرا کے نظّارے کیا کرتے ہیں

مسجِدِ نَبوی کے پُر نور مَنارے ہر دم
گُنۡبدِ خَضۡرا کے نظّارے کیا کرتے ہیں

جھوم کر آتے ہیں بارِش لئے بادَل جب بھی
گُنۡبدِ خَضۡرا کے نظّارے کیا کرتے ہیں

بامقدّر ہیں مدینے کے کبوتر بے شک
گُنۡبدِ خَضۡرا کے نظّارے کیا کرتے ہیں

رشک عطّؔار کو ان ذَرّوں پر آتا ہے جو
ان کے نَعۡلَین کے تلووں سے لگا کرتے ہیں

قابلِ رشک ہیں عطّؔار وہ قسمت والے
دَفۡن جو میٹھے مدینے میں ہُوا کرتے ہیں

اک بار پھر مدینے عطّار جا رہے ہیں

اک بار پھر مدینے عطّار جا رہے ہیں
آقا مدینے والے در پر بُلا رہے ہیں

قسمت کو اِس تصوُّر سے وَجد آ رہے ہیں
رَحمت کی بھیک دینے آقا بُلا رہے ہیں

وہ فیض کا خزانہ ہر دم لُٹا رہے ہیں
انوار ہر طرف ہی طیبہ میں چھا رہے ہیں

جو کوئی ان کے غم میں آنسو بہا رہے ہیں
جینے کا لُطف ایسے عُشّاق پا رہے ہیں

جس دم مدینے آئیں روئیں پچھاڑیں کھائیں
ہم مانگ تم سے آقا ایسی ادا رہے ہیں

حُسنِ عمل ہمارے پلّے میں کچھ نہیں ہے
آہوں کی آنسوؤں کی سوغات لا رہے ہیں

منظر ہے روح پرور روضے کی جالیوں پر
عُشّاق آنسوؤں کے موتی لُٹا رہے ہیں

آقا! بہیں یہ آنکھیں بس آپ ہی کے غم میں
ہائے ہمیں زمانے کے غم رُلا رہے ہیں

اِذْنِ خدا سے ہو تم مُختارِ ہر دوعالم
دونوں۲ جہاں تمہاری خیرات کھا رہے ہیں

دستور ہے کہ جس کا کھانا اُسی کا گانا
ہم جس کا کھا رہے ہیں گیت اُس کے گا رہے ہیں

مَسکَن بنے مدینہ مدفن بنے مدینہ
احمد رضا کا تم کو دے واسِطہ رہے ہیں

آقا! بلاؤ اُن کو بے چَین مُضْطَرِب جو
دل کو جلا رہے ہیں آنسو بہا رہے ہیں

جن کا نہ بھاؤ کوئی دنیا میں پوچھتا ہو
سینے سے ان کو آقا اپنے لگا رہے ہیں

اُمّت کے حال سے ہیں آگاہ ہر گھڑی آپ
خوابوں میں آرہے ہیں بگڑی بنا رہے ہیں

دنیا کے غم نے مارا لِلّٰہ دو سہارا
سرکار ٹھوکریں ہم در در کی کھا رہے ہیں

اب گھر چکی ہے آقا طوفاں میں اپنی نیّا
اے ناخدا سہارا مانگ آپ کا رہے ہیں

آقا حُضورِ انور! نظرِ کرم ہو ہم پر
ابرِ سیاہ دل پر عِصیاں کے چھا رہے ہیں

چشمِ کرم ہو جاناں سُوئے گناہگاراں
سرکار! نفس و شیطاں ہر دم دبا رہے ہیں

اُن سب مُبلِّغوں کے خوابوں میں اب کرم ہو
آقا جو سنّتوں کی خدمت بجا رہے ہیں

پَروَردگار عالی دے جذبۂ غزالی
کر ہم کو خوش خِصالی[1] کر یہ دعا رہے ہیں

بیماریِ گُنہ سے ہم کو شِفا دے یارب
بن جائیں نیک ہم سب کر اِلتجا رہے ہیں

دولت کی حرص دل سے اللہ دور کر دے
عشقِ رسول دے دے کر یہ دعا رہے ہیں

تَکْثِیرِ[2] مال و زَر کی ہرگز نہیں تمنّا
ہم مانگ آپ سے بس غم آپ کا رہے ہیں

رُخصت کی اب گھڑی ہے سر پر اَجَل کھڑی ہے
آجاؤ اب خدارا ہم جاں سے جا رہے ہیں

مــــــــــــــــــــــــــــــــــــــدینہ

[1]: یعنی اچّھی عادتوں والا [2]: زیادتی۔ کثرت

اب لَحَد میں عزیزو! جلدی اُتار بھی دو
آہا! وہ مُسکراتے تشریف لا رہے ہیں

فریاد جانِ عالَم! کوئی نہیں ہے ہمدم
سُوئے سَقَر[1] فِرِشتے اب لے کے جا رہے ہیں

قربان روزِ مَحْشَر دامن کا پردہ ڈھک کر
عَیبوں کو میرے سرور خود ہی چُھپا رہے ہیں

مَحْشَر میں بندہ پرور لطف و کرم کے پیکر
بھر بھر کے جامِ کوثر ہم کو پلا رہے ہیں

صدقے میں مُرتَضٰی کے سوزِ بِلال دے دو
یہ عرض لے کر آقا عطّار آ رہے ہیں

ان کے کرم کے صدقے! فضل و کرم پہ قرباں
عطّار کو وہ لیکر جنّت میں جا رہے ہیں

مدینہ

[1] جہنّم کے ایک طبقے کا نام

مَحْبوبِ ربِّ اکبر تشریف لا رہے ہیں

مَحْبوبِ ربِّ اکبر تشریف لارہے ہیں
آج اَنْبِیا کے سَرور تشریف لا رہے ہیں

کیوں ہے فَضا مُعَطَّر! کیوں روشنی ہے گھر گھر
اچّھا! حبیبِ داوَر تشریف لا رہے ہیں

عیدوں کی عید آئی رَحْمت خدا کی لائی
جُود و سخا کے پیکر تشریف لا رہے ہیں

حُوریں لگیں ترانے نَعتوں کے گُنگُنانے
حُور و مَلک کے افسر تشریف لا رہے ہیں

عالَم میں ہیں جو یکتا، بے مِثْل ہیں جو آقا[1]
وہ آمِنہ ترے گھر تشریف لا رہے ہیں

اے فَرشیو مبارَک اے عَرشیو مبارَک
دونوں جہاں کے سروَر تشریف لا رہے ہیں

[1]: یہ مِصرع ''مُفتِش'' نے مَوزُوں کیا۔

اے بے کسو مبارک اے بے بسو مبارک
اب غمزدوں کے یاوَر تشریف لا رہے ہیں

جھومو اے بدنصیبو! ہو جاؤ خوش غریبو!
دیکھو غریب پروَر تشریف لا رہے ہیں

کیسا ہے پیارا منظر رنگین و روح پرور
ہر ایک سے حسیں تَر تشریف لا رہے ہیں

رَحْمت برس رہی ہے ہر سَمْت روشنی ہے
دیکھو مہِ مُنوَّر تشریف لا رہے ہیں

اے بے نواؤ آؤ، آؤ گداؤ آؤ
وہ آمِنہ کے گھر پر تشریف لا رہے ہیں

تیری حلیمہ دائی تقدیر مُسکرائی
مَحْبوبِ حق تِرے گھر تشریف لا رہے ہیں

اُمّت کے ناز اٹھانے اُمّت کو بخشوانے
اللہ کے پیمبر تشریف لا رہے ہیں

آج ازپئے وِلادت جی ہاں ملے گی جنّت
مُختارِ خُلد و کوثر تشریف لا رہے ہیں

خود چل کے منزِل آئے آکر گلے لگائے
بھٹکے ہوؤں کے رہبر تشریف لا رہے ہیں

وقتِ ولادت آیا ہے شور مرحبا کا
دونوں جہاں کے سرور تشریف لا رہے ہیں

شیطاں کی آئی شامت کیوں دُور ہو نہ ظلمت
ہاں ہاں عَرَب کے خاوَر تشریف لا رہے ہیں

کِسریٰ کا قَصر شَق ہے شیطاں کا رنگ فَق ہے
دیکھو! رسولِ انور تشریف لا رہے ہیں

تعظیم کے لئے اب اے مومنو اُٹھو سب
آرامِ جانِ مُضطَر تشریف لا رہے ہیں

اپنا غلام کہنے، اِس اُجڑے دل میں رہنے
کب اے غریب پرور تشریف لا رہے ہیں

اُف! ہائے گُھپ اندھیرا چمکانے گورِ تیرہ
کب اے مہِ منوّر تشریف لا رہے ہیں

اے تِشنَگانِ مَحشَر دیکھو کرم کے پیکر
کوثر کا لے کے ساغَر تشریف لا رہے ہیں

بدکارو! رکّھو ہمّت فرمائیں گے شَفاعت
دیکھو شفیعِ مَحشَر تشریف لا رہے ہیں

عطّار اب خوشی سے پھولا نہیں سماتا
دنیا میں اس کے سرور تشریف لا رہے ہیں

جاہ وجلال دو نہ ہی مال و مَنال دو

جاہ وجلال دو نہ ہی مال و مَنال دو
سوزِ بلال بس مِری جھولی میں ڈال دو

دُنیا کے سارے غم مرے دل سے نکال دو
غم اپنا یاحبیب! برائے بِلال دو

ہجْر و فِراق تو مِلا دو اِضْطِراب بھی
بے تاب قلب اَز پئے سوزِ بلال دو

بہتی رہے جو ہر گھڑی بس یاد میں شہا!
وہ چَشمِ اَشکبار پئے ذُوالجلال دو

سینہ مدینہ ہو مرا دِل بھی مدینہ ہو
فکرِ مدینہ دو مجھے مَدنی خیال دو

ہر آن بس تصوُّرِ طیبہ میں گُم رہوں
ایسا بُلند شاہِ مدینہ! خیال دو

دو دَرد سنّتوں کا پئے شاہِ کربلا
اُمّت کے دِل سے لذّتِ عصیاں نکال دو

خُلقِ عظیم سے مجھے حصّہ عطا کرو!
بے جا ہنسی کی خَصلَتِ بد کو نکال دو

ذِکْر و دُرُود ہر گھڑی وِردِ زَباں رہے
میری فُضُول گوئی کی عادَت نکال دو

دونوں جہاں کی آفتیں مولا مُصیبتیں
صَدْقے میں میرے غوث کے سرکار! ٹال دو

عطّار کو بُلا کے مدینے میں دو بقیع
"دو پھولوں[1]" کے طُفیل ہوں پُورے سُوال دو

[1] "دو پھولوں" سے یہاں حسنینِ کریمین رضی اللہ تعالیٰ عنہما مُراد ہیں۔

اِذْنِ طیبہ مُجھے سرکارِ مدینہ دے دو

اِذْنِ طیبہ مُجھے سرکارِ مدینہ دے دو
لے چلے مُجھ کو جو طیبہ وہ سفینہ دیدو

یادِ طیبہ میں تڑپنے کا قرینہ دیدو
چشمِ تَر، سوزِ جگر شاہِ مدینہ دیدو

پھونک دے جو مِری خوشیوں[1] کا نَشیمَن آقا
چاک دِل، چاک جگر سوزِشِ سینہ دیدو

چار یاروں کا تُمہیں واسِطہ دیتا ہوں شہا!
اپنا غم مُجھ کو شہنشاہِ مدینہ دیدو

وقتِ آخِر ہے چلی جان رسُولِ اکرم
اِک جھلک اے مِرے سلطانِ مدینہ دیدو

صَدْقہ شہزادیِ کَونَین کا قدموں میں موت
مُجھ کو دیدو مِرے سلطانِ مدینہ دیدو

کثرتِ مال کی آفت سے بچا کر آقا
اپنے عطّار کو اُلفت کا خزینہ دیدو

غیبت سے محفوظ رہنے کا نسخہ

حضرتِ علّامہ مَجدُ الدّین فیروزآبادی رحمۃُ اللّٰہ تعالیٰ علیہ سے مَنقول ہے: جب کسی مجلس میں (یعنی لوگوں میں) بیٹھو اور کہو: بِسْمِ اللّٰہِ الرَّحْمٰنِ الرَّحِیْمِ وَصَلَّی اللّٰہُ عَلٰی مُحَمَّد تو اللّٰہ عَزَّوَجَلَّ تم پر ایک فِرِشتہ مقرّر فرمادے گا جو تم کو غیبت سے باز رکھے گا۔ اور جب مجلس سے اُٹھو تو کہو: بِسْمِ اللّٰہِ الرَّحْمٰنِ الرَّحِیْمِ وَصَلَّی اللّٰہُ عَلٰی مُحَمَّد تو فِرِشتہ لوگوں کو تمہاری غیبت کرنے سے باز رکھے گا۔ (اَلْقَوْلُ الْبَدِیع ص ۲۷۸)

[1] یہاں یادِ خدا و مصطَفٰے سے دُور کرنے والی غفلت بھری خوشیاں مُراد ہیں۔ ۱۲ مِنہُ عُفِیَ عنہ

پھر گُنبدِ خَضْرا کی فَضاؤں میں بُلالو

پھر گُنبدِ خَضْرا کی فضاؤں میں بُلالو
سرکار بُلا کر مجھے قدموں سے لگالو

قدموں سے لگا کر مجھے دیوانہ بنالو
دنیا کی مَحَبَّت کو مِرے دل سے نکالو

گو خوار و گنہگار ہوں جیسا ہوں تمھارا
سرکار! سَنبھالو مجھے سرکار سَنبھالو

صَدْقہ مجھے سرکار نواسوں کا عطا ہو
اَغیار کے ٹکڑوں سے شَہَنْشاہ بچالو

یاشاہِ مدینہ مِری اِمداد کو آؤ
آفات و بَلِیّات کے پنجوں سے نکالو

طُوفان کی موجوں میں جہاز اپنا گھرا ہے
سرکار! بچالو اسے سرکار! بچالو

سرکار! مِرے خون کا پیاسا ہوا دشمن
شہزادوں کا صَدْقہ مجھے دشمن سے بچالو

اُوجڑ ہوئی جاتی ہے مِری زِیْسْت کی بستی
ہو جائے گی آباد نَظر لُطف کی ڈالو

وِیران ہوا جاتا ہے خُوشیوں کا گُلِستاں
اِس اُجڑے چمن پر بھی نِگہ لُطف کی ڈالو

دم توڑنے والا ہے گناہوں کا مریض اب
اے جانِ مَسیحا! اِسے تم آکے بچالو

مرنے کا شَرَف اب تو مدینے میں عطا ہو
دردر کی مجھے ٹھوکروں سے شاہ بچالو

مدفن ہو عطا میٹھے مدینے کی گلی میں
لِلّٰہ پڑوسی مجھے جنّت میں بنا لو

کھینچے لئے جاتے ہیں جہنَّم کو ملائک
اے شافِعِ مَحْشَر پئے شَیْخَین بچالو

فُرقت میں تڑپتے ہیں جو مِسکین بچارے
اَسباب عطا کر کے انہیں در پہ بُلالو

مَحْبُوبِ خدا! سر پہ اَجَل آکے کھڑی ہے
شیطان سے عطّار کا ایمان بچالو

سعادت اب مدینے کی عطا ہو

سعادت اب مدینے کی عطا ہو کرم چشمِ کرم یامصطفٰے ہو
مدینے کی بہاریں دیکھنے کی اجازت مَرحَمت اب تو شہا ہو
وہ لمحاتِ مَسرَّت آئیں پھر سے مِرے پیشِ نظر گُنبد ہرا ہو
سدا دل عشق میں تڑپا کرے اور یہ تارِ اَشکوں کا آنکھوں سے بندھا ہو
سُنہری جالیوں کے رُوبرو کاش! مِرا جلووں میں اُن کے خاتِمہ ہو
مِرے آقا! برائے پیر و مُرشد بقیعِ پاک میں مدفن عطا ہو
جب آقا قبر میں جلوہ نُما ہوں تو لب پر "مرحبا یا مصطفٰے" ہو
مَحَبّت مال کی چُھٹتی نہیں ہے کرم! دنیا سے میرا دل بُرا ہو
میں ایسا عاشقِ صادِق بنوں کاش! ہنسی لب پر رہے دل رو رہا ہو
گناھوں کے سبھی اَمراض ہوں دور عطا میرے طبیب ایسی دوا ہو
کلیجے سے لگاتے ہیں اُسے بھی جسے ہر ایک نے ٹُھکرا دیا ہو
پڑوسی خُلد میں اپنا بنا لو کرم آقا پئے احمد رضا ہو
جگہ جنّت میں قدموں میں وہ دینا جہاں پر مُرشِدی احمد رضا ہو
مِری قسمت کی جنتی گُتھیاں ہیں سُلجھ سکتی ہیں آقا تُم جو چاہو
عَدُو اُس کا بگاڑے گا بھلا کیا! محمد مصطفٰے کا جو گدا ہو
عنایت دین پر ہو استِقامت مِری مقبول یارب یہ دعا ہو
خدایا واسِطہ میٹھے نبی کا
شَرَف عطّار کو حج کا عطا ہو

اِک بار پھر کرم شہِ خَیرُ الْاَنام ہو

اِک بار پھر کرم شہِ خیرُ الْاَنام ہو
پھر جانبِ مدینہ روانہ غلام ہو

پھر جھومتا ہُوا میں چلوں جانبِ حجاز
مکّے میں صُبْح ہو تو مدینے میں شام ہو

پیشِ نظر ہو گُنبدِ خَضْرا کی پھر بہار
اے کاش! پھر مدینے میں میرا قِیام ہو

ہو آنا جانا میرا مدینے میں عمر بھر
آخِر میں زندگی کا وہیں اِختِتام ہو

یوں مجھ کو موت آئے تمہارے دِیار میں
چوکھٹ پہ سر ہو لب پہ دُرُود و سلام ہو

یارب بچالے تُو مجھے نارِ جَحیم سے
اولاد پر بھی بلکہ جہنَّم حرام ہو

دیوانے رو رہے ہیں مدینے کے واسطے
انکی بھی حاضری کا کوئی اِنتظام ہو

دل کی مُراد پاگیا جو در پہ آگیا
کوئی سبب نہیں کہ نہ منگتے کا کام ہو

دشمن کا زور بڑھ چلا ہے یاعلی مدد!
اب ذُوالفِقارِ حَیدَری پھر بے نِیام ہو

بیکار گفتگو سے مِری جان چھوٹ جائے
ہر وقْت کاش! لب پہ دُرُود و سلام ہو

ہو جائیں خَتْم کاش! گناہوں کی عادَتیں
ایسا کرم اے سیِّد خیرُ الْاَنام ہو

احمد رضا کا صَدْقہ مسلمان نیک ہوں
نیکی کی دعوت آقا جہاں بھر میں عام ہو

آقا! غمِ مدینہ میں رونا نصیب ہو
ذِکْرِ مدینہ لب پہ مِرے صُبْح و شام ہو

ہو روح تیرے قدموں پہ عطّار کی نثار
جس وَقْت اِس کی عُمْر کا لبریز جام ہو

جدھر دیکھوں مدینے کا حرم ہو

جدھر دیکھوں مدینے کا حرم ہو
کرم ایسا شہنشاہِ اُمَم ہو

کہاں سرکار دولت مانگتا ہوں
مدینے کا عطا مجھ کو تو غم ہو

جب آقا آخری وقت آئے میرا
مِرا سر ہو تِرا بابِ کرم ہو

کرے پرواز رُوحِ مُضطَرِب یوں
تِرے دربار میں سر میرا خَم ہو

بقیعِ پاک کی لِللّٰہ اب تو
اجازت مَرحَمت شاہِ حرم ہو

جو بیٹھے مصطفٰے کے غم میں روئے
نہ کیوں میری نظر میں محترم ہو

ہمارے حالِ دل سے تم تو واقِف
خداوندِ دو[۲] عالم کی قسم ہو

اندھیرا لَحَد[۱] میں ہے آہ! چھایا
مِرے نورِ خدا چشمِ کرم ہو

اسے کیا خوفِ محشر ہو کہ جس کا
تِرے دَستِ شَفاعت میں بھرم ہو

مِٹا سکتا نہیں کوئی بھی اس کو
کہ حامی جس کا خود شاہِ اُمَم ہو

غمِ محبوب میں روتی رہے جو
مجھے یارب عطا وہ چشمِ نَم ہو

آج "کیا کیا "کیا؟

حضرتِ سیِّدُ ناعُمَرِ فاروقِ اعظم رضی اللہ تعالٰی عنہ روزانہ اپنا اِحتِساب فرمایا کرتے اور جب رات آتی تو اپنے پاؤں پر دُرّہ مار کر فرماتے: بتا، آج تُو نے "کیا کیا" کِیا ہے؟ (احیاءُ العُلوم ج۵ ص۱۴۱)

[۱] قبر

شہا جتنے بھی دیوانے ہیں تیرے
کسی کا جذبۂ الفت نہ کم ہو

جو تم چاہو یقیناً دُور مجھ سے
شہا عُقبیٰ کا ہر رنج و اَلَم[1] ہو

کرے آنکھوں سے سَیلِ اَشک جاری
عطا ہِجْرِ مدینہ کا وہ غم ہو

سدا کرتا رہوں سُنَّت کی خدمت
مِرا جذبہ کسی صورت نہ کم ہو

کریں اسلامی بہنیں شَرْعی پردہ
عطا ان کو حیا شاہِ اُمَم ہو

دکھا دو سبز گُنبد کی بہاریں
شہا عطّار پر اب تو کرم ہو

مــــــــــــــــــــــــــــــــــــدینہ

[1] غم

اے کاش! تصوُّر میں مدینے کی گلی ہو

اے کاش! تصوُّر میں مدینے کی گلی ہو
اور یادِ محمد بھی مِرے دل میں بسی ہو

دو سوزِ بِلال آقا ملے درد رضا سا
سرکار عطا عشقِ اُوَیسِ قرنی ہو

اے کاش! میں بن جاؤں مدینے کا مسافِر
پھر روتی ہوئی طیبہ کو بارات چلی ہو

پھر رَحْمتِ باری سے چلوں سُوئے مدینہ
اے کاش! مقدّر سے مُیَسَّر وہ گھڑی ہو

جب آؤں مدینے میں تو ہو چاک گرِیباں
آنکھوں سے برستی ہوئی اَشکوں کی جَھڑی ہو

اے کاش! مدینے میں مجھے موت یوں آئے
چوکھٹ پہ تِری سر ہو مِری روح چلی ہو

جب لے کے چلو گورِ غَریباں کو جنازہ
کچھ خاک مدینے کی مِرے منہ پہ سجی ہو

جس وَقت نکیرَین مِری قَبْر میں آئیں
اُس وَقت مِرے لب پہ سجی نعتِ نبی ہو

اللّٰہ کرم ایسا کرے تجھ پہ جہاں میں
اے دعوتِ اسلامی تِری دھوم مچی ہو

صَدْقہ مِرے مرشِد کا کرو دُور بلائیں
ہو بہتَرِی اُس میں جو بھی ارمانِ دلی ہو

اللّٰہ کی رَحْمت سے تو جنّت ہی ملے گی
اے کاش! مَحَلّے میں جگہ اُن کے ملی ہو

محفوظ سدا رکھنا شہا! بے اَدَبوں سے
اور مجھ سے بھی سرزد نہ کبھی بے اَدَبی ہو

عطّار ہمارا ہے سرِ حَشْر اِسے کاش!
دستِ شَہِ بطحا سے یہی چِٹّھی ملی ہو

بیاں کیوں کر ثنائے مصطفٰے ہو

بیاں کیوں کر ثنائے مصطفٰے ہو
خدا جب اُن کا خود مِدْحَت سرا ہو

مدینے کی محبّت میں جو روئے
عطا وہ آنکھ میٹھے مصطفٰے ہو

سلامِ شوق کہہ دینا ادب سے
گزر سُوئے مدینہ جب صَبا ہو

تڑپ کر یارسولَ اللّٰہ پکارو
نہیں ممکن نہ آقا نے سنا ہو

عطا کردو مجھے وہ بھیک داتا
مِرے سارے قبیلے کا بھلا ہو

کروں بے لَوث خدمت سنتوں کی
شہا گر لطف مجھ پر آپ کا ہو

دے جذبہ ''مَدنی انعامات'' کا تو
کرم یا سیِّدِ ہر دو سرا ہو

میں مَدنی قافِلوں ہی کا مسافِر
رہوں اکثر کرم ایسا شہا ہو

کرم ہو دعوتِ اسلامی پر یہ
شریک اِس میں ہر اِک چھوٹا بڑا ہو

میں سب دولت رہِ حق میں لٹا دوں
شہا ایسا مجھے جذبہ عطا ہو

گناھوں نے کہیں کا بھی نہ چھوڑا
کرم مجھ پر حبیبِ کِبریا ہو

گناھوں کی چُھٹے ہر ایک عادت
سُدھر جاؤں کرم یا مصطفٰے ہو

کٹی ہے غفلتوں میں زندگانی
نہ جانے حشر میں کیا فیصلہ ہو

کرم ہو واسِطہ کُل اولیا کا
مِرا ایماں پہ مولیٰ خاتمہ ہو

مرے اعمال تولے جارہے ہیں
شَفاعت شافِعِ روزِ جزا ہو

الٰہی ہوں بَہُت کمزور بندہ
نہ دنیا میں نہ عُقبیٰ میں سزا ہو

بروزِ حَشْر آقا کاش! کہہ دیں
تم اے عطّار دوزخ سے رِہا ہو

کیا سَبْز سَبْز گُنْبد کا خوب ہے نظارہ

کیا سَبْز سَبْز گُنْبد کا خُوب ہے نظارہ
ہے کس قَدَر سُہانا کیسا ہے پیارا پیارا

انوار یاں چَھما چِھم برسائیں اَبْر پیہم
پُرنُور سَبْز گُنْبد پُرنُور ہر مَنارہ

پیشِ نظر ہو ہر دم بَس سَبْز سَبز گُنْبد
دِل میں بَسا رہے بَس جلوہ سَدا تمہارا

سائے میں سَبْز گُنْبد کے توڑنے بھی دو دم
چارہ گرو! خُدارا کوئی کرو نہ چارہ

غوثُ الوریٰ کا صدقہ ایسا دے اپنا غم بس
روتے ہوئے ہی گُزرے سرکار! وقت سارا

سینہ بنے مدینہ دل میں بسے مدینہ
یادوں میں اپنی رکھئے گُم یانبی! خدارا

مت چھوڑیئے مجھے اب دُنیا کی ٹھوکروں پر
بَس آپ ہی کے ٹکڑوں پر ہو مِرا گزارہ

سرکار! حُبِّ دُنیا دِل سے مِرے نِکالو
دیوانہ اَب بنالو! اپنا مجھے خُدارا

تڑپا کروں سَدا مَیں اے کاش! تیرے غم میں
ہائے! مُجھے زمانے کے رَنج وغم نے مارا

گر یہ گُناں ہیں یارب! شوقِ مدینہ میں جو
طَیبہ کا کاش! وُہ بھی کرلیں کبھی نظارہ

رَنج واَلَم کے بادَل سارے ہی چَھٹ گئے ہیں
جب بھی تڑپ کے ہم نے سرکار کو پُکارا

ٹھکرا دے جس کو دنیا اُس کو گلے لگانا
یہ کام ہے تمہارا یامُصطَفٰے! تمہارا

طَیبہ میں اَب تو مُجھ کو دو گز زمین دیدو
کب تک پِھروں میں دَر دَر سرکار مارا مارا
دے دو بقیع دے دو، مجھ کو بقیع دے دو
کردو سُوال پُورا پیارے نبی خُدارا
ہیں مُصطفٰے مددگار اے دُشمنو خبردار!
یہ مت سمجھنا حامی کوئی نہیں ہمارا
ہے دُشمنوں نے گھیرا لِلّٰہ کوئی پھیرا
یامُصطفٰے خُدارا اَب آکے دو سہارا
کردے عَدُو کو غارت، حاسِد کو دے ہِدایت
پوری ہو قلبِ مُضطَر کی عرض کِردگارا
ظالم ڈرا رہے ہیں، آنکھیں دِکھا رہے ہیں
آقا! دو جلد آکر عطّار کو سہارا

عَرْشِ عُلٰی سے اعلٰی میٹھے نبی کا روضہ

عَرْشِ عُلٰی سے اعلٰی میٹھے نبی کا روضہ[1]
ہے ہر مکاں سے بالا میٹھے نبی کا روضہ

کیسا ہے پیارا پیارا یہ سبز سبز گُنْبَد
کتنا ہے میٹھا میٹھا میٹھے نبی کا روضہ

فِردَوس کی بُلندی بھی چُھو سکے نہ اس کو
خُلْدِ بَریں سے اُونچا میٹھے نبی کا روضہ

مکّے سے اِس لئے بھی افضل ہوا مدینہ
حصّے میں اِس کے آیا میٹھے نبی کا روضہ

کعبے کی عظمتوں کا مُنکِر نہیں ہوں لیکن
کعبے کا بھی ہے کعبہ میٹھے نبی کا روضہ

مـــــــــــــــــدینه

۱: روضہ کے لفظی معنیٰ ہیں باغ ۞ اس شعر میں روضہ سے مُرادوہ حصۂ زمین ہے جس پر رَحْمتِ عالم صلَّی اللہ تعالٰی علیہ واٰلہٖ وسلَّم کا جسمِ معظَّم تشریف فرما ہے۔اس کی فضیلت بیان کرتے ہوئے فُقَہائے کرام رَحِمَهُمُ اللّٰهُ السَّلام فرماتے ہیں: محبوبِ داوَر صلَّی اللہ تعالٰی علیہ واٰلہٖ وسلَّم کے جسمِ انور سے زمین کا جو حصہ لگا ہوا ہے، وہ کعبہ شریف سے بلکہ عرش و کرسی سے بھی افضل ہے۔ (دُرِّمُختَار معه رَدُّالمحتار ج ٤ ص ٦٢)

آنسو چھلک پڑے اور بے تاب ہوگیا دِل
جس وَقت میں نے دیکھا میٹھے نبی کا روضہ

ہوگی شَفاعت اُس کی جس نے مدینے آ کر
خواہ اِک نَظَر بھی دیکھا میٹھے نبی کا روضہ

بادَل گھرے ہوئے ہیں بارِش برس رہی ہے [1]
لگتا ہے کیا سُہانا میٹھے نبی کا روضہ [2]

ہِجْر و فِراق میں جو یارب! تڑپ رہے ہیں
اُن کو دِکھادے مولیٰ میٹھے نبی کا روضہ

ہَژدہ ہزار عالَم کا حُسن اِس پہ قرباں
دونوں جہاں کا دُولہا میٹھے نبی کا روضہ

اُس آنکھ پر نہ کیوں کر قربان میری جاں ہو
جِس آنکھ نے ہے دیکھا میٹھے نبی کا روضہ

جِس وقت رُوح تَن سے عطّار کی جُدا ہو
ہو سامنے خُدایا میٹھے نبی کا روضہ

مـــــــــــــــــــــــــــــدینہ

[1]: مدینہ منوّرہ کی گلی میں برستی برسات میں گُنبدِ خضرا کے جلووں میں ایک طرف کھڑے ہوکر یہ شِعر قلمبند کیا تھا۔ [2]: عام بول چال میں سبز گُنبد کو بھی رَوضہ کہتے ہیں اور یہاں یہی مُراد ہے۔

شدائدِ نَزْع کے کیسے سہوں گا یارسولَ اللّٰہ

شَدائدِ نَزْع کے کیسے سَہوں گا یارسولَ اللّٰہ
اندھیری قَبْر میں کیسے رہوں گا یارسولَ اللّٰہ

مجھے مرنا ہے آقا گُنبدِ خضرا کے سائے میں
وطن میں مر گیا تو کیا کروں گا یارسولَ اللّٰہ

نہ چھوڑے جُرم چھٹتے ہیں نہ مارے نفس مرتا ہے
نہ جانے نیک آخر کب بنوں گا یارسولَ اللّٰہ

سدا میٹھی نظر رکھنا اگر تم ہو گئے ناراض
نہ ہرگز میں کہیں کا بھی رہوں گا یارسولَ اللّٰہ

اندھیرا کاٹ کھاتا ہے اکیلے خوف آتا ہے
تو تنہا قبر میں کیونکر رہوں گا یارسولَ اللّٰہ

نَکِیرَین امتحاں لینے کو جب آئینگے تُربت[1] میں
جوابات ان کو آقا کیسے دوں گا یارسولَ اللّٰہ

برائے نام دردِ سر سہا جاتا نہیں مجھ سے
عذابِ قبر کیسے سہ سکوں گا یارسولَ اللّٰہ

مـــــــــــــــــــــــدینہ

[1] قبر

یہاں چیونٹی بھی تڑپا دے مجھے تو قبر کے اندر
میں کیونکر ڈنک بچھو کے سہوں گا یارسولَ اللّٰہ

یہاں معمولی گرمی بھی سہی جاتی نہیں مجھ سے
تو گرمیِ حَشْر کی کیسے سہوں گا یارسولَ اللّٰہ

زمیں تپتی ہوئی خورشید بھی شعلہ فِشاں ہوگا
بَرَہْنہ پا کھڑا کیسے رہوں گا یارسولَ اللّٰہ

سرِ مَحْشَر بلا کی دھوپ ہے آقا کرم کر دو
میں کیا محروم کوثر سے رہوں گا یارسولَ اللّٰہ

گناہوں کے کُھلے دفتر کھڑا ہوں آہ! میزاں پر
نہیں ہیں نیکیاں اب کیا کروں گا یارسولَ اللّٰہ

ہے سر پر بارِ عِصْیاں پُل صِراط اب پار ہو کیسے!
سنبھالو ورنہ دوزخ میں گِروں گا یارسولَ اللّٰہ

بروزِ حَشْر گر چشمِ کرم مجھ پر نہ کی تم نے
میں جا کر کس کے دامن میں چُھپوں گا یارسولَ اللّٰہ

میں مجرِم ہوں جہنّم میں اگر پھینکا گیا مجھ کو
ہلاکت ہوگی ہائے! کیا کروں گا یارسولَ اللّٰہ

لپک کر آگ کے شُعلے لپٹتے ہوں گے بربادی
کرم کردو یہ سب کیسے سہوں گا یارسولَ اللّٰہ

اندھیری آگ ہوگی روشنی بالکل نہیں ہوگی
کرم کردو یہ سب کیسے سہوں گا یارسولَ اللّٰہ

وہاں کانوں میں، آنکھوں میں، دَہَن میں، پیٹ میں بھی آگ!
کرم کردو یہ سب کیسے سہوں گا یارسولَ اللّٰہ

جِبالِ نار ہوں گے وادِیاں بھی نار کی ہوں گی
کرم کردو یہ سب کیسے سہوں گا یارسولَ اللّٰہ

فِرِشتے ڈانٹتے ہوں گے ہَتھوڑے مارتے ہوں گے
کرم کردو یہ سب کیسے سہوں گا یارسولَ اللّٰہ

وہاں سانپ اور بچّھو بھی مسلسل ڈَس رہے ہونگے
کرم کردو یہ سب کیسے سہوں گا یارسولَ اللّٰہ

غِذا دوزخ کی تُھوہر اور اُوپر کھولتا پانی
کرم کردو یہ سب کیسے سہوں گا یارسولَ اللّٰہ

نہ مانگے موت آئے گی نہ بیہوشی ہی چھائیگی
کرم کردو یہ سب کیسے سہوں گا یارسولَ اللّٰہ

جو تم چاہو گے تو ہونگی مری سب مُشکلیں آساں
وَگرنہ نار میں، میں جاپڑوں گا یارسولَ اللّٰہ

تمہارا ہوں غُلام اور ہے غلامی پر مجھے تو ناز
کرم سے ساتھ جنّت میں چلوں گا یارسولَ اللّٰہ

زَباں پر ہوگا اُس دم یارسولَ اللّٰہ کا نعرہ
بروزِ حَشْر جس دم میں اُٹھوں گا یارسولَ اللّٰہ

غمِ اُمّت میں روتا دیکھ کر تم کو سرِ محشَر
شہا! قابو میں کیسے دل رکھوں گا یارسولَ اللّٰہ

سُنو یامت سُنو میں تو پکارے جاؤں گا تم کو
جہاں میں جب تلک آقا جیوں گا یارسولَ اللّٰہ

کرم فرما کہ ہو عطّار بھی اِس قول کا مِصداق
''تِری خاطِر جیوں گا اور مَروں گا'' یارسولَ اللّٰہ

مجھے ہر سال تم حج پر بُلانا یارسولَ اللّٰہ

مجھے ہر سال تم حج پر بلانا یارسولَ اللّٰہ
بُلانا اور مدینہ بھی دکھانا یارسولَ اللّٰہ

رہے ہر سال میرا آنا جانا یارسولَ اللّٰہ
بقیعِ پاک ہو آخِر ٹھکانا یارسولَ اللّٰہ

مِری آنکھوں میں تم ہر دم سمانا یارسولَ اللّٰہ
دلِ ویراں کو جلووں سے بسانا یارسولَ اللّٰہ

نہ دولت دو نہ دو کوئی خزانہ یارسولَ اللّٰہ
سکھا دو عشق میں رونا رُلانا یارسولَ اللّٰہ

نظر بھر کر شہا! میں دیکھ لوں پھر گُنْبدِ خَضْرا
خُدارا پھر سبب کوئی بنانا یارسولَ اللّٰہ

دوا کے واسطے بیمارِ عِصیاں در پہ حاضِر ہے
نہ تم مایوس اِسے در سے پِھرانا یارسولَ اللّٰہ

نُقُوشِ الفتِ دنیا مِرے دل سے مٹا دینا
مجھے اپنا ہی دیوانہ بنانا یارسولَ اللّٰہ

سلیقہ آپ کی یادوں میں رونے کا تڑپنے کا
پئے غوث و رضا مجھ کو سکھانا یارسولَ اللّٰہ

پئے غوثُ الْوَرا، احمد رضا، مُرشِد ضِیاءُ الدّین
عطا ہو عشق و مستی کا خزانہ یارسولَ اللّٰہ

فِرِشتہ موت کا اب آچکا ہے رُوح لینے کو
سَرِ بالیں ذرا جلدی سے آنا یارسولَ اللّٰہ

کُھلے ہیں دفترِ اعمال! ہائے! میرا کیا ہوگا!
بچانا شافِعِ مَحْشَر بچانا یارسولَ اللّٰہ

یہ گندا ہے نِکمّا ہے یہ جیسا ہے تمہارا ہے
تمہیں عطّارِ عاصی کو نبھانا یارسولَ اللّٰہ

گناہوں کی نہیں جاتی ہے عادت یارسولَ اللّٰہ

گناہوں کی نہیں جاتی ہے عادت یارسولَ اللّٰہ
تمہیں اب کچھ کرو ماہِ رسالت یارسولَ اللّٰہ

گناہوں سے مجھے ہوجائے نفرت یارسولَ اللّٰہ
نکل جائے بُری ہر ایک خصلت یارسولَ اللّٰہ

گُنہ لمحہ بہ لمحہ ہائے! اب بڑھتے ہی جاتے ہیں
نہیں پر اِس پہ ہائے کچھ ندامت یارسولَ اللّٰہ

گنہ کرکر کے ہائے! ہوگیا دل سَخت پتّھر سے
کروں کس سے کہاں جاکر شکایت یارسولَ اللّٰہ

میں بچنا چاہتا ہوں ہائے! پھر بھی بچ نہیں پاتا
گناہوں کی پڑی ہے ایسی عادت یارسولَ اللّٰہ

کمر اعمالِ بدنے ہائے! میری توڑ کر رکھ دی
تباہی سے بچالو جانِ رَحمت یارسولَ اللّٰہ

مِرے منہ کی سیاہی سے اندھیری رات شرمائے
مِرا چِہرہ ہو تاباں نورِ عزّت یارسولَ اللّٰہ

بوقتِ نَزع آقا ہو نہ جاؤں میں کہیں برباد
مِرا ایمان رکھ لینا سلامت یارسولَ اللّٰہ

تِرے رب کی قسم میں لائقِ نارِ جہنّم ہوں
بچا سکتی ہے بس تیری شَفاعت یارسولَ اللّٰہ

یہاں جیسے ہماری عیب پوشی آپ کرتے ہیں
وہاں بھی آپ رکھ لیجے گا عزّت یارسولَ اللّٰہ

فَسادِ نفسِ ظالم سے بچالو از پئے شَیخَین
کرو شیطان سے میری حفاظت یارسولَ اللّٰہ

سہی جاتی نہیں ہیں سختیاں سَکرات کی سرکار!
سرِ بالیں اب آؤ جانِ رَحمت یارسولَ اللّٰہ

مِرا یہ خواب ہو جائے شہا شرمِندۂ تعبیر
مدینے میں پیوں جامِ شہادت یارسولَ اللّٰہ

مِرے دل سے ہَوَس دنیا کی دولت کی نکل جائے
عطا کردو مجھے بس اپنی الفت یارسولَ اللّٰہ

مِرے آنسو نہ ہوں برباد دنیا کی مَحَبَّت میں
رُلائے بس مجھے تیری مَحَبَّت یارسولَ اللّٰہ

پھنسا جاتا ہے دنیا کی مَحَبَّت میں دلِ عطّارؔ
کرو عطّارؔ سے یہ دُور آفت یارسولَ اللّٰہ

عطا کر دو مدینے کی اجازت یارسول اللّٰہ

(مَدَنی مُنّوں اور طَلَبہ کیلئے کلام)

عطا کردو مدینے کی اجازت یارسولَ اللّٰہ
کروں میں سبز گُنبَد کی زیارت یارسولَ اللّٰہ

کچھ ایسا ہو کرم ماہِ رسالت یارسولَ اللّٰہ
کروں اللہ عَزَّوَجَلَّ کی دل سے عبادت یارسولَ اللّٰہ

صَحابہ کا گدا ہوں اور اہلِ بیت کا خادِم
یہ سب ہے آپ ہی کی تو عنایت یارسولَ اللّٰہ

تمہارا فَضْل ہے جو میں غلامِ غوث و خواجہ ہوں
نہ ہو کم اولیا کی دل سے الفت یارسولَ اللّٰہ

اُسی احمد رضا کا واسِطہ جو میرے مرشِد ہیں
عطا کردو مجھے اپنی مَحبَّت یارسولَ اللّٰہ

مدینہ میٹھا میٹھا ہے مدینہ پیارا پیارا ہے
مدینے سے مجھے بے حد ہے الفت یارسولَ اللّٰہ

میں ہوں سُنّی رہوں سُنّی مروں سُنّی مدینے میں
بقیعِ پاک میں بن جائے تُربَت یارسولَ اللّٰہ
نَمازوں میں مجھے ہرگز نہ ہو سُستی کبھی آقا
پڑھوں پانچوں نَمازیں باجماعت یارسولَ اللّٰہ
بڑے بھائی بَہن کا میں کہا مانا کروں ہردم
کروں ماں باپ کی دن رات خدمت یارسولَ اللّٰہ
بڑے جتنے بھی ہیں گھر میں ادب کرتا رہوں سب کا
کروں چھوٹے بَہَن بھائی پہ شفقت یارسولَ اللّٰہ
میں سب سے ''آپ'' کہہ کر پیار سے باتیں کروں آقا
جِھڑکنے کی ہو میری دُور عادت یارسولَ اللّٰہ
ادب استادِ دینی کا مجھے آقا عطا کردو
دل وجاں سے کروں اُن کی اطاعت یارسولَ اللّٰہ
کرم کر دو کہ میرا حافِظہ مضبوط ہوجائے
نہ ہو استاد کو مجھ سے شکایت یارسولَ اللّٰہ
میں گانے باجوں اور فلموں ڈِراموں کے گنہ چھوڑوں
پڑھوں نعتیں کروں اکثر تلاوت یارسولَ اللّٰہ

حسد، وعدہ خِلافی، جھوٹ، چُغلی، غیبت وتُہمت
مجھے ان سب گناہوں سے ہونفرت یارسولَ اللّٰہ

مِرے اَخلاق اچھے ہوں مِرے سب کام اچھے ہوں
بنادو مجھ کو تم پابندِ سنّت یارسولَ اللّٰہ

ضَرورت سے زِیادہ مال و دولت کا نہیں طالِب
رہے بس آپ کی نظرِ عنایت یارسولَ اللّٰہ

رہیں سب شاد گھر والے شہا تھوڑی سی روزی پر
عطا ہو دولتِ صَبر وقَناعَت یارسولَ اللّٰہ

سب اَہلِ حَشر مَحشَر میں اُنہی کو ڈھونڈتے ہونگے
پکاریں گے سبھی روزِ قِیامت یارسولَ اللّٰہ

بَہُت کمزور ہُوں قابِل نہیں ہرگز عذابوں کے
خدارا ساتھ لیتے جانا جنّت یارسولَ اللّٰہ

مجھے تم یارسولَ اللّٰہ دے دو جذبۂ تبلیغ
شہا! دیتا پھِروں نیکی کی دعوت یارسولَ اللّٰہ

شہا! عطّارؔ پر ہر آن رَحمت کی نظر رکھنا
کرے دن رات یہ سنّت کی خدمت یارسولَ اللّٰہ

کروں ہر آن میں تیری اِطاعت یارسولَ اللّٰہ

کروں ہر آن میں تیری اِطاعت یارسولَ اللّٰہ
پئے مُرشِد بنادے نیک سیرت یارسولَ اللّٰہ

اندھیری قَبْر ہے اور ہائے! میں بالکل اکیلا ہوں
اب آبھی جاؤ اے مہرِ رِسالت! یارسولَ اللّٰہ

بقیعِ پاک میں سو جاؤں میں آرام سے اے کاش!
مُیَسَّر آئے گی یوں تیری قُربَت یارسولَ اللّٰہ

عذابِ قَبْر و مَحْشَر سے بچالو نارِ دوزخ سے
خُدارا ساتھ لے کے جاؤ جنّت یارسولَ اللّٰہ

جو غُصّہ نفس کی خاطِر مجھے آقا کبھی آئے
ملے صبر و شکیبائی کی دولت یارسولَ اللّٰہ

مجھے رنج و اَلَم نے ہر طرف سے گھیر رکھا ہے
دُکھی دل کو کرم سے دیدو راحَت یارسولَ اللّٰہ

عطا کردو مجھے اِسلام کی تبلیغ کا جذبہ
میں بس دیتا پھروں نیکی کی دعوت یارسولَ اللّٰہ

یقیناً آپ کا اِنعام ہے یہ مل گئے مجھ کو
شہنشاہِ بریلی اعلیٰ حضرت یارسولَ اللّٰہ

مجھے تم مَسلکِ احمد رضا پر استِقامت دو
بنوں خدمت گزارِ اہلِ سنّت یارسولَ اللّٰہ

تمہارا ہی تو یہ لُطف و کرم ہے رحمتِ عالم!
ضِیاءُ الدّین مَدَنی سے ہے نسبت یارسولَ اللّٰہ

مدینے کی جُدائی میں جو بے چارے تڑپتے ہیں
اِنہیں دے دو مدینے کی اجازت یارسولَ اللّٰہ

مسلماں باز آجائیں شَہا! فیشن پرستی سے
کرم کر دو بنیں پابندِ سُنَّت یارسولَ اللّٰہ

مِرے وابَستگاں کی اور مِرے سارے قبیلے کی
تمہیں! ابلیس سے کرنا حفاظت یارسولَ اللّٰہ

عُمَر کا واسِطہ اَعْدائے دیں برباد ہوجائیں
ملے ہر ایک حاسِد کو ہدایت یارسولَ اللّٰہ

شَہا! اِس اجتِماعِ پاک میں جتنے مسلماں ہیں
ہو سب کی مغفِرت ہو سب پہ رَحْمت یارسولَ اللّٰہ

تِرا عطّار آنا چاہتا ہے تیرے روضے پر
عطا ہو حاضِری کی پھر سعادت یارسولَ اللّٰہ

بَہُت رنجیدہ و غمگین ہے دل یارسولَ اللہ

بَہُت رنجیدہ و غمگین ہے دل یارسولَ اللہ
کرم کر دو کلی دل کی اُٹھے کِھل یارسولَ اللہ

بَلاؤں نے مجھے ہر سَمت سے کچھ ایسا گھیرا ہے
مِرے بڑھتے ہی جاتے ہیں مسائل یارسولَ اللہ

پئے اِمداد اپنے شیر حَمزہ کو شہا بھیجو
مِرے پیچھے پڑا ہے ہائے! قاتِل یارسولَ اللہ

دلِ مغموم کا سب حال آقا تم پہ ظاہر ہے
شہا! ہُوں مرہمِ تسکیں کا سائل یارسولَ اللہ

غم و آلام کا مارا ہوں آقا بے سہارا ہوں
مِری آسان ہو ہر ایک مشکِل یارسولَ اللہ

تمہیں دیتا ہوں مولیٰ واسِطہ میں چار یاروں کا
مِرے ہوجائیں طے مشکِل مَراحِل یارسولَ اللہ

جو تُو چاہے تو میرے غم کی بیڑی گر پڑے کٹ کر
نہیں تیرے لئے یہ کوئی مشکِل یارسولَ اللّٰہ

مسلماں آہ! غافِل ہوگئے نیکی کی دعوت سے
بڑھا جاتا ہے ہائے! زورِ باطِل یارسولَ اللّٰہ

شہا مَنڈلا رہی ہے موت سر پر پھر بھی میرا نَفْس
گناہوں کی طرف ہردم ہے مائل یارسولَ اللّٰہ

بڑھا جاتا ہے ہردم آہ! غَلبہ نفس و شیطاں کا
یہ ہر نیکی میں ہوجاتے ہیں حائل یارسولَ اللّٰہ

گناہوں کے سبھی اَمراض آقا دور فرما دو
سنور جائیں مرے سب بدخِصائل یارسولَ اللّٰہ

نہ لندن کی نہ پیرس کی نہ امریکا کی ہے خواہش
مدینہ ہی ہماری تو ہے منزِل یارسولَ اللّٰہ

شَفاعت حَشْر میں فرماؤ گے جب خوش نصیبوں کی
مجھے کرلینا آقا اُن میں شامل یارسولَ اللّٰہ

کرم کردو بجز عِصیاں نہیں ہے کچھ بھی نامے میں
عبادت ہے نہ پلّے ہیں نوافِل یارسولَ اللّٰہ

ہمارے زَخم ہائے غم رسولِ پاک بھرجائیں
جگر ہو تیرے غم میں کاش! گھائل یارسولَ اللّٰہ

کچھ ایسی آگ الفت کی لگا دو میرے سینے میں
میں تڑپوں خوب تڑپوں مثلِ بِسمِل یارسولَ اللّٰہ

تِرے اَخلاق پر قرباں ترے اَوصاف پر واری
مسلماں کیا عدو بھی تیرا قائل یارسولَ اللّٰہ

شہا! جب خُلد میں آپ آگے آگے جائیں اس دم کاش
میں بھی ہو جاؤں پیچھے پیچھے داخِل یارسولَ اللّٰہ

ابھی بن جائے بگڑی تیرے اِک ادنیٰ اِشارے سے
تِرے عطّار کے حَل ہوں مسائل یارسولَ اللّٰہ

غمِ فُرقت رُلائے کاش ہر دم یارسولَ اللّٰہ

غمِ فُرقت رُلائے کاش ہردم یارسولَ اللّٰہ
رہوں ہروقت میں بادیدۂ نَم یارسولَ اللّٰہ

جگر بھی سوختہ جاں سوختہ، دِل چاک سینہ چاک
مِلے غم اور غم بس آپ کا غم یارسولَ اللّٰہ

نہیں تاجِ شہی کی آرزو بس ایک ارماں ہے
نکل جائے تمہارے رُوبرُو دم یارسولَ اللّٰہ

مِرے آقا بہائے اشک جو ہجرِ مدینہ میں
عطا کردو مجھے وہ چشمِ پُرنَم یارسولَ اللّٰہ

ہمارے دل کی ہر دھڑکن سے طیبہ کی صَدا نکلے
رہے ذِکرِ مدینہ لب پہ ہردم یارسولَ اللّٰہ

شہا! چشمِ کرم ہو تِشنَگانِ دید[1] پر اب تو
تمہاری دید کا شَربت پئیں ہم یارسولَ اللّٰہ

[1]: دیدار کے پیاسے۔

گُناہوں کا اندھیرا چھا گیا ہے ہم کمینوں پر
خدارا ہو کرم نُورِ مجسّم یـــا رســولَ الـلّٰــہ

جَہاں جاؤں جِدھر جاؤں مدینے کی فضا پاؤں
مِلے لُطفِ حُضوری جانِ عالَم یـا رسـولَ الـلّٰـہ

طوافِ خانۂ کعبہ کا تم مُجھ کو شَرَف دے دو
پیوں مکّے میں آ کر آبِ زم زم یا رسـولَ اللّٰہ

مدینے جب میں پہنچوں تو کلیجا میرا پھٹ جائے
وَہاں رو رو کے اپنا توڑ دُوں دَم یا رسـولَ اللّٰہ

بقیعِ پاک میں مُجھ کو جگہ سرکار مل جائے
طُفیلِ پیر و مرشِد غوثِ اعظم یـا رسـولَ الـلّٰـہ

حُسین ابنِ علی کے واسِطے کر دو کرم جِن کا
کہ ہے یومِ شہادت دسؔ محرّم یـا رسـولَ اللّٰہ

وُہی اُمَّت خطاؤں میں پڑی ہے رات میں جن کے
لئے رویا کئے مانندِ شبنم یـــا رســولَ الـلّٰــہ

شہا! عطّاؔر کا دِل ٹوٹ جائے! کاش دنیا سے
رہے گُم آپ کی اُلفت میں ہر دَم یا رسولَ اللّٰہ

گھٹائیں غم کی چھائیں دِل پریشاں یارسولَ اللّٰہ

گھٹائیں غم کی چھائیں دِل پریشاں یارسولَ اللّٰہ
تُمہیں ہو مجھ دُکھی کے دُکھ کا دَرماں یارسولَ اللّٰہ

نگاہِ لُطف ورَحمت کے ہیں خَواہاں یارسولَ اللّٰہ
ہماری مشکلیں ہوجائیں آساں یارسولَ اللّٰہ

بَجُز تو نیست مُونِس نیست ھَمدَم رَحمتِ عالَم
نظر کُن جَانِبِ مَا بَدنَصیباں یارسولَ اللّٰہ

سفینے کے پَرَخچے اُڑ چکے ہیں زورِ طُوفاں سے
سنبھالو! میں بھی ڈوبا اے مِری جَاں یارسولَ اللّٰہ

نسیمِ طیبہ سے کہدو دِلِ مُضْطَر کو جھونکا دے
غموں کی شام ہو صُبحِ بَہاراں یارسولَ اللّٰہ

مَناظِر بے وَفا دُنیا کے ہوں سب دُور نَظروں سے
تصوُّر میں رہیں طیبہ کی گلیاں یارسولَ اللّٰہ

نہ مُجھ کو آزما دُنیا کا مال و زَر عطا کرکے
عَطا کر اپنا غم اور چَشمِ گِریاں یارسولَ اللّٰہ

تِرے دیدار کا طالِب لگائے آس بیٹھا ہوں
خُدارا اب دکھادے رُوئے تاباں یارسولَ اللّٰہ

مِرا سینہ مدینہ ہو مدینہ میرا سینہ ہو
رہے سینے میں تیرا درد پنہاں[1] یارسولَ اللّٰہ

سُنَہری جَالیاں ہوں آپ ہوں اور مجھ سا عاصی ہو
وہیں یہ جاں جُدا ہو جَانِ جاناں یارسولَ اللّٰہ

مُجھے ہریالے گُنبد کے تَلے قدموں میں موت آئے
سلامت لے کے جاؤں دین وایماں یارسولَ اللّٰہ

نہیں حُسنِ عمل کوئی مِرے اَعمال نامے میں
تری رَحمت مِری بخشش کا ساماں یارسولَ اللّٰہ

پڑوسی خُلد میں بدکار کو اپنا بنا لیجے
جہاں ہیں اتنے اِحساں اور اِحساں یارسولَ اللّٰہ

مدینے میں شہا عطّار کو دوگز زمیں دیدے
وَہیں ہو دَفن یہ تیرا ثَناخواں یارسولَ اللّٰہ

مـــــــــــــــــدینہ

[1] چھپا ہوا

مِرے مشتاق کو کوئی دوا دو یارسولَ اللّٰہ

(دعوتِ اسلامی کی مرکزی مجلسِ شوریٰ کے مرحوم نگران حاجی مُشتاق عطّاری علیہ رحمۃ الباری کی سخت علالت کے ایّام میں بارگاہِ رسالت صلّی اللہ تعالیٰ علیہ والہٖ وسلّم میں یہ اِستِغاثہ پیش کیا گیا)

مِرے مُشتاق کو کوئی دوا دو یارسولَ اللّٰہ
دوا دیکر شِفائے کامِلہ دو یارسولَ اللّٰہ

طبیبوں نے مریضِ لادوا کہہ کہہ کے ٹالا ہے
بنا، ناکام ان کا عِندِیَہ[1] دو یارسولَ اللّٰہ

مِرا مشتاق مولیٰ کب تلک تڑپے گا بے چارہ
دعا بھی دو دوا بھی دو شِفا دو یارسولَ اللّٰہ

مِرے مشتاق کے اُجڑے چمن میں پھر بہار آئے
کلی پژمُردہ دل کی تم کِھلا دو یارسولَ اللّٰہ

مِرے مشتاقِ رنجیدہ پہ ہو چشمِ کرم آقا
بچارے غم کے مارے کو ہنسا دو یارسولَ اللّٰہ

[1]: رائے

کرم سے اب سرِ بالیں شہا تشریف لے آؤ
اسے دیدار کا شربت پِلا دو یا رسولَ اللّٰہ

شِفا پا کر یہ نعتیں پڑھ کے پھر تڑپانے لگ جائے
لُعاب اپنا اسے آ کر چٹا دو یا رسولَ اللّٰہ

شہا مشتاق کب تک دربدر کی ٹھوکریں کھائے
کہاں جائے بچارا تم بتا دو یا رسولَ اللّٰہ

کرم کر دو ترَس کھاؤ دُکھی دل کی صدا سن لو
بَلا مشتاق سے ہر اِک ہٹا دو یا رسولَ اللّٰہ

سنو یا مت سنو یہ رٹ لگائے جائیں گے ہم تو
شِفا دو یا رسولَ اللّٰہ شِفا دو یا رسولَ اللّٰہ

فَقَط اَمراضِ جسمانی کی ہی کرتا نہیں فریاد
گناہوں کے مرض سے بھی شِفا دو یا رسولَ اللّٰہ

یہ پھر نیکی کی دعوت کے لئے دوڑے جہاں بھر میں
مِرے مشتاق کو ایسا بنا دو یا رسولَ اللّٰہ

شہا مشتاق کو حج کی سعادت پھر عطا کر دو
بُلا کر سبز گُنبد بھی دکھا دو یا رسولَ اللّٰہ

رِضا پر رب کی راضی ہیں تمھارے ہم بھکاری ہیں
ہماری آخِرت بہتر بنا دو یا رسولَ اللّٰہ

گناہوں سے میں توبہ کر رہا ہُوں رہنا تم شاہِد
مجھے اپنے خُدا سے بخشوا دو یا رسولَ اللّٰہ

مجھے سَکرات میں کلمہ پڑھا کر میٹھی میٹھی نیند
کرم سے اپنے قدموں میں سُلا دو یا رسولَ اللّٰہ

تمھاری یاد میں ہر دم تڑپتا ہی رہوں آقا!
مِرے سینے میں عشق ایسا رَچا دو یا رسولَ اللّٰہ

مجھے اِذْنِ مدینہ دو تمہیں صَدْقہ نواسوں کا
دکھا دو گُنْبدِ خَضْرا دکھا دو یا رسولَ اللّٰہ

مِری تاریک راتیں جگمگا دو از پئے شَیخَین
مجھے تم جلوۂ زیبا دکھا دو یا رسولَ اللّٰہ

شہا عطّار کا پیارا ہے یہ مشتاق عَطّاری
یہی مُژدہ اسے تم بھی سنا دو یا رسولَ اللّٰہ

اندھیری قَبْر میں عطّار پر اب خوف طاری ہے
پئے قُطبِ مدینہ جگمگا دو یا رسولَ اللّٰہ

کرم ہو جان کو ہے سَخْت خطرہ یارسولَ اللّٰہ

کرم ہو جان کو ہے سَخْت خطرہ یارسولَ اللّٰہ
نہ پِس جائے کہیں ناچیز ذرّہ یارسولَ اللّٰہ

بُلاؤں کس طرح میں اپنی کُٹیا میں تمہیں سروَر
کہ اس قابل نہیں ہے میرا حُجرہ یارسولَ اللّٰہ

اگر چشمِ کرم ہو تو تَلاطُم خیز موجوں سے
ابھی ہو پار میرا ڈوبا بَجْرا یارسولَ اللّٰہ

میں اِس دنیائے فانی میں بھی قَبْر و حَشْر و جنّت میں
ہر اِک جا پر لگاؤں گا یہ نعرہ یارسولَ اللّٰہ

یقیناً جس کے آگے چودھویں کا چاند شرمائے
تمہارا ہے وہ چہرہ نِکھرا نِکھرا یارسولَ اللّٰہ

کرم سے تم بُلاتے ہو کرم ہی سے تم آتے ہو
تمہارے ہی کرم سے بَخْت سنورا یارسولَ اللّٰہ

میں بن جاؤں گا دیوانہ میں ہوجاؤں گا مستانہ
عطا ہو عشق کا گر ایک ذرّہ یارسولَ اللّٰہ

تمہاری یاد میں رویا کروں تڑپا کروں کر دو
عنایت اپنے غم کا زَخْم گہرا یارسولَ اللّٰہ

رُلائے تیرا غم، دنیا کے غم میں میرے آنسو کا
نہ ہو برباد آقا کوئی قطرہ یارسولَ اللّٰہ

بُلا لو گُنْبدِ خضْرا کی ٹھنڈی چھاؤں میں
مدینے کا دکھا دو مجھ کو صَحْرا یارسولَ اللّٰہ

سعادت کربلا کی حاضِری کی بھی عِنایت ہو
دکھا دیجے مجھے بَغداد و بَصرہ یارسولَ اللّٰہ

نکلنے والی ہے اب روحِ مُضْطَر جسم سے جاناں
کرم! ایماں کو ہے شیطاں سے خطرہ یارسولَ اللّٰہ

ہوئی جاتی ہے ہائے عُمر ضائع جانتا ہوں میں
نہیں آئے گا ہرگز وَقْت گزرا یارسولَ اللّٰہ

کرم! عطّارِ بداَطوار کے گلزار پر آقا
لگایا ہے خِزاں نے سَخْت پہرا یارسولَ اللّٰہ

ھُوا جا تا ھے دشمن سب زما نہ یارسولَ اللّٰہ

ہُوا جاتا ہے دشمن سب زمانہ یارسولَ اللّٰہ
سناؤں اب کسے غم کا فسانہ یارسولَ اللّٰہ

مجھے چاروں طرف سے دشمنوں نے گھیر رکھا ہے
بچانا یارسولَ اللّٰہ بچانا یارسولَ اللّٰہ

جو اپنے تھے وُہی بیگانے ہو کر اب ستاتے ہیں
کرم لِلّٰہ! یاشاہِ زمانہ! یارسولَ اللّٰہ

بھنور میں پھنس چکی ہے ناوَ آقا ہائے کیا ہوگا!
شہا! جلدی سے پار آکر لگانا یارسولَ اللّٰہ

غم و آلام نے ہر سَمت سے آقا جکڑ ڈالا
پئے غوث ورضا آکر چُھڑانا یارسولَ اللّٰہ

شہا! گلزارِ سنّت پر خَزاں نے کر دیا حملہ
بہاریں سُنّتوں کی پھر دِکھا نا یارسولَ اللّٰہ

غمِ دنیا میں کیوں روئیں ہمیں کردو نصیب آقا
تمہارے غم میں ہی آنسو بہانا یارسولَ اللّٰہ

ڈرایا بلکہ مارا بھی مجھے یامصطَفٰے جس نے
اُسے بھی اپنے سینے سے لگانا یارسولَ اللّٰہ

نہیں عطّاؔر قابل امتحاں کے سرورِ عالم
بہر صورت تمہیں اِس کو نبھانا یارسولَ اللّٰہ

حَسد کی تعریف

کسی کی نعمت چِھن جانے کی آرزو کرنا۔(فتاوٰی رضویہ ج ۲۴ ص ۴۲۸) مَثَلاً کسی شخص کی شُہرت یا عزّت ہے اب یہ آرزو کرنا کہ اس کی عزت یا شہرت ختم ہو جائے ۔البتہ دوسرے کی نعمت کا زَوال (یعنی ضائع ہوجانا) نہ چاہنا بلکہ وَیسی ہی نعمت کی اپنے لیے تمنّا کرنا یہ **غِبْطہ** (یعنی رشک) کہلاتا ہے اور یہ شرعاً جائز ہے۔ (طریقہ محمدیہ ج۱ص۶۱۰)

اچانک دشمنوں نے کی چڑھائی یارسولَ اللّٰہ

(تبلیغِ قرآن وسنّت کی عالمگیر غیر سیاسی تحریک، ''دعوتِ اسلامی'' کی بڑھتی ہوئی شان وشوکت سے بَوکھلا کر بعض دشمنوں نے ۲۵ رجبُ المرجّب ۱۴۱۶ھ شبِ دوشنبہ تقریباً ۱۲ بجے مرکز الاولیا (لاہور) میں فقیرِ اہلِ سنّت کی جان لینے کی ناکام کوشش کی جس کے نتیجے میں دو جواں سال مُبلّغین الحاج اُحُد رضا عطّاری قادِری رضوی اور محمد سجّاد عطّاری قادِری رضوی شہید ہوگئے، اس پر سگِ مدینہ عُفِیَ عَنہُ نے بارگاہِ رسالت میں اِستِغاثہ پیش کیا)

اچانک دشمنوں نے کی چڑھائی یارسولَ اللّٰہ
ہوئے دو جاں بحق اسلامی بھائی یارسولَ اللّٰہ

مِرا دشمن تو مجھ کو خَتْم کرنے آہی پہنچا تھا
میں قُرباں تم نے میری جاں بچائی یارسولَ اللّٰہ

شہیدِ دعوتِ اسلامی سجّاد و اُحُد آقا
رہیں جنّت میں یکجا دونوں بھائی یارسولَ اللّٰہ

عَدُو جھک مارتا ہے خاک اُڑاتا ہے ترے قرباں
مجھے اب تک نہ کوئی آنچ آئی یارسولَ اللّٰہ

نہیں سرکار! ذاتی دشمنی میری کسی سے بھی
مِری ہے نفس وشیطاں سے لڑائی یارسولَ اللّٰہ

شہا! دشمن ہوا ہائے! ہمارے خون کا پیاسا
دُہائی یارسولَ اللّٰہ !دُہائی یارسولَ اللّٰہ

حفاظت دشمنوں سے آپ ہی فرمایئے آقا
کہ مجھ کمزور پر کی ہے چڑھائی یارسولَ اللّٰہ

مُقابِل دشمنِ اسلام کے ایسا بنا گویا
کوئی دیوار ہو سیسہ پلائی یارسولَ اللّٰہ

یہی ہے جُرم میرا سنّتوں کا ادنیٰ خادِم ہوں
ہے میں نے سنّتوں سے لو لگائی یارسولَ اللّٰہ

اگرچہ لاکھ دشمن دھمکیاں دے جان لینے کی
کسی سے کیوں ڈرے تیرا فِدائی یارسولَ اللّٰہ

اگرچہ جان جائے خدمتِ سنّت نہ چھوڑوں گا
شہا! کرتے رہیں مُشکِل کُشائی یارسولَ اللّٰہ

کسی صورت بھٹک سکتا نہیں میں راہِ سنّت سے
مجھے حاصِل ہے تیری رہنمائی یارسولَ اللّٰہ

ہدایت دشمنوں کو یانبی! ایسی عطا کر دو
یہ بن جائیں مِرے اسلامی بھائی یارسولَ اللّٰہ

تمنّا ہے مِرے دشمن کریں توبہ عطا کر دو
انھیں دونوں جہاں کی تم بھلائی یارسولَ اللّٰہ

بچالو! نارِ دوزخ سے بچارے حاسِدوں کو بھی
میں کیوں چاہوں کسی کی بھی بُرائی یارسولَ اللّٰہ

حُقوق اپنے کئے ہیں درگزر[1] دشمن کو بھی سارے
اگرچہ مجھ پہ ہوگولی چلائی یارسولَ اللّٰہ

بَہر صورت مجھے مرنا پڑے گا پَر سعادت ہے
شہادت راہِ سنّت میں جو پائی یارسولَ اللّٰہ

اندھیری قبر سے شاہِ مدینہ خوف آتا ہے
نظر میں نے ہے رَحمت پر جمائی یارسولَ اللّٰہ

تمنّا ہے تِرے عطّار کی یوں دھوم مچ جائے
مدینے میں شہادت اِس نے پائی یارسولَ اللّٰہ

مــــــــــــــــــــــــدینہ

[1]: بندے کا اپنے حُقُوق پیشگی معاف کر دینا کارِثواب ہے۔تاہم حق تلفی کرنے والا گنہگار رہے۔

یہ عرض گنہگار کی ہے شاہِ زمانہ

(۲۹ محرّمُ الحرام ۱۴۳۳ھ۔ بمطابق 25-12-2011)

یہ عرض گنہگار کی ہے شاہِ زمانہ
جب آخری وقت آئے مجھے بھول نہ جانا

سکرات کی جب سختیاں سرکار ہوں طاری
لِلّٰہ! مجھے اپنے نظاروں میں گُمانا

ڈر لگتا ہے ایماں کہیں ہو جائے نہ برباد
سرکار بُرے خاتمے سے مجھ کو بچانا

جب روح مِرے تن سے نکلنے کی گھڑی ہو
شیطانِ لعیں سے مِرا ایمان بچانا

جب دم ہو لبوں پر اے شہنشاہِ مدینہ
تم جلوہ دکھانا مجھے کلمہ بھی پڑھانا

آقا مِرا جس وقت کہ دم ٹوٹ رہا ہو
اُس وقت مجھے چہرۂ پُرنور دِکھانا

سرکار! مجھے نَزْع میں مت چھوڑنا تنہا
تم آکے مجھے سورۂ یاسین سنانا

جب گورِ غریباں کو چلے میرا جنازہ
رَحْمت کی رِدا اس پہ خدارا تم اُڑھانا

جب قَبْر میں اَحْباب چلیں مجھ کو لِٹا کر
اے پیارے نبی گور کی وَحْشت سے بچانا

طے خیر سے تدفین کے ہوں سارے مَراحِل
ہو قَبْر کا بھی لُطْف سے آسان دَبانا

جس وَقْت نکیرین کریں آ کے سُوالات
آقا مجھے تم آکے جوابات سکھانا

سُن رکّھا ہے ہوتا ہے بڑا سخت اندھیرا
تُربت میں مِری نُور کا فانوس جلانا

جب قَبْر کی تنہائی میں گھبرائے مِرا دل
دینے کو دِلاسہ شہِ اَبرار تُو آنا

جب روزِ قیامت رہے اِک میل پہ سُورج
کوثر کا چھلکتا مجھے اِک جام پلانا

ہو عرصۂ مَحْشر میں مِرا چاک نہ پردہ
لِلّٰہ مجھے دامنِ رَحْمت میں چُھپانا

مَحْشر میں حساب آہ! میں دے ہی نہ سکوں گا
رَحْمت نہ ہوئی ہوگا جہنَّم میں ٹھکانا

فرمائیں گے جس وَقْت غلاموں کی شَفاعت
میں بھی ہوں غلام آپ کا مجھ کو نہ بُھلانا

فرما کے شَفاعت مِری اے شافِعِ مَحْشر!
دوزخ سے بچا کر مجھے جنَّت میں بسانا

یا شاہِ مدینہ! مہِ رَمضان کا صَدقہ
جنَّت میں پڑوسی مجھے تم اپنا بنانا

اللہ کی رَحْمت سے یہ مایوس نہیں ہے
ہو جائیگا عطّار کی بَخشِش کا بہانہ

مدینہ مدینہ ہمارا مدینہ

مدینہ مدینہ ہمارا مدینہ ہمیں جان و دِل سے ہے پیارا مدینہ[1]

سُہانا سُہانا دِل آرا مدینہ دِوانوں کی آنکھوں کا تارا مدینہ

یہ ہر عاشِقِ مصطفٰے کہہ رہا ہے ہمیں تو ہے جنّت سے پیارا مدینہ

یہ رنگیں فضائیں یہ مہکی ہوائیں معطّر مُعَنْبَر ہے سارا مدینہ

مَدینے کے جَلووں کے قُربان جاؤں خدا نے ہے کیسا سَنوارا مدینہ

پَہاڑوں میں بھی حُسن کانٹے بھی دِلکش بَہاروں نے کیسا نِکھارا مدینہ

وَہاں پیارا کَعْبہ یہاں سبز گُنْبد وہ مکہ بھی میٹھا تو پیارا مدینہ

بُلا لیجئے اپنے قدموں میں آقا دکھا دیجئے اَب تو پیارا مدینہ

پھروں گردِ کعبہ پیوں آبِ زم زم میں پھر آکے دیکھوں تمہارا مدینہ

ٹلی مُشکِلیں ہو گئی آفتیں دُور گیا جب کوئی غم کا مارا مدینہ

ہے شاہ و گدا مُفلس و اَغْنِیا کا بِلا رَیب[2] سب کا گزارہ مدینہ

یہ دیوانے آقا! مدینے کو آئیں بُلالو اِنہیں اب خُدارا مدینہ

خُدا گر قِیامت میں فرمائے مانگو پُکاریں گے دیوانے پیارا مدینہ

مدینے میں آقا ہمیں موت آئے بنے کاش! مَدفَن ہمارا مدینہ

اُسے سَیرِ گلشن سے کیا ہو سَروکار کِیا جِس نے تیرا نظارہ مدینہ

ضِیا پیرومرشد کے صَدْقے میں آقا یہ عطّار آئے دوبارہ مدینہ

مدینہ

۱: مَطلَعِ اوّل (پہلا شعر) کسی نامعلوم شاعِر کا ہے اِسی بحر (وزن) پر اشعار موزوں کئے ہیں۔ سگِ مدینہ عُفِیَ عنہ ۲: بے شک

ہے شہد سے بھی میٹھا سرکار کا مدینہ

ہے شَہد سے بھی میٹھا سرکار کا مدینہ
کیا خُوب مَہکا مَہکا سرکار کا مدینہ

ہم کو پسند آیا سرکار کا مدینہ
کیوں ہو نہ اپنا نعرہ ''سرکار کا مدینہ''

ہر شہر سے ہے اچّھا سرکار کا مدینہ
جنّت سے بھی سُہانا سرکار کا مدینہ

بے کس کا ہے سہارا سرکار کا مدینہ
بے گھر کا ہے ٹِھکانا سرکار کا مدینہ

کُہسار دِلکُشا ہیں صحرا بھی دلرُبا ہیں
حُسن و جمال وَالا سرکار کا مدینہ

دونوں جہاں سے پیارا، کون ومکاں سے پیارا
ہر آنکھ کا ہے تارا سرکار کا مدینہ

جنّت کا حُسن سارا اِس میں سِمَٹ کر آیا
ہے حُسن ہی سَراپا سرکار کا مدینہ

ہر سَمت رَحمتوں کی بَرسات ہورہی ہے
ہے رَحمتوں کا دَریا سرکار کا مدینہ

فُرقت کی آگ میں جو دِل کو جَلا رہے ہیں
اُن کو دِکھا خُدایا سرکار کا مدینہ

اے زائرِ مدینہ! دِل کو سنبھال لینا!
دیکھ آ گیا مدینہ سرکار کا مدینہ

''پیرِس'' پہ مرنیوالے! ''پیرِس'' کو بھول جاتا
تُو بھی جو دیکھ لیتا سرکار کا مدینہ

ہے لاکھ لاکھ مولیٰ ہر آن شُکر تیرا
اِک بار پھر دِکھایا سرکار کا مدینہ

پُھولوں کو چُومتا ہوں، کانٹوں کو چُومتا ہوں
لگتا ہے مجھ کو پیارا سرکار کا مدینہ

جی چاہتا ہے میرا ہر شے یہاں کی چُوموں
کیسا ہے میٹھا میٹھا سرکار کا مدینہ

میری نظر کو بَھائے دُنیا کا حُسن کیسے؟
آنکھوں میں ہے سَمایا سرکار کا مدینہ

اللہ! مُصطفٰے کے قدموں میں موت دیدے
مدفن بنے ہمارا سرکار کا مدینہ

عطّار کی دُعا ہے تقدیر میں خُدایا
لکھ دے فَقَط مدینہ سرکار کا مدینہ

تِرا شکریہ تاجدارِ مدینہ

﴿یہ کلام 15 رَمَضانُ الْمُبارک ۱٤۱۵ھ کومدینۃُ المنوّرہ میں تحریر کرنے کی سعادت حاصل ہوئی﴾

تِرا شکریہ تاجدارِ مدینہ　　مجھے پھر دِکھایا دِیارِ مدینہ
حَسیں پتّا پتّا حَسیں ڈالی ڈالی　　حَسیں سب کا سب لالہ زارِ مدینہ
خدا! دل سے دنیا کی اُلفت مِٹا دے　　تُو دے اُلفتِ تاجدارِ مدینہ
بُھلا دے چمن کے نظاروں کو بیشک　　ہے ایسا حَسیں ریگزارِ مدینہ
میں رِضوانِ جنّت کو تُحفے میں دونگا　　عطا کیجئے چند خارِ مدینہ
مدینے میں گھر سب کے غمخوار کا ہے　　جبھی تو سبھی ہیں نِثارِ مدینہ
تجھے واسِطہ یاخدا مصطَفٰے کا　　بنا دے مجھے دلفگارِ مدینہ
اگر ہو یقیں زَخْم بھر جائیں گے سب　　لگا لو ذرا سا غُبارِ مدینہ
تڑپتے ہیں جو ہِجْر و فُرقت میں آقا　　دِکھا دو انہیں بھی بہارِ مدینہ
اِدھر سے اُدھر کیوں بھٹکتا پھروں میں　　مقدّر سے ہُوں ریزہ خوارِ مدینہ
مدینے میں مرنے کا مجھ کو شَرَف دو　　کرم یانبی تاجدارِ مدینہ

دو عطّار کو اشکبار آنکھ آقا
پئے غوث یاشہریارِ مدینہ

اللّٰہ عطا ہو مجھے دیدارِ مدینہ

(۱۲شوال المکرّم ۱۴۳۱ھ کو یہ کلام قلمبند کیا گیا)

اللّٰہ عطا ہو مجھے دیدارِ مدینہ
ہوجاؤں میں پھر حاضرِ دربارِ مدینہ

آنکھیں مِری محروم ہیں مدّت سے الٰہی
عرصہ ہوا دیکھا نہیں گلزارِ مدینہ

پھر دیکھ لوں صَحرائے مدینہ کی بہاریں
پھر پیشِ نظر کاش! ہوں کُہسارِ مدینہ

پھر گُنبدِ خَضرا کے نظارے ہوں مُیَسَّر
اللّٰہ دِکھا دے مجھے انوارِ مدینہ

خاک آنکھوں میں مَحبوب کے کوچے کی سجا[1] کر
دینے کو سلامی چلوں دربارِ مدینہ

---

[1] الحمدُلِلّٰہ بارہا آنکھوں میں خاکِ مدینہ لگا کر سلام کیلئے حاضر ہونے کی سعادت پائی ہے، اِس کیلئے سُرمے کی سَلائی اکثر جیب میں رہتی تھی یہ سعادت پھر پانے کی آرزو ہے۔

کیا کیف و سُرور آتا تھا افسوس وہ میرے
تھے خواب وہ گویا سبھی اَسفارِ مدینہ[1]

تعظیم کو اُٹھ جاتے سبھی قافلے والے
جوں ہی نظر آتے انہیں آثارِ مدینہ[2]

پڑھ پڑھ کے سنایا ہے اِنہیں کلمۂ طیّب[3]
ایماں پہ ہیں شاھِد مِرے اَشجارِ مدینہ

شادابیِ جنّت کا میں مُنکر نہیں لیکن
ہے حُسن میں بے مثل چمن زارِ مدینہ

۱: متعدد بار پے در پے سفرِ مدینہ نصیب ہوا مگر تا دمِ تحریر 8 سال سے محرومی ہے۔ اِس شعر میں اُسی کی طرف اشارہ ہے۔ ۲: مکۂ مکرمہ زادھا اللہ شرفًا وتعظیمًا سے مدینۂ منورہ زادھا شرفا وتعظیما جاتے ہوئے جب دور سے مدینۂ پاک کے آثار نظر آتے تو بس کے اندر کھڑے ہو جاتے اور رو رو کر دُرُود و سلام عرض کرتے، اس پُرسوز منظر کا شعر میں اشارہ کیا گیا ہے۔ ۳: الحمد للہ بارہا مدینۂ منورہ کے درختوں کو کلمہ شریف سنا کر اپنے ایمان پر گواہ کرنے کا شرف حاصل کیا ہے۔ سگِ مدینہ عُفِیَ عَنہُ

افسوس! مِرے نَفْس کو پھولوں کی طلب ہے
آ دِل میں سما جا مِرے اے خارِ مدینہ

کثرت سے دُرُود اُن پہ پڑھو رب نے جو چاہا
سینے میں اُتر آئیں گے انوارِ مدینہ

سرکار بُلاتے ہیں مدینے میں کرم سے
اُس کو کہ جو ہو دل سے طلبگارِ مدینہ

رِحْلَت کی گھڑی ہے مِرے اللّٰہ دِکھا دے
صِرْف ایک جھلک جلوۂ سرکارِ مدینہ

اللّٰہ مجھے بخش، نہ ہو حَشْر میں پُرسِش
کر لُطْف وکرم از پئے سرکارِ مدینہ

یارب دلِ عطّؔار پہ چھائی ہے اُداسی
کر شاد دِکھا کر اسے گلزارِ مدینہ

الٰھی دکھادے جمالِ مدینہ

اِلٰہی دِکھادے جمالِ مدینہ | کرم سے ہو پورا سُوالِ مدینہ
عطا کیجئے حاضِری کی سعادت | عنایت ہو مجھ کو وِصالِ مدینہ
دِکھادے مجھے سبز گُنبد کے جلوے | دِکھا مجھ کو دَشت و جِبالِ[1] مدینہ
پَہُنچ کر مدینے میں ہوجائے مولا | مِری جاں فِدائے جمالِ مدینہ
مجھے ''چل مدینہ'' کا مُژدہ سنادو | کرم یاشہِ خوش خِصالِ مدینہ
ہوں پیارے نبی! ختم لمحاتِ فُرقت | مُیَسَّر ہو مجھ کو وِصالِ مدینہ
غمِ عشقِ سَروَر خدایا عطا کر | مجھے از طُفیلِ بِلالِ مدینہ
خُدائے محمد ہمارے دلوں سے | نہ نکلے کبھی بھی خیالِ مدینہ
سدا رَحمتوں کی برستی جَھڑی ہے | مدینے میں یہ ہے کمالِ مدینہ
مُعطّر مُعطّر ہے سب سے مُنوَّر | نہیں دو جہاں میں مِثالِ مدینہ
سبھی پارہے ہیں اِسی در سے میں بھی | ہوں اُمّید وارِ نَوالِ[2] مدینہ

قدم چوم کر سر پہ رکھ لینا عطّار
نظر آئے گر نَونِہالِ[3] مدینہ

مدینہ

[1] جِبال جَبَل کی جمع ہے، جَبَل یعنی پہاڑ۔ [2] اِحسان، بخشش۔ [3] بہت چھوٹا بچہ

مدّت سے مرے دل میں ہے ارمانِ مدینہ

مُدّت سے مِرے دِل میں ہے ارمانِ مدینہ — روضے پہ بُلا لیجئے سُلطانِ مدینہ

اے کاش! پہنچ کے درِ جانانِ مدینہ — ہوجاؤں میں سَو جان سے قربانِ مدینہ

آتے ہیں مُقدّر کے سِکندر ترے دَر پر — بے اِذن ہو کیسے کوئی مہمانِ مدینہ

آگ ایسی لگا دیجئے قلب اور جگر میں — روتا رہوں تڑپا کروں اے جانِ مدینہ

گلزار یہاں کے اِسے اچھّے نہیں لگتے — آنکھوں میں سمائے ہیں بیابانِ[۱] مدینہ

اب سندھ کے جنگل میں مِرا جی نہیں لگتا — بس مجھ کو بُلا لیجیے گلستانِ مدینہ

دُنیا کے نظارے ہمیں اِک آنکھ نہ بھائیں — نظروں میں بَسیں کاش! بیابانِ مدینہ

لندن کوئی جاپان چلا مال کمانے — دیوانہ چلا سُوئے بیابانِ مدینہ

دُنیا کا کوئی شَہر ہو کس طرح مُماثِل[۲]؟ — جب خُلدِ بَریں بھی نہیں ہَم شانِ مدینہ

کر دیجئے دیدار سے آنکھیں مِری ٹھنڈی — اے جانِ جہاں سَیِّد و سلطانِ مدینہ

اے کاش! مُبلّغ میں بنوں دینِ مُبیں کا — سرکار! کرم از پئے حَسّانِ مدینہ

قدموں میں بُلا لیجئے بدکار کو آقا — اور اِس کو بنا لیجئے مہمانِ مدینہ

عطّارؔ کو دولت نہ حکومت کی طلب ہے
دیدیجے بقیع اِس کو تو سلطانِ مدینہ

مـــــدینہ

۱: جنگل ۲: مثل

آہ اب وقتِ رخصت ہے آیا الوداع آہ شاہِ مدینہ

(مدینۂ طیّبہ کی پہلی بار حاضری کی سعادتِ عظمیٰ سن ۱٤٠٠ھ میں حاصل ہوئی یہ الوداعی کلام رُخصت کے وقت سنہری جالیوں کے سامنے عین مُواجَہہ شریف کے قریب پیش کیا گیا)

آہ اب وَقْتِ رُخصت ہے آیا اَلوداع آہ شاہِ مدینہ
صدمۂ ہِجْر کیسے سَہوں گا الوداع آہ شاہِ مدینہ
بے قراری بڑھی جا رہی ہے ہِجْر کی اب گھڑی آ رہی ہے
دل ہُوا جاتا ہے پارہ پارہ الوداع آہ شاہِ مدینہ
کس طرح شوق سے میں چلا تھا دل کا غُنچہ خوشی سے کِھلا تھا
آہ! اب چُھوٹتا ہے مدینہ الوداع آہ شاہِ مدینہ
کُوئے جاناں کی رنگیں فَضاؤ! اے مُعطَّر مُعَنْبَر ہَواؤ!
لو سلام آخِری اب ہمارا الوداع آہ شاہِ مدینہ
کاش! قِسمَت مِرا ساتھ دیتی موت بھی یاوَری میری کرتی
جان قدموں پہ قربان کرتا الوداع آہ شاہِ مدینہ
سوزِ اُلفت سے جلتا رہوں میں عِشْق میں تیرے گُھلتا رہوں میں

چاہے دیوانہ سمجھے زمانہ الوداع آہ شاہِ مدینہ

میں جہاں بھی رہوں میرے آقا ہو نظر میں مدینے کا جلوہ

اِلتجا میری مَقبول فرما الوداع آہ شاہِ مدینہ

کچھ نہ حُسنِ عمل کر سکا ہوں نَذْر چند اَشک میں کر رہا ہوں

بس یہی ہے مِرا کُل اَثاثہ الوداع آہ شاہِ مدینہ

آنکھ سے اب ہُوا خون جاری[1] رُوح پر بھی ہوا رَنج طاری

جلد عطّارؔ کو پھر بُلانا

الوداع آہ شاہِ مدینہ

شماتَت کی تعریف

دوسروں کی تکلیفوں اور مصیبتوں پر خوشی کا اظہار کرنے کو **شماتَت** کہتے ہیں۔(حدیقه ندیه شرح طریقه محمدیه ج۱ ص۶۳۱)

[1] ''خون کے آنسو رونا'' مُحاورہ ہے اِس کے معنٰی ہیں ''غم سے رونا۔''

ہر دم ہو مِرا وِرْد مدینہ ہی مدینہ

ہر دَم ہو مِرا وِرْد مدینہ ہی مدینہ بن جائے مِرا دل تِری الفت کا خَزینہ
وہ لَمحہ وہ دِن اَور وہ آجائے مہینا پھر کاش! تڑپتا ہُوا پہنچوں میں مدینہ
طیبہ میں بُلا کر مُجھے سلطانِ مدینہ دیدار کی خاطِر ہو عَطا آنکھ بھی بِینا
سینہ ہو مدینہ تو مدینہ بنے سینہ اور یاد تِری دل میں رہے شاہِ مدینہ
آجائے مُجھے کاش! شَہَنْشاہِ مدینہ رونے کا تڑپنے کا پھڑکنے کا قرینہ
عِصیاں کے تَلاطُم[1] میں پھنسا میرا سفینہ ڈوبا میں سنبھالو! مُجھے سرکارِ مدینہ
اے نُورِ خُدا نُور بَھری دِل پہ نَظر ہو ہو نُور سے پُرنُور یہ بے نُور نگینہ[2]
سرکار! تمنّا ہے یُونہی عُمر بَسر ہو مرنا تِری الفت میں تِری یاد میں جینا
غمگین تِرے غم میں رہُوں کاش! ہمیشہ روتی رہیں آنکھیں تو سُلگتا رہے سینہ
ساقی! مُجھے جَام ایسا محبّت کا پِلا دو اُترے نہ نشہ اس کا کبھی شاہِ مدینہ
تُم خاکِ مدینہ مِرے لاشے پہ چِھڑکنا پھر مَلنا کفن پر جو ملے اُن کا پسینہ
عطّار طلبگار ہے بس نَظرِ کرم کا
لِلّٰہ کرم، جانِ کرم، بہرِ مدینہ

مــــــــــــــــدینہ

[1]: موجوں کے تھپیڑے [2]: نگینہ یعنی قیمتی پتھر یہاں اِس کا مُرادی معنیٰ "دل" ہے۔ ان معنوں پر "بے نور نگینہ" یعنی تاریک دل۔

کروں دم بدم میں ثنائے مدینہ

(اَلحمدُ لِلّٰہ عَزَّوَجَلَّ یہ کلام ۷ ذوالحجۃِ الحرام ۱۴۱۶ھ کو مکۃُ المکرمہ زادَھَااللّٰہُ شَرَفًاوَّ تَعظِیْمًا میں تحریر کرنے کی سعادت حاصل ہوئی)

کروں دم بدم میں ثنائے مدینہ ۔۔۔ لگاتا رہے دل صدائے مدینہ
خدا کی قسم! پیاری پیاری ہے جنَّت ۔۔۔ مگر عاشِقوں کو رُلائے مدینہ
جہاں کے نظارے ہوں آنکھوں سے اوجَھل ۔۔۔ نظر میں مِری بس سمائے مدینہ
کِھلا دے کلی میرے مُرجھائے دل کی ۔۔۔ خُدارا تُو آکر ہوائے مدینہ
جسے چاہیئے دونوں[۲] عالَم کی دولت ۔۔۔ وہ کشکول لے کر کے آئے مدینہ
عِنایت سے اللّٰہ کی رَحمتوں کا ۔۔۔ شب و روز دریا بہائے مدینہ
پئے پیرومُرشِد تُو فرما دے روشن ۔۔۔ مِرا قلبِ تیرہ ضِیائے مدینہ
شَفاعت کی خیرات کا جو ہے طالب ۔۔۔ بَرائے زیارت وہ آئے مدینہ
نہ دے یاالٰہی! مجھے تختِ شاہی ۔۔۔ بنا دے مجھے بس گدائے مدینہ
شب و روز جلوے ہیں ماہِ عرب کے ۔۔۔ نہ کیوں رات دن جگمگائے مدینہ
تجھے واسِطہ غوث و احمد رضا کا ۔۔۔ عطا کر الٰہی قضائے مدینہ
بقیعِ مبارک میں مدفن عطا ہو ۔۔۔ کرم کر خدایا بَرائے مدینہ

مِری خاک جس دم اُڑے یاالٰہی — اسے کاش اُڑائے ہوائے مدینہ
پڑوسی بنا مجھ کو جنّت میں اُن کا — خُدائے محمد برائے مدینہ
لگا فجر میں بھائی گھر گھر پہ جا کر — ذرا دل لگا کر ''صدائے[1] مدینہ''
جو دے روز دو ''درسِ فیضانِ سنّت'' — میں دیتا ہوں اُس کو دعائے مدینہ
سفر جو کرے قافِلوں میں مسلسل — میں دیتا ہوں اُس کو دعائے مدینہ
جو پابند ہے اجتماعات کا بھی — میں دیتا ہوں اُس کو دعائے مدینہ
جو نیکی کی دعوت کی دھومیں مچائے — میں دیتا ہوں اُس کو دعائے مدینہ
زباں پر جو ''قُفلِ مدینہ'' لگائے — میں دیتا ہوں اُس کو دعائے مدینہ
جو آنکھوں پہ قفلِ مدینہ لگائے — میں دیتا ہوں اُس کو دعائے مدینہ
جو دیوانے فُرقت میں روتے ہیں آقا — دکھا دو انہیں اب فَضائے مدینہ
دے سوزِ جگر چشمِ تر قلبِ مُضْطَر — مجھے یاالٰہی برائے مدینہ

یہ عطّار مکّے سے زندہ سلامت
تڑپتا ہوا کاش آئے مدینہ

مـــــــــــــــــــــــــــــــــــــدینہ

[1]: فَجْر کی نَماز کے لئے جگانا دعوتِ اسلامی کے مدنی ماحول میں ''صدائے مدینہ'' لگانا کہلاتا ہے۔

خُوشا جھومتا جارہا ہے سفینہ

خُوشا جھومتا جا رہا ہے سفینہ پَہُنچ جائیں گے اِن شاءَ اللّٰہ مدینہ

اَب آیا کہ اَب آیا جَدّہ کا ساحِل اَب آئے گا مکّہ چلیں گے مدینہ

میں مکّے میں جا کر کروں گا طواف اور نصیب آبِ زم زم مُجھے ہوگا پینا

خُدایا مدینہ نظر آئے جُوں ہی تڑپ کر گِروں دے دے ایسا قرینہ

نہ کیوں میری قِسمت پہ رشک آئے مجھ کو کہاں وُہ مَدینہ کہاں میں کمینہ

رہے وِردِ لَب کاش! ہر دم الٰہی مدینہ، مدینہ، مدینہ، مدینہ

نظر نُور کی نُورِ ربُّ الْعُلٰی ہو مِرے دِل کا چمکا دو مَیلا نگینہ

کرم کیجیے آقا دبائیں نہ مجھ کو کبھی نفس و شیطاں اے شاہِ مدینہ

بچا لیجئے مُجھ کو فیشن سے آقا عطا کیجئے سُنّتوں کا خزینہ

پلا دو مُجھے سَاقِیا! جَام ایسا رہوں مَست و بَیخُود میں شاہِ مدینہ

تِرے عشق میں کاش! روتا رَہوں میں رہے تیری اُلفت سے معمُور سینہ

تُو لِکھ دے الٰہی! مقدّر میں میرے مدینے میں مرنا مدینے میں جینا
یہ تسلیم، عُمدہ ہے خوشبوئے جنّت مجھے کاش مل جائے اُن کا پسینہ
مریضِ مَحبَّت کا دَم ہے لبوں پر سرہانے اب آجاؤ شاہِ مدینہ
بقیعِ مُبارَک میں دو گز زمیں دو خُدارا کرم تاجدارِ مدینہ
نہیں روتے عُشّاق دنیا کی خاطِر رُلاتی ہے اُن کو تو یادِ مدینہ
نِگاہوں میں ہر دَم مدینہ بسا ہو مجھے کاش مل جائے وہ چشمِ بِینا
تڑپتے ہیں روتے ہیں دیوانے تیرے جہاں میں جَب آتا ہے حج کا مَہینا
تَرَستے ہیں جو دیدِ طیبہ کی خاطِر دِکھا دیجئے نا انہیں بھی مدینہ
پلا دو ہمیں جَامِ دیدار سَاقی! کرم تِشنہ کاموں پہ شاہِ مدینہ
بِـاِذْنِ الٰہی تری سب خُدائی ہے مَیخانہ تیرا ترا جام و مِینا
تمہیں اے مُبَلِّغ! ہماری دُعا ہے کئے جاؤ طے تم ترقی کا زِینہ

تڑپ اُٹھے آقا کے دیوانے عطّاؔر
مدینے کی جانب چلا جب سفینہ

پھر مجھے آقا مدینے میں بُلایا شکریہ

پھر مجھے آقا مدینے میں بُلایا شکریہ
شکریہ پھر گُنبدِ خَضرا دکھایا شکریہ

جس جگہ آٹھوں پَہَر انوار کی ہیں بارِشیں
ایسی نورانی فضاؤں میں بلایا شکریہ

روضۂ انور کے زائر کے شہا تم ہو شفیع
میری بخشش کا بہانہ یوں بنایا شکریہ

پھر طوافِ خانۂ کعبہ کا بخشا ہے شَرَف
خوب آقا آبِ زم زم بھی پلایا شکریہ

مجھ سے عاصی کو شَرَف حج کا عطا فرما دیا
کِس زَباں سے ہو ادا تیرا خدایا شکریہ

یاالٰہی! اپنے پیارے کی وِلادت گاہ کا
میٹھے مکّے میں مجھے جَلوہ دکھایا شکریہ

بھیک لینے کیلئے یارب حبیبِ پاک کا
آستانہ ہم غریبوں کو دکھایا شکریہ

پھر مدینے کی حَسین وخوبصورت وادِیوں
کا حَسین و دِلکُشا منظر دکھایا شکریہ

مسجدِ نبوی کے محراب اور مِنبَر کا شہا!
دِلنواز و دِلکُشا جلوہ دکھایا شکریہ

منہ لگاتا تھا کہاں دنیا میں کوئی بھی مجھے
ایسے ناکارہ نکمّے کو نبھایا شکریہ

آہ! تم رویا کئے اُمّت کے غم میں یانبی
حوصلہ ہم عاصِیوں کا یوں بڑھایا شکریہ

خود رہے بھوکے شِکم پر اپنے پتّھر باندھے اور
پیار سے تم نے ہمیں کھانا کِھلایا شکریہ

مجھ ذلیل و خوار دنیادار کی اَوقات کیا!
میں نثار آقا مجھے پھر بھی نبھایا شکریہ

یارسولَ اللہ! لوگوں نے مجھے ٹھکرا دیا
تھا مگر تُو نے مجھے اپنا بنایا شکریہ

اِس قدَر لُطف وعِنایت اپنے نافرمان پر
اپنے غم میں اپنی اُلفت میں رُلایا شکریہ

سُنّتوں کو عام کرنے کا مجھے جذبہ دیا — اہلِ سُنّت کا مجھے خادِم بنایا شکریہ
شکریہ کیونکر شہا تیرے کرم کا ہو ادا — مجھ سے عاصی کو غلام اپنا بنایا شکریہ
میری عزّت اہلِ سنّت کے دلوں میں ڈال دی — اور اَعدا پر مِرا سکّہ بٹھایا شکریہ
دل سے جس نے بھی اَغِثنی یارسولَ اللّٰہ! کہا — آفتوں سے آپ نے اُس کو بچایا شکریہ
خاتمہ بِالخیر ہو میرا مدینے میں اگر — بال بال اُٹھّے پکار اپنا، خدایا شکریہ
دَفْن کرکے جب مِرے اَحْباب آقا چلدئے — لَحْد کو جلووں سے آکر جگمگایا شکریہ
پیاس ابھی بڑھنے بھی پائی تھی نہ میری حَشْر میں — جامِ کوثر جلد رَحْمت سے پلایا شکریہ
عیب مَحشَر میں کُھلا ہی چاہتے تھے میں نثار — ڈھک کے پردہ اپنے دامن کا چُھپایا شکریہ
سُوئے دوزخ جب مَلائِک مجھ کو لیکر چل دیے — میں تِرے صَدْقے مجھے آکر چُھڑایا شکریہ
شکریہ کیونکر ادا ہو آپ کا یامصطفٰے — ہے پڑوسی خُلْد میں اپنا بنایا شکریہ
گرچہ شیطاں ہر گھڑی ایمان کی ہے گھات میں — تم نے تھاما، جب کبھی میں ڈگمگایا شکریہ
دولتِ ایماں عطا کی اپنے دامن میں لیا — کُفْر سے ہم بینواؤں کو بچایا شکریہ

دے دیا عطّار کو مرشِد ضِیاءُالدّین سا
اور سگِ غوث و رضا اِس کو بنایا شکریہ

اللہ اللہ ترا دربار رسولِ عَرَبی

اللہ اللہ ترا دربار رسولِ عَرَبی — تیرا دربار کرم بار رسولِ عَرَبی

بے کسوں کے ہو مددگار رسولِ عَرَبی — غمزدوں کے بھی ہو غمخوار رسولِ عَرَبی

کُل خُدائی[1] کے ہو مُختار رسولِ عَرَبی — تُم رسولوں کے بھی سَردار رَسُولِ عَرَبی

اِک نظر یاشہِ اَبرار رسولِ عَرَبی — بس ترا ہی رہوں بیمار رسُولِ عَرَبی

پھر دکھا دو مجھے اِک بار رسولِ عَرَبی — تم مدینے کا وہ گلزار رَسُولِ عَرَبی

سامنے ہوں ترے مینار رسُولِ عَرَبی — گُنبدِ سبز کے انوار رسُولِ عَرَبی

تیرا صَحرا، ترا کُہسار رَسُولِ عَرَبی — اور ہو یہ ترا بدکار رَسُولِ عَرَبی

تیری دیوار کو چُوموں ترا دروازہ بھی — دُھول بھی پھول بھی اور خار رسُولِ عَرَبی

جُوں ہی روتا ہوا آؤں میں ترے روضے پر — کاش! اُسی آن ہو دیدار رسُولِ عَرَبی

کوئی خالی نہیں لوٹا کبھی دَر سے آقا — ہے سخی آپ کا دَربار رَسولِ عَرَبی

کوئی دولت، کوئی ثَروَت[2] کوئی شُہرت چاہے — میں فقط تیرا طلب گار رَسُولِ عَرَبی

آتَشِ عشق بھڑکتی ہی رہے سینے میں — بس تڑپتا رہوں سَرکار! رَسُولِ عَرَبی

آپ کے ہِجر[3] کا غم کاش رُلائے مجھ کو — خون روتا رہوں سرکار! رَسُولِ عَرَبی

ہو ”مدینہ ہی مدینہ“ مرے لَب پہ اے کاش — ہر گھڑی ہو یہی تکرار رَسُولِ عَرَبی

مُجھ کو دیوانہ بنا لو شہِ والا اپنا — میرے سَروَر مرے سردار رَسُولِ عَرَبی

مـــــــــــدینہ

۱: دنیا۔ جہان ۲: مالداری ۳: جُدائی

تیرے دربارِ گُہر بار کے سَب سائل ہیں — اَغنِیا[1] ہوں کہ ہوں نادار رَسُولِ عَرَبی
تیرے دیوانے تڑپتے ہیں مدینے کیلئے — وہ بھی دیکھیں ترا دربار رَسُولِ عَرَبی
دُور سُنّت سے مسلمان ہوئے جاتے ہیں — آہ! فیشن کی ہے یلغار[2] رَسُولِ عَرَبی
سُنّتوں کا ہو عَطا دَرد مسلمانوں کو — دُور فیشن کی ہو بھرمار رَسُولِ عَرَبی
میرا سینہ تِری سُنّت کا مدینہ بن جائے — سُنّتوں کا کروں پَرچار رَسُولِ عَرَبی
جَامِ دیدار پِلا دو مِرے آقا! اب تو — آنکھ ہے کب سے طلبگار رَسُولِ عَرَبی
مُشکلیں میری ہوں آسان برائے مُرشِد — میرے حامی، مِرے غمخوار رَسُولِ عَرَبی
واسِطہ غوث و رضا کا سَرِ بالیں[3] آجا — جاں بَلَب[4] ہے ترا بیمار رَسُولِ عَرَبی
مُسکراتے ہوئے عُشّاق چلے دُنیا سے — قبر میں ہوگا جو دِیدار رَسُولِ عَرَبی
حُبِّ دُنیا میں گرِفتار ہے نفسِ ظالم — اَلْمَدد یاشہِ ابرار! رَسُولِ عَرَبی
دِل پہ شیطان نے آقا ہے جمایا قبضہ — ہُوں گناہوں میں گرِفتار رَسُولِ عَرَبی
آہ! بڑھتا ہی چلا جاتا ہے مَرَضِ عِصیاں — دو شِفا سَیِّدِ اَبرار رَسُولِ عَرَبی
میں گنہگار، سیہ کار و خَطا کار سہی — پَر ہُوں کِس کا؟ ترا سرکار رَسُولِ عَرَبی
میری ہر خصلتِ بَد دُور ہو جَانِ عالَم! — نیک بن جاؤں میں سرکار، رَسُولِ عَرَبی
گرمیِ حَشْر سے بے تاب ہوں شاہِ کوثر — ہو نظر سُوئے گنہگار رَسُولِ عَرَبی
اَب تو سَرکار! ہو عطّار پہ نظرِ رَحْمت — کہہ دو اپنا سگِ دَربار رَسُولِ عَرَبی

[1] غنی کی جمع، غنی یعنی مالدار [2] حملہ [3] سرہانے [4] مرنے کے قریب

حاجیوں کے بن رہے ہیں قافِلے پھر یانبی

حاجیوں کے بن رہے ہیں قافِلے پھر یانبی
پھر نظَر میں پھر گئے حج کے مَناظِر یانبی!

کر رہے ہیں جانے والے حج کی اب تیّاریاں
رہ نہ جاؤں میں کہیں کر دو کرم پھر یانبی!

آہ! پلّے زَر نہیں رَختِ سفر سَروَر نہیں
تُم بُلالو تُم بُلانے پر ہو قادِر یانبی!

کِس قدَر تھا خوش مجھے جب پیش آیا تھا سفر
مُجھ کو اَب کی بار بھی بُلوایئے پھر یانبی!

دِل مِرا غمگین ہے اور جَان بھی ہے مُضْطَرِب
مُرشِدی کا واسِطہ بُلوایئے پھر یانبی!

غم کے بادَل چھا رہے ہیں آہ! میرے قلب پر
حاضِری کی دو اِجازت مُجھ کو تُم پھر یانبی!

گُنبدِ خضرا کے جَلْوے دیکھنے کب آؤں گا
کب تک اَب ترپاؤ گے تُم مُجھ کو آخر یانبی!

آپ ہی اسباب آقا پھر مُہَیّا کیجئے
پھر دِکھا دیجے مدینے کے مَناظِر یانبی!

کِس طرح تسکین دُوں گا میں دِلِ غمگین کو
رَہ گیا گر حاضِری سے میں جو قاصِر یانبی!

مُجھ پہ کیا گُزرے گی آقا! اِس برس گر رَہ گیا
میرا حالِ دِل تو ہے سب تُم پہ ظاہِر یانبی!

آہ! طیبہ سے اگر میں دُور رہ کر مَر گیا
رُوح بھی رَنجُور ہوگی کِس قدَر پھر یانبی!

مِثْلِ سَابِق اِس بَرَس بھی کیجئے نَظرِ کرم
میں گُزَشْتہ سال آیا تھا بِالآخِر یانبی!

جو مدینے کیلئے رہتے ہیں آقا بے قَرار
وہ بھی ہو جائیں ترے روضے پہ حاضِر یانبی!

چاک سینہ چاک دِل سوزِ جگر اَور چَشمِ تَر
دیجئے مجھ کو طُفیلِ عبدِ قادِر یانبی!

بِالیَقیں قُرآن عَظمَت پر تمہاری ہے گواہ
شاہِد و قاسِم ہو تُم طَیِّب ہو طاہِر یانبی!

تُم کو عِلمِ غَیب مولا نے عطا فرما دیا
کر دیا ہر جا پہ حاضِر اور ناظِر یانبی!

اِستِقامت دِین پر مجھ کو عطا فرمائیے
یا رسولَ اللّٰہ برائے آلِ یاسِر[1] یانبی!

آپ سب نَبیوں میں اَفضل اور میں بَدکار آہ!
عاصِیوں میں ہوں یَگانہ اور نادِر یانبی!

عاصِی و بَدکار کے اپنے خدائے پاک سے
بَخشوا دو سب صَغائر اور کبائر یانبی!

بال بھی بِیکا نہ میرا تو کوئی کر پائے گا
کیوں کہ میرے تُم ہو حامی اور ناصِر یانبی!

تِشنَگانِ دِید کو ہو دِید کا شَربَت عطا
از طُفَیلِ غوثِ اعظم عَبدِ قادِر یانبی!

آہ! میرا کیا بنے گا گر نہ حج پر جاسکا
ہو کرم عطّار پر ہوجائے حاضِر یانبی!

---

[1]: آلِ یاسِر عَلَیہِمُ الرِّضوان پرخوب ظُلم وسِتم کے پہاڑ توڑے گئے تھے پھر بھی یہ دِین پر ثابت قدم رہے تھے۔ کاش! ان کے طفیل ہمیں بھی اِستِقامت فِی الدِّین نصیب ہوجائے۔

ھو مبارَك اھلِ ایماں عیدِمِیلادُ النّبی

ہو مبارَک اہلِ ایماں عیدِمیلادُالنَّبی
ہو گئی قسمت دَرَخشاں عیدِمیلادُالنَّبی

خوب خوش ہیں حُور و غِلْماں عیدِمیلادُالنَّبی
ہر مَلَک مسرور و شاداں عیدِمیلادُالنَّبی

چار سُو ہیں کیا چھماچھم رَحْمتوں کی بارِشیں
جھومتے ہیں ابرِ باراں عیدِمیلادُالنَّبی

نور کی پُھوہار برسی چار سُو ہے روشنی
ہو گیا گھر گھر چَراغاں عیدِمیلادُالنَّبی

چار جانِب دُھوم ہے سرکار کے مِیلاد کی
جھومتا ہے ہر مسلماں عیدِمیلادُالنَّبی

عرش پر چاروں طرف صلِّ علیٰ کی دھوم ہے
آگئے ہیں نُورِ یَزداں عیدِمیلادُالنَّبی

غنچے چٹکے، پھول مہکے ہر طرف آئی بہار
ہو گئی صبحِ بہاراں عیدِ میلادُ النّبی

جانتے ہو کیوں ہے روشن آسماں پر کہکشاں
ہے کیا حق نے چراغاں عیدِ میلادُ النّبی

ہم نہ کیوں روشن کریں گھر گھر دیے میلاد کے
خود کرے جب حق چراغاں عیدِ میلادُ النّبی

عیدِ میلادُ النّبی تو عید کی بھی عید ہے
بالیقیں ہے عیدِ عیداں عیدِ میلادُ النّبی

عیدِ میلادُ النّبی پر جو بھی کرتا ہے خوشی
اس پہ غُرّاتا ہے شیطاں عیدِ میلادُ النّبی

آمِنہ کے گھر محمد کی وِلادت ہوگئی
خوب جھومو اہلِ ایماں عیدِ میلادُ النّبی

آؤ دیوانو! چلو سب آمِنہ کے گھر چلیں
نور سے بھر لائیں داماں عیدِ میلادُ النّبی

خوب جھومو اے گُنہگارو! تمہاری عید ہے
ہو گیا بخشش کا ساماں عیدِ میلادُ النّبی

غم کے مارو! بے سہارو! بس تمہاری عید ہے
ہو گیا راحت کا ساماں عیدِ میلادُالنّبی

بیقرارو! دلفگارو! بس تمہاری عید ہے
کیوں ہو حیران و پریشاں عیدِ میلادُالنّبی

غم نصیبو! اب غموں کا دُور اندھیرا ہوگیا
تم مناؤ خوب خوشیاں عیدِ میلادُالنّبی

کِھل اُٹھے مُرجھائے دل اور جان میں جان آ گئی
آ گئے ہیں جانِ جاناں عیدِ میلادُالنّبی

بے کسوں کے دن پھرے اور غم کے مارے ہنس پڑے
ہو گیا خوشیوں کا ساماں عیدِ میلادُالنّبی

اِن شاءَ اللّٰہ آج ''عیدی'' میں ملے گی مغفِرت
ہے جبھی شیطاں پریشاں عیدِ میلادُالنّبی

یانبی! اپنی وِلادت کی خوشی میں اپنا غم
دیجئے طیبہ کے سلطاں عیدِ میلادُالنّبی

عیدِ میلادُالنّبی کا واسِطہ عطّار کو
بخش دے اے ربِّ رَحماں عیدِ میلادُالنّبی

دل سے مِرے دنیا کی مَحَبَّت نہیں جاتی

دل سے مِرے دنیا کی مَحَبَّت نہیں جاتی
سرکار! گناہوں کی بھی عادت نہیں جاتی

دن رات مسلسل ہے گناہوں کا تَسَلسُل
کچھ تم ہی کرو نا یہ نُحُوست نہیں جاتی

کھانے کی زِیادَت ہے تو سونے کی بھی کثرت
اور خَندۂ بے جا[1] کی بھی خصلت نہیں جاتی

گو پیشِ نظر قبر کا پُرھول گڑھا ہے
افسوس! مگر پھر بھی یہ غفلت نہیں جاتی

اے رَحْمتِ کونین! کمینے پہ کرم ہو
ہائے! نہیں جاتی بُری خصلت نہیں جاتی

جی چاہتا ہے پھوٹ کے روؤں تِرے غم میں
سرکار! مگر دل کی قَساوَت[2] نہیں جاتی

[1] فُضُول ہنسی [2] سختی

کیا ہو گیا سرکار! خیالوں کو ہمارے
اَغیار کے فیشن کی نُحُوست نہیں جاتی

گو لاکھ بُرا ہی سہی مایوس نہیں ہوں
صد شکر کہ اُمّیدِ شَفاعت نہیں جاتی

عادت مجھے معلوم ہے آقا کی کسی کا
دل توڑ کے جاتی نہیں رَحمت نہیں جاتی

''اپنوں'' کو تو سرکار! تباہی سے بچا لو
بے چاروں کے سینوں سے عداوت نہیں جاتی

اللہُ غنی! شانِ ولی! راج دلوں پر
دنیا سے چلے جائیں حُکومت نہیں جاتی

کچھ ایسی کَشِش تجھ میں ہے اے شَہرِ مدینہ!
گو حاضِری سَو بار ہو حسرت نہیں جاتی

نَیرنگیِ[1] دنیا کے تماشوں کی خبر ہے
عطّار تو کیوں دل سے یہ الفت نہیں جاتی

مدینہ

[1] فریب۔دھوکا۔جادوگری

میں جو یُوں مدینے جاتا تو کچھ اور بات ہوتی

میں جو یُوں مدینے جاتا تو کچھ اور بات ہوتی
کبھی لَوٹ کر نہ آتا تو کچھ اور بات ہوتی

میں مدینے تو گیا تھا یہ بڑا شَرَف تھا لیکن
وَہیں دم جو ٹوٹ جاتا تو کچھ اور بات ہوتی

غمِ روزگار میں تو مرے اَشک بہ رہے ہیں
تِرا غم اگر رُلاتا تو کچھ اور بات ہوتی

نہ فُضول کاش! ہنستا تری یاد میں تڑپتا
مجھے چَین ہی نہ آتا تو کچھ اور بات ہوتی

یہی آہ! فکرِ دنیا مِرا دل جَلا رہی ہے
غمِ ہجر گر ستاتا تو کچھ اور بات ہوتی

یہاں قبر میں کرم سے تری دید مجھ کو ہوگی
جو بقیعِ پاک پاتا تو کچھ اور بات ہوتی

بَزَبانِ زائرِیں تو میں سلام بھیجتا ہوں
کبھی خود سلام لاتا تو کچھ اور بات ہوتی

ارے زائرِ مدینہ !تُو خوشی سے ہنس رہا ہے
دلِ غمزدہ جو لاتا تو کچھ اور بات ہوتی

مِری آنکھ جب بھی کھلتی تِری رَحمتوں سے آقا
تجھے سامنے ہی پاتا تو کچھ اور بات ہوتی

تُو مدینہ چھوڑ آیا تجھے کیا ہوا تھا عطّار
وَہیں گھر اگر بساتا تو کچھ اور بات ہوتی

بُھتان کی تعریف

کسی شخص کی موجودگی یا غیرموجودگی میں اُس پر جھوٹ باندھنا بُہتان کہلاتا ہے۔ (اَلْحَدِیْقَۃُ النَّدِیَّۃ ج۲ ص ۲۰۰) اس کوآسان لفظوں میں یوں سمجھئے کہ بُرائی نہ ہونے کے باوُجُود اگر پیٹھ پیچھے یا رُوبَرو وہ برائی اُس کی طرف منسوب کردی تو یہ بُہتان ہوا مَثَلاً پیچھے یا منہ کے سامنے ریاکار کہہ دیا اور وہ رِیاکار نہ ہو یا اگر ہو بھی تو آپ کے پاس کوئی ثُبوت نہ ہو کیوں کہ ریاکاری کا تعلُّق باطِنی اَمراض سے ہے لٰہذا اس طرح کسی کو رِیاکار کہنا بُہتان ہوا۔

ٹھنڈی ٹھنڈی ہوا مدینے کی

ٹھنڈی ٹھنڈی ہوا مدینے کی | مہکی مہکی فضا مدینے کی
آرزُو ہے خُدا مدینے کی | مجھ کو گلیاں دِکھا مدینے کی
دِن ہے کیسا مُنوَّر و روشن | رات رَونق فزا مدینے کی
چھاؤں تو ہر جگہ کی ٹھنڈی پَر | دُھوپ بھی واہ وا مَدینے کی
کیف آوَر ہے موسِم سَرما | گرمیاں مرحبا مدینے کی
پُھول تو پُھول خار بھی دِل کَش | پتّیاں دلکُشا مدینے کی
ہے چمن تو حَسین کانٹوں کی | جھاڑیاں خوشنُما مدینے کی
ہے پہاڑوں پہ نُور کی چادَر | وادِیاں مرحبا مدینے کی
سبز گُنبد کا حُسن کیا کہنا | جالیاں دلکُشا مدینے کی
کیف ومَستی بھرا سماں ہے واں | کیف آوَر فَضا مدینے کی
ہر گھڑی رَحمتیں برستی ہیں | ہے مبارَک ہوا مدینے کی
ذرّہ ذرّہ وہاں کا نُورانی | ہے مُنوَّر فَضا مدینے کی
ظُلمتِ شب ڈرائے گی کیونکر! | ہر طرف ہے ضِیا مدینے کی
غمزدو آنکھ کھول کے دیکھو | چھاگئی ہے گھٹا مدینے کی
کیوں ہو مایُوس اے مریضو! تم | لے لو خاکِ شِفا مدینے کی
جھولیاں بھر کے تُو بھی لائیگا | راہ لے اے گدا مدینے کی
میرے مُرجھائے دِل کو جھونکا دے | آکے بادِ صَبا مدینے کی

قافِلے حاجیوں کے ہیں تیّار
دے دو رُخصت شہا! مدینے کی

ہے تمنّا بقیعِ غَرقَد کی
بھائیو! دو دُعا مدینے کی

سَلْطَنَتْ کی طَلَب نہیں آقا
ہو گدائی عطا مدینے کی

کاش! ہر آن یاد تڑپائے!
ہر نَفَس[1] ہو صدا مدینے کی

رَات دِن یہ تمہارے دیوانے
مانگتے ہیں دُعا مدینے کی

ہِجْر میں رو رہے ہیں دیوانے
یاد آئی شہا مدینے کی

اپنے جُوتے اُتار لینا تم
جب گلی دیکھنا مدینے کی

چُوم کے پُھول، دُھول کو بھی تم
جُھوم کے چُومنا مدینے کی

خاکِ در کا لگا کے سُرمہ تُم
راحتیں لُوٹنا مدینے کی

ایک مُدّت ہُوئی جُدائی کو
ہو اجازت عطا مدینے کی

خُوب جُھومیں گے لوٹ جائیں گے
دیکھتے ہی فَضا مدینے کی

مُجھ کو قدموں میں مَوت دے کر پھر
دے دو تھوڑی سی جا مَدینے کی

ہائے افسوس! میں بنا انساں
کیوں نہ مٹّی بنا مدینے کی

جا کے عطّار پھر مدینے میں
رَحْمتیں لُوٹنا مدینے کی

[1] :سانس

شاہ تم نے مدینہ اپنایا، واہ! کیا بات ہے مدینے کی

شاہ تم نے مدینہ اپنایا، واہ! کیا بات ہے مدینے کی
اپنا روضہ اِسی میں بنوایا، واہ! کیا بات ہے مدینے کی

مجرِموں کو بھی طیبہ بلوایا، واہ! کیا بات ہے مدینے کی
راستہ مغفِرت کا دکھلایا، واہ! کیا بات ہے مدینے کی

ہر طرف رَحمتوں کا ہے سایہ، واہ! کیا بات ہے مدینے کی
خوب رُتبہ عظیم ہے پایا، واہ! کیا بات ہے مدینے کی

کوئی دیوانہ جب مدینے میں، آیا دِل اُس کا جُھوما سینے میں
لب پہ بے ساختہ ہے یہ آیا، واہ! کیا بات ہے مدینے کی

اَللہ اَللہ گُنبدِ خَضرا اور مِحراب و مِنبَرِ آقا
حُسن میں چاند اُن سے شرمایا، واہ! کیا بات ہے مدینے کی

خوب دنیا کے ہیں حسیں باغات اور پھولوں کے حُسن کی کیا بات
دل کو پر دشتِ طیبہ ہی بھایا، واہ! کیا بات ہے مدینے کی

باغِ طیبہ کا حُسن کیا کہنا، جامۂ نُور جیسے ہو پہنا
حُسن سارا یہیں سِمٹ آیا، واہ! کیا بات ہے مدینے کی

خوب صورت وہاں کے سب کُہسار اور ہیں ڈھول کے حسیں اَنْبار
وادیوں پر بھی نور کا سایہ، واہ! کیا بات ہے مدینے کی

حُسنِ پیرِس پہ مرنے والے کیا! دشتِ طیبہ کا حُسن بھی دیکھا؟
بول اٹھے گا مدینے گر آیا، واہ! کیا بات ہے مدینے کی

جس نے حُسنِ عقیدت اپنائی، اس نے اَمراض سے شِفا پائی
جاکے جو خاکِ طیبہ مَل آیا، واہ! کیا بات ہے مدینے کی

جو مصیبت کا آگیا مارا، دُور غم اُس کا ہو گیا سارا
کِھل اُٹھا جو کہ دل تھا مُرجھایا، واہ! کیا بات ہے مدینے کی

جو سُوالی مدینے آیا ہے، جھولیاں بھر کے اپنی لایا ہے
کوئی خالی نہ لَوٹ کر آیا، واہ! کیا بات ہے مدینے کی

میرے آقا مدینے جب آئے، بچّیوں نے تَرانے تھے گائے
چار سُو خوب کیف تھا چھایا، واہ! کیا بات ہے مدینے کی

قلبِ عاشِق نے کیف پایا ہے، روح کو بھی سُرور آیا ہے
لب پہ نامِ مدینہ جب آیا، واہ! کیا بات ہے مدینے کی

شوقِ طیبہ میں دل سُلگتا ہے، ہم کو اچّھا مدینہ لگتا ہے
یادِ طیبہ ہمارا سرمایہ، واہ! کیا بات ہے مدینے کی
زائرِ روضہ کو شَفاعت کی، یانبی آپ نے بِشارت دی
بامقدّر ہے در پہ جو آیا، واہ! کیا بات ہے مدینے کی
کب تلک در بدر پھرے آقا! اپنے کُوچے میں موت دے آقا!
یہ گدا در پہ عَرض ہے لایا! واہ! کیا بات ہے مدینے کی
خود کو جو عشق میں رُلاتا ہے، لاجَرَم[1] وہ سُکون پاتا ہے
اُس کے اَشک آخِرت کا سرمایہ، واہ! کیا بات ہے مدینے کی
ہرطرف بھینی بھینی ہے خوشبو، سوز ہی سوز ہرجگہ ہر سُو
فرش تاعرش نُور ہے چھایا، واہ! کیا بات ہے مدینے کی
بس مدینہ مدینہ وِردِ لب، کاش! اکثر رہے مِرے یارب
دل کو نامِ مدینہ ہے بھایا، واہ! کیا بات ہے مدینے کی
اپنے عطّار کو شہِ عالَم، دے دو اپنی محبّت اپنا غم
کوئی دنیا کا دو نہ سرمایہ، واہ! کیا بات ہے مدینے کی

[1] بے شک

مِرے تم خواب میں آؤ، مِرے گھر روشنی ہوگی

مِرے تم خواب میں آؤ، مِرے گھر روشنی ہوگی
مِری قسمت جگا جاؤ، عِنایت یہ بڑی ہوگی

مدینے مجھ کو آنا ہے، غمِ فُرقت مِٹانا ہے
کب آقائے مدینہ در، پہ میری حاضِری ہوگی

شَہَنْشاہِ مدینہ دو، تڑپنے کا قرینہ دو
وہ آنکھ آقا عنایت ہو، کہ جو اَشکوں بھری ہوگی

بنالو اپنا دیوانہ، بنالو اپنا مستانہ
خَزانے میں تمہارے کیا، کمی پیارے نبی ہوگی

غمِ دُوری رُلاتا ہے، مدینہ یاد آتا ہے
تسلّی رکھ اے دیوانے، تری بھی حاضِری ہوگی

مجھے گر دید ہوجائے، تو میری عید ہوجائے
ترا دیدار جب ہوگا، مجھے حاصِل خوشی ہوگی

خَزاں کا سَخْت پَہرا ہے، غموں کا گُھپ اندھیرا ہے
ذرا سا مسکرا دو گے، تو دِل میں روشنی ہوگی

الٰہی گُنبدِ خضرا، کے سائے میں شہادت دے
مِری لاش اُن کے قدموں میں، نہ جانے کب پڑی ہوگی
ہمیں بھی اِذن مل جائے، شہا قدموں میں آنے کا
نہ جانے کب مدینے میں، ہماری حاضِری ہوگی
مدینہ میرا ہو مَسکن، بقیعِ پاک ہو مَدفَن
مِری اُمّید کی کھیتی، نہ جانے کب ہری ہوگی
تڑپ کر غم کے مارو تم، پکارو یارسولَ اللّٰہ
تمہاری ہر مصیبت دیکھنا دم میں ٹلی ہوگی
اگر وہ چاند سے چِہرے، کو چمکاتے ہوئے آئے
غموں کی شام بھی صُبحِ بہاراں بن گئی ہوگی
فِرِشتے آچکے سر پر، بچالو شافِعِ محشر
چھُپا دامن میں لو سرور!، سزا ورنہ کڑی ہوگی
گناہوں پر نَدامت ہے، اور اُمّیدِ شَفاعت ہے
کرم ہوگا رِہائی نارِ دوزخ سے جبھی ہوگی
سَرِمحشَر وہ جس دم جلوۂ زیبا دکھائیں گے
فَضا صلِّ علیٰ یا مُصطَفٰے سے گونجتی ہوگی

وہ جامِ کوثر اپنے ہاتھ سے بھر کر پلائیں گے
کرم سے دُور مَحْشَر میں، ہماری تِشنگی ہوگی

میں بن جاؤں سراپا ''مَدنی اِنْعامات'' کی تصویر
بنوں گا نیک یااللّٰہ اگر رَحْمت ترِی ہوگی

رہوں ہردم مسافر کاش ''مَدنی قافلوں'' کا میں
کرم ہوجائے مولا! گر، عنایت یہ بڑی ہوگی

زَباں کا، آنکھ کا اور پیٹ کا قفلِ مدینہ تُم
لگا لو ورنہ مَحْشَر، میں پشیمانی بڑی ہوگی

مجھے جلوہ دکھا دینا مجھے کلمہ پڑھا دینا
اَجَل جس وقت سر پر یانبی! میرے کھڑی ہوگی

اندھیرا گھپ اندھیرا ہے،شہا وحشت کا ڈیرا ہے
کرم سے قبر میں تم آؤ گے تو روشنی ہوگی

مِرے مَرقَد میں جب عطّار وہ تشریف لائیں گے
لَبوں پر نعتِ شاہِ اَنْبِیا اُس دم سَجی ہوگی

ہے کبھی دُرُود وسلام تو،کبھی نعت لب پہ سجی رہی

ہے کبھی دُرود و سلام تو،کبھی نعت لب پہ سجی رہی
غمِ ہجْر میں کبھی رو پڑا،کبھی حاضِری کی خوشی رہی

تِری آنکھ میں جو نَمی رہی، کلی تیرے دل کی کِھلی رہی
کبھی دل میں ہُوک اُٹھی رہی،تو نگاہ تیری جُھکی رہی

مجھے کر دے دِیدۂ تر[1] عطا، غمِ عشق سوزِ جگر عطا
ہو بقیعِ پاک میں جا عطا، یہی آرزوئے دِلی رہی

نہ کثیر مال کی آرزو، نہ ہی اِقتِدار کی جُستُجو
میں تو سائلِ غمِ عشق ہوں، مِرے آگے ہیچ شَہی رہی

جسے مل گیا غمِ مصطَفٰے، اُسے زندَگی کا مَزہ ملا
کبھی سَیلِ اَشک رَواں ہوا،کبھی ''آہ'' دل میں دبی رہی

یہ ہے زندَگی کوئی زندَگی، نہ نَماز ہے نہ ہی بندَگی
یہی حُبِّ جاہ کی گندَگی، تِری کیوں نظر میں بسی رہی

[1]: رونے والی آنکھ

جو نبی کی یاد میں کھو گیا، وہ خدائے پاک کا ہوگیا
دو۲ جہان اُس کے سَنور گئے، اُسے آخرت میں خوشی رہی

مجھے یانبی! تِری دید ہو، تِری دید ہو مِری عید ہو
تجھے جس نے دیکھا ہزار بار! اُسے پھر بھی تِشنہ لَبی[1] رہی

نہ پسند آئیں چمن اُسے، نہ ہی کھیت بھائیں ہرے بھرے
جو نگاہ میں ہے بسی رہی، تو مدینے ہی کی گلی رہی

مجھے اب مدینے میں لو بُلا، اِسی سال حج بھی کروں شہا
ہو کرم پئے شہِ کربلا یِہی اِلْتِجا مَدنی رہی

مِری جاں ہو جسم سے جب جدا، ہو نظر میں جلوۂ مصطفٰے
ہو مدینے میں مِرا خاتمہ، یہ دعا خدائے غنی رہی

مَدنی! گناہ کی عادتیں، نہیں جاتیں، آپ ہی کچھ کریں
میں نے کوشِشیں کیں بَہُت مگر، مِری حالت آہ! بُری رہی

مجھے شوقِ دیں شب و روز دے، یِہی وَلولہ یِہی سوز دے
تِری سُنَّتیں کروں عام میں، کہ اِسی میں تیری خوشی رہی

تُو سگِ مدینہ کو یاخدا، غمِ روزگار سے لے بچا
دے غمِ مدینہ پئے رضا یِہی بس دُعائے دِلی رہی

[1]: پیاس

مل گئی کیسی سعادت مل گئی

مل گئی کیسی سعادت مل گئی
مجھ کو اب حج کی اجازت مل گئی

پھر مدینے کا سفر دَرپیش ہے
پھر مدینے کی اجازت مل گئی

میرے مَدنی پیر و مُرشِد کے طُفیل
پھر مدینے کی اجازت مل گئی

کیوں نہ جھوموں کیوں نہ لوٹوں مجھ کو تو
پھر مدینے کی اجازت مل گئی

میں خوشی سے مر نہ جاؤں اب کہیں
پھر مدینے کی اجازت مل گئی

دیدے یارب! مجھ کو توفیقِ ادب
پھر مدینے کی اجازت مل گئی

روئے والی آنکھ دیدے یاخدا!
پھر مدینے کی اجازت مل گئی

یاالٰہی قلبِ مُضْطَر ہو عطا
پھر مدینے کی اجازت مل گئی

اب تو دیدے یاخدا ذَوقِ جُنوں
پھر مدینے کی اجازت مل گئی

یاخدا دیدے تڑپنے کی ادا
پھر مدینے کی اجازت مل گئی

آتَشِ شوق اور کر دے تیز تر
پھر مدینے کی اجازت مل گئی

ہو عطا سوزِ بِلال اے ذُوالْجلال
پھر مدینے کی اجازت مل گئی

ان کے جلوے دیکھ لے وہ آنکھ دے
پھر مدینے کی اجازت مل گئی

یاالٰہی! تُو عطا کر دے بقیع
پھر مدینے کی اجازت مل گئی

مل گیا جس کو بقیعِ پاک اُسے
قُربتِ ماہِ رِسالت مل گئی

جھومو جھومو خوب جھومو زائرو!
کیا مِلا در اُن کا جنّت مل گئی

قبرِ انور کی زیارت جس نے کی
اُس کو آقا کی شَفاعت مل گئی

عرش پر تو گُنبدِ خَضْرا کہاں!
فرش تجھ کو یہ سعادت مل گئی

رو رہے ہیں عاشِقانِ مصطفٰے
واہ وا کیا خوب قسمت مل گئی

غم مدینے کا جسے بھی مل گیا
دو جہاں کی اُس کو نعمت مل گئی

تاجِ شاہی اُس کے آگے ہیچ ہے
مصطَفٰے کی جس کو الفت مل گئی

ہم کو فَیضانِ مدینہ مل گیا
کیسی اعلٰی ہم کو نِعمت مل گئی

میں مدینے میں مَروں اِس حال میں
سب کہیں اِس کو شہادت مل گئی

"المدینہ چل مدینہ" جھوم کر
جب پکارا دل کو راحت مل گئی

جب تڑپ کر یارسولَ اللّٰہ کہا
فوراً آقا کی حمایت مل گئی

اَنۢبیا سارے کھڑے ہیں صَف بہ صَف
میرے آقا کو اِمامت مل گئی

خاکِ طیبہ سے کِیا جس نے علاج
ہر مَرَض سے اس کو راحت مل گئی

میری قسمت کی یہی مِعراج ہے
اُن کے کفشِ پا سے نسبت مل گئی

دونوں عالَم میں ہُوا وہ سُرخرو
جس کو ان کی چشمِ رَحمت مل گئی

میں امام احمد رضا کا ہوں غلام
کتنی اعلیٰ مجھ کو نسبت مل گئی

راہِ سنّت میں ہُوا جو بھی ذلیل
اُس کو اُن کے در سے عزّت مل گئی

تھے گُنہ حد سے سوا عطّار کے
ان کے صَدقے پھر بھی جنّت مل گئی

کیوں نہ رَشک آئے ہمیں عطّار پر
اس کو طیبہ کی اجازت مل گئی

مِرا دل پاک ہو سرکار دنیا کی مَحَبّت سے

مِرا دل پاک ہو سرکار! دنیا کی مَحَبّت سے
مجھے ہو جائے نفرت کاش! آقا مال و دولت سے

مدینے سے اگرچہ دور ہوں تیری مَشِیَّت[1] سے
تڑپنے کی سعادت دے الٰہی ہجر و فرقت سے

نہ لندن کی نہ امریکہ نہ پیرس کی سِیاحت[2] سے
سُکونِ قلب ملتا ہے مدینے کی زیارت سے

خداحافِظ مدینے کے مسافر جا خدا حافِظ
چلیں گے سُوئے طیبہ ہم بھی اک دن ان کی رَحمت سے

خدا کی تجھ پہ لاکھوں رَحمتیں ہوں زائرِ طیبہ!
سلامِ شوق کہہ دینا مِرا ماہِ رسالت سے

محمد مصطفٰے اس کو بھی سینے سے لگاتے ہیں
جسے سب لوگ ٹھکراتے ہیں نفرت سے حقارت سے

---

[1] مرضی [2] سَیر۔ سفر

تمہارا نَعلِ اَقدس ہی ہمارا تاجِ عزّت ہے
ہمارا واسِطہ کیا تاجِ شاہی سے حُکومت سے

جگر پیاسا زَباں سُوکھی خَزاں چھائی بہار آئے
دلِ پَژمُردَہ[1] کِھل اٹھّے ترے جلووں کی نُزہت[2] سے

گناہوں کی میں چادر تان کر دن رات سوتا ہوں
جگا دو یارسولَ اللّٰہ! مجھے اب خوابِ غفلت سے

گناہوں سے مِرا سارا وُجُود افسوس ہے لِتھڑا
مجھے اب پاک کردیجے گناہوں کی نُحُوست سے

نَدامت سے گناہوں کا ازالہ کچھ تو ہو جاتا
مجھے رونا بھی تو آتا نہیں ہائے نَدامت سے

کرم اے شافِعِ مَحشَر کُھلے اعمال کے دفتر
گو بدکار و کمینہ ہوں مگر ہوں تیری اُمّت سے

مدینہ

[1] مرجھایاہوا [2] تروتازگی۔پاکیزگی

نہ نامے میں عبادت ہے نہ پلّے کچھ رِیاضت ہے
الٰہی! مغفِرت فرما ہماری اپنی رَحمت سے

الٰہی! واسِطہ دیتا ہوں میں میٹھے مدینے کا
بچا دنیا کی آفت سے بچا عُقبٰی کی آفت سے

مسلماں عیدِ میلادُ النَّبی پر شاد ہوتا ہے
فَقَط ابلیس کا چیلا چِڑے جشنِ ولادت سے

بٹے گی رَحمتوں کی جس گھڑی خیرات مَحشر میں
شہا! محروم مت کرنا مجھے اپنی شَفاعت سے

تمہیں معلوم کیا بھائی! خدا کا کون ہے مقبول
کسی مومِن کو مت دیکھو کبھی بھی تم حَقارت سے

اُجالا ہی اُجالا ہوگا اُس کی قبر کے اندر
ہو جس کا دل منوّر الفتِ مہرِ رسالت سے

کرم سے خُلد میں عطّار جس دم جا رہا ہوگا
شیاطیں دیکھتے ہوں گے سبھی مُڑ مُڑ کے حسرت سے

افسوس! بہُت دُور ہوں گلزارِ نبی سے

افسوس! بہُت دُور ہوں گلزارِ نبی سے
کاش آئے بُلاوا مجھے دربارِ نبی سے

الفت ہے مجھے گیسوئے خَمدارِ نبی سے
اَبرو و پَلک آنکھ سے رُخسارِ نبی سے

پَیراہَن[1] وچادر سے عصا سے ہے مَحَبَّت
نَعْلَیْنِ شَرِیفَین سے دَستار[2] نبی سے

بُوصَیری! مبارَک ہو تمہیں بُردِیَمانی
سوغات ملی خوب ہے دربارِ نبی سے

بیمار! نہ مایوس ہو تُو حُسنِ یقیں رکھ
دم جا کے کرالے کسی بیمارِ نبی سے

تُو خواب میں حَسنین کے صدقے میں خُدایا
فرما دے مُشَرَّف مجھے دیدارِ نبی سے

مدینہ

[1]: لباس [2]: عِمامہ

اللہ کو مانے جو محمد کو نہ مانے
لاریب[1] وہ ناری ہوا اِنکارِ نبی سے
وہ نارِ جہنّم کا ہے حقدار یقیناً
ہے جس کو عداوت کسی بھی یارِ نبی سے
اے زائرِ طیبہ! یہ دعا کر مِرے حق میں
مجھ کو بھی بُلاوا ملے دربارِ نبی سے
دنیا کے نظاروں سے بھلا کیا ہو سَروکار
عُشّاق کو بس عشق ہے گلزارِ نبی سے
دیوانوں کے آنسو نہیں تھمتے دمِ رخصت
جب سُوئے وطن جاتے ہیں دربارِ نبی سے
جلووں سے خدایا مِرا سینہ ہو مدینہ
آنکھیں بھی ہوں ٹھنڈی مِری دیدارِ نبی سے

[1] بیشک

سنّت ہے سفر دین کی تبلیغ کی خاطِر
ملتا ہے ہمیں درس یہ اَسفارِ[1] نبی سے

مستانہ مدینے میں خدا ایسا بنادے
ٹکرا کے میں دم توڑ دوں دیوارِ نبی سے

صَدْقے میں مِرے غوث کے ہو دُور اندھیرا
تُربت ہو مُنوّر مِری انوارِ نبی سے

جب قبر میں آئیں گے تو قدموں میں گِروں گا
خوب آنکھیں ملوں گا میں تو پَیزارِ[2] نبی سے

عطّار ہے ایماں کی حفاظت کا سُوالی
خالی نہیں جائے گا یہ دربارِ نبی سے

مَدَنی پھول

فرمانِ مصطفٰے صلّی اللّٰہ تعالٰی علیہ واٰلہٖ وسلّم: اَلْمُسْلِمُ مَنْ سَلِمَ الْمُسْلِمُوْنَ مِنْ لِّسَانِہٖ وَیَدِہٖ۔ یعنی مسلمان وہ ہے کہ اُس کے ہاتھ اور زبان سے دوسرے مسلمان محفوظ رہیں۔ (بُخاری ج۱ ص۱۵ حدیث۱۰)

مـــــــــــدینہ

[1]: سفر کی جمع [2]: جُوتی مُبارک

آج ھے جشنِ ولادت مرحبا یا مصطفیٰ

آج ہے جشنِ ولادت مرحبا یا مصطفیٰ
آج آئے جانِ رحمت مرحبا یا مصطفیٰ

مرحبا مہرِ رسالت مرحبا یا مصطفیٰ
مرحبا ماہِ نُبُوَّت مرحبا یا مصطفیٰ

آمدِ شاہِ مدینہ مرحبا صد مرحبا
مرحبا اے جانِ رحمت مرحبا یا مصطفیٰ

مرحبا آقا کی آمد مرحبا نورِ خدا
ہوگئی کافور ظلمت مرحبا یا مصطفیٰ

آج دنیا میں وِلادت مصطفیٰ کی ہو گئی
خوب چمکی اپنی قسمت مرحبا یا مصطفیٰ

کعبہ سجدے کو جھکا بُت سارے اَوندھے گر پڑے
آ گئی شیطاں کی شامت مرحبا یا مصطفیٰ

آ گئے سرکار ہر سُو بارشِ انوار ہے

جھومتے ہیں ابرِ رَحمت مرحبا یا مصطفٰے

چار سُو ہیں رَحمتوں کی کیا چھما چھم بارِشیں!

آئے لمحاتِ مَسرَّت مرحبا یا مصطفٰے

مرحبا کی دھوم ڈالو سب پکارو مرحبا

جھوم کر اہلِ مَحبَّت مرحبا یا مصطفٰے

آج گھر گھر روشنی ہے سبز پرچم ہیں بُلند

جھومتے ہیں اہلِ سنَّت مرحبا یا مصطفٰے

عیدِ میلادُ النَّبی تو عید کی بھی عید ہے

شادماں ہے خود مَسرَّت مرحبا یا مصطفٰے

جشنِ میلادُ النَّبی کی دھوم ہے چاروں طرف

مست ہیں اہلِ مَحبَّت مرحبا یا مصطفٰے

خوب گاتی تھیں تَرانے دَف بجا کر بچیّاں
ہر طرف کہتی تھی خَلقت مرحبا یا مصطَفٰے

آ گئی اُٹھّو سُواری آمِنہ کے لال کی
ان سے مانگو ان کی الفت مرحبا یا مصطَفٰے

لے کے کشکول اے فقیرو آمِنہ کے گھر چلو
مانگ لو جو چاہو نعمت مرحبا یا مصطَفٰے

یا نبی ! اپنی ولادت کی خوشی میں دیجئے
خُلْد میں اپنی رفاقت مرحبا یا مصطَفٰے

واسِطہ تم کو ولادت کا مدینے میں جگہ
مجھ کو دیدو بَہرِ تُربَت مرحبا یا مصطَفٰے

دے دو تم عطّاؔر کو عیدی میں چشمِ اشکبار
اپنا غم دو اپنی اُلفت مرحبا یا مصطَفٰے

جھوم کر سارے پکارو مرحبا یا مصطفیٰ

جھوم کر سارے پکارو مرحبا یا مصطفیٰ
چوم کر لب کہہ دو یارو مرحبا یا مصطفیٰ

کہہ کر اے عِصیاں شِعارو مرحبا یا مصطفیٰ
بگڑی قسمت کو سنوارو مرحبا یا مصطفیٰ

مفلِسو، غُربت کے مارو مرحبا یا مصطفیٰ
تم بھی کہہ دو مالدارو مرحبا یا مصطفیٰ

کہہ کے دامن کو پَسارو مرحبا یا مصطفیٰ
بادشاہو، نامدارو مرحبا یا مصطفیٰ

سب پکارو بے قرارو مرحبا یا مصطفیٰ
تم بھی کہہ دو پردہ دارو مرحبا یا مصطفیٰ

کہہ دو رنج و غم کے مارو مرحبا یا مصطفیٰ
آؤ ہمّت اب نہ ہارو مرحبا یا مصطفیٰ

سب پکارو دلفِگارو مرحبا یا مصطفیٰ
اے یتیمو! بے سہارو مرحبا یا مصطفیٰ

کہہ دو اے سجدہ گزارو مرحبا یا مصطفیٰ
تم بھی کہہ دو روزہ دارو مرحبا یا مصطفیٰ

کہہ دو اے فُرقت کے مارو مرحبا یا مصطفیٰ
سب پکارو راز دارو مرحبا یا مصطفیٰ

کہہ دو کعبے کے مَنارو مرحبا یا مصطفیٰ
سبز گُنبد کے نظارو مرحبا یا مصطفیٰ

تم بھی کہہ دو خارزارو مرحبا یا مصطفیٰ
باغِ عالَم کی بہارو مرحبا یا مصطفیٰ

سب پکارو آبشارو مرحبا یا مصطفیٰ
وادیو اور کوہسارو مرحبا یا مصطفیٰ

تم بھی کہہ دو مَرغ زارو مرحبا یا مصطفیٰ
باغ کے رنگیں نظارو مرحبا یا مصطفیٰ

کہہ دو تم بھی چاندتارو مرحبا یا مصطفٰے　　پنچھیوں کی اُڑتی ڈارو مرحبا یا مصطفٰے

بول اُٹھواے شِیر خوارو مرحبا یا مصطفٰے　　ماہ پارو گُل عِذارو مرحبا یا مصطفٰے

کیوں نہیں کہتے ہو پیارو مرحبا یا مصطفٰے　　کہہ بھی دو نا اب دُلارو مرحبا یا مصطفٰے

چلتے چلتے ہی پکارو مرحبا یا مصطفٰے　　اے پیادو اور سُوارو مرحبا یا مصطفٰے

سب پکارو چو بدارو مرحبا یا مصطفٰے　　اے جہاں کے تاجدارو مرحبا یا مصطفٰے

تم بھی کہہ دو ریگزارو مرحبا یا مصطفٰے　　مہکے پھولو اور خارو مرحبا یا مصطفٰے

کہہ دو دریا کے کنارو مرحبا یا مصطفٰے　　بحر کی اے تیز دھارو مرحبا یا مصطفٰے

تم بھی کہہ دو شاخ سارو مرحبا یا مصطفٰے　　اے پہاڑوں کی قِطارو مرحبا یا مصطفٰے

دھوم ہے عطّارؔ ہر سُو شاہ کے مِیلاد کی
جھوم کر تم بھی پکارو مرحبا یا مصطفٰے

فرمانِ مصطفٰے صلّی اللہ تعالٰی علیہ واٰلہٖ وسلّم : مجھ پر دُرُودِ پاک کی کثرت کرو بے شک یہ تمہارے لئے طَہارت ہے۔(ابو یَعلٰی ج ۵ ص ٤٥٨ حدیث ٦٣٨٣)

اے کاش پھر مدینے میں عطّار جا سکے

اے کاش! پھر مدینے میں عطّار جا سکے
رو رو کے حال شاہ کو اپنا سنا سکے

پچھلے برس تو حاضرِ در ہو گیا تھا آہ!
اِس سال کاش حج کا شَرَف پھر سے پا سکے

یاربِّ مصطفٰے! کوئی ایسا سبب بنا
سائے میں موت گُنبدِ خَضرا کے آ سکے

طیبہ بُلا، یا وہ دلِ غمگین دے مجھے
دل سے نہ تیرا غم کوئی میرے مِٹا سکے

یارب پئے رضا مجھے وہ آنکھ دے کہ جو
عشقِ رسولِ پاک میں آنسو بہا سکے

وہ آگ میرے سینے میں آقا لگایئے
پتّھر سے سخت قلب کو بھی جو جلا سکے

سرکار چار یار کا دیتا ہوں واسِطہ
ایسی بہار دو نہ خَزاں پاس آ سکے

دشمن اگرچہ گھات میں ہے کوئی غم نہیں
ان کی مدد رہے تو بِگاڑ اپنا کیا سکے

چشمِ کرم ہو ایسی کہ مٹ جائے ہر خطا
کوئی گناہ مجھ سے نہ شیطاں کرا سکے

ہے صبر تو خزانۂ فِردوس بھائیو!
عاشِق کے لب پہ شِکوہ کبھی بھی نہ آ سکے

جس وَقت سُنّتوں کا میں کرنے لگوں بیاں
ایسا اثر ہو پیدا جو دل کو ہِلا سکے

میری زَبان میں وہ اثر دے خدائے پاک
جو مصطفٰے کے عشق میں سب کو رُلا سکے

عطّار تیرے حامی و ناصِر ہیں مصطفٰے
کس کی مجال ہے کہ جو تجھ کو دبا سکے

جلد ہم عازِمِ گلزارِ مدینہ ہوں گے

جلد ہم عازِمِ گلزارِ مدینہ ہوں گے
حاضرِ دَرگہِ سردارِ مدینہ ہوں گے

اب تو نورانی چمن زارِ مدینہ ہوں گے
سامنے اب مِرے کہسارِ مدینہ ہوں گے

سبز گُنبد کی وہاں خوب بہاریں ہوں گی
رُوبرُو پھر مرے اَشجارِ مدینہ ہوں گے

وَجد آجائے گا قسمت کو بھی اُس دم وَاللہ
سامنے جب مِرے سرکارِ مدینہ ہوں گے

اُن کی رَحمت سے جو مل جائے بقیعِ غرقَد
بالیقیں قبر میں انوارِ مدینہ ہوں گے

قافِلے کی یوں مدینے سے جُدائی ہوگی
مُضْطَر و غمزدہ زوّارِ مدینہ ہوں گے

نَزْع میں قبر میں محشر میں وہ پائیں آرام
دارِ فانی میں جو بیمارِ مدینہ ہوں گے

حَشْر سے کیوں ہو پریشان گنہگار و تم
اپنے حامی وہاں سرکارِ مدینہ ہوں گے

اُن کو حاصل مِرے آقا کی شَفاعت ہوگی
جو کوئی حاضِرِ دربارِ مدینہ ہوں گے

میری سرکار کا آئے گا بُلاوا اُن کو
جو کوئی دل سے طلب گارِ مدینہ ہوں گے

نَزْع میں عاشِقوں کی عید ہی ہو جائے گی
ان کے سِرہانے تو سرکارِ مدینہ ہوں گے

حَشْر میں جائیں گے عطّاؔر یُوں اِن شاءَ اللہ
اپنی داڑھی میں سجے خارِ مدینہ ہوں گے

منانا جشنِ میلادُ النّبی ہرگز نہ چھوڑیں گے

منانا جشنِ میلادُ النّبی ہرگز نہ چھوڑیں گے
جُلوسِ پاک میں جانا کبھی ہرگز نہ چھوڑیں گے

خدا کے دوستوں سے دوستی ہرگز نہ چھوڑیں گے
نبی کے دشمنوں کی دشمنی ہرگز نہ چھوڑیں گے

خدائے پاک کی رسّی کبھی ہرگز نہ چھوڑیں گے
نہیں چھوڑیں گے دامانِ نبی ہرگز نہ چھوڑیں گے

لگاتے جائیں گے ہم یارسولَ اللّٰہ کے نعرے
مچانا مرحبا کی دھوم بھی ہرگز نہ چھوڑیں گے

جو چاہو مانگ لو دروازۂ رَحمت کُھلا ہے آج
تمہیں خالی ولادت کی گھڑی ہرگز نہ چھوڑیں گے

منائیں گے خوشی ہم حَشر تک جشنِ ولادت کی
سجاوٹ اور کرنا روشنی ہرگز نہ چھوڑیں گے

اگرچہ مال سب اِس راہ میں قربان ہوجائے
مگر نَعتِ نبی پڑھنا کبھی ہرگز نہ چھوڑیں گے

نبی کے نام پر سو جان سے قربان ہو جائیں
غلامانِ نبی ذِکرِ نبی ہرگز نہ چھوڑیں گے

جو کوئی جس کا کھاتا ہے اُسی کے گیت گاتا ہے
نبی کے گیت گانا ہم کبھی ہرگز نہ چھوڑیں گے

اگرچہ راستے میں لاکھ روڑے کوئی اٹکائے
رَہِ اُلفت پہ چلنا ہم کبھی ہرگز نہ چھوڑیں گے

کمانے مال وزر دَر دَر پھرے اپنی بلا ہم تو
نہ چھوڑیں گے مدینے کی گلی ہرگز نہ چھوڑیں گے

اے میرے بھائیو! ہے تم سے مَدنی اِلتجا میری
پکارو ہم رضا کی پَیروی ہرگز نہ چھوڑیں گے

صَحابہ اور ولیوں کی مَحَبَّت دل میں ڈالی ہے
لہٰذا دعوتِ اسلامی بھی ہرگز نہ چھوڑیں گے

ہمارا عہد ہے کہ دعوتِ اسلامی کو ہرگز
کبھی بھی ہم نہ چھوڑیں گے کبھی ہرگز نہ چھوڑیں گے

تسلّی رکھ نہ ہو مایوس قبر و حَشْر میں عطّار
تجھے تنہا رسولِ ہاشمی ہرگز نہ چھوڑیں گے

جب تلك يه چاند تارے جھلمِلاتے جائيں گے

جب تلک یہ چاند تارے جھلمِلاتے جائیں گے
تب تلک جشنِ ولادت ہم مناتے جائیں گے

اُن کے عاشِق نور کی شمعیں جلاتے جائیں گے
جبکہ حاسِد دل جلاتے سٹپٹاتے جائیں گے

نعتِ محبوبِ خدا سنتے سناتے جائیں گے
یا رسولَ اللّٰہ کا نعرہ لگاتے جائیں گے

حَشْر تک جشنِ ولادت ہم مناتے جائیں گے
مرحبا کی دھوم یارو! ہم مچاتے جائیں گے

چار جانب ہم دِیے گھی[1] کے جلاتے جائیں گے
گھر تو گھر سارے مَحلّے کو سجاتے جائیں گے

مــــــــــــــــــــــدینہ

[1]: "گھی کے دِیے جلانا" مُحاورہ ہے اس کے معنیٰ ہیں: "بہت زیادہ خوشی منانا۔" (ہو سکے تو نعت خواں صاحبان وضاحت فرما دیا کریں)

ہم مہِ میلاد میں لہرائیں گے جھنڈے ہرے
ساری گلیاں روشنی سے جگمگاتے جائیں گے

عیدِ میلادُ النّبی کی شب چَراغاں کر کے ہم
قبر نورِ مصطفٰے سے جگمگاتے جائیں گے

ہم جُلوسِ جشنِ میلادُ النّبی میں جھوم کر
راستے بھر نعت بس سنتے سناتے جائیں گے

لاکھ شیطاں ہم کو روکے فضلِ رب سے تا ابد
جشن، آقا کی ولادت کا مناتے جائیں گے

جھوم کر سارے کہو، آقا کی آمد مرحبا
حَشْر میں بھی ہم یہی نعرہ لگاتے جائیں گے

یارسولَ اللّٰہ کا نعرہ لگاؤ زور سے
اُن کے دشمن منہ پھُلاتے بڑبڑاتے جائیں گے

تم کرو جشنِ ولادت کی خوشی میں روشنی
وہ تمہاری گورِ تیرہ جگمگاتے جائیں گے

دو جہاں کے شاہ کی شاہی سُواری آگئی
رَحمتوں کے وہ خزانے اب لٹاتے جائیں گے

آرہے ہیں شافعِ محشَر اُٹھو اے عاصِیو!
ہم گُنہگاروں کو حق سے بخشواتے جائیں گے

ہوگئی صبحِ بہاراں کیف آورہے سَماں
خوش نصیبوں کو وہ اب جلوہ دکھاتے جائیں گے

صُبحِ صادِق ہوگئی سب آمِنہ کے گھر چلیں
نور کی برسات ہوگی ہم نہاتے جائیں گے

ذِکرِ مِیلادِ مبارَک کیسے چھوڑیں ہم بھلا
جن کا کھاتے ہیں اُنہیں کے گیت گاتے جائیں گے

مُنْعَقِد کرتے رہیں گے اجتماعِ ذِکر و نعت
دھوم اُن کی نعت خوانی کی مچاتے جائیں گے

کرلو نیَّت خوب کوشش کرکے ہم اپنا عمل
مَدنی اِنْعامات پر ہردم بڑھاتے جائیں گے

کرلو نیّت سنّتوں کی تربیت کے واسطے
قافِلوں میں ہم سفر کرتے کراتے جائیں گے

خوب برسیں گی جنازے پر خُدا کی رَحْمتیں
قَبْر تک سرکار کی نعتیں سناتے جائیں گے

حَشْر میں زیرِ لوائے حمد اے عطّار ہم
نعتِ سلطانِ مدینہ گُنگُناتے جائیں گے

امام احمد رضا خان عَلَیہِ رَحمَۃُ الرَّحمٰن فرماتے ہیں: ہمیشہ باوُضو رہنا مُستحَب ہے۔ (فتاوٰی رضویہ مُخَرَّجہ ج۱ص۷۰۲)

ایسا لگتا ھے مدینے جلد وہ بلوائیں گے

ایسا لگتا ہے مدینے جلد وہ بلوائیں گے
جائیں گے جا کر انہیں زخمِ جگر دکھلائیں گے
وہ اگر چاہیں گے تو ایسی نظر فرمائیں گے
خوب روئیں گے پچھاڑوں پر پچھاڑیں کھائیں گے
خشک اشکِ عشق سے آنکھیں ہیں دل بھی سخت ہے
آپ ہی چاہیں گے تو آقا ہمیں تڑپائیں گے
موت اب تو گُنبدِ خضرا کے سائے میں ملے
کب تک آقا دربدر کی ٹھوکریں ہم کھائیں گے
اے خوشا! تقدیر سے گر ہم کو منظوری ملی
رکھ کے سر دَہلیز پر سرکار کی مرجائیں گے

روتے روتے گر پڑیں گے ان کے قدموں میں وہاں
روزِ محشَر شافِعِ محشَر نظر جب آئیں گے

خلد میں ہوگا ہمارا داخِلہ اس شان سے
یا رسولَ اللّٰہ کا نعرہ لگاتے جائیں گے

حَشْر میں کیسے سنبھالوں گا میں اپنے آپ کو
آ مِرے عطّارؔ! آ وہ جب وہاں فرمائیں گے

ہائے اب کی بار بھی عطّارؔ جو زندہ بچے
پھر مدینے سے کراچی روتے روتے آئیں گے

توکُّل کی تعریف

اعلیٰ حضرت امام احمد رضا خان علیہ رحمۃُ الرَّحمٰن فرماتے ہیں: **توکُّل ترکِ اسباب کا نام نہیں بلکہ اعتِماد علَی الْاسباب کا ترک ہے۔** (فتاوٰی رضویہ ج ٢٤ ص ٣٧٩) یعنی اسباب کو چھوڑ دینا توکُّل نہیں ہے توکُّل تو یہ ہے کہ صِرف اسباب پر بھروسا نہ کرے۔

شکریہ آپ کا سلطان مدینے والے

شکریہ آپ کا سلطان مدینے والے
مجھ سا عاصی بھی ہے مہمان مدینے والے
مجھ کمینے کو مدینے میں بُلایا تم نے
ہے یہ اِحْسان پہ اِحْسان مدینے والے
زائرِ قَبْرِ مُنَوَّر کی شَفاعت ہوگی
ہے یہی آپ کا فرمان مدینے والے
میں بھی تو زائرِ رَوضہ ہوں رسولِ عَرَبی!
مجھ کو مت بھولنا سلطان مدینے والے
دولتِ عشق سے آقا مِری جھولی بھر دو
بس یہی ہو مِرا سامان مدینے والے
آپ کے عشق میں اے کاش کہ روتے روتے
یہ نکل جائے مری جان مدینے والے
تیرے در پر تو عَدو کو بھی اَماں ملتی ہے
میں تری شان کے قربان مدینے والے

اپنے قدموں سے خدارا نہ جُدا کیجے گا
ہو گُنہگار پہ اِحسان مدینے والے

آپ بھوکے رہیں اور پیٹ پہ پتّھر باندھیں
نِعمتوں کے دیں ہمیں خوان مدینے والے

حَشْر میں تم مِرے عَیبوں کو چُھپائے رکھنا
ہُوں گناہوں پہ پَشیمان مدینے والے

میں مدینے کی گلی کا کوئی کُتّا ہوتا
کاش! ہوتا نہ میں انسان مدینے والے

مجھ کو دیوانہ مدینے کا بنالو آقا
بس یِہی ہے مِرا ارمان مدینے والے

اِک جھلک چِہرۂ انور کی دکھا دو اَب تو
وقتِ رُخصت ہے چلی جان مدینے والے

اِس گُنہگار کو دامن میں چھپا لو آقا!
یہ بچارا ہے پریشان مدینے والے

کاش! عطّاؔر ہو آزاد غمِ دنیا سے
بس تمہارا ہی رہے دِھیان مدینے والے

مجھے دَر پہ پھر بُلانا مَدنی مدینے والے

مجھے دَر پہ پھر بُلانا مَدَنی مدینے والے
مَۓ عِشق بھی پِلانا مَدَنی مدینے والے

مِری آنکھ میں سمانا مَدَنی مدینے والے
بنے دِل ترا ٹھکانا مَدَنی مدینے والے

تِری جبکہ دید ہوگی جبھی میری عید ہوگی
مِرے خواب میں تُو آنا مَدَنی مدینے والے

مجھے غم ستا رہے ہیں مِری جان کھا رہے ہیں
تمھیں حوصلہ بڑھانا مَدَنی مدینے والے

مِرے سب عزیز چُھوٹیں مِرے دوست بھی گو رُوٹھیں
شہا تم نہ رُوٹھ جانا مَدَنی مدینے والے

میں اگرچِہ ہوں کمینہ ترا ہوں شہِ مدینہ
مجھے قدموں سے لگانا مَدَنی مدینے والے

تِرے در سے شاہ بہتر ترے آستاں سے بڑھ کر
ہے بَھلا کوئی ٹھکانا مَدَنی مدینے والے

تِرا تُجھ سے ہوں سُوالی شہا پھیرنا نہ خالی
مجھے اپنا تُو بنانا مَدَنی مدینے والے

یہ مریض مَر رہا ہے تِرے ہاتھ میں شِفا ہے
اے طبیب! جلد آنا مَدَنی مدینے والے

تُو ہی اَنبِیا کا سَروَر تُو ہی دو۲ جہاں کا یاوَر
تُو ہی رَہبرِ زمانہ مَدَنی مدینے والے

تُو ہے بیکسوں کا یاوَر اے مِرے غریب پروَر
ہے سَخی تِرا گھرانا مَدَنی مدینے والے

تُو خدا کے بعد بِہتر ہے سبھی سے میرے سروَر
تِرا ہاشِمی گھرانا مَدَنی مدینے والے

تِری فَرش پر حُکومت تِری عَرش پر حُکومت
تو شَہَنشَہِ زمانہ مَدَنی مدینے والے

تِرا خُلق سب سے بالا تِرا حُسن سب سے اعلیٰ
فِدا تجھ پہ سب زمانہ مَدَنی مدینے والے

کہوں کِس سے آہ! جا کر سُنے کون میرے سرور
مِرے دَرد کا فَسانہ مَدَنی مدینے والے

بَعَطائے ربِّ حاکم تُو ہے رِزْق کا بھی قاسِم
ہے ترا سب آب و دانہ مَدَنی مدینے والے

میں غریب بے سہارا کہاں اور ہے گزارہ
مجھے آپ ہی نبھانا مَدَنی مدینے والے

یہ کرم بڑا کرم ہے ترے ہاتھ میں بھرم ہے
سرِ حَشْر بخشوانا مَدَنی مدینے والے

کبھی جَو کی موٹی روٹی تو کبھی کَھجور پانی
ترا ایسا سادہ کھانا مَدَنی مدینے والے

ہے چٹائی کا بِچھونا کبھی خاک ہی پہ سونا
کبھی ہاتھ کا سِرہانا مَدَنی مدینے والے

تِری سَادَگی پہ لاکھوں تِری عاجِزی پہ لاکھوں
ہوں سلام عاجِزانہ مَدَنی مدینے والے

مِرے شاہ! وقتِ رخصت مجھے میٹھا میٹھا شربت
تِری دید کا پلانا مَدَنی مدینے والے

مِلے نَزْع میں بھی راحت رہوں قَبْر میں سلامت
تُو عَذاب سے بچانا مَدَنی مدینے والے

گُھپ اندھیری قَبْر میں جب مجھے چھوڑ کر چلیں سب
مِری قَبْر جگمگانا مَدَنی مدینے والے

پسِ مَرگ سبز گُنْبد کی حُضُور ٹھنڈی ٹھنڈی
مجھے چھاؤں میں سُلانا مَدَنی مدینے والے

اے شَفیعِ روزِ مَحْشَر! ہے گُنہ کا بوجھ سَر پر
میں پھنسا مجھے بچانا مَدَنی مدینے والے

مِرے وَالِدین مَحْشَر میں گو بُھول جائیں سَرور
مجھے تم نہ بھول جانا مَدَنی مدینے والے

شہا! تِشنگی بڑی ہے یہاں دُھوپ بھی کڑی ہے
شہِ حَوضِ کوثر آنا مَدَنی مدینے والے

مجھے آفتوں نے گھیرا، ہے مُصیبتوں کا ڈیرا
یانبی مَدد کو آنا مَدَنی مدینے والے

تِرے دَر کی حاضِری کو جو تڑپ رہے ہیں اُن کو
شہا! جلد تُو بلانا مَدَنی مدینے والے

کوئی اِس طرف بھی پھیرا ہو غموں کا دُور اندھیرا
اے سراپا نور! آنا مَدَنی مدینے والے

کوئی پائے بَخْت وَر گر ہے شَرَف شہی سے بڑھکر
تِرے نَعْلِ پاک اُٹھانا مَدَنی مدینے والے

مِرا سینہ ہو مدینہ مِرے دِل کا آ بگینہ
بھی مدینہ ہی بنانا مَدَنی مدینے والے

اے حبیبِ ربِّ باری ہے گُنہ کا بوجھ بھاری
تمہیں حَشْر میں چھُڑانا مَدَنی مدینے والے

مِری عادتیں ہوں بہتر بنوں سُنّتوں کا پیکر
مجھے مُتَّقی بنانا مَدَنی مدینے والے

شہا! ایسا جذبہ پاؤں کہ میں خوب سیکھ جاؤں
تری سنّتیں سکھانا مَدَنی مدینے والے

تِرے نام پر ہو واری مِری جاں، حبیبِ باری
ہو نصیب سب لُٹانا مَدَنی مدینے والے

تِری سنَّتوں پہ چل کر مِری روح جب نکل کر
چلے تو گلے لگانا مَدَنی مدینے والے

ہیں مُبلِّغ آقا جتنے کرو دُور اُن سے فتنے
بُری موت سے بچانا مَدَنی مدینے والے

مِرے غوث کا وسیلہ رہے شاد سب قبیلہ
اِنہیں خُلد میں بسانا مَدَنی مدینے والے

مِرے جس قدر ہیں اَحباب انہیں کردیں شاہ بیتاب
ملے عِشق کا خزانہ مَدَنی مدینے والے

مِری آنیوالی نسلیں ترے عشق ہی میں مچلیں
انہیں نیک تُو بنانا مَدَنی مدینے والے

ملے سنّتوں کا جذبہ مِرے بھائی چھوڑیں مولیٰ
سبھی دَاڑھیاں مُنڈانا مَدَنی مدینے والے

مِری کاش! ساری بہنیں، رہیں مدنی برقعوں میں
ہو کرم شہِ زمانہ مَدَنی مدینے والے

دو جہان کے خزانے دیئے ہاتھ میں خدا نے
تِرا کام ہے لُٹانا مَدَنی مدینے والے

تِرا غم ہی چاہے عطّار اِسی میں رہے گرِفتار
غمِ مال سے بچانا مَدَنی مدینے والے

ترانے مصطفٰی کے جھوم کر پڑھتا ہوا نکلے

ترانے مصطفٰی کے جھوم کر پڑھتا ہُوا نکلے
یُوں حج کو" چل مدینہ" کا وطن سے قافِلہ نکلے

نظر جب سبز گُنبد پر پڑے غَش کھا کے گِر جاؤں
تِرے قدموں میں جانِ مُضْطَرِب یا مصطفٰی نکلے

اگر میزاں پہ پیشی ہوگئی تو ہائے! بربادی!
گُناہوں کے سِوا کیا میرے نامے میں بھلا نکلے

کرم سے اُس گھڑی سرکار! پردہ آپ رکھ لینا
سرِ مَحْشَر مِرے عیبوں کا جس دم تذکِرہ نکلے

نظر آئیں جُوں ہی سرکار مَحْشَر میں مِرے لب سے
یہ نعرہ یارسولَ اللّٰہ کا بے ساختہ نکلے

اگرچہ دولتِ دنیا مِری سب چھین لی جائے
مرے دِل سے نہ ہرگز یانبی تیری وِلا[1] نکلے

[1]: مَحبَّت

پڑوسی خُلد میں یارَب! بنادے اپنے پیارے کا
یہی ہے آرزو میری یہی دِل سے دعا نکلے

تجھے ہرگز گوارا ہو نہیں سکتا کہ مَحْشَر میں
جہنَّم کی طرف روتا ہوا تیرا گدا نکلے

رسولِ پاک سے میرا سلامِ شوق کہہ دینا
قریبِ گُنْبَدِ خَضْرا تُو جب بادِ صبا نکلے

تَلاطُم خیز موجیں ہیں تھپیڑوں پر تھپیڑے ہیں
مِری نیّا بھنور سے اب سلامت ناخُدا نکلے

الٰہی موت آئے گُنْبَدِ خَضْرا کے سائے میں
مدینے میں جنازہ دھوم سے عطّار کا نکلے

مُعاف کرو مُعافی پاؤ

فرمانِ مصطفٰے صلَّی اللّٰہ تعالٰی علیہ واٰلہٖ وسلَّم: رحم کیا کرو تم پر رحم کیا جائے گا اور مُعاف کرنا اِختیار کرو اللہ عَزَّوَجَلَّ تمہیں مُعاف فرمادے گا۔(مُسند اِمام احمد ج۲ ص۶۸۲ حدیث۷۰۶۲)

سِلسلہ آہ!گناھوں کا بڑھا جاتا ھے

سِلسلہ آہ! گناہوں کا بڑھا جاتا ہے
نِت نیا جرم ہر اک آن ہوا جاتا ہے

قَلْب پتّھر سے بھی سختی میں بڑھا جاتا ہے
خَول پر خَول سیاہی کا چڑھا جاتا ہے

نَفْس و شیطان کی ہر آن اطاعت پر دل
آہ! مائل مِرے اللہ ہوا جاتا ہے

لاؤں وہ اشک کہاں سے جو سیاہی دھوئیں
گندگی میں مِرا دل حد سے بڑھا جاتا ہے

عارِضی آفتِ دنیا سے تو ڈرتا ہے دل
ہائے بے خوف عذابوں سے ہوا جاتا ہے

یہ تِرا جسم جو بیمار ہے تشویش نہ کر
یہ مَرَض تیرے گناہوں کو مِٹا جاتا ہے

اَصْل بربادکُن اَمراض گناہوں کے ہیں
بھائی کیوں اِس کو فراموش کیا جاتا ہے

اَصْل آفت تو ہے ناراضیِ ربِّ اکبر
اس کو کیوں بھول کے برباد ہوا جاتا ہے

اَلْمدد یاشہِ اَبرار مدینے والے
قَلْب سے خوفِ خدا دور ہوا جاتا ہے

آہ! دولت کی حفاظت میں تو سب ہیں کوشاں
حِفْظِ ایماں کا تصوُّر ہی مِٹا جاتا ہے

یاد رکھّو! وُہی بے عَقْل ہے اَحْمق ہے جو
کثرتِ مال کی چاہت میں مرا جاتا ہے

اپنی الفت کا مجھے جام پلادو ساقی
قَلْب دنیا کی مَحبّت میں پھنسا جاتا ہے

امتِحاں کے کہاں قابل ہوں میں پیارے اللہ
بے سبب بَخْش دے مولیٰ تِرا کیا جاتا ہے

آہ! جاتی نہیں ہے عادتِ یاوہ گوئی — وقت، انمول یوں برباد ہوا جاتا ہے
آہ! آنسو غمِ دنیا میں بہے جاتے ہیں — دل بھی دنیا کے غموں ہی میں جلا جاتا ہے
اپنا غم ایسا عطا کر کہ کلیجا پھٹ جائے — دیکھ کے سب کہیں دیوانہ چلا جاتا ہے
ولولہ سنّتِ محبُوب کا دے دے مالِک — آہ! فیشن پہ مسلمان مرا جاتا ہے
تیرے دیوانے مدینے کے لیے ہیں بیتاب — جانے کب اِذْن، مدینے کا دیا جاتا ہے
آخِری وقت ہے آ جا مِرے مَدنی آ جا — آہ! مجرِم ترا دنیا سے شہا جاتا ہے
جلوۂ پاک دکھا جا مِرے مَدنی آ جا — آہ مجرِم ترا دنیا سے شہا جاتا ہے
مجھ کو اب کلمہ پڑھا جا مِرے مَدنی آ جا — آہ مجرِم ترا دنیا سے شہا جاتا ہے
مجھ کو قدموں سے لگا جا مِرے مَدنی آ جا — آہ مجرِم ترا دنیا سے شہا جاتا ہے
میرے عِصیاں کو مٹا جا مِرے مَدنی آ جا — آہ مجرِم ترا دنیا سے شہا جاتا ہے
میرے آقا سرِ محشر مِرا پردہ رکھنا — راز عیبوں کا مِرے فاش ہوا جاتا ہے
آؤ اب بَہرِ شَفاعت مِرے شافع آؤ — آہ بدکار عذابوں میں گھرا جاتا ہے
مُسکرا کر مِری سرکار مجھے کہہ دو نا — آ تجھے دامنِ رَحْمت میں لیا جاتا ہے

کاش! عطّاؔر سے فرمائیں قِیامت میں حُضُور
لے مبارَک کہ تجھے بخش دیا جاتا ہے

عزیزوں کی طرف سے جب مِرا دِل ٹوٹ جاتا ھے

(اس کلام میں مختلف اسلامی بھائیوں کے جذبات واِحساسات کی عکّاسی کی گئی ہے)

عزیزوں کی طرف سے جب مِرا دل ٹوٹ جاتا ہے
تِرا لطف و کرم بڑھ کر مِری ڈھارس بندھاتا ہے

نبی کے نُور کا صدقہ خدایا جگمگا دینا
کرم! یارب! اندھیرا قبر کا مجھ کو ڈراتا ہے

مُسَلسَل موت نزدیک آرہی ہے ،ہائے! بربادی
کرم! مولیٰ! گناہوں کا مَرَض بڑھتا ہی جاتا ہے

الٰہی! واسِطہ پیارے کا، میری مَغْفِرت فرما
عذابِ نار سے مجھ کو خدایا خوف آتا ہے

تِری سُنَّت پہ چلتا ہوں،تو طعنے لوگ دیتے ہیں
شَہَنْشاہِ مدینہ!نفس بھی بے حد ستاتا ہے

مُبارَک باد دیتے ہو مجھے،تم بھائیو حج کی

مدینہ چھوڑنے کا غم مجھے تو کھائے جاتا ہے

مَصَائب میں کبھی حَرفِ شِکایت لَب پہ مت لانا

وہ کر کے مُبتَلا بندوں کو اپنے آزماتا[1] ہے

نئی اُمّید ملتی ہے، دِلِ مایوس کو پھر سے

مجھے شاہِ مدینہ! جب مدینہ یاد آتا ہے

مُجھے لگتا ہے وہ میٹھا،مُجھے لگتا ہے وہ پیارا

عِمامہ سَر پہ، زُلفیں اور داڑھی جو سجاتا ہے

خدا ٹھنڈی کرے گا اُس کی آنکھیں حَشر میں عطّار

یہاں جو سوزِ اُلفت میں جِگر اپنا جلاتا ہے

مــــــــــــــــــــــــــــــــدینه

[1]: اللہ عَزَّوَجَلَّ ارشاد فرماتا ہے: وَلَنَبْلُوَنَّكُمْ بِشَيْءٍ مِّنَ الْخَوْفِ وَالْجُوْعِ وَنَقْصٍ مِّنَ الْاَمْوَالِ وَالْاَنْفُسِ وَالثَّمَرٰتِ ؕ (پ۲، البقرہ:۱۵۵)

ترجَمۂ کنز الایمان: اور ضرور ہم تمہیں آزمائیں گے کچھ ڈر اور بھوک سے اور کچھ مالوں اور جانوں اور پھلوں کی کمی سے۔

غمِ فُرقت دلِ عُشّاق کو بے حد رُلاتا ھے

غمِ فُرقت دلِ عُشّاق کو بے حد رُلاتا ہے
تڑپ اُٹھتے ہیں جب اُن کو مدینہ یاد آتا ہے

مجھے اُس کے مُقدّر پر بڑا ہی رَشک آتا ہے
مدینے کی طرف کوئی مُسافِر جب بھی جاتا ہے

مجھے اُس وَقت دیوانے پہ بے حد پیار آتا ہے
غمِ ہِجْرِ مدینہ میں وہ جب آنسو بہاتا ہے

یہ بیمارِ مدینہ ہے طبیبو! تم نہ سمجھو گے
تڑپتا ہے اِسے جِس دَم مدینہ یاد آتا ہے

دکھادو سبز گُنبْد کی بہاریں یارسولَ اللّٰہ
نہ جانے کب مدینے کا بُلاوا مجھ کو آتا ہے

مدد سرکار فرماتے ہیں دیوانہ اگر کوئی
تڑپ کر یارسولَ اللّٰہ کا نعرہ لگاتا ہے

عطا کردو عطا کردو بقیعِ پاک میں مدفَن
مجھے گورِ غَریبانِ وطن سے خوف آتا ہے

نہیں ہے چاند سورج کی مدینے کو کوئی حاجت
وہاں دن رات اُن کا سبز گُنبد جگمگاتا ہے

حُکومت کی طلب دل میں، نہ خواہش تاجِ شاہی کی
نظر میں عاشِقوں کے بَس مدینہ ہی سماتا ہے

سخاوت بھی ترے گھر کی عنایت بھی ترے گھر کی
ترے دَر کا سُوالی جھولیاں بَھر بَھر کے لاتا ہے

عِبادت ہو تو ایسی ہو، تِلاوت ہو تو ایسی ہو
سرِ شَبّیر تو نیزے پہ بھی قُرآں سُناتا ہے

برستی ہے خدا کی اُس پہ رَحمت جھوم کر عطّار
غمِ محبوب میں جو کوئی دو آنسو بہاتا ہے

مصطَفٰے کا کرم ہوگیا ہے، دل خوشی سے مِرا جھومتا ہے

مصطَفٰے کا کرم ہوگیا ہے، دل خوشی سے مِرا جھومتا ہے
اِذْن پھر حاضِری کا ملا ہے، قافِلہ سُوئے طیبہ چلا ہے
کُوچ کا وقت اب آچکا ہے، قافِلہ پھر مدینے چلا ہے
منہ دکھاؤں گا کس طَرح ان کو، پاس حُسنِ عمل میرے کیا ہے!
میں مدینے کے قابِل نہیں ہوں، بس نبی نے کرم کردیا ہے
بوجھ عصیاں کا سر پر دھرا ہے، بس گناہوں کا ہی سلسلہ ہے
لُوٹنے کو بہارِ مدینہ، چومنے کو غُبارِ مدینہ
اِذْن سے تاجدارِ مدینہ، تیرے تیرا گدا چل پڑا ہے
مُلْتَجی تجھ سے ہے اِک کمینہ، مانگتا ہے یہ قُفلِ مدینہ
دے کے دیدو اِسے استِقامت، پَست ہمّت یہ کم حوصَلہ ہے
سُوئے طیبہ سفر کرنے والو، لب پہ قُفلِ مدینہ لگالو
آنکھ شرم وحیا سے جھکالو، بس اِسی میں تمھارا بھلا ہے
حاضِری کو ملے چند لمحے بج گئے کوچ کے آہ! ڈنکے
ہے عَجب وَصْل وفُرقت کا سنگم، ہجر کے غم میں دل رو رہا ہے

سَیِّدی مصطفٰے جانِ رَحمت! کیجئے مجھ پہ چشمِ عنایت
دور ہوجائے دِل کی قَساوَت[1] تجھ کو صِدّیق کا واسِطہ ہے

یانبی! مجرم آئے ہوئے ہیں، بارِ عِصیاں اُٹھائے ہوئے ہیں
آس تجھ پر لگائے ہوئے ہیں، تیری رَحمت ہی کا آسرا ہے

میں نے جب بھی عبادت کا سوچا، نَفس نے فوراً اُس دم دَبوچا
نیکیوں کا نہیں سلسلہ کچھ، بس گناہوں میں ہی دل پھنسا ہے

ہے ہَوَس مال کی، قلب بھٹکا، ہر نَفَس[2] ہی ہے بس حُبِّ دنیا
اپنی الفت کا ساغر پِلادو، یاحبیبِ خدا التجا ہے

حُبِّ دنیائے مُردار دِل میں، کرچکی گھر ہے سرکار دِل میں
تم جو آجاؤ دِلدار دِل میں، بس ٹلی دِل سے پھر یہ بلا ہے

یانبی! آپ کے عاشِقوں کو، آپ کی دید کے طالبوں کو
اپنا جلوہ دکھادیجئے نا، ان بچاروں کو ارماں بڑا ہے

عُمر عطّاؔر باوَن برس کی، ہے ہَوَس تجھ کو دُنیا کی پھر بھی
اب تُو جی جی کے کتنا جیئے گا، وقتِ رِحلَت قریب آچکا ہے

قافِلہ ''چل مدینہ'' کا آقا، چل پڑا جانبِ طیبہ مولیٰ
تیرے عُشّاق کے پیچھے پیچھے، تیرا عطّاؔر بھی آرہا ہے

[1] سختی [2] سانس

جو نبی کا غلام ہوتا ہے

(۲۹ربیع الآخر ۱۴۳۲ھ۔ بمطابق4-4-2011)

جو نبی کا غلام ہوتا ہے قابلِ احترام ہوتا ہے
جو کہ خوفِ خدا سے روتا ہو قابلِ احترام ہوتا ہے
جو غمِ مصطفٰے میں روتا ہو قابلِ احترام ہوتا ہے
جو بُرے خاتمے سے ڈرتا ہو قابلِ احترام ہوتا ہے
جو دے نیکی کی دعوت اے بھائی قابلِ احترام ہوتا ہے
جو بھی اپنائے ''مَدَنی اِنْعامات'' قابلِ احترام ہوتا ہے
جو بھی ہے ''قافِلوں[1] کا شَیدائی قابلِ احترام ہوتا ہے
جو بھی رہتا ہے ''مَدَنی حُلیے'' میں قابلِ احترام ہوتا ہے
سنّتیں اُن کی جو بھی اپنائے حَشْر میں شاد کام ہوتا ہے
درسِ فیضانِ سنّت اے بھائی گھر میں دینے سے کام ہوتا ہے
بِھیڑ میں جیسے حَجَرِ اَسْوَد کا دُور سے اِستِلام ہوتا ہے
یوں ہی عُشّاق کا وطن رہ کر ''دُور سے بھی سلام ہوتا ہے''
ہائے دُوری کو ہو گیا عرصہ کب یہ حاضِر غلام ہوتا ہے

ـــــــــدینہ

[1] یعنی دعوتِ اسلامی کے سنّتوں کی تربیت کے مَدَنی قافِلے۔

کب مدینے میں حاضِری ہوگی
جانے کب میرا کام ہوتا ہے

یا نبی یہ غلام کب حاضِر
بہرِ عرضِ سلام ہوتا ہے

جو مدینے کے غم میں روئے وہ
حَشْر میں شاد کام ہوتا ہے

جو دُرُود و سلام پڑھتے ہیں
اُن پہ رب کا سلام ہوتا ہے

کیا دبے دُشمنوں سے وہ، حامی
جس کا خیرُ الْاَنام ہوتا ہے

آزمائِش ہے اُس کی دُنیا میں
جو یہاں نیک نام ہوتا ہے

جو ہو اللہ کا ولی اُس کا
فیض دنیا میں عام ہوتا ہے

جی لگانے کی جا نہیں دنیا
کس کو حاصِل دَوام ہوتا ہے

دارِفانی میں خوش رہے کیسے!
جس کا مُردوں میں نام ہوتا ہے

موت ایماں پہ آتی ہے جس پر
فَضْلِ ربُّ الْاَنام ہوتا ہے

قَبْر روشن اُسی کی ہو جس پر
فَضْلِ ربُّ الْاَنام ہوتا ہے

بے سبب بخشِش اُس کی ہو جس پر
فَضْلِ ربُّ الْاَنام ہوتا ہے

بختور ہے مدینے میں جس کی
عُمْر کا اختِتام ہوتا ہے

جس سے وہ خوش ہوں حَشْر میں حاصِل
اُس کو کوثر کا جام ہوتا ہے

دیکھو عطّار کب مِرا طیبہ
جانے والوں میں نام ہوتا ہے

تمہارا کرم یاحبیبِ خدا ہے

(مکہ مکرمہ سے ٤ محرم الحرام ۱٤۲۲ھ کو مدینۂ منورہ کی حاضِری کیلئے بس میں سُوار ہونے کے بعد اَلْحَمْدُ لِلّٰہ راہِ مدینہ میں یہ اشعار تحریر کرنے کی سعادت حاصل ہوئی)

تمہارا کرم یاحبیبِ خدا ہے — مدینے کی جانب چلا قافِلہ ہے
میں راہِ مدینہ کے قُربان جاؤں — کہ اِس میں سُرور اور مزہ ہی مزہ ہے
مدینے میں "قُفلِ مدینہ" لگاؤں — کرم آپ کیجیے ارادہ مِرا ہے
عبادت سے خالی ہے اَعمالنامہ — سِوا آنسوؤں کے مِرے پاس کیا ہے
نہ کیوں تم پہ اِترائے مجرِم تمہارا — یہاں تو عَدو بھی اَماں پا رہا ہے
نہیں جانتا یہ مدینے کے آداب — یہ تیرا ہے تیرا بھلا یا بُرا ہے
مجھے دیجئے اَشکبار آنکھ آقا — یہ دل سَخت، پتّھر سے بھی ہوگیا ہے
پِلا دے چھلکتا ہوا جامِ الفت — نظر تیری جانب لگی ساقِیا ہے
مدد کیلئے ناخُدا آئیے اب — سفینہ ہمارا بھَنور میں پھنسا ہے
شہا قافِلے کے سبھی زائرِوں نے — مرے ساتھ عہدِ وَفا کرلیا ہے[1]
تمہیں لاج عہدِ وفا کی رکھو گے — کہ ابلیسِ مَردود پیچھے لگا ہے

شَفاعَت کی خیرات لینے کو عطّار
لئے قافِلہ عنقریب آ رہا ہے

---

[1]: "چل مدینہ" کے قافِلے کے بعض اسلامی بھائیوں کی خواہش پر سب نے راہِ مدینہ میں سگِ مدینہ عُفی عنہ کے ہاتھ پر بَیعَت کر کے تادمِ زِیْسْت دعوتِ اسلامی کی مرکزی مجلسِ شوریٰ کے ساتھ وفاداری کا عہد کیا۔

قَلْب میں عشقِ آل رکھا ھے

قَلْب میں عشقِ آل رکھا ہے
خوب اِس کو سنبھال رکھا ہے

ایسا جُود و نَوال[1] رکھا ہے
سب غلاموں کو پال رکھا ہے

شُکْر تیرا کہ ان کی اُمّت میں
مجھ کو اے ذُوالْجلال رکھا ہے

جَمْع کر کے کبھی نہ سَروَر نے
کوئی مال و مَنال رکھا ہے

حُبِّ دنیانے یارسولَ اللّٰہ
مجھ کو مشکِل میں ڈال رکھا ہے

جو بھی دیکھے بنے وہ دیوانہ
اُن میں ایسا جمال رکھا ہے

جلد لیجے خبر گناہوں کے
درد نے کر نِڈھال رکھا ہے

ایسا دو عشق سب کہیں اِس کے
دل میں سوزِ بلال رکھا ہے

نارِ دوزخ جلائے گی کیوں کر
دل میں عشق اُن کا ڈال رکھا ہے

ہوں گنہگار پر غلاموں میں
تم نے اب بھی بحال رکھا ہے

میں نثار آپ نے سدا میرا
ہر قدم پر خیال رکھا ہے

میں جہنّم میں گر گیا ہوتا
آپ ہی نے سنبھال رکھا ہے

[1] بخشش، مہربانی

مصطفٰے نے ہمارے عیبوں پر — پردہ دامن کا ڈال رکھا ہے

شکریہ تم نے آل کا صَدْقہ — میری جھولی میں ڈال رکھا ہے

"چل مدینہ" کی بھیک مل جائے — عاشِقوں نے سُوال رکھا ہے

دیدو زادِ سفر مدینے کا — سائلوں نے سُوال رکھا ہے

دیکھو دیوانو! سبز گُنْبد میں — کیسا حُسن و جمال رکھا ہے

کیوں جہنَّم میں جاؤں سینے میں — عشقِ اَصحاب و آل رکھا ہے

میں کبھی کا بھٹک گیا ہوتا — آپ ہی نے سنبھال رکھا ہے

عاشقِ مال اِس میں سوچ آخِر — کیا عُروج و کمال رکھا ہے؟

تجھ کو مل جائے گا جو قسمت میں — تیری، رِزْقِ حلال رکھا ہے

اِس جہاں کے کمال میں بے شک — اِک نہ اک دن زَوال[۱] رکھا ہے

تجھ سے آقا ترے سُوالی نے — مغفِرت کا سُوال رکھا ہے

سُن لو شیطاں نے ہر سُو شَہوَت کا — خوب پھیلا کے جال رکھا ہے

جنَّتی ہے وہ جس نے سنّت کے — خود کو سانچے میں ڈھال رکھا ہے

۱: ترقّی جاتی رہنا

جو ہے گستاخِ مُصطَفٰے اُس کو میں نے دِل سے نِکال رکھا ہے
کس قدر بختور ہے وہ مومن جس کے پاس اُن کا بال رکھا ہے
مُفلِسی کا میں کیوں کروں شِکوہ نِعمتوں سے نِہال[1] رکھا ہے
مال کی حِرص مت کرو اِس میں دوؔ جہاں کا وَبال رکھا ہے
یہ کرم ہی تو ان کا ہے عطّارؔ
تجھ نکمّے کو پال رکھا ہے

وَسوَسے کے لفظی معنٰی

''وَسوَسہ'' کے لُغوی معنیٰ ہیں: ''دھیمی آواز'' شریعت میں بُرے خیالات اور فاسِد فِکر (یعنی بُری سوچ) کو وَسوسہ کہتے ہیں۔ (اشعہ ج ا ص ۳۰۰)

''تفسیرِ بَغَوِی'' میں ہے: وَسوسہ اُس بات کو کہتے ہیں جو شیطان انسان کے دل میں ڈالتا ہے۔ (تفسیر بغوی ج ٤، ص ٢٠ ، ١٢٧،٥١٨)

[1] :مالا مال۔خوشحال

مُبَارَک ھو حبیبِ ربِّ اَکبر آنیوالا ھے

مُبَارَک ہو حبیبِ ربِّ اَکبر آنے والا ہے
مبارَک! اَنبِیا کا آج اَفسر آنے والا ہے

اندھیروں میں بھٹکتے پھرنے والوں کو مبارَک ہو
تمہیں حق سے ملانے آج رہبر آنیوالا ہے

مبارَک بدنصیبوں کو مبارَک ہو غریبوں کو
جہاں میں بے بسوں کا سایہ گُستر[1] آنے والا ہے

گنہگارو نہ گھبراؤ سِیَہ کارو نہ غم کھاؤ
سنو مُژدہ[2] شَفِیع روزِ مَحْشَر آنے والا ہے

لئے پرچم اُتر آئے ہیں جبریل آسماں سے آج
جہاں میں آج مولیٰ کا پیمبر آنے والا ہے

کرو گھر گھر چَراغاں سبز پرچم آج لہراؤ
مچاؤ مرحبا کی دُھوم سرور آنے والا ہے

---

[1]: سایہ کرنے والا [2]: خوشخبری

اگر نہ آج جھومو گے تو کب جُھومو گے دیوانو!
مچل جاؤ تمہارا آج یاور آنے والا ہے
تَراوَت[1] کیوں نہ ہو حاصل مِرے قلب و جگر کو آج
جہاں میں بَحرِ رَحْمت کا شَناوَر آنے والا ہے
دلِ غمگین کو مل جائے گا سامان راحت کا
سُرورِ دل، قرارِ جانِ مُضْطَر آنے والا ہے
جو ہے سردار، عالَم کے سبھی سجدہ گزاروں کا
خدا کا آج وہ سچّا ثناگر آنے والا ہے
مبارَک غم کے مارو! غم غَلَط ہو جائیں گے سارے
حبیبِ حق مُداوا[2] غم کا لے کر آنے والا ہے
جہاں میں ظُلمتوں کا چاک ہو گا آج سے سینہ
خدا کے فضل سے ماہِ مُنوَّر آنے والا ہے

[1]: تازگی۔ٹھنڈک [2]: علاج

بِحَمْدِاللّٰہ ایماں اب تُو میرا لے نہیں سکتا
ارے چل بھاگ شیطاں میرا یاوَر آنے والا ہے

خبر ہے اَبرِ رَحْمت آج کیوں دنیا پہ چھائے ہیں
جہاں میں رَحْمتوں کا آج پیکر آنے والا ہے

مبارَک ہو حلیمہ سعدیہ تجھ کو مبارَک ہو
تِری گودی میں کُل عالَم کا سرور آنے والا ہے

اُٹھو تعظیم کی خاطِر کہ گھر میں آمِنہ کے اب
وِلادت کا وہ لمحہ کیف آور آنے والا ہے

اٹھاؤ سبز پرچم اور چلو سب آمِنہ کے گھر
لٹانے رَحْمتیں حق کا پَیَمبر آنے والا ہے

تسلّی تو رکھو سیراب بھی ہوجاؤ گے عطّار
چھلکتا جام لے کر شاہِ کوثر آنے والا ہے

ھُوئیں اُمّیدیں بار آوَر مدینہ آنے والا ھے

ہُوئیں اُمّیدیں بار آوَر مدینہ آنے والا ہے
جُھکا لو اب ادب سے سر مدینہ آنے والا ہے

پِلا دے ساقِیا ساغَر مدینہ آنے والا ہے
عطا اب کیف و مستی کر مدینہ آنے والا ہے

عطا ہو مجھ کو چشمِ تَر مجھے دیدو دلِ مُضْطَر
ذرا جلدی مِرے سرور! مدینہ آنے والا ہے

تڑپنے کا قرینہ دو مجھے دو چاک سینہ دو
پئے شَبِّیر اور شَبَّر مدینہ آنے والا ہے

مبارَک ہو گنہگارو! خطا کارو! سِیَہ کارو
تمہیں اب عاصِیو! کیا ڈر مدینہ آنے والا ہے

مدینے کے مسافِر پر چھما چھم رَحْمتوں کی اب
ہے بارِش خوب زوروں پر مدینہ آنے والا ہے

پڑھو اے زائرو! ملکر دُرُود اُن پر سلام اُن پر
لُٹاؤ اَشک کے گوھر مدینہ آنے والا ہے

ٹھَہَر جا روحِ مُضطَر تُو نکل جانا مدینے میں
خُدارا اب نہ جلدی کر مدینہ آنے والا ہے

دُرُودِ پاک کے گجرے سلام و نعت کے تحفے
بڑھو اے زائرو! لیکر مدینہ آنے والا ہے

خوشی سے زائرو! جھومو فضائیں جھوم کر چومو
بس آیا رَوضۂ انور مدینہ آنے والا ہے

نکال اب پاؤں سے جوتا قریبِ طیبہ تُو پہنچا
اے زائر! ہوش اب تو کر مدینہ آنے والا ہے

وہ برسا نور کا جھالا سماں ہے خوب اُجیالا
ہے کیسا دل کُشا منظر مدینہ آنے والا ہے

مبارَک! غم کے ماروں کو مبارَک! بے سہاروں کو
کُھلے ہیں رَحمتوں کے در مدینہ آنے والا ہے

فضائیں بھی منوّر ہیں، ہوائیں بھی مُعطَّر ہیں
سماں رنگین و کیف آور مدینہ آنے والا ہے

مِری ہو آرزو پوری مجھے مل جائے منظوری
بقیعِ پاک کی سروَر مدینہ آنے والا ہے

وسیلہ چار یاروں کا اُحُد کے جاں نثاروں کا
دکھا دو اِک جھلک سرور مدینہ آنے والا ہے

نکالو، مصطَفٰے پیارے! خیالِ غیر اب سارے
ہمارے قَلْب سے باہَر مدینہ آنے والا ہے

اٹھو تعظیم کی خاطِر پڑھو تکریم کی خاطِر
سلام اے زائرو! ملکر مدینہ آنے والا ہے

اٹھو عطّار اب اٹھو! ذرا وہ غور سے دیکھو
ہے چھایا نور ہر شے پر مدینہ آنے والا ہے

مُجھے اُس کی قِسمت پہ رَشک آرہا ھے

مجھے اُس کی قِسمت پہ رَشک آرہا ہے مدینے کا جس کو بُلاوا مِلا ہے
یہ جو ہچکیاں باندھ کر رو رہا ہے غمِ ہجر نے اِس کو تڑپا دیا ہے
طبیبو! تُمہارا یہاں کام کیا ہے! کہ یہ تو مریضِ حبیبِ خُدا ہے
ترے عاشِقوں کو قرار آئے کیونکر؟ مدینے سے دُوری بڑی جانگُزا ہے
بُلالو! اِسی سال آقا بُلالو! شہا! حج کا موسم قریب آرہا ہے
ترے دَر کے ہوتے کہاں جائیں آقا کہ تُو ہی غریبوں کا اِک آسرا ہے
ہماری تمنّائیں بر آئیں مولیٰ! ہمارا تو سب حال تم پر کُھلا ہے
سَفینہ کبھی کا مِرا ڈوب جاتا تری رَحمتوں نے سہارا دیا ہے
نگاہِ کرم حالِ خَستہ جگر پر تَسَلسُل گُنہ کا بڑھا جارہا ہے

شِفا دو گناہوں کے اَمْراض سے اَب — کہ بیمارِ عِصیاں مَرا جارہا ہے
غمِ دو۲ جہاں سے چُھڑا کے خُدایا — غمِ مُصطَفٰے دے یہی اِلتجا ہے
مدینہ ہو سینہ تو سینہ مدینہ — مِری زندَگی کا یہی مُدَّعا ہے
رہے وِردِ لب بس مدینہ مدینہ — یہی آرزُو یارَسُولِ خُدا ہے
مُبَلِّغ بنوں کاش! میں سُنّتوں کا — سَدا دیں کی خدمت کروں یہ دُعا ہے
حبیبِ خُدا آ کے چمکایئے اب — اندھیرا مِری قبْر میں چھا رہا ہے
پئے پیر و مُرشِد بقیعِ مُبارَک — عطا ہو یہ ٹُوٹے دِلوں کی صَدا ہے
شہا! مُسکراتے ہوئے آ بھی جاؤ! — کہ دِل شورِ محشَر سے گھبرا رہا ہے
شہا! اپنی جنّت میں قدموں میں رکھنا — یہی عاجِزانہ مِری اِلْتجا ہے

نہ قدموں سے عطّار کو دُور کرنا
یہ تیرا گدا ہے بھلا یا بُرا ہے

تمہارے مقدّر پہ رشک آرہا ہے

(نواسیوں اوران کے ماں باپ کے عزمِ مدینہ کے پُرکیف موقع پر منظوم دعائیں اور نیکی کی دعوت)

(٥ شوال المکرم ١٤٣٤ھ .12.09.13)

تمہارے مقدّر پہ رشک آرہا ہے مدینے کا تم کو بُلاوا ملا ہے
خدا اور نبی کا کرم ہو گیا ہے سفر سوئے طیبہ مِری آل کا ہے
سبھی بچّیوں کے ہمراہ ماں باپ چلا حج کو ننّھا سا یہ قافلہ ہے
خدائے محمد ہو حامی و ناصر سفر خیریت سے ہو میری دعا ہے
زبان اور آنکھوں کا قفلِ مدینہ لگا لو تمہارا اِسی میں بھلا ہے
تم اِحرام میں خوب لبیک پڑھنا ثواب اس میں لاریب حد سے سوا ہے
حجازِ مقدّس کی گلیوں میں ہرگز نہ تم تھوکنا یہ مِری التجا ہے
ادب خوب مکّے مدینے کا کرنا یہی اولیا کا طریقہ رہا ہے
جو ہے باادب وہ بڑا بانصیب اور جو ہے بے ادب وہ نہایت بُرا ہے
نظر پیارے کعبے پہ پہلی پڑے جب تو رو رو کے کرنا دعا مشورہ ہے
وہاں خوب رو رو کے کرنا دُعائیں کہ در ہر گھڑی رحمتوں کا کھلا ہے

نظر سبز گُنبد کو جس وقت چُومے ادب سے جھکا لینا سر اِلتجا ہے
دُرُود و سلام اور نعتوں کی دھومیں مچانا کہ یہ رُوح و دل کی غِذا ہے
عبادت ریاضت تلاوت سے غفلت نہ کرنا کہ موقَع سُنہری مِلا ہے
مدینے میں مکّے میں اِک ایک قرآں جو کرتا ہے ختم اُس کی تو بات کیا ہے!
خریداریوں میں تم انمول اوقات نہ ہرگز گنوانا مِرا مشورہ ہے
بَہُت کھانے پینے سے پرہیز کرنا کہ بِسیار خوری میں نقصاں بڑا ہے
پریشانیوں میں زَباں بند رکھنا کیے جانا صَبْر اَجْر اس میں بڑا ہے
کوئی جھاڑ دے تب بھی نرمی بَرَتنا کیے جانا صَبْر اَجْر اِس میں بڑا ہے
گو آفات و اَمراض ڈیرا جمائیں کیے جانا صَبْر اَجْر اِس میں بڑا ہے
طواف و سعی گرچہ تم کو تھکا دیں کیے جانا صَبْر اَجْر اِس میں بڑا ہے
مِنیٰ اور عَرفات میں بھیڑ ہو گی کیے جانا صَبْر اَجْر اِس میں بڑا ہے

دعاؤں میں عطّار کو یاد رکھنا
سلام اُن سے کہنا یہی اِلتجا ہے

افسوس وقتِ رخصت نزدیک آرہا ہے

افسوس وقتِ رخصت نزدیک آرہا ہے
اِک ہُوک اٹھ رہی ہے دل بیٹھا جارہا ہے
دل میں خوشی تھی کیسی جب میں چلا تھا گھر سے
دل غم کے گہرے دریا میں ڈوبا جارہا ہے
ہے فرقتِ مدینہ سے چاک چاک سینہ
ابرِ سیاہ غم کا اب دل پہ چھا رہا ہے
آنکھ اشکبار ہے اب دل بے قرار ہے اب
دل کو جدائی کا غم اب خوں رُلا رہا ہے
کیوں سبز سبز گُنبُد پر ہو گیا نہ قرباں
اے زائرِ مدینہ! تُو بھول کھا رہا ہے
افسوس! چند گھڑیاں طیبہ کی رہ گئی ہیں
دل میں جدائی کا غم طوفاں مچا رہا ہے

کچھ بھی نہ کرسکا ہوں ہائے ادب یہاں کا
یہ غم مِرے کلیجے کو کاٹ کھا رہا ہے

اب روح بھی ہے مَغموم اور جان بھی ہے حَیراں
بادَل غم و اَلَم کا ہر سَمت چھا رہا ہے

موت آپ کی گلی کی بہتر ہے زندگی سے
ہائے مقدّر ان کا در کیوں چُھڑا رہا ہے

افسوس چل دیا ہے اب قافِلہ ہمارا
ہر ایک غم کا مارا آنسو بہا رہا ہے

دل خون رو رہا ہے آنسو چھلک رہے ہیں
میری نظر سے طیبہ اب چُھپتا جا رہا ہے

آہ! اَلفِراق آقا! آہ! الوداع مولیٰ
اب چھوڑ کر مدینہ عطّار جا رہا ہے

مجھے بلالو شہِ مدینہ یہ ہجر کا غم ستا رہا ہے

مجھے بُلالو شہِ مدینہ، یہ ہِجْر کا غم ستا رہا ہے
میں در پہ آؤں یہی تو اَرمان دل میں طُوفاں مچا رہا ہے

ہے سہنا دُشوار یہ جُدائی، مِری ہو در تک شہا رَسائی
نہیں بھروسا ہے زندگی کا ، یہ دل مِرا ڈوبا جا رہا ہے

نہیں تمنائے مال و دولت، نہیں مجھے خواہشِ حُکومت
مِری نظر میں حسین و دلکش، وہ سبز گُنْبد سما رہا ہے

یہی تو حسرت رہی ہے دل میں، مجھے اَجَل بھی وہیں پہ آئے
جہاں پہ آقا ہے پیارا روضہ ، یہی تو ارماں سدا رہا ہے

ہے جھولی خالی اے شاہِ عالی کھڑا ہے در پر تِرا سُوالی
غریب منگتا مُرادیں لینے، کو ہاتھ گندے بڑھا رہا ہے

اے بینواؤ! گداؤ آؤ!، پَسارے دامن صَفیں بناؤ
خزانہ رَحْمت کا بانٹتا وہ، خدا کا محبوب آ رہا ہے

گدائے در جاں بَلب ہے آقا، نِقاب اُٹھاؤ دکھا دو جلوہ
ہو تِشنۂ دید پر عنایت، جہاں سے پیاسا ہی جا رہا ہے

میں گورِ تیرہ میں آپڑا ہوں، فِرِشتے بھی آ چکے ہیں سر پر
چلے گئے ناز اٹھانے والے، ترا ہی اب آسرا رہا ہے

ہے نَفسی نَفسی چَہار جانِب، نثار جاؤں کہاں ہو مولیٰ
چُھپا لو دامن میں پیارے آقا، یہ شورِ مَحْشَر ڈرا رہا ہے

خدائے غفّار بخش دے اب حبیب کی لاج رکھ ہی لے اب
ہمارا غم خوار فکرِ اُمّت، میں دیکھ آنسو بہا رہا ہے

صَبا جو پھیرا ہو کُوئے جاناں، تو غمزدہ کا سلام کہنا
یہ عرض کرنا غریب عطّار کب مدینے کو آ رہا ہے

دل میں نورِ ایمان پانے کا ایک سبب

حدیثِ پاک میں ہے: ''جس شخص نے غُصّہ ضَبط کرلیا باوُجُود اِس کے کہ وہ غُصّہ نافِذ کرنے پر قُدرت رکھتا ہے **اللہ** عَزَّوَجَلَّ اُس کے دل کو سکون و ایمان سے بھر دیگا۔'' (الجامع الصغیر ص ٥٤١ حدیث ٨٩٩٧)

نور والا آیا ھے ہاں نور لیکر آیا ھے

(یہ کلامِ نور ۱۹ ربیع الاول ۱۴۳۲ھ کو موزوں کیا)

نور والا آیا ہے ہاں نور لیکر آیا ہے[1]
سارے عالم میں یہ دیکھو نور کیسا چھایا ہے

چار جانب روشنی ہے سب سماں ہے نور نور
حق نے پیدا آج اپنے پیارے کو فرمایا ہے

آؤ آؤ نور کی خیرات لینے کو چلیں
نور والا آمِنہ بی بی کے گھر میں آیا ہے

آگے پیچھے دائیں بائیں نور ہے چاروں طرف
آ گیا ہے نور والا، نور والا آیا ہے

ہو رہی ہیں چار جانب بارشیں انوار کی
چھاگئی نکہت گلوں پر ہر شَجر اِٹھلایا ہے

[1]: مطلع کسی نامعلوم شاعر کا ہے۔

ذرّہ ذرّہ جگمگایا ہر طرف آیا نکھار
گویا ساری ہی فضا کو نور میں نہلایا ہے
نور والے کے رُخِ روشن کی کیا تعریف ہو
چہرۂ انور کے آگے چاند بھی شرمایا ہے
چھت پہ کعبے کی اُتر کر حکمِ ربِّ پاک سے
حضرتِ جبریل نے جھنڈا وہاں لہرایا ہے
چار سُو چھائی ہوئی تھیں کُفْر کی تاریکیاں
تم نے آ کر نور سے سَنْسار کو چمکایا ہے
جوں ہی آمد ماہِ میلادِ مبارک کی ہوئی
اہلِ ایماں جھوم اُٹھے شیطاں کو غصّہ آیا ہے
جب اندھیرے گھر میں آئے نور سے گھر بھر گیا
گمشدہ سُوئی کو بی بی عائشہ نے پایا ہے

اے خدائے دو جہاں اِحسان تیرا ہے بڑا
تو نے پیدا اُن کی اُمّت میں ہمیں فرمایا ہے
نور والے ہم گنہگاروں کے گھر بھی روشنی
آ کے کر دو، نور تم نے ہر جگہ پھیلایا ہے
اپنا جانا اور ہے اُن کا بُلانا ہے دِگر
خوش نصیبی اُن کی جن کو شاہ نے بُلوایا ہے
مجھ کو ڈھارس ہے غلامِ سیّدِ اَبرار ہوں
ماسِوا پلّے میں میرے کچھ نہیں سرمایہ ہے
نور والے! اب خدارا مسکراتے آیئے
روشنی ہو قبْر میں ہائے! اندھیرا چھایا ہے
سن لے شیطاں تُو دبا سکتا نہیں عطّار کو
دو جہاں میں اِس پہ میٹھے مصطفٰے کا سایہ ہے

مرحبا! مقدّر پھر آج مسکرایا ھے

مرحبا! مقدّر پھر آج مسکرایا ہے
پھر مجھے مدینے میں شاہ نے بلایا ہے
خوب مسجِدِ نَبَوی کا حسین ہے منظر
سبز سبز گُنبَد پر کیسا نور چھایا ہے
میری گندی آنکھوں کو ان نِجس نگاہوں کو
شکریہ مدینے کا باغ پھر دکھایا ہے
مجھ سا پاپی اور بدکار اور آپ کا دربار!
بِالیقین مجھ پر بھی رَحمتوں کا سایہ ہے
یانبی! شِفا دیدو ازپئے رضا دے دو
خوب زور، عِصیاں کے روگ[1] نے دکھایا ہے
جس کو سب نے ٹھکرایا اور دل کو تڑپایا
صَدقے جاؤں اس کو بھی آپ نے نبھایا ہے

[1] : بیماری

نفرتوں کے دَلدَل میں دشمنوں کے چُنگل میں
جب کبھی پھنسا ہوں میں آپ نے بچایا ہے
عادتیں گناہوں کی ہائے! کم نہیں ہوتیں
آہ! نفس و شیطاں نے زور سے دبایا ہے
واری جاؤں میں تم پر آ بھی جاؤ اب سرور!
کوئی دم کا ہوں مِہماں دم لبوں پر آیا ہے
حق نے کردیا مالک تم کو سب خزانوں کا
تم نے ہی کِھلایا ہے تم نے ہی پِلایا ہے
کیوں فِدا نہ ہو عطّار آپ پر شہِ ابرار
اِس کو اپنے دامن میں آپ نے چھپایا ہے
آپ کے کرم سے یہ دھوم ہے قِیامت میں
دیکھو دیکھو عطّار اب کتنا خوش آیا ہے

اے خاکِ مدینہ تِرا کہنا کیا ھے

اے خاکِ مدینہ! ترا کہنا کیا ہے ۔۔۔ تُجھے قُربِ شاہِ مدینہ مِلا ہے
شَرَف مصطَفٰے کے قدم چُومنے کا ۔۔۔ تجھے بارہا خاکِ طیبہ مِلا ہے
مُعَطَّر ہے کتنی تُو خاکِ مدینہ ۔۔۔ کہ خوشبوؤں سے ذرّہ ذرّہ بسا ہے
لگاؤ تم آنکھوں میں خاکِ مدینہ ۔۔۔ کوئی اِس سے بہتر بھی سُرمہ بَھلا ہے!
مریضو! اُٹھا کر کے خاکِ مدینہ ۔۔۔ کو لے جاؤ! اِس میں یقیناً شِفا[1] ہے
مدینے کی مِٹّی ذرا سی اُٹھا کر ۔۔۔ پیو گھول کر ہر مَرَض کی دَوا ہے
عقیدت سے خاکِ مدینہ بدن پر ۔۔۔ مَلو تُم ہر اِک دَرد کی یہ دَوا ہے
تُجھے واسِطہ خاکِ طیبہ کا یارب! ۔۔۔ عَطا کر غمِ مُصطَفٰے اِلْتِجا ہے
ہمیں موت خاکِ مدینہ پر آئے ۔۔۔ اِلٰہی! یہ تجھ سے ہماری دُعا ہے
مِری نَعْش پر آپ خاکِ مدینہ ۔۔۔ چِھڑکنا مِرے ساتھیو! اِلْتِجا ہے
پسِ مَرگ مولیٰ تُو مِٹّی ہماری ۔۔۔ بِلا خاکِ طیبہ میں یہ اِلْتِجا ہے

بدن پر ہے عطّار کے خاکِ طیبہ
پَرے ہٹ جہنّم ترا کام کیا ہے

---

[1] فرمانِ مُصطَفٰے صلَّی اللہ تعالیٰ علیہ وآلہ وسلَّم ہے: غُبَارُ الْمَدِیْنَةِ شِفَاءٌ مِّنَ الْجُذَامِ یعنی مدینۂ مُنوّرہ کی خاکِ پاک جُذام کے لیے مُوجِبِ شِفا ہے۔ (اَلْجامِعُ الصَّغِیر ص ۳۵۵ حدیث ۵۷۵۳) حضرتِ علّامہ قسطلانی قدس سرہ النورانی فرماتے ہیں: مدینۂ مُنوّرہ زادَھَا اللہُ شَرَفاً وَّ تعظِیْمًا کی ایک خصوصیّت یہ بھی ہے کہ اس کی مبارک خاک کوڑھ اور سفید داغ کی بیماریوں بلکہ ہر بیماری سے شِفا ہے۔
(اَلْمَواھِبُ اللَّدُنِیّۃ لِلْقَسْطَلانی ج۳ ص۴۳۱)

ذرّے ذرّے پہ چھایا ہوا نُور ہے، میرے میٹھے مدینے کی کیا بات ہے

ذرّے ذرّے پہ چھایا ہوا نُور ہے، میرے میٹھے مدینے کی کیا بات ہے
نُور سے سب فَضا اِس کی معمُور ہے، میرے میٹھے مدینے کی کیا بات ہے

نُور پھولوں میں ہے نُور کلیوں میں ہے، نُور بازار میں نُور گلیوں میں ہے
دَشت و کُہسار پر نُور ہی نُور ہے، میرے میٹھے مدینے کی کیا بات ہے

ہر طرف رَحمتوں کی ہے چھائی گھٹا، مَہکی مَہکی ہے کیا خُوب مَدنی فَضا
ذرّے ذرّے پہ قرباں یہاں طُور ہے، میرے میٹھے مدینے کی کیا بات ہے

کیا بیاں دَشتِ طیبہ کی ہوں خُوبیاں، پھُول تو پھُول کانٹے بھی دِلکش یہاں
پتّے پتّے پہ چھایا ہوا نُور ہے، میرے میٹھے مدینے کی کیا بات ہے

کَیف و مَستی میں ڈوبے ہوئے رات دِن، بھینی خوشبُو سے مَہکے ہوئے رات دِن
جس کو دیکھو یہاں آ کے مَسرُور ہے، میرے میٹھے مدینے کی کیا بات ہے

باغِ طَیبہ میں رہتی ہے ہَر دم بَہار، آ کے دیکھو یہاں کا سَماں خُوشگوار
سب فَضا اِس کی خُوشبو سے بَھرپُور ہے، میرے میٹھے مدینے کی کیا بات ہے

غمزدہ جو بھی دربار میں آگیا، شاہ کی وہ نگاہِ کرم پاگیا
سارا رنج و الم اس کا کافور ہے، میرے میٹھے مدینے کی کیا بات ہے

دیکھو طیبہ کو کیسی فضیلت ملی، قبر انور اِسی میں بنائی گئی
گُنبدِ سبز ہر آنکھ کا نور ہے، میرے میٹھے مدینے کی کیا بات ہے

سبز گُنبد کے جلووں پہ قُربان جاں، بلکہ قُربان ہے حُسنِ کون ومکاں
ہر مَنارے پہ چھایا ہوا نور ہے، میرے میٹھے مدینے کی کیا بات ہے

خاکِ طیبہ میں رکّھی ہے رب نے شِفا، ساری بیماریوں کی ہے اِس میں دَوا
اِس کی بَرکت سے ہر اِک مَرض دُور ہے، میرے میٹھے مدینے کی کیا بات ہے

آس مُجھ کو تمہارے کرم کی شہا، بھیک دے دو مجھے اپنے غم کی شہا!
کہہ دو آقا! تری عَرض منظور ہے، میرے میٹھے مدینے کی کیا بات ہے

پھر کرم اس پہ سرکار کا ہوگیا، بخت بیدار عطّار کا ہوگیا
روبرو روضۂ پاک کا نور ہے، میرے میٹھے مدینے کی کیا بات ہے

مُرتَد کی تعریف

جو اسلام کے بعد کسی ایسے اَمر کا انکار کرے جو **ضَروریاتِ دین** سے ہو۔ یعنی زَبان سے **کلِمۂ کُفْر** بکے جس میں تاویلِ صحیح کی گُنجائش نہ ہو۔ یوہیں بعض اَفعال (کام) بھی ایسے ہیں جن سے کافر ہوجاتا ہے مَثَلاً بُت کو سجدہ کرنا، مُصحَف شریف (قرانِ پاک) کو نَجاست کی جگہ پھینک دینا۔ (بہارِ شریعت حصہ۹ ص۱۷۳ مکتبۃ المدینہ باب المدینہ کراچی)

ہے آج جشنِ ولادت نبی کی آمد ہے

(١٤ صفر المُظفَّر ١٤٢٨ھ کو یہ کلام قلمبند کیا گیا)

ہے آج جشنِ وِلادت نبی کی آمد ہے
جلاؤ شمعِ مَحَبَّت نبی کی آمد ہے

جہاں میں بجتی ہے نَوبت نبی کی آمد ہے
سُناؤ سب کو بِشارت نبی کی آمد ہے

ہوئی خدا کی عِنایت نبی کی آمد ہے
سجائے تاجِ شَفاعت نبی کی آمد ہے

گُلوں پہ چھا گئی نُزہت نبی کی آمد ہے
چمن میں پھیلی ہے نَکہت نبی کی آمد ہے

ہے اِک عجیب سی فرحت نبی کی آمد ہے
دلوں پہ طاری مَسرَّت نبی کی آمد ہے

نہ کیوں ہو وَجد میں قِسمت نبی کی آمد ہے
نہیں خوشی کی نہایَت نبی کی آمد ہے

الٰہی! کرلوں زِیارت نبی کی آمد ہے
عطا ہو چشمِ بَصیرت نبی کی آمد ہے

ہے خوب بارشِ رَحمت نبی کی آمد ہے
نہالو پاؤ گے بَرکت نبی کی آمد ہے

ہُوا ہے وا درِ رَحمت نبی کی آمد ہے
خدا سے مانگ لو جنّت نبی کی آمد ہے

برائے رُشد و ہدایت نبی کی آمد ہے
سُنانے نیکی کی دعوت نبی کی آمد ہے

عَدو پہ چھائی ہے ہَیبت نبی کی آمد ہے
ملی ہے خاک میں نَخوَت نبی کی آمد ہے

بُتوں کی آگئی شامت نبی کی آمد ہے
مٹے گی کُفر کی ظُلمت نبی کی آمد ہے

خوشی کی آ گئی ساعت نبی کی آمد ہے
مناؤ جشنِ ولادت نبی کی آمد ہے

سجاؤ گھر کو چراغاں کرو محلّے میں
مناؤ جشنِ ولادت نبی کی آمد ہے

مچاؤ دھوم سبھی مرحبا کے نعروں کی
مناؤ جشنِ ولادت نبی کی آمد ہے

سجا دو کُوچہ و بازار سبز جھنڈوں سے
مناؤ جشنِ ولادت نبی کی آمد ہے

پکارو زور سے دیوانو! یارسولَ اللہ
ملے گی قلب کو راحت نبی کی آمد ہے

اُٹھو ادب سے صلوٰۃ وسلام پڑھتے ہیں
اب آیا وقتِ ولادت نبی کی آمد ہے

پڑھو سلام کرو ڈُوب کر مَحبّت میں
دُرُودِ پاک کی کثرت نبی کی آمد ہے

کرم کے در ہیں کُھلے جھوم کر برستی ہے
خُدائے پاک کی رَحمت نبی کی آمد ہے

کرو خدا سے دعائیں نہ ہو گی مایوسی
کُھلا ہے بابِ اِجابت نبی کی آمد ہے

ہے شاد شاد مسلماں مگر عدو ناخوش
ہے ٹوٹی اس پہ قیامت نبی کی آمد ہے

جُلوسِ جشنِ ولادت میں نعت کی دھومیں
مچاؤ ہے یہ سعادت نبی کی آمد ہے

خوشی سے آج تو لوٹوں گا خوب مچلوں گا
جہاں میں ماہِ رسالت نبی کی آمد ہے

گھر آمِنہ کے چلو چل کے عرض کرتے ہیں
ہمیں ہو بھیک عِنایت نبی کی آمد ہے

اے غمزدو! ہو مبارک کہ غم غلَط ہو نگے ملے گی اب تمہیں راحت نبی کی آمد ہے
خوشی سے پھولے سماتے نہیں ہیں عُشّاق آج ہے چھائی رُخ پہ بَشاشَت نبی کی آمد ہے
کرو گناہوں سے توبہ تو خوش خُدا ہوگا بہاؤ اشکِ نَدامت نبی کی آمد ہے
الٰہی! جشنِ ولادت کا واسِطہ ہم کو عذاب سے دے بَراءَت نبی کی آمد ہے
بڑھا کے کاسئہ دل آج مانگ لو منگتو تم اُن سے اُن کی مَحَبَّت نبی کی آمد ہے
نہ مانگنے میں کسر سائلو کوئی رکھنا جو چاہو مانگ لو نعمت نبی کی آمد ہے
سبھی نبی صَفیں باندھے کھڑے ہیں اَقصیٰ میں ہوئی برائے اِمامت نبی کی آمد ہے
اندھیری گور میں گھبراؤ مت گنہگارو لو کر لو تم بھی زِیارت نبی کی آمد ہے
جو خوش نصیب ہیں وہ اپنے ربّ کی رَحمت سے پئیں گے دِید کا شربت نبی کی آمد ہے
گناہ گارو لِپٹ جاؤ آج قدموں سے کرم سے پاؤ گے جنّت نبی کی آمد ہے
اندھیرا گُھپ تھا چکا چَوند ہوگئی یک دم بِفضلہٖ مِری تُربَت نبی کی آمد ہے
کرم کی بارِشیں ہوں گی اے مجرِمو تم پر ذرا بھی آج ڈرو مت نبی کی آمد ہے
فِرِشتگانِ عذاب اب تو چھوڑ دو مجھ کو ہوئی برائے شَفاعت نبی کی آمد ہے

لِپٹ کے دامنِ رَحمت سے قبر میں عطّار
نکالو آج تو حسرت نبی کی آمد ہے

یارسولَ اللّٰہ !مجرم حاضِرِ دربار ھے

یارسولَ اللّٰہ! مجرم حاضِرِ دربار ہے
نیکیاں پلّے نہیں سر پر گُنہ کا بار ہے
نامۂ اعمال میں کوئی نہیں حُسنِ عمل
پاس دولت نیکیوں کی کچھ نہیں نادار ہے
تم شہِ اَبرار یہ سب سے بڑا عِصیاں شِعار
یوں شَفاعت کا یہی سب سے بڑا حقدار ہے
کردو مالا مال آقا دولتِ اَخلاق سے
خُلق کی دولت سے یہ محروم و بدگفتار ہے
اِس کی آنکھیں پاک کر کے جلوۂ زیبا دکھا
ایک مدّت سے یہ تیرا طالبِ دیدار ہے
گُنبدِ خَضرا پہ آقا جاں مِری قربان ہو
میری دیرینہ یہی حسرت شہِ اَبرار ہے
مسکراتے آؤ آقا آ کے کلمہ بھی پڑھاؤ
ہو کرم شاہِ مدینہ! جاں بلب بیمار ہے
آفتوں نے گھیر رکھا ہے شہا ہر سَمت سے
مُلتجی چشمِ کرم کا بیکس و ناچار ہے
جو ترے در پر جھکا وہ سر بُلندی پا گیا
جو اکڑ کر رہ گیا بے شک ذلیل وخوار ہے
دُشمنوں کے ظلم حد سے بھی تجاوُز کر گئے
آپ سے فریاد مولیٰ حیدرِ کرّار ہے
قَلْبِ مُضْطَر چشمِ تر سوزِ جگر سینہ تپاں
طالبِ آہ و فُغاں جانِ جہاں عطّار ہے

سب گنہگار اِک طرف عطّار اکیلا اک طرف
مجرموں میں منتخَب مجرِم یہی عطّار ہے

جو بھی سرکار کا عاشقِ زار ہے اُس کی ٹھوکر پہ دولت کا انبار ہے

جو بھی سرکار کا عاشقِ زار ہے
اُس کی ٹھوکر پہ دولت کا انبار ہے

سلطنت سے اُسے کیا سَروکار ہے
واسطے اِقتِدار اُس کے بیکار ہے

جو کہ دیوانۂ شاہِ اَبرار ہے
جس کا دِل اُن کی اُلفت سے سَرشار ہے

اُن کی سنّت کا جو آئنہ دار ہے
بس وُہی تو جہاں میں سمجھدار ہے

آتَشِ شوق میں کاش! جلتا رہوں
اور خیالِ مدینہ میں کھویا رہوں

بس ''مدینہ مدینہ'' ہی کرتا رہوں
یہ دُعا میری اے ربِّ غفّار ہے

دُور دنیا کے ہوجائیں رنج و اَلَم
مجھ کو مل جائے میٹھے مدینے کا غم

ہو کرم ہو کرم یاخُدا ہو کرم!
واسِطہ اُس کا جو شاہِ اَبرار ہے

آہ! عِصیاں کے طوفاں میں جانِ چمن
پھنس گیا ہے سفینہ اے شاہِ زَمن

بس تمہیں ایک اُمّید کی ہو کِرَن
تم جو چاہو تو بیڑا مِرا پار ہے

رو رہا ہے یہ جو ہِچکیاں باندھ کر
یاد آیا ہے اِس کو نبی کا نگر

کیا کرو گے طبیبو! اِسے دیکھ کر
چھوڑ دو یہ مدینے کا بیمار ہے

میٹھے میٹھے مدینے کی مہکی فَضا
ہر مسلمان کو یاالٰہی! دِکھا

اُس شہِ کربلا کا تجھے واسِطہ
جو جَوانانِ جنّت کا سردار ہے

آہ! رنج و اَلَم کی نہیں کوئی حد
کام کرتی نہیں اب تو عقل و خِرَد

اَلْمدد اے مِرے رہنُما اَلْمَدد پاؤں زخمی ہیں اور راہ پُر خار ہے
مجھ کو سوزِ بلال اور سوزِ رضا دے دو سوزِ اُویس اور سوزِ ضِیا
واسِطہ تُجھ کو آقا اُسی غوث کا اولیا کا جو سلطان و سردار ہے
بھر کے جاتے ہیں منگتے جہاں جھولیاں بھول جاتے ہیں غم، غم کے مارے جہاں
جس جگہ دُشمنوں نے بھی پائی اَماں میرے میٹھے نبی کا وہ دربار ہے
وہ حبیبِ خدا سرورِ اِنس و جاں جس کے زیرِ تصرُّف ہیں دونوں جہاں[2]
اُس پہ قربان دل اُس پہ قربان جاں جو خدا کی خدائی کا مُختار ہے
اے مقدّر کی رُوٹھی ہواؤ سُنو! حالِ دِل پر نہ یُوں مُسکراؤ سُنو!
آندھیو! گردِشو! تم بھی آؤ سُنو! مصطَفٰے میرا حامی و غمخوار ہے
ٹُوٹے گو سر پہ کوہِ بَلا صَبْر کر اے مُبلِّغ نہ تُو ڈگمگا صَبْر کر
لب پہ حَرفِ شِکایت نہ لا صَبْر کر ہاں یِہی سُنّتِ شاہِ اَبرار ہے
یاحبیبِ خدا مجھ پہ چشمِ عطا کر دو تم از پئے غوث و احمد رضا
لے کر اُمّیدِ عَفْو و کرم سروَرا در پہ حاضِر تُمہارا گنہگار ہے
خواہ دولت نہ دے کوئی ثَروَت[1] نہ دے چاہے عزّت نہ دے کوئی شُہرت نہ دے
تختِ شاہی نہ دے اور حکومت نہ دے
تُجھ سے عطّار تیرا طلب گار ہے

[1]: تَوَنگری، دولتمندی

اے کاش! شبِ تنہائی میں فرقت کا الم تڑپاتا رہے

اے کاش شبِ تنہائی میں، فُرقت کا اَلَم تڑپاتا رہے
لمحہ لمحہ الفت کی آگ کو اور بھی تُو بھڑکاتا رہے
بے تاب جگر، قلبِ مُضْطَر، دے دیجئے سَرْوَر! چشمِ تَر
ہر وقت بھروں ٹھنڈی آہیں، غم تیرا خون رُلاتا رہے
بے چَین رہوں بے تاب رہوں، میں ہچکیاں باندھ کے روتا رہوں
یہ ذوقِ جُنوں بڑھتا ہی رہے، ہر دم یہ مجھ کو رُلاتا رہے
میں عشق میں یوں گم ہو جاؤں، ہرگز نہ پتا اپنا پاؤں
جب جب میں تڑپ کر گر جاؤں، ترا دستِ عنایت اُٹھاتا رہے
جب آؤں مدینے روتا ہوا، ہو سامنے جب رَوضہ تیرا
چِہرے سے نِقاب اُٹھ جائے اور تُو جامِ دید پلاتا رہے
بے کس ہوں شہا! میں دُکھیارا، لوگوں نے مجھے ہے دُھتکارا
تُو ہَمدَم ہے پھر کیا غم ہے، گو سارا جہاں ٹھکراتا رہے

صد شُکر خدایا تُو نے دیا، ہے رَحمت والا وہ آقا
جو اُمّت کے رنج و غم میں، راتوں کو اَشک بہاتا رہے

جب گرمیِ حَشر ہو زوروں پر، اُس وقت تمنّا ہے سَروَر!
ہم پیاس کے ماروں کو کوثر، کے جام پہ جام پلاتا رہے

ہے میری تمنّا ربِّ جہاں، ہر خُرد و کلاں[1] ہر ایک جوَاں
ہر ''دعوتِ اسلامی'' والا، سنّت کا علَم لہراتا رہے

ہے تجھ سے دعا ربِّ اکبر! مقبول ہو ''فیضانِ سنّت''
مسجد مسجد گھر گھر پڑھ کر، اسلامی بھائی سناتا رہے

جب میرا یاوَر ہے سَروَر، پھر ڈر محشَر کا ہو کیونکر!
وہ حَشر میں رُسوا کیسے کرے جو عیب یہاں پہ چُھپاتا رہے

جب تن سے جدا ہو جاں مُضطَر اُس وَقت ہو جلوہ پیشِ نظر
ہو قَبر میں بھی سایہ گُستَر[2]، تُو میٹھی نیند سُلاتا رہے

یارب! یہ دعا عطّار کی ہے جس وقت تلک دنیا میں جیئے
محبُوب کی سنّت عام کرے، یہ ڈنکا دیں کا بجاتا رہے

مدینہ

[1] بچّہ اور بوڑھا [2] سایہ کرنے والا

مانگ لو جو کچھ تمھیں درکار ھے

(یہ کلام ۱۷-۱۲-۱٤۲۲ھ کو مدینۃُ المنورہ میں تحریر کرنے کی سعادت حاصل ہوئی)

مانگ لو جو کچھ تمہیں درکار ہے — میرے آقا کا سخی دربار ہے
حاضِرِ دربار ہوں میرے طبیب — دردِ عِصیاں کی دوا درکار ہے
کثرتِ خَندہ[1] سے دل مُردہ ہوا — تجھ سے فریاد اے شہِ اَبرار ہے
قَہقَہہ تم مت لگاؤ بھائیو! — گر لحاظِ گِریۂ سرکار ہے
ذِکرِ حق میں لب کو بس مشغول رکھ — راحتِ دل گر تجھے درکار ہے
دیجئے ''قُفلِ مدینہ'' یہ غلام — آہ! بداَطوار و بدگُفتار ہے
عُمر گھٹتی جا رہی ہے آہ! نَفس! — گرم عصیاں کا مگر بازار ہے
دیس کا گورِ غریباں[2] آہ! آہ! — موت طیبہ کی مجھے درکار ہے
لاج رکھنا حَشر میں بدکار کی — تیرا بندہ[3] ہے گو بداطوار ہے

مــــــــــــــــدینہ

[1] ہنسی [2] قبرِستان [3] شاید کسی کو وسوسہ آئے کہ اِس شعر میں اپنے آپ کو ''نبی کا بندہ'' ظاہر کیا گیا ہے، حالانکہ ہر شخص صِرف اللہ ہی کا بندہ ہے۔ اِس وسوسے کا علاج حاضرِ خدمت ہے۔ چُنانچہ ''فیروزُ اللُّغات'' میں ''بندہ'' کے 12 معنیٰ لکھے ہیں جن میں غلام، ملازِم، خاکسار، حکم ماننے والا اور آدمی وغیرہ شامل ہیں۔ عام بول چال میں ہمارے یہاں لفظ ''بندہ'' آدمی کے معنیٰ میں بکثرت استِعمال ہوتا ہے جیسے کہ پوچھتے ہیں: ہاں بھئی! آپ کے کتنے ''بندے'' ہیں؟ جی جناب! ہمارے بندے پورے ہوگئے، اس کو آنے دو یہ ہمارا بندہ ہے، دکاندار نے اپنا ''بندہ'' بھیج دیا تھا، فُلاں کے دو بندے آئے تھے اور بتا رہے تھے وغیرہ وغیرہ۔ جب عام آدمی بھی ایک دوسرے کو ''اپنا بندہ'' کہہ سکتے ہیں تو اگر کوئی اپنے آپ کو اَنبِیاء کرام علیہم الصلوۃ والسلام یا اولیائے کرام رحمہم اللہ السلام کا ''بندہ'' کہے تو بھلا اس میں کیا مُضایقہ ہوسکتا ہے! میرے آقا اعلیٰ حضرت، اِمامِ اَہلِ سنّت، مولیٰنا شاہ امام اَحمد رضا خان علیہ رَحمۃُ الرَّحمٰن ''فتاوٰی رضویہ'' جلد 24 صَفْحَہ 705 پر نقل کرتے ہیں: امیرُ المُؤمِنین حضرتِ سیِّدُنا فاروقِ اعظم رضی اللہ تعالٰی عنہ نے برسرِ مِنبر خطبے میں فرمایا: میں رسولِ اکرم صلَّی اللہ تعالٰی علیہ واٰلہٖ وسلَّم کے ساتھ تھا، کُنْتُ عَبْدَہٗ وَ خَادِمَہٗ اور میں آپ صلَّی اللہ تعالٰی علیہ واٰلہٖ وسلَّم کا عبد یعنی بندہ اور خادِم تھا۔ (تاریخ دمشق ج ٤٤ ص ٢٦٤)

جانکنی کا وقت ہے یامصطفٰے
جاں بَلَب اب طالبِ دیدار ہے

آپ کے قدموں میں گر کر موت کی
آرزو یا سیّدِ اَبرار ہے

مغفِرت فرما طُفیلِ مُرشِدی
یہ دُعا تجھ سے مِرے غفّار ہے

بُلبلو! تم کو مبارَک پھول ہو
بس گیا طیبہ کا دل میں خار ہے

کیا کروں میں دیکھ کر رنگِ چمن
دشتِ طیبہ سے مجھے تو پیار ہے

سبز گُنبَد کی ضِیائیں مرحبا
مرحبا پُرنور ہر مینار ہے

جگمگاتا ہے مدینہ رات دن
سبز گُنبَد مَنبَعِ انوار ہے

جس کی تُربَت ہے بقیعِ پاک میں
اُس کو حاصل قُربتِ سرکار ہے

مصطَفٰے اِس روز آئے اس لئے
عِیدِ میلادُ النّبی سے پیار ہے

مرحبا! آقا کی آمد مرحبا!
ہم کو اس نعرے سے بے حد پیار ہے

جو کوئی گستاخ ہے سرکار کا
وہ ہمیشہ کے لئے فِی النّار ہے

دُشمنوں کا تنگ گھیرا ہو گیا
رَحْم کی درخواست اب سرکار ہے

آہ! دُشمن خون کا پیاسا ہوا
یانبی! تیری مدد درکار ہے

حاسِدوں کو دے ہدایت یاخدا
اُس کا صَدْقہ جو مِرا غمخوار ہے

غوث کے دامن میں عطّار آ گیا
دوٗ جہاں میں اس کا بیڑا پار ہے

آہ! ہر لمحہ گُنَہ کی کثرت اور بھرمار ہے

آہ! ہر لمحہ گُنَہ کی کثرت اور بھرمار ہے
غَلبۂ شیطان ہے اور نَفْسِ بداطوار ہے

مجرموں کے واسطے دوزخ بھی شُعلہ بار ہے
ہر گنہ قَصْداً کیا ہے اسکا بھی اقرار ہے

ہائے! نافرمانیاں بدکاریاں بے باکیاں
آہ! نامے میں گناہوں کی بڑی بھرمار ہے

چھپ کے لوگوں سے گناہوں کا رہا ہے سلسلہ
تیرے آگے یاخدا ہر جُرم کا اظہار ہے

زندگی کی شام ڈھلتی جا رہی ہے ہائے نفس!
گَرْم روز و شب گناہوں کا ہی بس بازار ہے

یاخدا! رَحْمت تِری حاوی ہے تیرے قہر پر
فَضْل و رَحْمت کے سہارے جی رہا بدکار ہے

بندۂ بدکار ہوں بے حد ذلیل و خوار ہوں
مغفِرت فرما الٰہی! تُو بڑا غفّار ہے

موت کے جھٹکوں پہ جھٹکے آ رہے ہیں المدد
سخت بے چینی کے عالم میں گِھرا بیمار ہے

اب سَرِ بالیں خُدارا مسکراتے آیئے
جاں بلَب شاہِ مدینہ طالبِ دیدار ہے

غُسل دینے کے لئے غَسّال بھی اب آچکا
غُسلِ میّت ہو رہا ہے اور کفن تیّار ہے

یا نبی! پانی سے سارا جسم میرا دُھل گیا
نامۂ اعمال کو بھی غسل اب درکار ہے

لاد کر کندھوں پہ اَحْباب آہ! قبرِستاں چلے
واسِطے تدفین کے گہرا گڑھا تیّار ہے

قَبْر میں مجھ کو لِٹا کر اور مِٹّی ڈال کر
چل دیے ساتھی نہ پاس اب کوئی رِشتے دار ہے

خواب میں بھی ایسا اندھیرا کبھی دیکھا نہ تھا
جیسا اندھیرا ہماری قبر میں سرکار ہے

یا رسولَ اللّٰہ! آکر قبر روشن کیجئے
ذات بے شک آپ کی تو مَنْبَعِ انوار ہے

قبر میں شاہِ مدینہ آچکے مُنکَر نکیر
ہو کرم! لِلّٰہ بندہ بیکس و ناچار ہے

یا نبی! جنّت کی کھڑکی قبر میں کُھلوایئے
پھر تو فضلِ رب سے اپنی قبر بھی گلزار ہے

تُو نے دنیا میں بھی عَیبوں کو چُھپایا یا خدا
حَشْر میں بھی لاج رکھ لینا کہ تُو ستّار ہے

نیکیاں پلّے نہیں آقا شَفاعت کیجئے
آپ کی نظرِ کرم ہوگی تو بیڑا پار ہے

یا نبی! عطّار کو جنّت میں دے اپنا جَوار
واسِطہ صِدّیق کا جو تیرا یارِ غار ہے

کاش! ہو ایسی مدینے میں کبھی تو حاضِری
یہ خبر آئے وطن میں مرگیا عطّار ہے

مجھ کو درپیش ہے پھر مُبارک سفر قافِلہ اب مدینے کا تیّار ہے

مجھ کو درپیش ہے پھر مُبارَک سفر
قافِلہ اب مدینے کا تیّار ہے
نیکیوں کا نہیں کوئی توشَہ فَقط
میری جھولی میں اَشکوں کا اِک ہار ہے
کچھ نہ سَجدوں کی سوغات ہے اور نہ کچھ
زُہْد و تقویٰ مِرے پاس سرکار ہے
چل پڑا ہوں مدینے کی جانِب مگر
ہائے سر پر گناہوں کا اَنْبار ہے
جُرم و عِصیاں پہ اپنے لَجاتا ہوا
اور اَشکِ نَدامت بہاتا ہوا
تیری رَحْمت پہ نظریں جماتا ہوا
در پہ حاضِر یہ تیرا گنہگار ہے
تیرا ثانی کہاں! شاہِ کون ومکاں
مجھ سا عاصی بھی اُمّت میں ہوگا کہاں!
تیرے عَفْو و کرم کا شہِ دو جہاں!
کیا کوئی مجھ سے بڑھ کر بھی حقدار ہے؟
یا نبی! تُجھ پہ لاکھوں دُرُود و سلام
اس پہ ہے ناز مجھ کو ہوں تیرا غلام
اپنی رَحْمت سے تُو شاہِ خیرُ الْاَنام
مجھ سے عاصی کا بھی ناز بَردار ہے
مجرِموں کو شہا! بخشواتا ہے تُو
اپنی اُمّت کی بگڑی بناتا ہے تُو

غم کے ماروں کو سینے لگاتا ہے تُو
غمزدوں بے کسوں کا تُو غمخوار ہے
سَرورِ اَنبیاء رَحمتِ دوسَرا
تُو ہی مُشکِل کُشا تُو ہی حاجت روا
جب بھی سَر پر مِرے کوئی ٹُوٹی بَلا
اِذْنِ رب سے تُو میرا مددگار ہے
زیرِ جِسمِ مُبارَک کبھی بورِیا[1]
ہاتھ تکیہ ہے بستر کبھی خاک کا
جان و دِل سادگی پر ہوں اُس کی فِدا
جو کہ سارے رسولوں کا سردار ہے
دو تڑپنے کا آقا قرینہ مجھے
دے دو خَستہ جگر چاک سینہ مجھے
چشمِ تَر دے دو شاہِ مدینہ مجھے
تیرے غم کا یہ بندہ طلب گار ہے
ٹھوکریں دَربَدر کب تک اب کھاؤں میں
پھر مدینے مُقدَّر سے جب آؤں میں
کاش! قدموں میں سرکار مرجاؤں میں
یا نبی! یہ تمنائے بدکار ہے
سُنّتیں مصطَفٰے کی تُو اپنائے جا
دِین کو خوب محنت سے پھیلائے جا
یہ وَصیَّت تُو عطّار پہنچائے جا
اُس کو جو اُن کے غم کا طلبگار ہے

[1] چٹائی

عیدِ میلادُ النّبی ہے دل بڑا مَسرور ہے

عیدِ میلادُ النّبی ہے دل بڑا مَسرور ہے
ہر طرف ہے شادمانی رنج و غم کافور ہے
اِس طرف جو نور ہے تو اُس طرف بھی نور ہے
ذرّہ ذرّہ سب جہاں کا نُور سے معمور ہے
ہر مَلَک ہے شادماں خوش آج ہر اک حُور ہے
ہاں! مگر شیطان مَع رُفقا بڑا رَنجُور ہے
آمدِ سرکار سے ظلمت ہوئی کافُور ہے
کیا زمیں کیا آسماں ہر سَمْت چھایا نور ہے
جشنِ مِیلادُ النّبی ہے کیوں نہ جھومیں آج ہم
مسکراتی ہیں بہاریں سب فَضا پُر نُور ہے
ہو رہی ہیں چار جانب بارشیں انوار کی
دشت و کُہسار و چمن ہر شے پہ چھایا نور ہے

مل کے دیوانو! پڑھو سارے دُرُود اب جھوم کر
آج وہ آیا جہاں میں جو سراپا نور ہے
آمِنہ تجھ کو مبارَک شاہ کا مِیلاد ہو
تیرا آنگن نور، تیرا گھر کا گھر سب نور ہے
غمزدو! تم کو مبارَک! غم غَلَط ہو جائیں گے
آگیا وہ جس کے صَدْقے ہر بلا کافور ہے
آج دیوانے مدینے کے سبھی ہیں شادماں
میٹھے آقا کی ولادت سے ہر اک مَسرور ہے
بَخْش دے مجھ کو الٰہی بَہرِ مِیلادُالنَّبی
نامۂ اعمال عِصیاں سے مِرا بھرپور ہے
گُنبدِ خَضْرا کا اُس کو بھی تو اب دیدار ہو
یاالٰہی! جو مدینے سے ابھی تک دور ہے

آپ کی نظرِ کرم سے کام بنتے ہی گئے
ورنہ آقا یہ گدا تو بے کس و مجبور ہے

یاالٰہی! اپنے پیارے کا عطا ہو غم مجھے
خوش نصیبی اُس کی اُن کے غم میں جو رَنجُور ہے

شان کیا پیارے عمامے کی بیاں ہو یانبی
تیرے نَعْلِ پاک کا ہر ذرَّہ رَشکِ طُور ہے

صد کروڑ افسوس! فیشن کی نُحُوست چھا گئی
آہ! اِک تعداد اُن کی سُنَّتوں سے دور ہے

"ہُوں غلامِ مصطفٰے" اپنا تو دعویٰ ہے یِہی
کاش! آقا بھی یہ فرما دیں ہمیں منظور ہے

وہ پلا مے اہلِ مَحْشَر دیکھتے ہی بول اٹھیں
آ گیا عطّار دیکھو عشق میں مَخْمور ہے

میٹھا مدینہ دور ہے جانا ضَرور ہے

میٹھا مدینہ دور ہے جانا ضَرور ہے
جانا ہمیں ضَرور ہے جانا ضَرور ہے

راہِ مدینہ کے سبھی کانٹے ہیں پھول سے
دیوانہ باشُعُور ہے جانا ضَرور ہے

ہوتا ہے سَخْت اِمتحاں الفت کی راہ میں
آتا مگر سُرور ہے جانا ضَرور ہے

عشقِ رسول دیکھئے حبشی بِلال کا
زخموں سے چُور چُور ہے جانا ضَرور ہے

پُر خار راہ پاؤں میں چھالے بھی پڑ گئے
اِس میں بھی اِک سُرور ہے جانا ضَرور ہے

ہمّت جواب دے گئی سرکار المدد!
زائر تھکن سے چُور ہے جانا ضَرور ہے

کیوں تھک گئے پلٹ گئے بھائی! بتایئے؟
یہ آپ کا قُصور ہے جانا ضَرور ہے

جو راہِ طیبہ کی ہیں ڈراتی صُعُوبتیں
یہ نفس کا فُتُور ہے جانا ضَرور ہے

عُشّاق کو تو ملتی ہے غم میں بھی راحت اور
آتا بڑا سُرور ہے جانا ضَرور ہے

سرکار کا مدینہ یقیناً بِلاشُبہ
قلب و نظر کا نور ہے جانا ضَرور ہے

مَنظر حَسین و دلکشا اُن کے دِیار کا
ہاں دیکھنا ضَرور ہے جانا ضَرور ہے

دیکھوں گا جاکے گُنبدِ خَضرا کی میں بہار
روضہ وطن سے دور ہے جانا ضَرور ہے

مِحراب و مِنبَر آپ کے ڈوبے ہیں نور میں
جالی بھی نور نور ہے جانا ضَرور ہے
چادر تنی ہے گُنبدِ خضرا پہ نور کی
مینار نور نور ہے جانا ضَرور ہے
پُر نور ہر پہاڑ تو طیبہ کی خاک کا
ہر ذرّہ رشکِ طُور ہے جانا ضَرور ہے
شاہ و گدا فقیر و غنی ہر کسی کا سر
خَم آپ کے حُضور ہے جانا ضَرور ہے
بہتر اِسی برس ہو تو جلدی بُلائیے
یہ التجا حُضور ہے جانا ضَرور ہے
مرضی تمھاری تم سنو یا مت سنو مگر
اپنی تو رَٹ حُضُور ہے جانا ضرور ہے
عطّار قافِلہ تو گیا تم بھی اُٹھ چلو
منزِل اگرچِہ دُور ہے جانا ضَرور ہے

سارے نبیوں کا سرور مدینے میں ھے

سارے نبیوں کا سروَر مدینے میں ہے — سب رسولوں کا افسر مدینے میں ہے
لُطف جنّت سے بڑھ کر مدینے میں ہے — بیٹھے مَحْبُوب کا گھر مدینے میں ہے
کیا ہوا بھی مُعطَّر مدینے میں ہے — سب فَضا بھی منوَّر مدینے میں ہے
کر کے ہجرت یہاں آ گئے مصطفٰے — روشنی آج گھر گھر مدینے میں ہے
جانتے ہو مدینہ ہے کیوں دل پسند — دونوں عالم کا سرور مدینے میں ہے
سارے دیوانے بیتاب ہیں اِس لئے — شاہ کی قبرِ انور مدینے میں ہے
نور کی دیکھو برسات ہے چار سُو — کیا سماں کیف آور مدینے میں ہے
ہِجْر و فُرقت کے بیمار کو لے چلو — راحتِ جانِ مُضْطَر مدینے میں ہے
دور رہ کر ہے ویران سی زندگی — موت بھی کیف آوَر مدینے میں ہے
ہے مدینے کا رُتبہ بڑا خُلد سے — کیوں کہ مَحْبُوبِ داوَر مدینے میں ہے
مالدارو! نہ اِتراؤ تم مال پر — ان کا منگتا تَوَنگر مدینے میں ہے

اپنی منزِل کو پالو گے آجاؤ تم
بھولے بھٹکوں کا رہبر مدینے میں ہے

بھول جاؤ گے پیرس کی سب رَونقیں
وہ سماں رُوح پَرور مدینے میں ہے

دشمنو! مت اکیلا سمجھنا مجھے
میرا حامی و یاوَر مدینے میں ہے

آؤ عِصیاں شِعارو نہالو یہاں
رَحمتوں کا سمندر مدینے میں ہے

حَشر میں جامِ کوثر کی ہے گر طلب
آؤ ساقیِ کوثر مدینے میں ہے

آؤ آؤ گنہگارو! آجاؤ تم
شافِعِ روزِ مَحشر مدینے میں ہے

اے شَفاعت کے اُمّید وارو! چلو!
شافِعِ روزِ مَحشَر مدینے میں ہے

تم شَفاعت میں شک مت کرو زائرو!
شافِعِ روزِ مَحشَر مدینے میں ہے

''چل مدینہ'' وُہی ہو سکے جسکا دل
گھر میں رہ کر بھی اکثر مدینے میں ہے

''چل مدینہ'' کا دیوانو! مُژدہ سنو
جلد ہر بامقدَّر مدینے میں ہے

سبز گُنبد کا عطّار منظر تو دیکھ
کس قدر کیف آور مدینے میں ہے

کیوں ہیں شاد دیوانے! آج غسل کعبہ ہے

(اَلحَمدُ لِلّٰہ عَزَّوَجَلَّ یہ اشعار ۳۰ ذُ والحجَّۃِ الحرام ۱۴۱۶ھ کومسجدالحرام میں غسلِ کعبہ کے وقت لکھے گئے)

کیوں ہیں شاد دیوانے! آج غسلِ کعبہ ہے
جھومتے ہیں مستانے آج غسلِ کعبہ ہے

غسل ہو رہا ہے پَر ہیں طواف میں مشغول
گِردِ شمع پروانے آج غسلِ کعبہ ہے

''چل مدینہ'' والوں پر ساقِیا کرم کردو!
دو چھلکتے پیمانے آج غسلِ کعبہ ہے

اپنے رب کی الفت میں پیش کیجئے ملکر
آنسوؤں کے نذرانے آج غسلِ کعبہ ہے

جانِ رَحْمت آجاؤ ہوں گے خیر سے آباد
سب دلوں کے ویرانے آج غسلِ کعبہ ہے

جان کو مَسرَّت ہے روح کو بھی ہے فَرحَت
اس خوشی کو دل جانے آج غسلِ کعبہ ہے

لُطف جو ملا مجھ کو کیا بتاؤں میں عطّارؔ
اس کو میرا دل جانے آج غسلِ کعبہ ہے

اللہ کی رَحمت سے پھر عَزمِ مدینہ ہے

اللہ کی رَحمت سے پھر عَزمِ مدینہ ہے
پھر عَزمِ مدینہ ہے تیّار سفینہ ہے

چند اَشک، نَدامت کے ہے زادِ سفر میرا
پلّے میں عِبادت کا کوئی نہ خزینہ ہے

گو راہِ مدینہ پر میں چل تو پڑا ہوں پَر
افسوس سلیقہ ہے کوئی نہ قرینہ ہے

صَدقے میں محمد کے دے بخش اُسے یارب
مجرم ہے جو عاصی ہے بدکار و کمینہ ہے

اے نُورِ خُدا آکر چمکادو پئے مُرشِد
سرکار مِرے دِل کا بے نُور نگینہ ہے

جسمانی مریضوں کو اللہ شِفا دیدے
اچّھا ہے فقط وہ جو بیمارِ مدینہ ہے

تم جانتے ہو کیا ہے یہ دعوتِ اسلامی
فَیضانِ مدینہ ہے فَیضانِ مدینہ ہے

سرکار کی سُنَّت کی تبلیغ کیئے جاؤ
جام آپ کے ہاتھوں سے گر حَشر میں پینا ہے

ہر دم مِرے ہونٹوں پر بس ذِکرِ مدینہ ہو
یہ میری تمنّا اے سلطانِ مدینہ ہے

عُشّاق تڑپتے ہیں یادِ شہِ بَطحا میں
آتا یہ جہاں میں جب بھی حج کا مہینا ہے

محبوب کا مستانہ سرکار کا دیوانہ
دل اس کا مدینہ ہے سینہ بھی مدینہ ہے

غم میٹھے مدینے کا اے کاش! کہ مل جائے
ارمان یہی دِل میں اے شاہِ مدینہ ہے

تُو کر دے عطا مجھ کو روتی ہوئی آنکھیں اور
غم میں ترے آقا جو جلتا ہوا سینہ ہے

افسوس مَرض بڑھتا جاتا ہے گناہوں کا
دے دیجے شِفا عَرض اے سرکارِ مدینہ ہے

دُنیا کا گلستاں کیا جنّت کی مہک سے بھی
خوشبو میں کہیں بڑھ کر آقا کا پسینہ ہے

روتا ہوا پہنچا تھا روتا ہوا لَوٹا تھا
ہیں وَصْل کی دو گھڑیاں پھر ہجرِ مدینہ ہے

دولت کی فراوانی ہے مانگنا نادانی
بس اَصل میں دولت تو اُلفت کا خزینہ ہے

عُشّاق کی نظروں میں ویران گلستاں ہیں
دل ان کا تو شَیدائے صَحْرائے مدینہ ہے

عطّاؔر کو گر تُو بھی ٹھکرا دے کہاں جائے
تیرا ہے یہ تیرا ہے گو لاکھ کمینہ ہے

صُبْح ہوتی ہے شام ہوتی ہے

(اس کلام کا مَطْلَع (پہلا شعر) کسی نامعلوم شاعر کا ہے اس کی بَحْر پر کلام لکھا گیا ہے)

صُبْح ہوتی ہے شام ہوتی ہے　　عُمْر یونہی تمام ہوتی ہے
پوری کب آرزو مدینے کی　　شاہِ خیرُالْاَنام ہوتی ہے
مُصطَفٰے کا ہے جو بھی دیوانہ　　اُس پہ رَحْمت مُدام[1] ہوتی ہے
سنَّتوں کا ہے جو بھی شَیدائی　　اُس پہ دوزخ حرام ہوتی ہے
بَخْتْوَر زائروں کی مکّے میں　　صُبْح، طیبہ میں شام ہوتی ہے
یاحبیبِ خدا کرم کر دو!　　دُور کب غم کی شام ہوتی ہے
خوب انساں کو کرتی ہے رُسوا　　جب زَباں بے لگام ہوتی ہے
گر تکبُّر ہو دل میں ذرّہ بھر　　سن لو جنّت حرام ہوتی ہے
مال و دولت کے عاشِقوں کی ہر　　آرزو ناتَمام ہوتی ہے
یاعُمَر! دینِ حق کے اَعْدا پر　　تیغ کب بے نِیام ہوتی ہے؟
پائے رُتبہ شہید کا خُلْد اُس　　کیلئے دو ہی گام[2] ہوتی ہے
سن لو ہر ایک نیک شخصیَّت　　قابلِ اِحترام ہوتی ہے

اٹھو عطّار طیبہ چلتے ہیں
اُن کی رَحْمت تو عام ہوتی ہے

[1]: ہمیشہ　[2]: قدم

جس طرف دیکھئے گلشن میں بہار آئی ہے

جس طرف دیکھئے گلشن میں بہار آئی ہے
دل مگر دَشتِ مدینہ کا تمنّائی ہے

خوشنما پھول گُلستاں میں کِھلے ہیں لیکن
میرا دل خارِ مدینہ ہی کا شیدائی ہے

مصطفٰے کی یہ عِنایت ہے کہ میرے دل میں
گُنبدِ سبز کی تصویر[1] اُتر آئی ہے

جب کبھی جس نے بھی پائی ہے جہاں کی نعمت
آپ کے دستِ کرم ہی سے شہا پائی ہے

آہ! مجبور پہ ناچار پہ رنج و غم کی
چار جانِب سے شہا! کالی گھٹا چھائی ہے

دے دے مولا! غمِ سلطانِ مدینہ دیدے
لب پہ رہ رہ کے یِہی ایک دُعا آئی ہے

جب تڑپ کر دِلِ غمگیں نے پُکارا آقا!
فوراً اِمداد شہا آپ نے فرمائی ہے

کر دو سَیراب دِلِ تِشنہ کو اب تو ساقی!
شربتِ دِید کا مدّت سے تمنّائی ہے

گُھپ اندھیرا تھا گناہوں کا میں صَدقے جاؤں
لَحد خود آ کے مِری نُور سے چمکائی ہے

نَزع میں، قَبر میں، مِیزانِ عمل اور پُل پر
ہر جگہ آپ کی نسبت ہی تو کام آئی ہے

سُنّتیں شاہِ مدینہ کی تُو اپنائے جا
دونوں[2] عالَم کی فَلاح اِس میں مِرے بھائی ہے

مال و دولت کی ہَوَس دِل سے مِٹا دے یارب
سوزِ سرکار کا عطّارؔ تمنّائی ہے

مـــــــــــــــــــدینہ

[1]: یہاں سبز گنبد شریف کی سچ مُچ تصویر مُراد نہیں، روضۂ رسول کی مَحَبَّت مُراد ہے۔

بُلاوا دوبارہ پھر اِک بار آئے

بُلاوا دوبارہ پھر اِک بار آئے | مدینے میں آقا! گُنہگار آئے
مِرے اَشک بہنے لگیں کاش اُس دم | نظر جُوں ہی طیبہ کا گلزار آئے
دِلِ مُضطَرِب[1] کی بڑھے بےقراری | تڑپ کر گِروں جُوں ہی دربار آئے
نظر میں نہیں کوئی جچتا گلستاں | پسند اس کو صَحرائے سرکار آئے
ہے اپنی جگہ حُسن پُھولوں کا لیکن | پسند اس کو طیبہ ہی کا خار[2] آئے
مَحلّات اُونچے نہیں چاہتا میں | مدینے کا قسمت میں کُہسار آئے
عقیدت سے سر جُھک گیا اُس گھڑی جب | نظر سبز گُنبد کے انوار آئے
تِرے سبز گُنبد پہ جائے وُہ قرباں | مدینے میں جو کوئی اِکبار آئے
تمہاری شَفاعت کا حقدار ٹھہرے | جو دربار میں بخت بیدار آئے
تِرے ہی کرم سے ہمارا بھرم ہے | گناہوں کا سر پر لئے بار[3] آئے
عطا ہو سَنَد مَغفِرت کی عَطا ہو | تِرے دَر پہ تیرے گنہگار آئے
اِدھر بھی مَسیحا نِگاہِ شِفا ہو | تِرے دَر پہ عِصیاں کے بیمار آئے
گُناہوں کی کثرت سے گھبرا گئے جب | وُہ مَحشَر میں سُوئے گنہگار آئے
ہوئی قبر روشن ہماری اُسی دم | لئے جب وہ چہرہ چمکدار آئے

۱: بیقرار ۲: کانٹا ۳: بوجھ

پئے پیر و مُرشِد ہمیں اپنا کہدو یہ ہم آرزو لے کے دربار آئے

شہا تجھ سے تجھ ہی کو مانگیں گے ہم تو ترے دَر پہ جس روز سرکار آئے

دوا ہر مَرَض کی ہے خاکِ مدینہ شِفا پائے دَر پر جو بیمار آئے

سرِ حَشْر دامن میں لیں گے اُسے جو نَدامت سے روتا گنہگار آئے

ترے عشق میں ایسا ہوجاؤں بے خود کبھی ہوش مجھ کو نہ سرکار آئے

اِشارہ ملے کاش! جنّت کا فوراً سرِ حَشْر جس دم یہ بدکار آئے

نگاہِ کرم ہو کرم جَانِ عالم دِلِ غم زدہ لے کے غمخوار آئے

سدا سُنَّتیں عام کرتا رہوں میں اِسی حال میں موت سرکار آئے

پئے شاہِ کرب و بلا موت مُجھ کو مدینے کی گلیوں میں سرکار آئے

سب اسلامی بہنوں کو پَردہ عطا ہو نہ پاس اِن کے ابلیسِ عیّار آئے

سب اسلامی بھائی بھی فیشن سے بھاگیں شہا! سُنّتوں پر انہیں پیار آئے

بُلالو مدینے میں شاہِ مدینہ تڑپتا ہوا کاش! بدکار آئے

ترے غم میں بے حَال ہو جائے آقا
پلٹ کے جو طیبہ سے عطّار آئے

نہ کیوں آج جھومیں کہ سرکار آئے

نہ کیوں آج جھومیں کہ سرکار آئے
خدا کی خدائی کے مُختار آئے

نہ کیوں بارھویں پر ہمیں پیار آئے
کہ آئے اِسی روز سرکار آئے

وہ آئے دو عالم کے مُختار آئے
لو آج آئے امّت کے غمخوار آئے

مَسرَّت سے ہم کیوں نہ دھومیں مچائیں
ہمارے شہنشاہ و سردار آئے

مسلمانو! صبحِ بہاراں مبارک
وہ برساتے انوار سرکار آئے

مبارک تجھے آمِنہ ہو مبارک
ترے گھر شہنشاہِ اَبرار آئے

مبارک حلیمہ تجھے بھی مبارک
ترے گھر میں نبیوں کے سردار آئے

مبارک تمہیں غم کے مارو مبارک
مُداوائے غم بن کے غمخوار آئے

سُوال اپنی اُمّت کی بخشش کا کرتے
وہ ہم عاصِیوں کے طرفدار آئے

یتیموں کے والی غریبوں کے حامی
وہ آفت زدوں کے مددگار آئے

مصیبت کے ماروں کی ڈھارس بندھانے
شِکَستہ دلوں کے خریدار آئے

سیاہی ہمارے گناہوں کی دھونے | بہاتے ہوئے اَشک سرکار آئے
جہاں میں وہ سکّہ بٹھانے کو دِیں کا | مٹانے وہ باطل کے آثار آئے
نہ کیوں آج جشنِ ولادت منائیں | نظر ربّ کی رحمت کے آثار آئے
عَدَد ہم کو بارہ کا کیوں ہو نہ پیارا | کہ بارہ کو دنیا میں سرکار آئے
گھٹا چھا گئی ہر طرف رَحمتوں کی | وہ لہراتے گیسوئے خَمدار آئے
چلو اے گداؤ! چلو بے نواؤ | لُٹاتے وہ نعمت کے اَنبار آئے
دُرودوں کے گجرے لیے اب بڑھو تم | وہ آئے رسولوں کے سالار آئے
''نہیں،،جن کی پیاری زَباں پر نہیں ہے | وہ مکّے میں سخیوں کے سردار آئے
وِلادت کا صَدْقہ جیوں میں جہاں تک | نہ نزدیک دنیائے بیکار آئے
ولادت کا صَدْقہ ہمیں اپنا غم دو | شہا چشمِ نَم کے طلبگار آئے
ولادت کا صَدْقہ ہو اَخلاق اچّھا | نہ ہم کو ہنسی شاہ بے کار آئے
ولادت کا صَدْقہ گناہوں سے نفرت | ہو، اچّھائیوں پر مجھے پیار آئے

ولادت کا صَدْقہ بقیعِ مبارَک کی دوگز زمیں کے طلبگار آئے[2]

ولادت کا صَدْقہ ہوں پابندِ سنّت ہمیں عار فیشن سے سرکار آئے

ولادت کا صَدْقہ بیاں میں اثر دو ہو اِصلاح اس کی جو بدکار آئے

ولادت کا صَدْقہ مدینے میں آقا مجھے موت اے میرے سرکار آئے

ولادت کا صَدْقہ نِقاب اب اٹھا دو لیے ہم سب اُمّیدِ دیدار آئے

ولادت کا صَدْقہ جگہ بَہرِ مرکز[1] ملے یہ لئے عرض سرکار آئے

ولادت کا صَدْقہ پڑوسی بنانا شہا خُلد میں جب یہ بدکار آئے

ولادت کا صَدْقہ شہا زندگی بھر
مدینے میں ہر سال عطّار آئے

مـــدینہ

[1]: اَلْحَمْدُ لِلّٰہ عَزَّوَجَلَّ وِلادَتِ پاک کے صدقے بابُ المدینہ کراچی میں پرانی سبزی منڈی کے پاس دعوتِ اسلامی کیلئے تقریباً دس ہزار گز جگہ ملی اور اب وہاں عالمی مَدَنی مرکز فیضانِ مدینہ اور جامعۃ المدینہ کی عالی شان عمارت قائم ہے۔

اپنا غم یا شہِ اَنۢبیا دیجئے چشمِ نَم یاحبیبِ خدا دیجئے

اپنا غم یاشہِ اَنۢبیا دیجئے — چشمِ نَم یاحبیبِ خدا دیجئے
چاک سینہ شہِ دوسَرا دیجئے — قلب بے چَین یا مُصطفٰے دیجئے
مُجھ کو آقا مدینے بُلا لیجئے — اور مہمان اپنا بنا لیجئے
دَر پہ بُلوا کے جلوہ دِکھا دیجئے — میرا سینہ مدینہ بنا دیجئے
اِلتِجا ہے مِری یاحبیبِ خدا — اشکبار آنکھ ہو جائے مجھ کو عطا
اَز طُفیلِ بِلال و اُویس و رضا — آنسوؤں کا خزانہ شہا دیجئے
سوزِ اُلفت کے دل میں جَلائے دیے — یادِ طیبہ میں جو جا رہے ہیں جیۓ
اور بے تاب ہیں حاضِری کے لئے — اُن کو میٹھا مدینہ دکھا دیجئے
مجھ کو اَحْباب تنہا چلے چھوڑ کر — جَلد لیجے خبر آمِنہ کے پسر!
گُھپ اندھیرا ہے یاشاہِ جِنّ و بَشَر — نُور سے لَحْد اب جگمگا دیجئے
ہے گناہوں کا اَنۢبار سلطانِ دیں! — نیکیاں میرے پلّے میں کُچھ بھی نہیں
چاک ہوجائے پردہ نہ میرا کہیں — اب خدا سے شہا! بخشوا دیجئے
کاش! نیکی کی دعوت میں دوں جابَجا — سُنّتیں عام کرتا رہوں جابجا
گر سِتَم ہو اُسے بھی سَہُوں جابَجا — ایسی ہمّت حبیبِ خدا دیجئے
پھر عَرب کی حسیں وادِیاں دیکھنے — سبز گُنۢبد کی ہریالیاں دیکھنے
رَوْضۂ پاک کی جالیاں دیکھنے — اِذْن بدکار کو مُصطفٰے دیجئے
ہے تمنّائے عطّارِ اَندوہگیں[۱] — ہو نگاہِ کرم اس پہ سلطانِ دیں
بس بقیعِ مُبارک میں دو گز زمیں — از طُفیلِ شہِ کربلا دیجئے

مدینہ

۱: اندوہ گیں یعنی رنجیدہ

اِذنِ طیبہ عطا کیجئے

اِذنِ طیبہ عطا کیجئے پھر کرم مصطفٰے کیجئے
پھر مدینے میں آجائیں ہم ایسا اِحساں شہا کیجئے
لو مدینہ قریب آگیا زائرو! آنکھ وا کیجئے
سبز گُنبد پر اے زائرو! جان اپنی فِدا کیجئے
دے کے غم اپنا دنیا کے ہر رنج و غم کی دوا کیجئے
رات دن کاش! رویا کروں ایسی رِقّت عطا کیجئے
اِک نظر ہی کی تو بات ہے مست و بیخود شہا کیجئے
کوئی پھیرا غریبوں کے گھر خیر سے سَرورا کیجئے
زورِ طوفان ہے ناخدا پار بیڑا مِرا کیجئے
ماہِ مِیلاد پھر آگیا ذِکر، مِیلاد کا کیجئے
چھیڑنا ہو جو شیطان کو اُن کا چرچا کیا کیجئے
از پئے شاہِ کرب و بلا دُور رنج و بلا کیجئے
اپنے قدموں میں مدفن عطا یارسولِ خدا کیجئے
قبر میں گُھپ اندھیرا ہے آپ آکر اب چاندنا کیجئے

پیارے آقا خزانہ مجھے آنسوؤں کا عطا کیجئے
حاسِدوں سے حسد کا مَرَض دور یا مصطفٰی کیجئے
سارے اَعْدا کا خانہ خراب یاعلی مرتَضٰی کیجئے
دشمنوں سے نہ ہرگز ڈروں حوصلہ وہ عطا کیجئے
میرے سارے مُحِبّین کو جامِ اُلفت عطا کیجئے
جس قدَر میرے اَحْباب ہیں شاہ! سب کا بھلا کیجئے
آہ! مجرم ہے مِیزان پر پَلّہ بھاری مِرا کیجئے
پاس حُسنِ عمل ہے کہاں! لطف شاہِ دَنٰی کیجئے
آہ! تاریکیِ پُل صِراط! رَحْم شمسُ الضُّحٰی کیجئے
فردِ جُرم آہ! عائد ہوئی اب شَفاعت شہا کیجئے
لے کے دوزخ ملائک چلے آپ آکر رِہا کیجئے
کھا نہ جائے کہیں مجھ کو آگ رَحْم و لطف و عطا کیجئے
اب شَفاعت پئے اہلِ بیت یا شفیعَ الْوَرا کیجئے
چار یاروں کا صَدْقہ شہا خُلْد میں جا عطا کیجئے
اِذْن، عطّار کو اب حُضُور
حاضِری کا عطا کیجئے

مجھ پہ چشمِ شِفا کیجئے

مجھ پہ چشمِ شِفا کیجئے | دُور بارِ گُنہ کیجئے
آہ! عِصْیاں کی طُغیانیاں | اب مدد ناخدا کیجئے
ہو گیا قلب ہائے سیاہ | لطف نورِ خدا کیجئے
کوششوں سے بھی چُھٹتے نہیں | اِن گناہوں کا کیا کیجئے
ہائے! عِصیاں نے توڑی کمر | کچھ مِرا، مصطَفٰے کیجئے
مال کے جال میں پھنس گیا | مجھ کو آقا رِہا کیجئے
بارِ عِصیاں تلے دب گیا | آپ آ کر کھڑا کیجئے
دَرْدِ عِصیاں سے مجھ کو شِفا | اے مَسیحا! عطا کیجئے
قَلْب پتّھر سے بھی سَخْت ہے | اِس کو نرمی عطا کیجئے
چارہ گر[1] چھوڑ کر چل دیئے | چارۂ لا دوا کیجئے
جگمگا دیجے قلبِ سیاہ | لُطْف بدرُ الدُّجیٰ کیجئے
اب گناہوں کی عادت چُھٹے | چشمِ رَحْمت شہا! کیجئے
اب کرم سُوئے خَسْتہ جگر | شاہِ ارض و سما کیجئے
چاند چِیرا تھا جُوں، سُوئے دل | اِک اِشارہ ذرا کیجئے

مدینہ

[1]: ڈاکٹر۔ طبیب

حُبِّ دنیا کی مستی سُوار | ہو گئی کچھ مِرا کیجئے
چشمِ رَحمت حبیبِ خدا | سُوئے بے دست و پا کیجئے
یانبی! آپ ہی کچھ علاج | نفس و شیطان کا کیجئے
راہ بھولا چُھٹا کارواں | رہبری رہنما کیجئے
دین پر استِقامت عطا | از طفیلِ رضا کیجئے
مثلِ بِسمل تڑپتا رہوں | درد ایسا عطا کیجئے
سنّتوں کی بہاریں عطا | یاحبیبِ خدا کیجئے
بھائیو! گر سُکوں چاہئے | سُنّتوں پر چلا کیجئے
دین کے واسِطے دیکے وقت | آخِرت کا بھلا کیجئے
سُنّتیں سیکھنے کیلئے | قافِلوں میں چلا کیجئے
چاہتے ہو کہ راضی ہو رب | مصطفٰے کا کہا کیجئے
ان کی یادوں میں کھو جایئے | مصطَفٰے مصطفٰے کیجئے
مجھ کو آقا عطا اپنا عِشق | اور خوفِ خدا کیجئے
اہلِ ایماں کو فیشن سے پاک | کیجئے مصطَفٰے کیجئے
ہو خَزاں دور آئے بہار | دل کا گلشن ہرا کیجئے

کاش! عطّار کی مغفِرت
ہو کرم سروَرا کیجئے

سبز گُنبد کی زیارت کیجئے

سبز گُنْبَد کی زیارت کیجئے　　زائرو! سامانِ راحت کیجئے
گُنْبَدِ خَضْرا کے جلوے دیکھ کر　　خوب روشن اپنی قسمت کیجئے
آگیا میٹھا مدینہ آگیا　　جھوم کر خوب ان کی مِدحت کیجئے
مسجِدِ نبوی میں ہر دم بھائیو!　　دل لگا کر اب عبادت کیجئے
زائرو! رو رو کر ان کے سامنے　　پیش اپنی اپنی حاجت کیجئے
قَلْبِ مُضْطَر چشمِ تَر سوزِ جگر　　یانبی! مجھ کو عنایت کیجئے
اَز پئے احمد رضا مجھ کو عطا　　سُنِّیت پر اِستِقامت کیجئے
از پئے غوثُ الْوَرٰی یامصطَفٰے　　میرے ایماں کی حفاظت کیجئے
از طُفیلِ مُرشِدی دل سے مِرے　　دُور دنیا کی مَحَبَّت کیجئے
فاطِمہ زَہرا کا صَدْقہ مجھ سے دور　　نَفْس و شیطاں کی شرارت کیجئے
دُور غم دنیا کے فرما دیجئے　　غم مدینے کا عنایت کیجئے

اپنے اَخلاقِ کریمہ سے مجھے ایک ذرّہ ہی عنایت کیجئے
دَرْدِ عِصیاں کی دوا کیجے عطا عاصِیوں پر چشمِ رَحْمت کیجئے
عادتِ عِصیاں نہیں جاتی حضور آپ ہی کچھ جانِ رَحْمت کیجئے
مجھ کو توفیقِ عبادت ہو عطا مجھ کو پابندِ شریعت کیجئے
سنّتوں کی ہر طرف آئے بہار دُور فیشن کی نُحُوست کیجئے
یانبی! مجھ کو بقیعِ پاک میں بَہرِ مدفن جا عنایت کیجئے
ہُوں نہایت ہی ضعیف و ناتُواں میری دشمن سے حفاظت کیجئے
ہو عطا سوزِ بلال آقا مجھے اور اپنا غم عنایت کیجئے
گُھپ اندھیرے میں ہوں تنہا اَلْمدد قبر روشن نورِ عزّت کیجئے
عیب مَحْشَر میں نہ کُھل جائیں کہیں سایۂ دامانِ رَحْمت کیجئے
گرمیِ مَحْشَر سے جاں ہے مُضْطَرِب جامِ کوثر اب عنایت کیجئے
مجرِموں کی صَف میں ہوں آقا کھڑا یانبی! آکر شَفاعت کیجئے

کربلا والوں کے صدقے مجھ سے دور یا نبی! رنج و مصیبت کیجئے
مختصر سی زندگی ہے بھائیو! نیکیاں کیجئے نہ غفلت کیجئے
گر رِضائے مصطفٰے درکار ہے سنّتوں کی خوب خدمت کیجئے
سُنَّتیں اپنا کے حاصِل بھائیو! رَحمتِ مولیٰ سے جنّت کیجئے
عیدِ مِیلادُالنّبی پر بھائیو! خوب اظہارِ مَسرَّت کیجئے
ہِجْر کے ماروں پہ بھی چشمِ کرم! اِذْن، طیبہ کا عنایت کیجئے
میرے چہرے پر کفن ڈھک دیجئے ساتھیو رُسوا مجھے مت کیجئے
اب نِقابِ رُخ اُلٹ دیجے حُضُور جاں بلب پر چشمِ رَحمت کیجئے
حاضِرِ دربار پھر بدکار ہے چشمِ رَحمت جانِ رَحمت کیجئے
بڑھتے جاتے ہیں گنہ عطّار آہ! کچھ تو اظہارِ نَدامت کیجئے

سبز گُنبد پر فِدا ہوجایئے
کیجئے عطّار ہمّت کیجئے

مجھ پہ چشمِ کرم کیجئے

مجھ پہ چشمِ کرم کیجئے
لطف شاہِ اُمَم کیجئے

از طُفیلِ بِلال و رضا
اب تو نظرِ کرم کیجئے

از طُفیلِ حُسین و حَسَن
دُور رنج و اَلَم کیجئے

کاش! طیبہ کی ہو حاضِری
یا نبی! اب کرم کیجئے

اب بقیعِ مبارَک عطا
تاجدارِ حرم کیجئے

سبز گُنبد کا چمکا وہ نور
زائرو! سر کو خَم کیجئے

ذِکر سرکار کا بھائیو!
ہر گھڑی دم بدم کیجئے

دور کر کے زمانے کے غم
مَرحَمت اپنا غم کیجئے

میرا سینہ مدینہ بنے
مجھ پہ ایسا کرم کیجئے

اب خدارا شَفاعت مِری
یا شفیعِ اُمَم کیجئے

از پئے پیر و مُرشِد عطا
اپنا غم چشمِ نم کیجئے

آہ! عطّار بدکار ہے
لِلّٰہ اِس پر کرم کیجئے

خوشیاں مناؤ بھائیو! سرکار آگئے

خوشیاں مناؤ بھائیو! سرکار آگئے
سرکار آگئے، شہِ اَبرار آگئے

سب جھوم جھوم کر کہو سرکار آگئے
دونوں جہاں کے مالِک و مختار آگئے

وہ غمزدوں کے حامی و غم خوار آگئے
دُکھیوں کے بے کسوں کے مددگار آگئے

وہ مسکراتے خَلْق کے سردار آگئے
چمکاتے اپنا چِہرہ چمکدار آگئے

ہے آج جشنِ آمدِ سرکار چار سُو
دنیا میں آج نبیوں کے سالار آگئے

خوشیوں کے لمحے آگئے دیوانے جھوم اُٹھے
عیدوں کی عید آگئی سرکار آگئے

دائی حلیمہ میں ترِی تقدیر پر نثار
گودی میں تیری احمدِ مختار آگئے

پڑھتے دُرُود سارے ہی تعظیم کو اُٹھو
اُٹھ کر پڑھو سلام کہ سرکار آگئے

دیوانو! آؤ آمِنہ بی بی کے گھر چلیں
صُبْحِ بہاراں ہو گئی سرکار آگئے

لہراؤ سبز پرچم اے اسلامی بھائیو!
گھر گھر کرو چَراغاں کہ سرکار آگئے

ہوتے ہی پیدا، کرتے ہیں اُمّت کو یاد آپ
اُمّت کی مغفِرت کے طلب گار آگئے

رکّھو گناہ گارو نہ اب خوف حشر کا ‏ ‏ اے مجرِمو! تمہارے طرَفدار آ گئے

اے غمزدو! تمہاری تو بس عید ہو گئی ‏ ‏ آفت زدو! تمہارے مددگار آ گئے

یارب! کرم ہو از پئے مِیلادِ مصطفٰے ‏ ‏ بخشِش کی آس لے کے گنہگار آ گئے

صَدْقہ حُضور! آپ کے میلادِ پاک کا ‏ ‏ دیدو شِفا گناہوں کے بیمار آ گئے

صَدْقہ بٹے گا آمِنہ بی بی کے گھر میں آج ‏ ‏ کشکول لے کے دوڑتے نادار آ گئے

پُھولے نہیں سماتے ہیں عطّار آج تو
دنیا میں آج حامیِ عطّار آ گئے

فرمانِ مصطَفٰے صلَّی اللہ تعالٰی علیہ واٰلہٖ وسلَّم: جس نے مجھ پر روزِ **جُمُعہ** دو سو بار دُرُودِ پاک پڑھا اُس کے **دو سو سال** کے گناہ مُعاف ہوں گے۔

(کَنزُ الْعُمّال ج۱ ص۲۵۶ حدیث۲۲۳۸)

مجھ کو دنیا کی دولت نہ زَر چاہئے

مُجھ کو دنیا کی دولت نہ زَر چاہیئے شاہِ کوثر کی میٹھی نَظَر چاہیئے
ہاتھ اُٹھتے ہی بَر آئے ہر مُدَّعا وُہ دُعاؤں میں مولیٰ اثر چاہیئے
عاشِقانِ نبی کے ہے دل کی صَدا سبز گُنبَد کے سائے میں گھر چاہیئے
ذَوق بڑھتا رہے اَشک بہتے رہیں مُضطَرِب قَلب اور چَشمِ تر چاہیئے
رات دِن عِشق میں تیرے تڑپا کروں یا نبی! ایسا سوزِ جگر چاہیئے
یاخدا جسم سے جَان جب ہو جُدا جلوۂ شاہ پیشِ نظر چاہیئے
بس مدینے میں دوگز زمیں دیجئے اور نہ کچھ اے شہِ بحروبر چاہیئے
ہم غریبوں کو روضے پہ بُلوایئے راہِ طیبہ کا زادِ سفر چاہیئے

اپنے عطّارؔ پر ہو کرم بار بار
اِذن، طیبہ کا بارِ دِگر چاہیئے

غصّہ ایمان کو خراب کرتا ھے

خاتَمُ الْمُرْسَلین، رَحمَۃٌ لِّلعٰلمین صلَّی اللّٰہ تعالٰی علیہ والہٖ وسلَّم کا فرمانِ عبرت نشان ہے: غصّہ ایمان کو اس طرح خراب کرتا ہے جس طرح ایلوا (یعنی ایک کڑوے درخت کا جما ہوا رَس) شہد کو خراب کر دیتا ہے۔ (شُعَبُ الایمان لِلبیہَقی ج ۶، ص ۳۱۱ حدیث ۸۲۹۴)

یانبی! بس مدینے کا غم چاھئے

یانبی! بس مدینے کا غم چاہئے ۔۔۔ کچھ نہیں اور رب کی قسم چاہئے[1]
میرا سینہ مدینہ بنا دیجئے ۔۔۔ چاک قلب و جگر چشمِ نم چاہیے
بس مدینے کی یادوں میں کھویا رہوں ۔۔۔ فکر ایسی شہِ محترم چاہیے
یاد میں تیری روتا تڑپتا رہوں ۔۔۔ ایسا غم تاجدارِ حرم چاہیے
تاجِ شاہی نہ دو، بادشاہی نہ دو ۔۔۔ بس تمہاری نگاہِ کرم چاہیے
میرے جینے کا سامان ہے بس یہی ۔۔۔ تیرا لُطف و کرم دم بدم چاہیے
آتَشِ شوق آقا بھڑکتی رہے ۔۔۔ مجھ کو غم یانبی تیرا غم چاہیے

مـــــــــــــــدینہ

[1] اگر حقیقی مَعنوں میں کسی کو "مدینے کا غم" یعنی مدینۂ منوّرہ زَادَھَا اللّٰہُ شَرَفًاوَّ تَعظِیمًا کا کامِل عشق مل گیا وہ سچّا عاشِقِ رسول بن گیا اور عاشِقِ رسول وُہی ہوتا ہے جو "عاشِقِ الٰہی" بھی ہوتا ہے۔ جب کوئی "عاشِقِ خداو مصطَفٰے" کا منصب پالے تو اسے اللہ عَزَّوَجَلَّ کی رِضا کی منزِل مل گئی اور جس سے اللہ عَزَّوَجَلَّ راضی ہوگیا اُس کا ایمان پر خاتِمہ ہوگا اور یقیناً وہ جنّت میں داخِل ہوگا۔ اِسی لئے عرض کیا ہے کہ مجھے "مدینے کا غم" چاہئے کہ یہ نصیب ہوجانے کی صورت میں خدا کی قسم اور کوئی مطالبہ ہی نہیں کہ غمِ مدینہ کے ذریعے سبھی کچھ حاصِل ہوجائے گا۔ اِنْ شَاءَ اللّٰہعَزَّوَجَلَّ۔

جاں بَلَب کے سِرہانے اب آجایئے
جامِ دیدار شاہِ حرم چاہیے

تیرے قدموں میں موت اے حبیب خدا!
اے شَہَنْشاہِ عَرب و عَجَم چاہیے

دیدو آقا بقیعِ مبارَک مجھے
کچھ نہیں اور شہِ محترم چاہیے

مغفِرت کی تمہارے کرم سے مجھے
اب سند یاشَفیعِ اُمَم چاہیے

سارے دیوانے آقا مدینے چلیں
اِذْن طیبہ کا شاہِ اُمَم چاہیے

تیرا سرکار ہوں گرچہ بدکار ہوں
تیری رَحْمت مجھے ہر قدم چاہیے

چھوڑیں عاداتِ بد بھائیو! موت کی
یاد ہر آن اور دم بدم چاہیئے

جو بھی سرکار پڑھ لے ہمارا کلام
وہ تڑپ اٹھے ایسا قلم چاہیئے

گر وہ فرمائیں عطّار مانگو بھلا!
میں کہوں گا: ''مدینے کا غم چاہیئے''

اب کرم یامصطفےٰ فرمائیے

اب کرم یامصطفےٰ فرمایئے
اِذْن، طیبہ کا عطا فرمایئے

یاحبیبِ کبریا حج کا شَرَف
اب عطا اِک مرتبہ فرمایئے

حاضِری کی اب سعادت پاؤں میں
کچھ کرم ایسا شہا فرمایئے

خواب میں آکر کے کچھ شِیریں کلام
میٹھے میٹھے مصطفےٰ فرمایئے

جن پہ صَدْقے جائیں سب جنّت کے پھول
اُن لبوں کو اب تو وا فرمایئے

یارسولَ اللّٰہ میری مغفِرت
ہو خدا سے یہ دعا فرمایئے

اِستِقامت دین پر ہم کو عطا
ازپئے غوث و رضا فرمایئے

کب تلک تڑپیں اَسیرانِ قَفَس
قیدِ غم سے اب رِہا فرمایئے

آپ کی الفت میں ہو رونا نصیب
مجھ کو چشمِ نَم عطا فرمایئے

دُور پیارے مصطفےٰ رنج و بلا
از طفیلِ مرتضٰی فرمایئے

آپ کے قدموں میں ہو جاؤں شہید
کچھ سبب ایسا شہا فرمایئے

مجھ کو لِلّٰہ اِک چھلکتا ساقِیا
جام، کوثر کا عطا فرمایئے

اپنے عاصی کی شَفاعت حَشْر میں
شافِعِ روزِ جزا فرمایئے

مَدنی بُرقَع پہنیں سب بہنیں، کرم
فاطمہ کا واسِطہ فرمایئے

ماہِ میلاد آگیا گھر گھر پر اب
نَصْب پرچم سب ہَرا فرمایئے

عیدِ میلادُ النّبی پھر آگئی　شکر کا سَجدہ ادا فرمایئے
عید آئی عید، عیدوں کی بھی عید　اٹھئے ساماں جَشْن کا فرمایئے
جھوم کر سارے خوشی سے باربار　"مرحبا یامصطفٰے" فرمایئے
"یارسولَ اللہ" کہئے زور سے　شَق جگر ابلیس کا فرمایئے
گُنْبدِ خَضْرا کے جلوے ہوں نصیب　یہ کرم یامصطفٰے فرمایئے
دیجئے دردِ مدینہ دیجئے　یہ کرم یامصطفٰے فرمایئے
میرا سینہ ہو مدینہ یانبی　یہ کرم یامصطفٰے فرمایئے
دیجئے سوزِ رضا سوزِ ضیا　یہ کرم یامصطفٰے فرمایئے
نعمتِ اَخلاق کر دیجے عطا　یہ کرم یامصطفٰے فرمایئے
غیبت و چغلی کی آفت سے بچیں　یہ کرم یامصطفٰے فرمایئے
ہم ریاکاری سے بچتے ہی رہیں　یہ کرم یامصطفٰے فرمایئے
نَفْس و شیطاں کی شرارت دور ہو　یہ کرم یامصطفٰے فرمایئے
دم لبوں پر آگیا عطّار کا
اب قدم رَنجہ شہا! فرمایئے

جشنِ ولادت کے نعرے

سرکار کی آمد مرحبا
رسول کی آمد مرحبا
سردار کی آمد مرحبا
اچّھے کی آمد مرحبا
سالار کی آمد مرحبا
سچّے کی آمد مرحبا
مختار کی آمد مرحبا
بشیر کی آمد مرحبا
غمخوار کی آمد مرحبا
نذیر کی آمد مرحبا
تاجدار کی آمد مرحبا
مُنیر کی آمد مرحبا
شاندار کی آمد مرحبا
بَصیر کی آمد مرحبا
شہریار کی آمد مرحبا
شَہیر کی آمد مرحبا
شہِ ابرار کی آمد مرحبا
خبیر کی آمد مرحبا
مَنْبَعِ انوار کی آمد مرحبا
ظہیر کی آمد مرحبا
حُضُور کی آمد مرحبا
رؤف کی آمد مرحبا
پُرنور کی آمد مرحبا
رحیم کی آمد مرحبا
غَیُور کی آمد مرحبا
کریم کی آمد مرحبا
اُس نور کی آمد مرحبا
نعیم کی آمد مرحبا

مقبول کی آمد مرحبا — علیم کی آمد مرحبا
آمِنہ کے پھول کی آمد مرحبا — حلیم کی آمد مرحبا
یاسین کی آمد مرحبا — حکیم کی آمد مرحبا
طٰہٰ کی آمد مرحبا — عظیم کی آمد مرحبا
مُزَّمِّل کی آمد مرحبا — آقا کی آمد مرحبا
مُدَّثِّر کی آمد مرحبا — داتا کی آمد مرحبا
پیارے کی آمد مرحبا — مولیٰ کی آمد مرحبا
اَولیٰ کی آمد مرحبا — جانِ جاناں کی آمد مرحبا
اعلیٰ کی آمد مرحبا — سیّاحِ لامکاں کی آمد مرحبا
والا کی آمد مرحبا — محبوبِ رَحماں کی آمد مرحبا
بالا کی آمد مرحبا — سرورِ دو جہاں کی آمد مرحبا
پیشوا کی آمد مرحبا — شہِ کون ومکاں کی آمد مرحبا
رہنما کی آمد مرحبا — محبوبِ رب کی آمد مرحبا
رہبر کی آمد مرحبا — سلطانِ عَرَب کی آمد مرحبا
افسر کی آمد مرحبا — رسولِ اکرم کی آمد مرحبا
سرور کی آمد مرحبا — نورِ مُجَسَّم کی آمد مرحبا

تاجور کی آمد مرحبا — شاہِ بنی آدم کی آمد مرحبا
پیمبر کی آمد مرحبا — نبیِّ مُحْتَشَم کی آمد مرحبا
مُنوّر کی آمد مرحبا — شاہِ عَرَب و عجم کی آمد مرحبا
مُعطَّر کی آمد مرحبا — شافِعِ اُمَم کی آمد مرحبا
شاہِ بَحروبر کی آمد مرحبا — سراپا جُود و کرم کی آمد مرحبا
رسولِ انور کی آمد مرحبا — دافِعِ رَنج واَلم کی آمد مرحبا
حبیبِ داوَر کی آمد مرحبا — سیِّد کی آمد مرحبا
ساقیِ کوثر کی آمد مرحبا — جیِّد کی آمد مرحبا
مکّی کی آمد مرحبا — طیِّب کی آمد مرحبا
مَدَنی کی آمد مرحبا — طاہِر کی آمد مرحبا
عَرَبی کی آمد مرحبا — حاضِر کی آمد مرحبا
قَرَشی کی آمد مرحبا — ناظِر کی آمد مرحبا
ہاشمی کی آمد مرحبا — ناصِر کی آمد مرحبا
مُطَّلِبی کی آمد مرحبا — ظاہِر کی آمد مرحبا
سلطان کی آمد مرحبا — باطن کی آمد مرحبا
ذیشان کی آمد مرحبا — حامی کی آمد مرحبا
غیب دان کی آمد مرحبا — آقائے عطّار کی آمد مرحبا

’’جب روزِ حَشْر تخت پہ بیٹھے گا کبریا‘‘ کہنا کیسا؟

سُوال: نَماز کی تلقین سے مُتَعَلِّق ایک نَظم کیسِٹ میں سُنی جاتی ہے، اُس میں بے نَمازی کی مَذَمَّت میں پڑھے جانے والے اِس شِعْر کے بارے میں حکمِ شَرْعی کیا ہے؟

جب روزِ حشر تخت پہ بیٹھے گا کبریا　　اُس وقت کیا کہو گے تمہیں آئے گی حیا

شرم وحیا سے اُس گھڑی سر کو جھکاؤ گے　　جنَّت تو کیا ملے گی جہنّم میں جاؤ گے

جواب: ’’جب روزِ حَشْر تخت پہ بیٹھے گا کِبریا‘‘ یہ الفاظ کُفریہ ہیں۔ فُقَہائے کِرام رَحِمَهُمُ اللّٰهُ السَّلام فرماتے ہیں: جو کہے: **اللہ** عَزَّوَجَلَّ **انصاف کے لئے بیٹھا یا کھڑا ہو گیا اُس پر حکمِ کُفر ہے۔**(فتاوٰی تاتار خانیه ج ٥ ص ٤٦٦) اِس مِصْرع کو اگر یوں پڑھ لیں تو شِعْر دُرُست ہو جائے گا: ’’تم کو بروزِ حشر جو پوچھے گا کبریا۔‘‘ (کفریہ کلمات کے بارے میں سوال جواب ص ٢٤٢ مکتبۃ المدینہ)

مَناقِب

یا علیؓ المرتضٰی مولیٰ علی مشکلکُشا

(یہ کلام ۸ ربیع الآخر ۱۴۳۲ھ کو موزوں کیا)

یا علیؓ المرتضٰی مولیٰ علی مشکلکُشا
آپ ہیں شیرِ خدا مولیٰ علی مشکلکُشا

صاحِبِ لُطف و عطا مولیٰ علی مشکلکُشا
ہیں شہیدِ با وفا مولیٰ علی مشکلکُشا

"عِلْم کا میں شہر ہوں دروازہ اِس کا ہیں علی"
ہے یہ قولِ مصطَفٰے[1] مولیٰ علی مشکلکُشا

"جس کسی کا میں ہوں مولیٰ اُس کے مولیٰ ہیں علی"
ہے یہ قولِ مصطَفٰے[2] مولیٰ علی مشکلکُشا

پیکرِ خوفِ خدا اے عاشقِ خیرُ الْوریٰ
تم سے راضی کبریا مولیٰ علی مشکلکُشا

[1] اَنَا مَدِینَۃُ الْعِلْمِ وَعَلِیٌّ بَابُھَا۔ یعنی میں علم کا شہر ہوں اور علی اُس کا دروازہ ہیں۔ (اَلْمُعْجَمُ الْکَبِیر ج ۱۱ ص ۵۵ حدیث ۱۱۰۶۱) [2] مَنْ کُنْتُ مَوْلَاہُ فَعَلِیٌّ مَوْلَاہُ۔ یعنی جس کا میں مولیٰ ہوں علی بھی اُس کے مولیٰ ہیں۔ (ترمذی ج ۵ ص ۳۹۸ حدیث ۳۷۳۳)

بعدِ خُلفائے ثَلاثہ سب صَحابہ سے بڑا
آپ کو رُتبہ ملا مولیٰ علی مشکلکُشا

قَلْعَۂ خیبر کا دروازہ اُکھاڑا آپ نے
مرحبا! صد مرحبا! مولیٰ علی مشکلکُشا

پیکرِ جُودو سخا تُو میں فقیر و بے نوا[1]
تو ہے داتا میں گدا مولیٰ علی مشکلکُشا

شَبَّر و شَبِّیر کے والد ہو تم ماں فاطِمہ
سیِّد و سردارِ ما[2] مولیٰ علی مشکلکُشا

میں گناہوں کا مریض اور آپ ہیں میرے طبیب
دیجئے مجھ کو شِفا مولیٰ علی مشکلکُشا

جان کو خطرہ ہے میری دشمنوں سے ہر گھڑی
المدد شیرِ خدا مولیٰ علی مشکلکُشا

مـــــــــــــــــــــدینہ

[1] بےسروسامان۔ [2] ہمارے سردار

حیدرِ[1] کرّار[2]! لے کے آؤ تیغِ ذُوالْفِقار
زورِ دشمن بڑھ چلا مولیٰ علی مشکلکُشا

مغفِرت کروایئے جنّت میں لے کے جایئے
واسِطہ حَسنَین کا مولیٰ علی مشکلکُشا

دل سے دنیا کی مَحبّت دُور کر کے یا علی!
دیدو عشقِ مصطَفٰے مولیٰ علی مشکلکُشا

از پئے غوثُ الورا ہم کو نَجف[3] بُلوایئے
ہو کرم یا مُرتَضٰی مولیٰ علی مشکلکُشا

شَبَّر و شبّیر کے بابا مجھے دیدار ہو
خواب میں اب آپکا مولیٰ علی مشکلکُشا

اشکبار آنکھیں عطا ہوں دل کی سختی دور ہو
دیجئے خوفِ خدا مولیٰ علی مشکلکُشا

مـــــــــــــــــــــــــــــدینه

۱ شیر ۲ باربارحملہ کرنے والا۔ بھگانے والا۔ ۳ عراق کے اُس شہر کا نام جہاں مولیٰ علی کَرَّمَ اللّٰہُ وَجْهَهُ الْکریم کا مزارِ فائضُ الْانوار ہے۔

ایک ذرّہ اپنی اُلفت کا عنایت کر مجھے
اپنا دیوانہ بنا مولیٰ علی مشکلکُشا

بھیک لینے کیلئے دربار میں منگتا ترا
لے کے کشکول آ گیا مولیٰ علی مشکلکُشا

کیوں پھروں در در بھلا خیرات لینے کیلئے
میں فقط منگتا ترا مولیٰ علی مشکلکُشا

نَفْسِ اَمّارہ[1] ہو مغلوب اور سدا ناکام ہو
وار ہر شیطان کا مولیٰ علی مشکلکُشا

بے سبب بخشِش ہو میری یہ دعا فرمائیے
مصطَفٰے کا واسِطہ مولیٰ علی مشکلکُشا

کیجئے حق سے دعا ایمان پر ہو خاتمہ
خیر سے عطّار کا مولیٰ علی مشکلکُشا

مـــــــدینہ

[1] برائی پر ابھارنے والا نَفْس۔

تُو نے باطِل کو مِٹایا اے امام احمد رضا

تُو نے باطِل کو مِٹایا اے امام احمدرضا
دِین کا ڈنکا بجایا اے امام احمدرضا

زور باطل کا، ضَلالت کا تھا جس دم ہِند میں
تُو مجدِّد بن کے آیا اے امام احمدرضا

اہلِ سنّت کا چمن سرسبز تھا شاداب تھا
تازگی تُو اور لایا اے امام احمد رضا[1]

تُو نے باطل کو مِٹا کر دین کو بخشی جِلا
سنّتوں کو پھر جِلایا اے امام احمدرضا

اے امامِ اہلِ سنّت نائبِ شاہِ اُمم
کیجئے ہم پر بھی سایہ اے امام احمدرضا

عِلْم کا چشمہ ہوا ہے مَوجزن تحریر میں
جب قلم تُو نے اٹھایا اے امام احمدرضا

حَشْر تک جاری رہے گا فَیض مُرشِد آپ کا
فیض کا دریا بہایا اے امام احمدرضا

ہے بدرگاہِ خدا عطّارِ عاجز کی دعا
تجھ پہ ہو رَحْمت کا سایہ اے امام احمدرضا

مدینہ

[1]: یہ مصرع ''مُفَتِّش'' نے مَوزُوں کیا۔

خدا کے فَضْل سے میں ہوں گدا فاروقِ اعظم کا

(۱۹شوال المکرم ۱۴۳۳ھ بمطابق 2012-09-6)

خدا کے فَضْل سے میں ہوں گدا فاروقِ اعظم کا
خدا اُن کا محمد مصطَفٰے فاروقِ اعظم کا

کرم اللہ کا ہر دم نبی کی مجھ پہ رَحْمت ہے
مجھے ہے دو جہاں میں آسرا فاروقِ اعظم کا

پسِ صدّیقِ اکبر مصطَفٰے کے سب صَحابہ میں
ہے بے شک سب سے اونچا مرتبہ فاروقِ اعظم کا

گلی سے ان کی شیطاں دُم دبا کر بھاگ جاتا ہے
ہے ایسا رُعْب ایسا دبدبہ فاروقِ اعظم کا

صَحابہ اور اہلِ بیت کی دل میں مَحَبّت ہے
بفیضانِ رضا میں ہوں گدا فاروقِ اعظم کا

رہے تیری عطا سے یاخدا! تیری عنایت سے
ہمارے ہاتھ میں دامن سدا فاروقِ اعظم کا

بھٹک سکتا نہیں ہرگز کبھی وہ سیدھے رستے سے
کرم جس بخت وَر پر ہو گیا فاروقِ اعظم کا

(صلّی اللہ تعالیٰ علیہ والہٖ وسلّم)
خدا کی خاص رَحمت سے محمد کی عنایت سے
جہنّم میں نہ جائے گا گدا فاروقِ اعظم کا

سدا آنسو بہائے جو غمِ عشقِ محمد میں
دے ایسی آنکھ یارب! واسِطہ فاروقِ اعظم کا

مجھے حجّ وزیارت کی سعادت اب عنایت ہو
وسیلہ پیش کرتا ہوں خدا فاروقِ اعظم کا

الٰہی! ایک مدّت سے مِری آنکھیں ترستی ہیں
دکھا دے سبز گُنبد واسِطہ فاروقِ اعظم کا

شہادت اے خدا! عطّار کو دیدے مدینے میں
کرم فرما الٰہی! واسِطہ فاروقِ اعظم کا

پھر بُلا کربَلا یا شہِ کربَلا

پھر بُلا کربلا، یاشہِ کربلا
اپنا روضہ دکھا، یاشہِ کربلا

تیرے دربار کو، اس کے انوار کو
آہ! کب پاؤں گا، یاشہِ کربلا

میں نے چُومی نہیں، کربلا کی زمیں
ایک عرصہ ہوا، یاشہِ کربلا

کوچۂ پاک کو، خَس کو خاشاک کو
چوموں آ کر شہا، یاشہِ کربلا

ایسا پاؤں جُنُوں[1]، دھڑکنوں میں سُنوں
کربلا کربلا، یاشہِ کربلا

ازپئے چار یار، اے شہِ ذی وقار
اپنا شیدا بنا، یاشہِ کربلا

چشمِ نم دیجئے اپنا غم دیجئے
از طُفیلِ رضا، یاشہِ کربلا

خواب میں آیئے، جلوہ دکھلایئے
ازپئے مصطفٰے، یاشہِ کربلا

اس گُنہگار کو، خوار و بدکار کو
جیسا بھی ہے نِبھا، یاشہِ کربلا

ابنِ شاہِ عرب! مَرَضِ عِصیاں سے اب
دیدو مجھ کو شِفا، یاشہِ کربلا

مـــــــــــــــــــــــدینہ

[1]: دیوانگی

ایک مظلوم کو اپنے مغموم کو آفتوں سے چھڑا، یاشہِ کربلا
میرے اُجڑے چمن پر کرم کی بھَرَن[1] اب تو برسا شہا، یاشہِ کربلا
دل کو مل جائے چین اَلْمدد یاحُسین ہُوں بہُت غمزدہ، یاشہِ کربلا
اب ہو رخصت خزاں، کِھل اُٹھے گُل سِتاں وہ چلا دو ہوا، یاشہِ کربلا
ذُوالْفِقارِ علی، جب عَدُو پر چلی قہر سا چھا گیا، یاشہِ کربلا
آہ! دشمن مرے، خُوں کے پیاسے ہوئے لیکے تلوار آ، یاشہِ کربلا
سن لو فریاد کو آؤ اِمداد کو ابنِ مُشْکِلکُشا، یاشہِ کربلا
ہو مُیَسَّر امام اب شہادت کا جام کر دو حق سے دُعا، یاشہِ کربلا

جانبِ کربلا کاش! عطّار کا
چل پڑے قافِلہ، یاشہِ کربلا

جو اللہ عَزَّوَجَلَّ اور قیامت پر ایمان رکھتا ہے اُسے چاہئے کہ بھلائی کی بات کرے یا خاموش رہے۔ (بُخاری، حدیث۶۰۱۸)

[1]: زور و شور کی بارش جو جل تھل کر دے۔

بغداد کے مسافِر میرا سلام کہنا

(یکم ربیع الآخر ۱٤٣٤ھ۔بمطابق 2013-02-12)

بغداد کے مسافِر میرا سلام کہنا
رو رو کے مُرشدی سے میرا پیام کہنا

یا پیر غوث اعظم! قسمت کُھلے گی کس دم؟
آئے گا کب یہ در پر تیرا غلام کہنا

بغداد والے مُرشد در پر بُلا لے مُرشد
دیکھے تِری گلی کے یہ صُبح و شام کہنا

اپنی رضا کا مُرشد مُژدہ سنائیے اب
مت پھیرنا اِسے بے نَیلِ مَرام[1] کہنا

چھا جائے ایسی مستی مٹ جائے اپنی ہستی
کر دو عنایت ایسا اُلفت کا جام کہنا

[1] نامُراد۔

کہتا تھا پیرو مُرشد حق سے دعا یہ کرنا
دوزخ حرام ہو اور جنّت مقام کہنا

وعظوں کی تیرے مُرشِد ہے دھوم چار جانب
میں بھی کبھی تو سُن لوں میٹھا کلام کہنا

جلوہ دکھانا مُرشِد کلمہ پڑھانا مُرشِد
جس دم ہو زندگی کا لبریز جام کہنا

اُفتاد[۲] آ پڑی ہے امداد کی گھڑی ہے
فریاد کر رہا ہے تیرا غلام کہنا

سائل نوازِشوں کا کہتا تھا سازشوں کا
مُرشِد ہو دشمنوں کا قصّہ تمام کہنا

عطّار کو بُلا کر مُرشِد گلے لگا کر
پھر خوب مسکرا کر کرنا کلام کہنا

مدینہ

۲ مُصیبت۔

اجمیر بُلایا مجھے اجمیر بُلا یا

اجمیر بُلایا مجھے اجمیر بُلایا
اجمیر بُلا کر مجھے مہمان بنایا

ہو شکر ادا کیسے کہ مجھ پاپی کو خواجہ
اجمیر بُلا کر مجھے دربار دکھایا

سلطانِ مدینہ کی مَحَبَّت کا بھکاری
بن کر میں شہا! آپ کے دربار میں آیا

دنیا کی حکومت دو نہ دولت دو نہ ثَروت
ہر چیز ملی جامِ مَحَبَّت جو پلایا

قدموں سے لگالو مجھے قدموں سے لگالو
خواجہ ہے زمانے نے بڑا مجھ کو ستایا

ڈُوبا ابھی ڈوبا مجھے لِلّٰہ سنبھالو
سیلاب گناہوں کا بڑے زور سے آیا

ہو چشمِ شِفا اب تو شہا! سُوئے مریضاں
عِصیاں کے مَرَض نے ہے بڑا زور دکھایا

سرکارِ مدینہ کا بنا دیجئے عاشِق
یہ عرض لیے شاہ کراچی سے میں آیا

یا خواجہ کرم کیجئے ہوں ظُلمتیں کافور
باطِل نے بڑے زور سے سر اپنا اٹھایا

عطّارؔ کرم ہی سے ترے جم کے کھڑا ہے
دشمن نے گِرانے کو بڑا زور لگایا

ہو مدینے کا ٹِکٹ مجھ کو عطا داتا پِیا

ہو مدینے کا ٹِکَٹ مجھ کو عطا داتا پیا
آپ کو خواجہ پیا کا واسِطہ داتا پیا

مجھ کو رَمضانِ مدینہ کی زیارت ہو نصیب
خرچ ہو راہِ مدینہ کا عطا داتا پیا

دو نہ دو مرضی تمہاری تم مدینے کا ٹِکَٹ
میں پکارے جاؤں گا داتا پیا داتا پیا

دولتِ دنیا کا سائل بن کے میں آیا نہیں
مجھ کو دیوانہ مدینے کا بنا داتا پیا

کاش میں رویا کروں عشقِ رسولِ پاک میں
سوز دو ایسا پئے احمد رضا داتا پیا

غم مجھے میٹھے مدینے کا عطا کر دو شہا
میرا سینہ بھی مدینہ دو بنا داتا پیا

میٹھے میٹھے مصطفٰے کی بارگاہِ پاک میں
کیجئے میری سِفارش آپ یا داتا پیا
گو ذلیل وخوار ہوں پاپی ہوں میں بدکار ہوں
آپ کا ہوں آپ کا ہوں آپ کا داتا پیا
آرزو ہے موت آئے گُنبدِ خَضرا تلے
ہاتھ اٹھا کر کیجئے حق سے دعا داتا پیا
میں ہوں عِصیاں کا مریض اور تم طبیبِ عاصِیاں
ہو عطا مجھ کو گناہوں کی دوا داتا پیا
آپ کی چشمِ کرم ہوجائے گر بدحال پر
دُور ہو غم کی ابھی کالی گھٹا داتا پیا
کیا غَرَض دردر پھروں میں بھیک لینے کیلئے
ہے سلامت آستانہ آپ کا داتا پیا
جھولیاں بھر بھر کے لے جاتے ہیں منگتے رات دن
ہو مِری اُمّید کا گلشن ہرا داتا پیا

مجھ کو داتا تاجدارانِ جہاں سے کیا غَرَض
میں تو ہوں منگتا ترے دربار کا داتا پیا

اُجڑے گھر آباد ہوں اور غم کے مارے شاد ہوں
ہو ترے ہر ایک منگتے کا بھلا داتا پیا

دُم دبا کر بھاگ جائے شیر بھی گر دیکھ لے
آپ کے دربار کا کُتّا شہا داتا پیا

کاش! پھر لاہور میں نیکی کی دعوت عام ہو
فیض کا دریا بہا دو سرورا داتا پیا

مسجِدیں آباد ہوں اور سنّتیں بھی عام ہوں!
فیض کا دریا بہا دو سرورا داتا پیا

سارے منگتے اپنے چہرے پر سجائیں داڑھیاں
فیض کا دریا بہا دو سرورا داتا پیا

تختِ شاہی کی نہیں ہے آرزو عطّارؔ کو
اِس کو بس کُتّا بنا لو اپنا یا داتا پیا

اپنے قدموں میں بلا خواجہ پیا خواجہ پیا

(یکم رجبُ المرجب ١٤٣٤ھ۔بمطابق 2013-05-11)

اپنے قدموں میں بلا خواجہ پیا خواجہ پیا
اور جلوہ بھی دکھا خواجہ پیا خواجہ پیا

ہو کرم بَرحالِ ما خواجہ پیا خواجہ پیا
از پئے داتا پیا خواجہ پیا خواجہ پیا

آہ! کتنی دیر سے میں دور ہوں اَجمیر سے
جانے میں کب آؤں گا خواجہ پیا خواجہ پیا

مصطفٰے کی انبیا کی ہر صَحابی اور ولی
کی مَحَبَّت ہو عطا خواجہ پیا خواجہ پیا

یا مُعینَ الدّین اجمیری! کرم کی بھیک دو
از پئے غوث و رضا خواجہ پیا خواجہ پیا

شَبَّر و شَبِّیر کا صَدْقہ بلائیں دُور ہوں
اے مرے مشکِلکشا خواجہ پیا خواجہ پیا

آفتوں کی آندھیاں کر دُور دے اَمن واماں
بہرِ خاکِ کربلا خواجہ پیا خواجہ پیا

دل سے دنیا کی محبّت کی مُصیبت دُور ہو
دیدو عشقِ مصطفٰے خواجہ پیا خواجہ پیا

تیری اُلفت میں جیوں تیری محبّت میں مَروں
ہو کرم ایسا شہا! خواجہ پیا خواجہ پیا

جھولیاں بھرتے ہو منگتوں کی مجھے بھی ہو عطا
حصّہٗ جودو سخا خواجہ پیا خواجہ پیا

نَے میں سائل راج کا نَے تخت کا نَے تاج کا
میں فَقَط منگتا ترا خواجہ پیا خواجہ پیا

یہ سگِ دربار خواجہ! طالبِ دیدار ہے
چہرۂ انور دِکھا خواجہ پیا خواجہ پیا

دشمنوں میں ہوں گھرا صدّیق کا صَدْقہ بچا
المدد خواجہ پیا خواجہ پیا خواجہ پیا

اُونٹ بیٹھے اُٹھ نہ پائے ساڑ بان[1] حیران تھے
یہ کرامت واہ وا! خواجہ پیا خواجہ پیا

آ گیا سارا ''اَناساگر[2] ''تِری چھاگل[3] میں خوب
شان تیری مرحبا! خواجہ پیا خواجہ پیا

اپنی منزل سے کبھی بھی وہ بھٹک سکتا نہیں
جس کے تم ہو رہنُما خواجہ پیا خواجہ پیا

استِقامت مذہبِ اسلام پر مل جائے کاش!
ہاتھ اُٹھا کر کر دُعا خواجہ پیا خواجہ پیا

مدینہ

۱ اُونٹ والے، اُونٹ چلانے اور ہانکنے والے۔ (فرہنگ آصِفیہ ج۲ص۷)

۲ اَجمیر شریف کے تالاب کا نام۔

۳ چھوٹی سی مَشک۔ مِٹّی کا وہ برتن جس میں مُسافِر پانی بھر لیتے ہیں۔

(رنگین فیروز اللغات ص۵۷۸)

خاتمہ بِالخیر ہو میٹھے مدینے میں مِرا

ہاتھ اُٹھا کر کر دُعا خواجہ پیا خواجہ پیا

حج کی مل جائے سعادت سبز گُنبد دیکھ لوں

ہاتھ اُٹھا کر کر دُعا خواجہ پیا خواجہ پیا

کاش! قسمت سے مدینے میں شہادت پاؤں میں

ہاتھ اُٹھا کر کر دُعا خواجہ پیا خواجہ پیا

ہو بقیعِ پاک میں تدفین میری خیر سے

ہاتھ اُٹھا کر کر دُعا خواجہ پیا خواجہ پیا

ایک ذرّہ ہو عطا عطّار کے ہو جائیگا

خواجہ! گھر بھر کا بھلا خواجہ پیا خواجہ پیا

شکریہ آپ کا بغداد بُلایا یا غوث

(اِس مَنقبت کے اکثر اشعار بغدادِ مُعلّٰی میں لکھ کر غوثِ پاک کے دربار میں پیش کئے گئے)

شکریہ آپ کا بغداد بُلایا یاغوث
مجھ گنہگار کو مہمان بنایا یاغوث

مرتبہ یوں تِرا خالِق نے بڑھایا یاغوث
اولیا کا تجھے سلطان بنایا یاغوث

یادِ طیبہ سے بسا دیجئے سینہ میرا
عرض یہ شہرِ ''کراچی'' سے ہوں لایا یاغوث

میں نکمّا تو کسی کام کے قابل ہی نہ تھا
مجھ سے بے کار کو تم نے ہی نبھایا یاغوث

قابلِ رشک ہے وَاللہ وہ قسمت والا
تو نے کُتّا جسے اپنا ہے بنایا یاغوث

قلبِ مُردہ کو بھی ٹھوکر سے جِلا دو مُرشِد
بِالیقیں تم نے تو مُردوں کو جِلایا یاغوث

آفتوں میں ہوں گرفتار، مدد کو آؤ
آہ! دنیا کے غموں نے ہے ستایا یاغوث

''لاتخف[1]'' حشر میں کہتے ہوئے آجانا تم
جیسے دنیا میں یہ ارشاد سنایا یاغوث

تیرے دامن سے لپٹ کر میں مچل جاؤں گا
مجھ کو جس دم سرِمحشر نظر آیا یاغوث

میں جہنَّم میں نہ اَب جاؤں گا اِن شاءَ اللّٰہ
رَہنُما تم کو جو میں نے ہے بنایا یاغوث

شاہِ بغداد! ہو عطّار پہ نَظَرِ رَحْمت!
خالی کاسہ لئے ہے دُور سے آیا یاغوث

مـــــــــــــــــــــــــــــــدینہ

[1]: ''لَا تَخَفْ'' سے غوثِ پاک کے اس ارشاد: مُرِیْدِیْ لَا تَخَفْ اَللّٰہُ رَبِّیْ (یعنی میرے مُرید مت ڈر اللہ عَزَّوَجَلَّ میرا پروردگار ہے) کی طرف اشارہ ہے۔

تِرے در سے ہے منگتوں کا گزارا یاشہِ بغداد

تِرے در سے ہے منگتوں کا گزارا یاشہِ بغداد
یہ سُن کر میں نے بھی دامن پَسارا یاشہِ بغداد

مِری قسمت کا چمکا دو ستارہ یاشہِ بغداد
دکھا دو اپنا چہرہ پیارا پیارا یاشہِ بغداد

اجازت دو کہ میں بغداد حاضِر ہو کے پھر کرلوں
تمہارے نیلے گُنبُد کا نظارہ یاشہِ بغداد

غمِ شاہِ مدینہ مجھ کو تم ایسا عطا کر دو
جگر ٹکڑے ہو دل بھی پارہ پارہ یاشہِ بغداد

مدینے کا بنا دو تم مجھے کچھ ایسا دیوانہ
پھِروں دیوانگی میں مارا مارا یاشہِ بغداد

خدا کے خوف سے روئے نبی کے عشق میں روئے
عطا کر دو وہ چشمِ تر خدارا یاشہِ بغداد

گناہوں کے مَرَض نے کر دیا ہے نیم جاں مجھ کو
تمہیں آ کے کرو اب کوئی چارہ یاشہِ بغداد

مجھے اچّھا بنا دو مرشِدی بے شک یقیناً ہیں
مِرے حالات تم پر آشکارا یاشہِ بغداد

سُدھارو مرشِدی لِلّٰہ اپنے ڈِھیٹ بَرْدے[1] کو
نہ جانے تم نے کتنوں کو سُدھارا یاشہِ بغداد

ہوئی جاتی ہے اُوجَڑ اب مِری اُمّید کی کھیتی
پھرَن برسا دو رحمت کی خدارا یاشہِ بغداد

کرم میراں! مِرے اُجڑے گلستاں میں بہار آئے
خزاں کا رُخ پِھرا دو اب خدارا یاشہِ بغداد

[1] غلام

شہا! خیرات لینے کو سَلاطینِ زمانہ نے
تِرے دربار میں دامن پَسارا یاشہِ بغداد

گرجتے بادلوں کا شور چلتی آندھیوں کا زور
لرزتا ہے کلیجا دو سہارا یاشہِ بغداد

بچالو دشمنوں کے وار سے یا غوثِ جیلانی
بڑی امّید سے تم کو پکارا یاشہِ بغداد

وسیلہ چار یاروں کا خدا سے بخشوا دیجے
کرم فرمایئے مجھ پر خدارا یا شہِ بغداد

اگرچِہ لاکھ پاپی ہے مگر عطّارؔ کس کا ہے؟
تمہارا ہے تمہارا ہے تمہارا یاشہِ بغداد

نِفاقِ اِعتِقادی کی تعریف

زَبان سے اسلام کا دعوٰی کرنا اور دل میں اسلام سے انکار کرنا نِفاق ہے۔
(بہارِ شریعت ج ۱ ص ۱۸۲ مکتبۃ المدینہ باب المدینہ (کراچی))

در پر جو تیرے آگیا بغداد والے مُرشِد

(یہ کلام یکم ربیع الآخر ۱۴۳۲ھ کو موزوں کیا)

در پر جو تیرے آ گیا بغداد والے مُرشِد
مَن کی مُرادیں پا گیا بغداد والے مُرشِد

لینے شِفائے کامِلہ دربار میں اے کامِل
بیمارِ عِصیاں آ گیا بغداد والے مُرشِد

جو کوئی تیرہ بخت[1] یہاں ہوگیا ہے حاضِر
روشن نصیبہ پا گیا بغداد والے مُرشِد

قدموں میں تیرے دنیا کے جھنجھٹ سے بس نکل کر
جو آگیا سو پا گیا بغداد والے مُرشِد

جب بھی تڑپ کے کہہ دیا ''یاغوث المدد'' تب
اِمداد کو تُو آ گیا بغداد والے مُرشِد

[1] بدنصیب

جس نے لگایا زور سے یا غوث کا ہے نعرہ
وہ دشمنوں پہ چھا گیا بغداد والے مُرشِد

بیدار بخت وہ ہے حقیقت میں جس کو جلوہ
تُو خواب میں دِکھا گیا بغداد والے مُرشِد

ایمان اُس کا بچ گیا شیطان سے، جو تیرے
ہے ”سلسلے“ میں آ گیا بغداد والے مُرشِد

کیوں نَزع و قَبْر و حَشْر کا ڈر اَب مُریدوں کو ہو
تو ”لَا تَخَفْ“ سُنا گیا بغداد والے مُرشِد

دِیدار بھی کرادے مجھے کلمہ بھی پڑھا دے
اب وقتِ رِحْلَت آ گیا بغداد والے مُرشِد

عطّار آکے کاش! یہ دربار میں کہے پھر
بغداد میں پھر آ گیا بغداد والے مُرشِد

رونقِ کُل اولیا یاغوثِ اعظم دَسْتْ گِیر

رونقِ کل اولیا یاغوثِ اعظم دَسْتْ گیر
پیشوائے اَصفیا یاغوثِ اعظم دَسْتْ گیر[1]

آپ ہیں پیروں کے پیراورآپ ہیں روشن ضمیر
آپ شاہِ اَتقیا یاغوثِ اعظم دَسْتْ گیر

اولیاء کی گردنیں ہیں آپ کے زیرِ قدم
یااِمامَ الاولیا یاغوثِ اعظم دَسْتْ گیر

تھرتھراتے ہیں شہا جِنّات تیرے نام سے
ہے ترا وہ دبدبہ یاغوثِ اعظم دَسْتْ گیر

پیدا ہوتے ہی رکھے رَمضاں میں روزے، دن میں دودھ
کا نہ اِک قطرہ پیا یاغوثِ اعظم دَسْتْ گیر

جس طرح مُردے جِلائے اِس طرح مُرشد مِرے
مُردہ دل کو بھی جِلا، یاغوثِ اعظم دَسْتْ گیر

[1]: دَسْتْ یعنی ہاتھ، گیر یعنی تھامنے والا، مددگار۔ دَسْتْ۔گیر پڑھیے اکثر دَسْ۔تگیر پڑھتے ہیں جو کہ دُرُست نہیں۔

اہلِ محشر دیکھتے ہی حشر میں یوں بول اُٹھے
مرحبا صد مرحبا یاغوثِ اعظم دَسْت گیر

آپ جیسا پیر ہوتے کیا غَرَض دَردَر پھروں
آپ سے سب کچھ ملا یاغوثِ اعظم دَسْت گیر

گو ذلیل و خوار ہوں بدکار و بدکردار ہوں
آپ کا ہوں آپ کا، یاغوثِ اعظم دَسْت گیر

راستہ پُر خار، منزِل دُور، بَن سُنسان ہے
المدد اے رہنما! یاغوثِ اعظم دَسْت گیر

غوثِ اعظم! آئیے میری مدد کے واسِطے
دُشمنوں میں ہوں گھرا یاغوثِ اعظم دَسْت گیر

آفتیں بھی دُور ہوں ، رنج وبلا کافور ہوں
از طُفیلِ مصطَفٰے یاغوثِ اعظم دَسْت گیر

اِذْن دو بغداد کا ہر اک عقیدت مند کو
گیارہویں والے شہا یاغوثِ اعظم دَسْت گیر

میٹھے مُرشِد حاضِری کو اِک زمانہ ہو گیا
در پہ پھر مجھ کو بُلا، یاغوثِ اعظم دَسْت گیر

میرے میٹھے میٹھے مُرشِد آیئے نا خواب میں
واسِطہ سرکار کا، یاغوثِ اعظم دَسْت گیر

اپنی اُلفت کی پِلا کر مَے مجھے یا مُرشِدی
مَست اور بیخود بنا یاغوثِ اعظم دَسْت گیر

لمحہ لمحہ بڑھ رہا ہے ہائے! عِصیاں کا مَرَض
دیجئے مجھ کو شِفا، یاغوثِ اعظم دَسْت گیر

مُرشِدی مجھ کو بنا دے تُو مریضِ مصطفٰے
ازپئے احمد رضا، یاغوثِ اعظم دَسْت گیر

اپنے رب سے مصطَفٰے کا غم دلادے مُرشِدی
ہاتھ اٹھا کے کر دعا یاغوثِ اعظم دَسْت گیر

اب سِرہانے آؤ مُرشِد اور مجھے کلمہ پڑھاؤ
دم لبوں پر آگیا یاغوثِ اعظم دَسْت گیر

ہے یہی عطّاؔر کی حاجت مدینے میں مرے
ہو عنایت سیِّدا، یاغوثِ اعظم دَسْت گیر

نِقاب اپنے رُخ سے اٹھا غوثِ اعظم

نِقاب اپنے رُخ سے اٹھا غوثِ اعظم ‏ ‏ مجھے اپنا جلوہ دکھا غوثِ اعظم
مجھے ایسا شیدا بنا غوثِ اعظم ‏ ‏ کہ ہو جاؤں تجھ پر فدا غوثِ اعظم
مِرے پیر روشن ضمیر آپ کو تو ‏ ‏ مِرے حال کا ہے پتا غوثِ اعظم
تمہارے ہیں جتنے مُرید اُن سبھی میں ‏ ‏ بُرا ہوں، بنا دو بھلا غوثِ اعظم
بروزِ قِیامت ہمیں اپنے جھنڈے ‏ ‏ تلے دیجئے گا جگہ غوثِ اعظم
جو بیماریوں میں گھرے ہیں انہیں تم ‏ ‏ دِلا دو خدا سے شِفا غوثِ اعظم
مُریدین کو جو ستاتے ہیں جِنّات ‏ ‏ خدارا اُنہیں دو بھگا غوثِ اعظم
نظر سے یا جادو سے جو ہیں پریشاں ‏ ‏ ہو ان پر بھی چشمِ عطا غوثِ اعظم
کلیجا شیاطیں کا تھرّا اُٹھے گا ‏ ‏ پکارو سبھی مل کے یاغوثِ اعظم
سجائیں عِمامہ بڑھائیں جو داڑھی ‏ ‏ انہیں حشر میں بخشوا غوثِ اعظم
وہ بہنیں جو پہنیں سدا ''مَدنی بُرقع'' ‏ ‏ انہیں حشر میں بخشوا غوثِ اعظم
جو ہیں وَقفِ سنّت کی خدمت کی خاطر ‏ ‏ انہیں حشر میں بخشوا غوثِ اعظم
جو روزانہ دیتے ہیں نیکی کی دعوت ‏ ‏ انہیں حشر میں بخشوا غوثِ اعظم

سفر قافلے میں جو کرتے ہیں ہر ماہ　　انہیں حشر میں بخشوا غوثِ اعظم
جو دیں راہِ مولا میں بارہ مہینے　　انہیں حشر میں بخشوا غوثِ اعظم
جو اپناتے ہیں ''مدنی اِنْعام'' اکثر　　انہیں حشر میں بخشوا غوثِ اعظم
دمِ نَزْع پانی اُترتا نہیں ہے　　پِلا شربتِ دید یاغوثِ اعظم

ہے عطّار کو سَلبِ ایماں کا دھڑکا
بچا اس کا ایماں بچا غوثِ اعظم

ہر کلمے پر سال بھر کی عبادت کا ثواب

ایک بار حضرتِ سیِّدُنا مُوسیٰ کلیمُ اللّٰہ علٰی نَبِیِّنا وَعلیہِ الصّلٰوۃ وَالسّلام نے بارگاہِ خُداوندی عَزَّوَجَلَّ میں عرض کی: **یا اللّٰہ** عَزَّوَجَلَّ جو اپنے بھائی کو نیکی کا حکم کرے اور بُرائی سے روکے اُس کی جزا کیا ہے؟ **اللّٰہ** تبارَکَ وَتعالٰی نے ارشاد فرمایا: میں اُس کے ہر ہر کلمہ کے بدلے **ایک ایک سال کی عبادت کا ثواب** لکھتا ہوں اور اُسے جہنّم کی سزا دینے میں مجھے حَیا آتی ہے۔

(مُکاشَفۃُ الْقُلوب ص۴۸)

مِرے خواب میں آ بھی جا غوثِ اعظم

مِرے خواب میں آ بھی جا غوثِ اعظم
پِلا جامِ دیدار یاغوثِ اعظم
کبھی تو غریبوں کے گھر کوئی پھیرا!
ہماری بھی قسمت جگا غوثِ اعظم

کچھ ایسی پلا دو شرابِ مَحَبَّت
نہ اُترے کبھی بھی نَشہ غوثِ اعظم
ہیں زیرِ قدم گردنیں اَولیا کی
تمہارا ہے وہ مرتبہ غوثِ اعظم
ہیں سارے ولی تیرے زیرِنگیں[1] اور
ہے تُو سیِّدُ الْاَولیا غوثِ اعظم
مدد کیجئے آہ! چاروں طرف سے
میں آفات میں ہوں گِھرا غوثِ اعظم

[1] ماتحت

بہار آئے میرے بھی اُجڑے چمن میں
چلا کوئی ایسی ہوا غوثِ اعظم

رہے شاد و آباد میرا گھرانا
کرم ازپئے مصطفٰے غوثِ اعظم

دمِ نزع شیطاں نہ ایمان لے لے
حِفاظت کی فرما دُعا غوثِ اعظم

مُریدین کی موت توبہ پہ ہوگی
ہے یہ آپ ہی کا کہا غوثِ اعظم

مِری موت بھی آئے توبہ پہ مُرشِد!
ہُوں میں بھی مُرید آپ کا غوثِ اعظم

کرم آپ کا گر ہوا تو یقیناً
نہ ہوگا بُرا خاتمہ غوثِ اعظم

مِری قبْر میں ''لاتَخَف'' کہتے آؤ
اندھیرا رہا ہے ڈرا غوثِ اعظم

گو عطّار بد ہے بدوں کا بھی سردار
یہ تیرا ہے تیرا، ترا غوثِ اعظم

نظارہ ھو دربار کا غوثِ اعظم

نظارہ ہو دربار کا غوثِ اعظم دِکھا نیلا گُنبد دِکھا غوثِ اعظم
مجھے جامِ الفت پلا غوثِ اعظم رہوں مست و بےخود سدا غوثِ اعظم
کرم کیجئے پھر میں بغداد آؤں مِرے پیر کا واسِطہ غوثِ اعظم
مجھے اپنی چوکھٹ کا کُتّا بنا لو ہمیشہ رہوں باوفا غوثِ اعظم
ترے آستاں کا ہوں منگتا گزارہ ہے ٹکڑوں پہ تیرے مِرا غوثِ اعظم
گناہوں کا بار اپنے سر پر اُٹھا کر پھروں کب تلک جا بجا غوثِ اعظم
علاج آخراے مُرشِدی کب کریں گے! گناہوں کے بیمار کا غوثِ اعظم
گُنہگار ہوں گر عذابوں نے گھیرا تو ہو گا مِرا ہائے! کیا غوثِ اعظم
نظر مُرشِدی تیری جانب لگی ہے عذابوں سے لینا بچا غوثِ اعظم
جہاں میں جیوں سنّتوں کے مطابِق مدینے میں ہو خاتمہ غوثِ اعظم

ہو عطّار کی بے سبب بخشش آقا
یہ فرمائیں حق سے دعا غوثِ اعظم

شَہَنْشاہِ بغداد یاغوثِ اعظم

شَہَنْشاہِ بغداد یاغوثِ اعظم
سنو میری فریاد یاغوثِ اعظم
بُلا لیجے بغداد یاغوثِ اعظم
سنانی ہے رُوداد یاغوثِ اعظم
لگا کر مجھے اپنے قدموں سے مُرشِد
مِرا دل کرو شاد یاغوثِ اعظم
ترے پاک جلووں سے یاپیر و مُرشِد
مِرا دل ہو آباد یاغوثِ اعظم
پلا جام ایسا سِوا تیرے آقا
نہ کچھ بھی رہے یاد یاغوثِ اعظم
مِرے قلب سے حُبِّ دنیا کی مرشِد
اُکھڑ جائے بُنیاد یاغوثِ اعظم
رہے مجھ پہ میٹھی نظر مرشِدی گر
پڑے کچھ نہ اُفتاد[1] یاغوثِ اعظم
ترے ہوتے یاپیر! رنج و الم کی
کروں کِس سے فریاد یاغوثِ اعظم
ترے در کے منگتے سب اَغواث واَقطاب
اور اَبدال و اَوتاد یاغوثِ اعظم
مکرّم شہا تیرے سارے کے سارے
ہیں آباء و اَجداد یاغوثِ اعظم
شہا کاش! در کا بنا لیتی کُتّا
مجھے تیری اولاد یاغوثِ اعظم
رہیں شاد و آباد عالم میں میرے
سبھی گھر کے افراد یاغوثِ اعظم
مجھے پیارے گیارہ بھی بارہ بھی پچیّس
کے لگتے ہیں اعداد یاغوثِ اعظم
عَدُو قتل کرنے کے دَر پے ہُوا ہے
مدد شاہِ بغداد یاغوثِ اعظم

مـــــــــــــــــــــدینہ

[1] مصیبت

عَدُو تو مخالف تھے پہلے ہی سے اب　　بڑھا زورِ حُسّاد[1]　یاغوثِ اعظم

گناہوں نے مجھ کو کہیں کا نہ چھوڑا　　نہ ہو جاؤں برباد یاغوثِ اعظم

مجھے نفسِ ظالِم پہ کر دیجے غالِب　　ہو ناکام ہَمزاد[2]　یاغوثِ اعظم

دمِ نَزْع دیدار کی بھیک دینا　　چلے جاں مِری شاد یاغوثِ اعظم

گرفتارِ رنج و بلا یہ گدا ہے　　کرو آکر آزاد یاغوثِ اعظم

"یہ عطّار میرا ہے" مُرشِد خُدارا

سنا دو یہ اِرشاد یاغوثِ اعظم

غِبْطہ کی تعریف

غِبْطہ (غِبْ ۔طَہ) سے مُراد یہ ہے کہ انسان دوسرے کی نعمت کا زَوال (یعنی ضائع ہوجانا) نہ چاہے بلکہ وَیسی ہی نعمت کی اپنے لیے تمنّا کرے تو یہ **غِبْطہ** (یعنی رشک) کہلاتا ہے، نہ یہ حسد میں داخل اور نہ ہی حرام۔　(طریقہ محمدیہ ج ا ص ۶۱۰)

مدینہ

[1] حاسد کی جمع　[2] انسان کے بچّے کے ہمراہ پیدا ہونے والا شیطان جو کہ بہکانے کیلئے ہر وقت ساتھ رہتا ہے۔

ہو بغداد کا پھر سفر غوثِ اعظم

ہو بغداد کا پھر سفر غوثِ اعظم
مُہیّا وَسائل وہ کر غوثِ اعظم

شَہَنْشاہِ جِنّ و بشر غوثِ اعظم
ہو ولیوں کے بھی تاجور غوثِ اعظم

میں پہلے بھی بغداد حاضِر ہوا تھا
اِجازت دو بارِ دِگر غوثِ اعظم

میں گلیوں میں بِستر جمادوں پھرآ کر
دو بغداد میں مجھ کو گھر غوثِ اعظم

دِکھا دو مزارِ منوَّر کے جلوے
دکھا دو پھر اپنا نگر غوثِ اعظم

خدا و نبی کی جو الفت میں روئے
عطا کر دو وہ چشمِ تَر غوثِ اعظم

عطا ہو مجھے اپنے اللہ کا ڈر
دو عشقِ شہِ بَحر و بر غوثِ اعظم

مِرے میٹھے مُرشِد مجھے پھر شَرَف دے
یہ سر ہو، ترا سنگِ در غوثِ اعظم

مِلا سِلسِلہ قادِری فضلِ رب سے
میں ہوں کس قدَر بَخْتْوَر غوثِ اعظم

ہمیشہ ترا عشق بے چین رکھے
عطا ہو وہ سوزِ جگر غوثِ اعظم

مجھے اپنی الفت کی خیرات دیدو
مِری خالی جھولی دو بھر غوثِ اعظم

مِری ڈُوبتی ناؤ کو دو سہارا
ذرا جلد آؤ اِدھر غوثِ اعظم

یہاں بھی سہارا وہاں بھی سہارا اِدھر غوثِ اعظم اُدھر غوثِ اعظم
مجھے دشمنوں نے کہیں کا نہ چھوڑا ہے فریاد! ٹوٹی کمر غوثِ اعظم
عَدُو کے مقابل وہ ہمّت عطا ہو رہوں کاش! سِینہ سِپَر غوثِ اعظم
مدد اَلْمدد مُرشِدی ورنہ دشمن چلا جان سے مار کر غوثِ اعظم
زَباں پر رہے میری یا پِیر و مُرشِد ِترا ذِکر آٹھوں پَہَر غوثِ اعظم
مِرا حُبِّ دنیا سے پیچھا چُھڑا دے عطا اپنی الفت تُو کر غوثِ اعظم
شہا نفسِ اَمّارہ مَغلوب ہو اب ہو شیطان کا دُور شَر غوثِ اعظم
ہے عِصیاں کے بیمار کا دم لبوں پر خدارا لو جلدی خبر غوثِ اعظم
تمہیں میرے حالات کی سب خبر ہے پریشاں ہوں میں کس قدَر غوثِ اعظم
شہا! کاش قُفلِ مدینہ لگا لوں زَباں پر بھی اور آنکھ پر غوثِ اعظم
بیاں سن کے توبہ گنہگار کر لیں زَباں میں وہ دیدو اَثر غوثِ اعظم
میں بغداد کا کوئی سگ ہوتا اور کاش! مجھے رکھتے تم باندھ کر غوثِ اعظم

شہیدِ مدینہ ہو عطّارؔ عاصی
مُراد اس کی یہ آئے بَر غوثِ اعظم

مَظھرِ عظمتِ غَفّار ھیں غوثِ اعظم

مَظْہَرِ[1] عظمتِ غفّار ہیں غوثِ اعظم
مُظْہِرِ[2] رِفعتِ جبّار ہیں غوثِ اعظم

واقِفِ حِکمت و اَسرار ہیں غوثِ اعظم
دل کے بھیدوں سے خبردار ہیں غوثِ اعظم

نائبِ احمدِ مختار ہیں غوثِ اعظم
اور سب ولیوں کے سردار ہیں غوثِ اعظم

گر فَقَط آپ کے اَخْیار ہیں غوثِ اعظم
وہ کہاں جائیں جو بدکار ہیں غوثِ اعظم

میرے مُرشِد مِری سرکار ہیں غوثِ اعظم
میرے رہبر مِرے غمخوار ہیں غوثِ اعظم

نہ مُخالف فَقَط اَغْیار ہیں غوثِ اعظم
دوست بھی دے رہے آزار ہیں غوثِ اعظم

[1]: جائے ظہور۔ظاہر ہونے کی جگہ [2]: اظہار دِہندہ۔اظہار کرنے والا

حَشْر تک گائیں گے ہم گیت تمہارے مُرشِد
ہم تمہارے جو نمک خوار ہیں غوثِ اعظم

دودھ ماں کا نہ پیا آپ نے رمضانوں میں
آپ بچپن سے سمجھ دار ہیں غوثِ اعظم

تم نے مُردوں کو جِلایا ہے ہمارے دل بھی
کر دو زندہ کہ یہ مُردار ہیں غوثِ اعظم

مُنہ لگاتا نہیں دنیا میں جسے کوئی بھی
بِالیقیں اُس کے طرفدار ہیں غوثِ اعظم

کھوٹے سکّے جہاں چل جاتے ہیں وہ ہے بغداد
واں نِکمّوں کے خریدار ہیں غوثِ اعظم

مال و دولت کی طلب ہم کو نہیں ہے مُرشِد
ہم فَقَط تیرے طلبگار ہیں غوثِ اعظم

راہ بُھولا، مجھے یاغوث !سہارا دے دو
تھک گیا پاؤں بھی اَفگار[1] ہیں غوثِ اعظم

[1]: زخمی

شاہِ بغداد اِدھر بھی ذرا چشمِ رَحمت
ہم بَلاؤں میں گرفتار ہیں غوثِ اعظم

چار جانب سے گناہوں نے ہمیں گھیرا ہے
تیرے ہوتے ہوئے کیوں خوار ہیں غوثِ اعظم

اب دعا کیلئے ہاتھ اپنے اٹھا دو مُرشِد !
پَل میں اِس پار سے اُس پار ہیں غوثِ اعظم

اب اٹھا بھی دو نِقاب اپنے رُخِ انور سے
کب سے ہم طالِبِ دیدار ہیں غوثِ اعظم

ہو کرم! حُسنِ عمل آہ! نہیں ہے کوئی
نہ وظائف ہیں نہ اَذکار ہیں غوثِ اعظم

حَشْر کے روز ہماری بھی شَفاعت کرنا
آہ! ہم سَخْت گُنہگار ہیں غوثِ اعظم

اپنے عطّار کو چُمکار کے دیجے ٹکڑا
در پہ حاضِر ہوئے عطّار ہیں غوثِ اعظم

عاشقِ مصطفٰے ضِیاءُ الدّین

عاشقِ مصطفٰے ضِیاءُ الدّین
زاہد و پارسا ضِیاءُ الدّین

دلکش و دلکشا ضِیاء الدّین
میرے دل کی ضِیا،ضِیاءُ الدّین

تم کو قطبِ مدینہ یامرشِد!
عُلما نے کہا ضِیاءُ الدّین

یہ شرف کم نہیں ہے میرے لئے
ہُوں مُرید آپکا ضِیاءُ الدّین

مجھ کو اپنا بناؤ دیوانہ
واسِطہ غوث کا ضیاءُ الدّین

چشمِ رَحمت بسُوئے مَن[1] مُرشِد
از طُفیلِ رضا ضیاءُ الدّین

ایسا کردے کرم رہیں یارب!
مجھ سے راضی سداضِیاءُ الدّین

کیسے بھٹکوں گا میرے ہیں میرے
رہبر و رہنما ضِیاءُ الدّین

ایک مدّت سے آنکھ پیاسی ہے
اپنا جلوہ دکھا ضِیاءُ الدّین

مرضِ عصیاں سے نیم جاں ہوں میں
مجھ کو دیدو شِفا ضِیاءُ الدّین

چشمِ تر اور قلبِ مُضطَر دو
صدقہ حَسنین کا ضِیاءُ الدّین

میری سب مشکلیں ہوں حل مُرشِد
میرے مشکِل کُشاضِیاءُ الدّین

مدینہ

[1]: بسُوئے مَن یعنی میری طرف

پَون سو سال تک مدینے میں | تم نے بانٹی ضِیا، ضِیاءُ الدّین
جامِ عشقِ نبی پِلا کے مجھے | مست و بے خود بنا ضیاءُ الدّین[1]
میرے دشمن ہیں خون کے پیاسے | مجھ کو ان سے بچا ضِیاءُ الدّین
آہ! طوفاں میں ہے گھری نیّا | اے مرے ناخُدا ضِیاءُ الدّین
موت آئے مجھے مدینے میں | کر دو حق سے دعا ضِیاءُ الدّین
مجھ کو دیدو بقیعِ غرقد میں | اپنے قدموں میں جا ضِیاءُ الدّین
حَشْر میں دیکھ کر پکاروں گا | مرحبا مرحبا ضِیاءُ الدّین
مصطَفٰے کا پڑوس جنّت میں | مجھ کو حق سے دلا ضِیاءُ الدّین

بے عمل ہی سہی مگر عطّار
کس کا ہے؟ آپکا ضِیاءُ الدّین

م ـــ دینه

[1]: یہ مصرع ''مُفَتِّش'' نے مَوزُوں کیا۔

"ضِیا پیر و مرشِد" مرے رہنما ہیں

ضِیاء پیر و مُرشِد مِرے رہنما ہیں — سُرورِ دل و جاں مِرے دِلرُبا ہیں

کلی ہیں گلستانِ غوثُ الوَرٰی کی — یہ باغِ رضا کے گُلِ خوشنما ہیں

شریعت طریقت ہو یا معرِفت ہو — یہ حق ہے حقیقت میں حق آشنا ہیں

سہارا ہیں بے کس کا، دکھیوں کے والی — سخا کے ہیں مَخزن تو کانِ عطا ہیں

خدا کی مَحبَّت سے سرشار ہیں وہ — دل و جان سے مصطَفٰے پر فدا ہیں

مِلا سبز گُنبد کا قسمت سے سایہ — دِیارِ محمد میں جلوہ نُما ہیں

بُلالو مجھے اپنے قدموں میں اب تو — یہ ایّامِ فُرقَت بڑے جانگزا ہیں

مجھے رُوئے زیبا ذرا پھر دکھا دو — زیارت کے لمحے بڑے جانفِزا ہیں

تصوُّر جماؤں تو موجود پاؤں — کروں بند آنکھیں تو جلوہ نُما ہیں

نہ کیوں اہلِ سنّت کریں ناز اُن پر — کہ وہ نائبِ غوث و احمد رضا ہیں

مُنَوَّر کریں قلبِ عطّار کو بھی
شہا آپ دینِ مُبیں کی ضِیا ہیں

یقینا مَنبعِ خوفِ خدا صِدّیقِ اکبر ہیں

یقیناً مَنْبَعِ خوفِ خدا صِدّیقِ اکبر ہیں
حقیقی عاشِقِ خیرُ الْوریٰ صِدّیقِ اکبر ہیں

بِلا شک پیکرِ صبر و رِضا صِدّیقِ اکبر ہیں
یقیناً مخزنِ صِدق و وفا صِدّیقِ اکبر ہیں

نِہایت مُتَّقی و پارسا صِدّیقِ اکبر ہیں
تَقی ہیں بلکہ شاہِ اَتْقِیا صِدّیقِ اکبر ہیں

جو یارِ غارِ محبوبِ خُدا صِدّیقِ اکبر ہیں
وُہی یارِ مَزارِ مصطَفٰے صِدّیقِ اکبر ہیں

طبیبِ ہر مریضِ لادوا صِدّیقِ اکبر ہیں
غریبوں بے کسوں کا آسرا صِدّیقِ اکبر ہیں

امیرُ الْمُؤمنیں ہیں آپ امامُ الْمسلمیں ہیں آپ
نبی نے جنّتی جن کو کہا صِدّیقِ اکبر ہیں

سبھی اَصحاب سے بڑھ کر مقرَّب ذات ہے انکی
رفیقِ سرورِ اَرض و سما صِدّیقِ اکبر ہیں

عُمَر سے بھی وہ افضل ہیں وہ عُثماں سے بھی ہیں اعلیٰ
یقیناً پیشوائے مُرتَضٰی صِدّیقِ اکبر ہیں

امامِ احمد و مالِک، امامِ بُو حنیفہ اور
امامِ شافِعی کے پیشوا صِدّیقِ اکبر ہیں

تمامی اولیاء اللّٰہ کے سردار ہیں جو اُس
ہمارے غوث کے بھی پیشوا صِدّیقِ اکبر ہیں

سبھی عُلمائے اُمّت کے، امام و پیشوا ہیں آپ
بِلا شک پیشوائے اَصفیا صِدّیق اکبر ہیں

خدائے پاک کی رَحمت سے انسانوں میں ہر اک سے
فُزوں تر بعد از کُل اَنبِیا صِدّیقِ اکبر ہیں

ہلاکت خیز طُغیانی ہو یا ہوں موجیں طوفانی

نہ ڈوبے اپنا بیڑا ناخدا صِدّیقِ اکبر ہیں

بھٹک سکتے نہیں ہم اپنی منزِل ٹھوکروں میں ہے

نبی کا ہے کرم اور رہنما صِدّیقِ اکبر ہیں

گناہوں کے مَرَض نے نیم جاں ہے کر دیا مجھ کو

طبیب اب بس مِرے تو آپ یا صِدّیقِ اکبر ہیں

نہ گھبراؤ گنہگارو تمہارے حَشْر میں حامی

مُحِبِّ شافِعِ روزِ جزا صِدّیقِ اکبر ہیں

نہ ڈر عطّار آفت سے خدا کی خاص رَحْمت سے

نبی والی ترے، مُشْکِلکُشا صِدّیقِ اکبر ہیں

میں ہوں سائل میں ہوں منگتا یاخواجہ مری جھولی بھر دو

میں ہوں سائل میں ہوں منگتا یاخواجہ مِری جھولی بھردو
ہاتھ بڑھا کر ڈال دو ٹکڑا یاخواجہ مِری جھولی بھردو

جو بھی سائل آجاتا ہے من کی مُرادیں پا جاتا ہے
میں نے بھی دامن ہے پَسارا یاخواجہ مِری جھولی بھردو

سلطانِ کونَین کا صَدْقہ مولیٰ علی حَسنَین کا صَدْقہ
صَدْقہ خاتونِ جنَّت کا یاخواجہ مِری جھولی بھردو

مجھ کو عشقِ رسول عطا ہو خواجہ نَظرِ کرم سے بنادو
شاہِ مدینہ کا دیوانہ یاخواجہ مِری جھولی بھردو

رب کی عِبادت کی دُشواری اور گناہوں کی بیماری
دُونوں آفتیں دُور ہوں خواجہ یاخواجہ مِری جھولی بھردو

دے دو تم عطّار کو خواجہ
سنّت کی خدمت کا جذبہ
ہرسُو دِیں کا بجا دے ڈنکا
یاخواجہ مِری جھولی بھردو

یا غوث بلاؤ مجھے بغداد بلاؤ

یاغوث! بلاؤ مجھے بغداد بلاؤ
بغداد بلا کر مجھے جلوہ بھی دکھاؤ

دنیا کی مَحَبَّت سے مِری جان چھڑاؤ
دیوانہ مجھے شاہِ مدینہ کا بناؤ

چمکا دو سِتارہ مِری تقدیر کا مُرشِد!
مدفن کو مدینے میں جگہ مجھ کو دلاؤ

نَیّا مِری منجدھار[1] میں سرکار! پھنسی ہے
امداد کو آؤ! مِری امداد کو آؤ

حَسنَین کے صدقے ہوں مِری مشکلیں آساں
آفات و بَلِیّات[2] سے یاغوث! بچاؤ

[1]: سمندر کے بیچ کی دھار [2]: بَلِیَّہ کی جمع۔ بلائیں

یاپیر! میں عِصیاں کے تلاطُم[1] میں پھنسا ہوں
لِلّٰہ گناہوں کی تباہی سے بچاؤ

اچّھوں کے خریدار تو ہر جا پہ ہیں مُرشِد!
بدکار کہاں جائیں جو تم بھی نہ نبھاؤ

اَحکامِ شریعت رہیں مَلْحُوظ[2] ہمیشہ
مُرشِد! مجھے سنّت کا بھی پابند بناؤ

عطّار جہنَّم سے بَہُت خوف زدہ ہے
یاغوث! اِسے دامنِ رَحْمت میں چھپاؤ

غیرت کی تعریف

کسی شخص کے پاس نعمت دیکھ کر اس لئے زَوال (یعنی ضائع ہونے) کی تمنّا کرنا کہ وہ نعمت دنیا یا آخِرت میں اُس شخص کیلئے نقصان دِہ اور گناہ کا باعِث ہو۔

(طریقۂ محمدیہ ج۱ ص ۶۱۱)

۱: موجوں کے تھپیڑے ۲: لحاظ کیا گیا۔ خیال رکھا گیا

تِرے در سے ہے منگتوں کا گزارا یامحمد شاہ[1]

تِرے در سے ہے منگتوں کا گزارا یامحمد شاہ
یہ سُن کر میں نے بھی دامن پَسارا یامحمد شاہ

مِری قسمت کا چمکا دو ستارہ یامحمد شاہ
دکھا دو اپنا چہرہ پیارا پیارا یامحمد شاہ

گناہوں کے مَرَض نے کر دیا ہے نیم جاں مجھ کو
تمہیں آ کر کرو اب کوئی چارہ یامحمد شاہ

غمِ شاہِ مدینہ مجھ کو تم ایسا عطا کر دو
جگر ٹکڑے ہو دِل بھی پارہ پارہ یامحمد شاہ

ہوئی جاتی ہے اُوجڑ اب مِری اُمّید کی کھیتی
بھرن[2] برسا دو رحمت کی خدارا یامحمد شاہ

مِرے دولہا مِرے اُجڑے گلستاں میں بہار آئے
خزاں کا رُخ پھرا دو اب خدارا یامحمد شاہ

مـــــــــــــــــــــــــدینہ

[1]: واضح رہے کہ سابقہ صفحات میں یہ کلام کچھ تغیّر کے ساتھ سرکارِ بغداد، حضورِ غوثِ پاک رحمۃُ اللہ تعالیٰ علیہ کی شان میں عرض کیا گیا ہے۔ اُمّید ہے کہ ضَروری تفریق کے ساتھ دونوں کلام علیحدہ علیحدہ ہونے میں قارئین کو سہولت رہے گی۔

[2]: بارش

مدینے کا بنا دو ایسا دیوانہ مجھے دولھا
پھروں دیوانگی میں مارا مارا یامحمد شاہ
گرجتے بادلوں کا شور چلتی آندھیوں کا زور
لرزتا ہے کلیجا دو سہارا یامحمد شاہ
مِری کشتی بھنور میں پھنس گئی ہے ہائے بربادی
میں ڈوبا تم بچا لو اب خدارا یامحمد شاہ
بچالو دشمنوں کے وار سے لِلّٰہ میں نے ہے
بڑی امید سے تم کو پکارا یامحمد شاہ
شہا خیرات لینے کو سَلاطینِ زمانہ نے
تِرے دربار میں دامن پَسارا یامحمد شاہ
سُدھارو میرے دولہا مجھ نکمّے اور بگڑے کو
نہ جانے تم نے کتنوں کو سُدھارا یامحمد شاہ
خدا کے خوف سے روئے نبی کے عشق میں روئے
عطا کردو وہ چشمِ تر خدارا یامحمد شاہ
اگرچہ لاکھ پاپی ہے مگر عطّار کس کا ہے
تمہارا ہے تمہارا ہے تمہارا یامحمد شاہ

ہو نائبِ سرورِ دو عالم، امامِ اعظم ابو حنیفہ

ہو نائبِ سرورِ دو عالم، امامِ اعظم ابوحنیفہ
سراجِ اُمّت فقیہِ اَفْخَم، امامِ اعظم ابوحنیفہ

ہے نام نُعمان ابنِ ثابت، ابوحنیفہ ہے ان کی کُنْیَت
پکارتا ہے یہ کہہ کے عالم، امامِ اعظم ابوحنیفہ

جو بے مثال آپکا ہے تقوٰی، تو بے مثال آپکا ہے فتوٰی
ہیں علم و تقوٰی کے آپ سنگم، امامِ اعظم ابوحنیفہ

گُنہ کے دلدل میں پھنس گیا ہوں گلے گلے تک میں دھنس گیا ہوں
نکالو مجھ کو برائے آدم، امامِ اعظم ابوحنیفہ

حسد کی بیماری بڑھ چلی ہے لڑائی آپس میں ٹھن گئی ہے
شہا مسلمان ہوں منظّم، امامِ اعظم ابوحنیفہ

دِیارِ بغداد میں بُلا کر مَزار اپنا دکھا جہاں پر
ہیں نور کی بارِشیں چھما چھم، امامِ اعظم ابوحنیفہ

عطا ہو خوفِ خدا خدارا دو الفتِ مصطفٰے خدارا
کروں عمل سنّتوں پہ ہر دم، امامِ اعظم ابوحنیفہ

ہے دھوم چاروں طرف سَخا کی بھری ہے جھولی ہر اِک گدا کی
عطا ہو مجھ کو بھی طیبہ کا غم، امامِ اعظم ابوحنیفہ

تمہارے دربار کا گدا ہوں، میں سائلِ عشقِ مصطفےٰ ہوں
کرم پئے شاہِ غوثِ اعظم، امامِ اعظم ابوحنیفہ

فضول گوئی کی نکلے عادت، ہو دور بے جا ہنسی کی خَصلت
دُرُود پڑھتا رہوں میں ہر دم، امامِ اعظم ابوحنیفہ

بَلا کا پَہرا لگا ہوا ہے، مصیبتوں میں گِھرا ہوا ہے
تِرا مُقَلِّد امامِ اعظم، امامِ اعظم ابوحنیفہ

شہا! عَدو کا سِتَم ہے پَیہَم، مدد کو آؤ امامِ اعظم
سوا تمہارے ہے کون ہَمدَم، امامِ اعظم ابوحنیفہ

نہ جیتے جی مجھ پہ آئے آفت میں قبر میں بھی رہوں سلامت
بروزِ مَحشر بھی رکھنا بے غم، امامِ اعظم ابوحنیفہ

مروں شہا زیرِ سبز گُنبد، ہو مدفن آقا بقیعِ غَرقَد
کرم برائے رسولِ اکرم، امامِ اعظم ابوحنیفہ

ہوئی شہا فَردِ جُرم عائد، بچا پھنسا ہے تِرا مُقَلِّد
فِرِشتے لے کے چلے جہنّم، امامِ اعظم ابوحنیفہ

جگر بھی زخمی ہے دل بھی گھائل، ہزار فکریں ہیں سو مسائل
دُکھوں کا عطّار کو دو مَرہم، امامِ اعظم ابوحنیفہ

مصطفٰے کا وہ لاڈلا پیارا واہ کیا بات اعلیٰ حضرت کی

مصطَفٰے کا وہ لاڈلا پیارا
واہ کیا بات اعلیٰ حضرت کی
غوثِ اعظم کی آنکھ کا تارا
واہ کیا بات اعلیٰ حضرت کی
سُنّیوں کے دلوں میں جس نے تھی
شمعِ عشقِ رسول روشن کی
وہ حبیبِ خدا کا دیوانہ
واہ کیا بات اعلیٰ حضرت کی
اللہ اللہ تبحُّرِ عِلمی[1]
اب بھی باقی ہے خدمتِ قلمی
اہلِ سنّت کا ہے جو سرمایہ
واہ کیا بات اعلیٰ حضرت کی
عِلْم و عِرفاں کا جو کہ ساگر[2] تھا
خیر سے حافِظہ قَوی تر تھا
حق پہ مَبنی تھا جس کا ہر فتویٰ
واہ کیا بات اعلیٰ حضرت کی
اس کی ہستی میں تھا عمل جَوہر
سنّتِ مصطَفٰے کا وہ پیکر
عالِمِ دین، صاحِبِ تقویٰ
واہ کیا بات اعلیٰ حضرت کی
جس نے دیکھا انہیں عقیدت سے
قلب کی آنکھ سے مَحَبَّت سے
مرحبا مرحبا پکار اٹھّا
واہ کیا بات اعلیٰ حضرت کی
سنّتوں کو جِلا دیا جس نے
دِیں کا ڈنکا بجادیا جس نے

م ـــ دینہ

[1]: نہایت وُسعتِ علمی [2]: سمندر

وہ مُجدِّد ہے دین و ملّت کا
واہ کیا بات اعلیٰ حضرت کی

جو ہے اللّٰہ کا ولی بے شک
عاشقِ صادقِ نبی بے شک

غوثِ اعظم کا جو ہے مَتوالا
واہ کیا بات اعلیٰ حضرت کی

جس نے اِحقاقِ حق کیا کُھل کر
رَدِّ باطل کیا سدا کُھل کر

جو کسی سے کبھی نہ گھبرایا
واہ کیا بات اعلیٰ حضرت کی

سن لو کِلکِ[1] رضا ہے وہ خنجر
آج بھی جس سے لرزاں اہلِ شَر

بول بالا ہے اہلِ سنّت کا
واہ کیا بات اعلیٰ حضرت کی

پھر بریلی شریف جاؤں میں
بَرکتیں مُرشِدی کی پاؤں میں

کرلوں روضے کا خوب نظّارہ
واہ کیا بات اعلیٰ حضرت کی

مولا بہرِ ''حدائقِ بخشش''
بخش عطّار کو بِلا پُرسِش

خُلد میں کہتا کہتا جائے گا
واہ کیا بات اعلیٰ حضرت کی

[1]: قلم

شاہِ بطحا کا ماہ پارہ ہے، واہ کیا بات غوثِ اعظم کی

شاہِ بطحا کا ماہ پارہ ہے، واہ کیا بات غوثِ اعظم کی
سیّدہ فاطمہ کا پیارا ہے، واہ کیا بات غوثِ اعظم کی

یہ تو سب اولیا کا افسر ہے، ابنِ زہرا ہے ابنِ حیدر ہے
اور حسنین کا دُلارا ہے، واہ کیا بات غوثِ اعظم کی

غوثِ اعظم ہیں شاہِ جیلانی، پیرِ لاثانی، قُطبِ ربّانی
اُن کے عُشّاق نے پکارا ہے، واہ کیا بات غوثِ اعظم کی

شہرِ بغداد مجھ کو ہے پیارا، خوب دلکش وہاں کا نظّارہ
میرا مُرشِد جو جلوہ آرا ہے، واہ کیا بات غوثِ اعظم کی

مل گیا مجھ کو غوث کا دامن، فضلِ ربِّ کریم سے روشن
میری تقدیر کا ستارہ ہے، واہ کیا بات غوثِ اعظم کی

جب کہ دنیا میں مُرشِدی آئے، بطنِ مادر سے ہی ولی آئے
جان و دل ان پہ سب نثارا ہے، واہ کیا بات غوثِ اعظم کی

میرے مُرشِد نے ”لَاتَخَفْ“[1] کہہ کر، دُور سب کر دیا ہے خوف اور ڈر
ان کا مَحشَر میں بھی سہارا ہے، واہ کیا بات غوثِ اعظم کی

غوث رنج والم مِٹاتے ہیں، اُس کو سینے سے بھی لگاتے ہیں
آ گیا جو بھی غم کا مارا ہے، واہ کیا بات غوثِ اعظم کی

غوث پِیروں کے پِیر ہیں بیشک، اور روشن ضمیر ہیں بے شک
حالِ دل اُن پہ آشکارا ہے، واہ کیا بات غوثِ اعظم کی

کیوں نہ جاؤں میں غوث پر واری، آفتیں دور ہو گئیں ساری
جب تڑپ کر انہیں پکارا ہے، واہ کیا بات غوثِ اعظم کی

اُس کو من کی مُراد ملتی ہے، اُس کی بگڑی ضَرور بنتی ہے
جس نے دامن یہاں پَسارا ہے، واہ کیا بات غوثِ اعظم کی

مدینہ

[1] یعنی ”خوف نہ کر“ یہ قصیدۂ غوثیہ کے اس شعر کی طرف اشارہ ہے: مُرِیْدِیْ ”لَاتَخَفْ“ اَللّٰہُ رَبِّیْ ترجمہ: اے میرے مرید! خوف نہ کر، اللہ عَزَّوَجَلَّ میرا پروردگار ہے۔

جی اُٹھے مُردے حق کی قدرت سے،حکمِ والائے ربِّ رَحمت سے
رب کو جب غوث نے پکارا ہے، واہ کیا بات غوثِ اعظم کی

دَرْد و آلام جب رُلاتے ہیں،غوثِ اعظم مدد کو آتے ہیں
ہر جگہ غوث کا سہارا ہے،واہ کیا بات غوثِ اعظم کی

ان کا دشمن خدا کا ہے مقْہُور،اس کی رَحمت سے ہوگیا وہ دُور
بُغض میں جس نے سر اُبھارا ہے، واہ کیا بات غوثِ اعظم کی

غوث پر تو قدم نبی کا ہے،ان کے زیرِ قدم ولی سارے
ہر ولی نے یہی پکارا ہے، واہ کیا بات غوثِ اعظم کی

ہم کو ''گیارہ'' کا ہے عدد پیارا،ان کی تاریخِ عُرس ہے گیارہ
یوں عدد ہم کو پیارا گیارہ ہے،واہ کیا بات غوثِ اعظم کی

خوب صورت ہیں گُنْبد اور مِینار،ان پہ رَحمت برستی ہے عطّار
خوب دربار کا نظارہ ہے، واہ کیا بات غوثِ اعظم کی

سُنّیوں کے دل میں ہے عزّت ''وقارُ الدِّین''[1] کی

سُنّیوں کے دل میں ہے عزّت ''وقارُالدِّین'' کی
آج بھی ممنون ہے مِلّت ''وقارُ الدِّین'' کی

آپ عَلّامہ و مفتی اور تھے شَیخُ الحدیث
آج بھی ہے قلب میں عَظمت ''وقارُالدِّین'' کی

صِرف عالِم ہی نہیں تھے آپ عالِم گر بھی تھے
مرحبا تھی خوب عِلمیَّت ''وقارُ الدِّین'' کی

بے عَدَد عُلما نے زانوئے تَلَمُّذ[2] تہ کئے
کیا بیاں ہو شانِ عِلمیَّت ''وقارُ الدِّین'' کی

اِن شاءَ اللّٰہ کام آئے گی مجھے روزِ جزا
قَدْر دانی عِلْم کی اُلفت ''وقارُ الدِّین'' کی

اِن شاءَ اللّٰہ وہ بروزِ حَشْر بخشا جائے گا
جس کو حاصِل ہوگئی نِسبت ''وقارُ الدِّین'' کی

[1] حضرت وقارُالمِلّت مفتی وقارُالدین قادِری رضوی علیہ رحمۃُ اللّٰہِ القوی کا یومِ عُرس ۲۰ربیعُ الاوّل ہے لہٰذا بیسویں کی مُناسَبَت سے اس مَنقبت میں ۲۰ اشعار ہیں۔ [2] شاگردی

وہ مجسّم عاجزی تھے اور سراپا سادَگی
اِس لئے تو دل میں ہے ہَیبت ''وقارُ الدِّین'' کی

چارپائی اور تکیہ اور لوٹا جانَماز
تھی سراپا سادہ ہی طِینَت[1] ''وقارُ الدِّین'' کی

چارپائی پر وہ ہوتے اورہم بھی رُوبَرو
یاد آتی ہے ہمیں صُحبت ''وقارُ الدِّین'' کی

آئے دن خدمت میں آ کر ہم مسائل پوچھتے
یاد آتی ہے ہمیں صُحبت ''وقارُ الدِّین'' کی

نُکتہ دانی، مُوشِگافی[2] اور گُل اَفشانیاں
یاد آتی ہے ہمیں صُحبت ''وقارُ الدِّین'' کی

خَندہ پیشانی تبسُّم ریز میٹھی گفتگو
یاد آتی ہے ہمیں صحبت ''وقارُ الدِّین'' کی

[1] طبیعت [2] باریک بینی

ان کو سینے سے لگایا مصطفٰے نے خواب میں
قابلِ صد رشک ہے قسمت ''وقارُ الدِّین'' کی

بندۂ بدکار ہوں! افسوس میں بیکار ہوں
کچھ نہ مجھ سے ہو سکی خدمت ''وقارُ الدِّین'' کی

سب مُریدوں کے لئے سارے مُحِبّوں کے لئے
سانحہ جاں سوز تھا رِحلَت ''وقارُ الدِّین'' کی

مــــــــــــــــدینہ

[1]: ایک بار ہم چند اسلامی بھائی **حضرتِ سیِّدی وقارُ الْمِلَّت** رحمۃُ اللہ تعالٰی علیہ کے ساتھ کار میں کہیں جا رہے تھے، سلسلۂ گفتگو جاری تھا۔ میں نے عرض کی: حُضُور! آپ نے کبھی خواب میں **سرکارِ نامدار** صلَّی اللہ تعالٰی علیہ واٰلہٖ وسلَّم کا دیدار کیا ہو تو ارشاد فرما کر ہماری ذَوق افزائی کیجئے۔ ارشاد فرمایا: ''ایک بار میں نے خواب میں اپنے آپ کو **سرکارِ مدینہ** صلَّی اللہ تعالٰی علیہ واٰلہٖ وسلَّم کے روضۂ پُر انوار پر حاضِر پایا، اتنے میں قبرِ انور سے **پیارے پیارے آقا میٹھے میٹھے مصطفٰے** صلَّی اللہ تعالٰی علیہ واٰلہٖ وسلَّم باہَر تشریف لے آئے اور......اور...... **مجھے سینے سے لگالیا۔**'' سگِ مدینہ عُفِیَ عَنہُ

آخری دیدار کے وقت آنکھ میری رو پڑی
دیکھ کر زیرِ کفن صورت ''وقارُ الدِّین'' کی

یاالٰہی! واسِطہ تجھ کو رسولِ پاک کا
نور سے معمور کر تُربَت ''وقارُ الدِّین'' کی

واسِطہ غوث و رضا کا اے خدائے مصطفٰے
خواب میں مجھ کو دکھا صورت ''وقارُ الدِّین'' کی

اُن کے فیضِ خاص سے عطّارؔ بھی ہے فیضیاب[1]
اِس پہ کچھ زائد ہی تھی شفقت ''وقارُ الدِّین'' کی

تُو تو ہے عطّارؔ بداطوار، وہ عالی وقار
کیا لکھے گا مَنقَبت حضرت وقارُ الدِّین کی

مدینہ

[1] الحمد لِلّٰہ عَزَّوَجَلَّ وقارُ الْمِلَّت رحمۃُ اللہ تعالٰی علیہ نے مجھے اپنی خِلافت سے نوازا۔ بطورِ تحدیثِ نعمت مذکورہ شعر میں اِس طرف اشارہ کیا ہے۔ سگِ مدینہ عُفِیَ عَنہُ

ملی تقدیر سے مجھ کو صَحابہ کی ثناخوانی

ملی تقدیر سے مجھ کو صَحابہ کی ثناخوانی
ملا ہے فیضِ عثمانی مِلا ہے فیضِ عثمانی

رکھا مَحصور ان کو بند ان پر کر دیا پانی
شہادت حضرتِ عثمان کی بے شک ہے لاثانی

نبی کے نور دو۲ لیکر وہ ذُوالنُّورَین کہلائے
انہیں حاصل ہوئی یوں قُربتِ محبُوبِ رَحمانی

نبی نے تیرے بدلے "بَیعَتِ رِضوان" میں کی بَیعت
کہا قرآن نے دستِ نبی کو دَستِ یزدانی

تمہیں کو جامِعِ قرآن کا حق نے دیا منصب
عطا قرآں کو کر کے جَمع کی اُمّت کو آسانی

خدا بھی اور نبی بھی خود علی بھی اس سے ہیں ناراض
عَدُو اُن کا اُٹھائے گا قِیامت میں پریشانی

عداوت اور کینہ ان سے جو رکھتا ہے سینے میں
وُہی بد بخت ہے مَلعون ہے مَردود شیطانی
ہم ان کی یاد کی دھومیں مچائیں گے قیامت تک
پڑے ہو جائیں جل کر خاک سب اَعدائے عثمانی
اِمامُ الْاَسْخِیا! کر دو عطا حصہ سخاوت کا
قَناعَت ہو عِنایت، دیں نہ دولت کی فراوانی
مجھے اپنی سَخاوت کے سَمُندر سے کوئی قَطرہ
عطا کر دو نہیں درکار مجھ کو تاجِ سلطانی
عُلوِ شان کا کیوں کر بَیاں ہو آپ کی پیارے
حیا کرتی ہے مولیٰ آپ سے مخلوقِ نورانی
سُخَن آ کر یہاں عطّار کا اِتمام کو پہنچا
تِری عظمت پہ ناطِق اب بھی ہیں آیاتِ قرآنی

یاشہیدِ کربلا فریاد ہے

یاشہیدِ کربلا فریاد ہے
نورِ چشمِ فاطمہ فریاد ہے

آہ! سِبطِ مصطفٰے فریاد ہے
ہائے! ابنِ مُرتضٰی فریاد ہے

بیڑا اَمواجِ تَلاطُم میں پھنسا
آہ! میرے ناخدا فریاد ہے

اُس علی اکبر کا صَدْقہ جو کہ ہیں
ہم شَبِیہِ مصطفٰے فریاد ہے

ہے مِری حاجت میں طیبہ میں مروں
اے مِرے حاجت روا فریاد ہے

مجھ کو دیوانہ مدینے کا بنا
نورِ چشمِ مصطفٰے فریاد ہے

ساقیِ کوثر کا صَدْقہ ساقِیا
جام، اُلفت کا پلا فریاد ہے

دشمنوں کی دشمنی سے تنگ ہوں
شَہسوارِ کربلا فریاد ہے

حاسِدوں کا بڑھ گیا حد سے حسد
اور سُلوکِ ناروا فریاد ہے

تھرتھراتا ہے کلیجا خوف سے
دُور ہو خوف آ بھی جا فریاد ہے

راستے ہی میں بھٹک کر رہ گیا
رہبری کر رہنما فریاد ہے

دے دیا سارے طبیبوں نے جواب
بَہرِ زَہرا دے شِفا فریاد ہے

میں نکمّا ہوں نکمّے کو نبھا　　کون ہے تیرے سوا فریاد ہے
نفس و شیطاں کی پکڑ میں آ گیا　　زورِ عِصیاں بڑھ چلا فریاد ہے
دے علی اصغر کا صَدْقہ سرورا　　پیکرِ جُود و سخا فریاد ہے
جانکنی میں سختیوں پر سختیاں　　بڑھ رہی ہیں سیّدا فریاد ہے
پار اُتار اے راکِبِ دوشِ نبی　　بَحرِ غم سے ناخُدا فریاد ہے
بے وفا دنیا کی الفت دُور ہو　　پیکرِ صِدْق و وفا فریاد ہے
بَہرِ زینب بے حیائی کا حُضُور　　خاتمہ ہو خاتمہ فریاد ہے
یا حُسین اسلامی بہنوں کو بنا　　پیکرِ شرم و حیا فریاد ہے
ہر طرف سے ہے بلاؤں کا ہُجوم　　دافِعِ کرب و بلا فریاد ہے
صَبْر کا پیمانہ اب لبریز ہے　　پیکرِ صبر و رِضا فریاد ہے
مفلس و ناچار و خَستہ حال ہوں　　مَخْزَنِ جُود و عطا فریاد ہے
چھا گئی دل پر خَزاں پیارے حُسین!　　دے بہارِ جانفزا فریاد ہے

حُبِّ سادات اے خدا دے واسِطہ　اہلِ بیتِ پاک کا فریاد ہے

آفتوں پر آفتیں ہیں المدد　سیِّد و سردارِ ما فریاد ہے

دین کی خدمت کا جذبہ دیجئے　صَدْقہ نانا جان کا فریاد ہے

سنّتوں کی ہر طرف آئے بہار　صَدْقہ میرے غوث کا فریاد ہے

چل گئی بادِ مخالف اَلْغِیاث　اے حُسینِ باوفا فریاد ہے

کاش! ہو جاؤں مدینے میں شہید　آپ فرما دیں دُعا فریاد ہے

بخت کی ہیں جس قَدَر بھی گُتھّیاں　ساری سُلجھا دو شہا فریاد ہے

کربلا کی حاضِری ہو پھر نصیب　بَخْتِ خوابیدہ جگا فریاد ہے

حال ہے بے حال شاہِ کربلا
آپ کے عطّاؔر کا فریاد ہے

تَجَسُّس کی تعریف

مسلمانوں کے عُیوب اوران کی چُھپی باتوں کا کھوج لگانا تَجَسُّس کہلاتا ہے۔

(حدیقه ندیه شرح طریقهٔ محمدیه ج۲ ص۳۰۰ نوریه رضویه سردارآباد)

مفتیِ اعظم بڑی سرکار ھے

مفتیِ اعظم بڑی سرکار ہے　　جبکہ ادنیٰ سا گدا عطّار ہے
مفتیِ اعظم سے ہم کو پیار ہے　　اِن شاءَ اللّٰہ اپنا بیڑا پار ہے
مفتیِ اعظم رضا کا لاڈلا　　اور محبّ سیِّدِ اَبرار ہے
عالم و مفتی، فقیہِ بے بَدَل　　خوب خوش اَخلاق و باکردار ہے
تاجدارِ اہلِ سنّت المدد　　بندۂ در بے کس و ناچار ہے
تختِ شاہی کیا کروں میرے لئے　　تاجِ عزّت آپ کی پَیزار[1] ہے
اعلیٰ حضرت کا رہوں میں باوفا　　استِقامت کی دعا درکار ہے
آستانے پر کھڑا ہے اِک گدا　　طالبِ عشقِ شہِ ابرار ہے
مسکرا کر اِک نظر گر دیکھ لو　　میری شامِ غم ابھی گلزار ہے
میرے دل کو شاد فرما دیجئے　　رنج و غم کی قلب پر یلغار ہے
سیِّدی احمد رضا کا واسِطہ　　تیرا منگتا طالبِ دیدار ہے
ہُوں گناہوں کے مَرَض سے نیم جاں　　دردِ عصیاں کی دوا درکار ہے

مـــــدینہ

[1] جُوتی شریف

ہاتھ پھیلا کر مُرادیں مانگ لو　　سائلو ان کا سخی دربار ہے

اِن شاءَ اللّٰہ مغفرت ہو جائیگی　　اے وَلی ! تیری دعا درکار ہے

خوب خدمت سنّتوں کی میں کروں　　سیِّدی تیری دعا درکار ہے

کاش! نوری[1] کے سگوں میں ہوشمار

یہ تمنائے دلِ عطّاؔر ہے

توریہ کی تعریف

''توریہ''یعنی لفظ کے جوظاہر معنی ہیں وہ غلط ہیں مگراس نے دوسرے معنی مراد لیے جوصحیح ہیں۔مَثَلًا آپ نے کسی کوکھانے کے لیے کہا وہ بولا: میں نے کھانا کھالیا۔اِس کے ظاہر معنی یہ ہیں کہ اس وقت کا کھانا کھالیا ہے مگروہ یہ مراد لیتا ہے کہ کل کھایا ہے یہ بھی جھوٹ میں داخِل ہے۔**حکم**:ایسا کرنا بِلا حاجت جائز نہیں اور حاجت ہوتو جائز ہے۔

(فتاوٰی عالمگیری ج۵ ص۳۵۲)

[1] تاجدارِ اہلِ سنّت، شہزادۂ اعلیٰ حضرت، حضور مفتیِ اعظم ہند، مولیٰنا مصطفٰے رضا خان علیہ رحمۃ المنان کا تخلُّص ''نوری'' ہے۔

گیارھویں شریف کے نعرے

جواب	نعرہ
غوثِ پاک	سلطانِ ولایت
غوثِ پاک	ولیوں پہ حکومت
غوثِ پاک	شہبازِ خطابت
غوثِ پاک	فانوسِ ہدایت
غوثِ پاک	سرتاجِ شریعت
غوثِ پاک	ہیں رب کی نعمت
غوثِ پاک	اللہ کی رحمت
غوثِ پاک	ہیں باعثِ برکت
غوثِ پاک	ہیں صاحبِ عزّت
غوثِ پاک	ہیں بحرِ سخاوت
غوثِ پاک	دریائے کرامت
غوثِ پاک	فرماؤ حمایت
غوثِ پاک	ٹل جائے مصیبت
غوثِ پاک	سرتاپا شرافت
غوثِ پاک	ہیں مخزنِ عظمت

اے ماہِ ولایت غوثِ پاک
ہو ہم پہ عنایت غوثِ پاک
کمزور کی طاقت غوثِ پاک
مجبور کی راحت غوثِ پاک
ہو میری شَفاعت غوثِ پاک
دلوائیے جنّت غوثِ پاک
دو شوقِ عبادت غوثِ پاک
دو ذوقِ تلاوت غوثِ پاک
عِصیاں سے ہو نفرت غوثِ پاک
نیکی کی دو الفت غوثِ پاک
دو بدیوں سے نفرت غوثِ پاک
سرکار کی الفت غوثِ پاک
دو اپنی محبت غوثِ پاک
بے کس کی حمایت غوثِ پاک
بے بس کی ہیں راحت غوثِ پاک
ہو دُور یہ فُرقت غوثِ پاک
دے دیجئے قُربت غوثِ پاک

مسکین کی دولت غوثِ پاک
محتاج کی ثَروَت غوثِ پاک
وہ آپ کی ہیبت غوثِ پاک
جنّوں پہ حکومت غوثِ پاک
دودیدکا شربت غوثِ پاک
میں کرلوں زیارت غوثِ پاک
دے دو یہ سعادت غوثِ پاک
میں دیکھ لوں تُربت غوثِ پاک
جب ہو مری رِحلت غوثِ پاک
دیکھوں تری صورت غوثِ پاک
دو جذبۂ خدمت غوثِ پاک
دوں نیکی کی دعوت غوثِ پاک

مرحبا یاغوثِ پاک
مرحبا یاغوثِ پاک

”عرشِ اعظم پہ رب“ والا شِعْر پڑھنا کیسا؟

سُوال: یہ شِعْر دُرُست ہے یا نہیں؟

عرشِ اعظم پہ رب سبز گُنْبَد میں تم کیوں کہوں میرا کوئی سہارا نہیں
میں مدینے سے لیکن بہُت دُور ہوں یہ خَلِش میرے دل کو گوارا نہیں

جواب: اِس شِعْر کے ابتِدائی الفاظ: ”عرشِ اعظم پہ رب“ عَزَّوَجَلَّ میں بظاہر مَعَاذَ اللّٰہ عَزَّوَجَلَّ عرشِ اعظم پر **اللّٰہ** عَزَّوَجَلَّ کا مکان مانا گیا ہے اور **اللّٰہ** عَزَّوَجَلَّ کیلئے مکان ماننا کُفْرِ لُزومی ہے۔ اگر اِس شِعْر کی ابتِداء میں ”عرشِ اعظم کا رب“ عَزَّوَجَلَّ پڑھیں تو شِعْر شرعی گرفت سے نکل جائے گا۔

(کفریہ کلمات کے بارے میں سوال جواب ص۲۴۲ مکتبۃ المدینہ)

سلام

زائرِ طیبہ! روضے پہ جا کر، تُو سلام اُن سے رو رو کے کہنا

زائرِ طیبہ! روضے پہ جا کر، تُو سلام اُن سے رو رو کے کہنا
میرے غم کا فَسانہ سنا کر، تُو سلام اُن سے رو رو کے کہنا

تیری قسمت پہ رَشک آ رہا ہے تو مدینے کو اب جا رہا ہے
آہ! جاتا ہے مجھ کو رُلا کر، تُو سلام اُن سے رو رو کے کہنا

جب پُہُنچ جائے تیرا سفینہ، جب نَظر آئے میٹھا مدینہ
بادب اپنے سر کو جھکا کر، تُو سلام اُن سے رو رو کے کہنا

جب کہ آئے نَظر پیارا مکّہ، چوم لینا نظر سے تُو کعبہ
ہو سکے گر تو ہر جا پہ جا کر، تُو سلام اُن سے رو رو کے کہنا

تُو عَرب کی حسیں وادیوں کو، ریگزاروں کو آبادیوں کو
میری جانب سے پلکیں بچھا کر، تُو سلام اُن سے رو رو کے کہنا

جب کہ پیشِ نظر جالیاں ہوں، تیری آنکھوں سے آنسو رواں ہوں
میرے غم کی کہانی سنا کر، تُو سلام اُن سے رو رو کے کہنا

آمِنہ کے دُلارے کو پہلے، بعد شیخین کو بھی تُو کہہ لے
پھر بقیعِ مبارَک پہ جا کر، تُو سلام اُن سے رو رو کے کہنا

مانگنا مت تُو دنیا کی دولت، مانگنا ان سے بس ان کی الفت
خوب دیوانے دل کو لگا کر، تُو سلام اُن سے رو رو کے کہنا

میرے آقا کے محراب و مِنْبَر ان کی مسجِد کے دیوار اور در
قَلْب کی آنکھ اُن پر جما کر تُو سلام اُن سے رو رو کے کہنا

پیاری پیاری وہ جنّت کی کیاری، چوم لینا نگاہوں سے ساری
بَحْرِ رَحْمت میں غوطہ لگا کر، تُو سلام اُن سے رو رو کے کہنا

سبز گُنبَد کے دِلکش نظارے، رُوح پروَر وہاں کے مَنارے
ان کے جلووں میں خود کو گُما کر، تُو سلام اُن سے رو رو کے کہنا

وہ شہیدوں کے سردار حمزہ، اور جتنے وہاں ہیں صحابہ
تُو سبھی کے مزاروں پہ جا کر، تُو سلام اُن سے رو رو کے کہنا

تُو نمازوں کا پابند بن جا اور سرکار کی سنّتوں کا
انقِلاب اپنے اندر بَپا کر، تُو سلام اُن سے رو رو کے کہنا

کُوئے محبوب کی بکریوں کو، مُرغیوں، ککڑیوں، لکڑیوں کو[1]
بلکہ تنکے وہاں کے اٹھا کر، تُو سلام اُن سے رو رو کے کہنا

---

[1]: اس طرح کے تمام اشعار جن میں مدینۂ منوّرہ زادَھَا اللّٰہُ شَرَفًا وَّتَعظِیمًا سے نسبت رکھنے والی چیزوں کو سلام کیا ہے یہ وہ سلام نہیں جو بوقتِ ملاقات مسنون اور اس کا جواب واجِب ہوتا ہے جسے "سلامِ تَحِیَّت" کہتے ہیں بلکہ عاشقِ صادِق محبوب اور محبوب سے نسبت رکھنے والی اشیاء کو "سلامِ مَحبّت" پیش کرتا ہے =

بِلّیاں جب مدینے کی دیکھے، خوب ادب سے انہیں پیار کرکے
ہاتھ نرمی سے ان پہ پھِرا کر، تُو سلام اُن سے رو رو کے کہنا

سُن مدینے میں بادَل گھِریں جب، ان سے بیتاب قطرے گریں جب
بارشِ نور میں تُو نہا کر، تُو سلام اُن سے رو رو کے کہنا

اشکِ اُلفت کی مہکی لڑی سے، رحمتوں کی برستی جھڑی سے
اپنا سینہ مدینہ بنا کر، تُو سلام اُن سے رو رو کے کہنا

زائرِ طیبہ! میرا فَسانہ، خوب رو رو کے اُن کو سنانا
سوزِ الفت سے دل کو جلا کر، تُو سلام اُن سے رو رو کے کہنا

سنگریزوں کو اور پتھّروں کو، اونٹ گھوڑوں، گَدھوں، خَچّروں کو
اور پرندوں پہ نظریں جما کر، تُو سلام اُن سے رو رو کے کہنا

رو رہا ہے ہر اِک غم کا مارا، عَرض کرتا ہے تجھ سے بچارا
میری بھی حاضِری کی دعا کر، تُو سلام اُن سے رو رو کے کہنا

مدینہ

= اس طرح کے سلاموں سے یہی مقصود ہوتا ہے اس میں کوئی حرج نہیں جیسا کہ اعلیٰ حضرت امامِ اہلسنّت رحمۃُ اللہ تعالٰی علیہ اپنے اس شعر میں ولادتِ مبارَک کی مقدّس گھڑی کو سلام پیش فرما رہے ہیں: ؎

جس سُہانی گھڑی چمکا طیبہ کا چاند　　اس دِل افروز ساعت پہ لاکھوں سلام　　(حدائق بخشش ص ۳۰۵)

(از: المدینۃ العلمیہ)

باغِ طیبہ کی مہکی فَضا کو، ٹھنڈی ٹھنڈی وہاں کی ہوا کو
ہاتھ لہرا کے سر کو جھکا کر، تُو سلام اُن سے رو رو کے کہنا

چوم لینا مدینے کی گلیاں، پتّیاں اور پھولوں کی کلیاں
سب کو آنکھوں سے اپنی لگا کر، تُو سلام اُن سے رو رو کے کہنا

جب مدینے کے صَحرا سے گزرے، بھولنا مت، ذرا یاد کر کے
خاکِ طیبہ ذرا سی اُٹھا کر، تُو سلام اُن سے رو رو کے کہنا

تُو مدینے کے کُہسار کو بھی، خَس کو خاشاک کو خار کو بھی
ذرّے ذرّے پہ آنکھیں بچھا کر، تُو سلام اُن سے رو رو کے کہنا

اُن کا دیدار ہو گر مُیَسَّر، ہوش بھی تیرا قائم رہے گر
جوڑ کر ہاتھ، سَر کو جھکا کر، تُو سلام اُن سے رو رو کے کہنا

وہ مدینے کے مَدنی نظارے، دِلکَش و دلکُشا پیارے پیارے
ان نظاروں پہ قربان جا کر، تُو سلام اُن سے رو رو کے کہنا

اُن کا دیکھے جو نقشِ کفِ پا، خوب آنسو وہاں پر بہانا
اور پلکوں سے جھاڑو لگا کر، تُو سلام اُن سے رو رو کے کہنا

بے بسوں، غم کے ماروں کو بھائی! بے کسوں، دلفِگاروں کو بھائی!
خود بھی رو کر، انہیں بھی رُلا کر، تُو سلام اُن سے رو رو کے کہنا

اشکبار آنکھ والوں کو بھائی، اُن کی آہوں کو نالوں کو بھائی!
تُو مزید اُن کے غم میں رلا کر، تُو سلام اُن سے رو رو کے کہنا

تُو مدینے کی ہریالیوں کو، اور پھلوں سے لدی ڈالیوں کو
میٹھی میٹھی کھجوریں منگا کر، تُو سلام اُن سے رو رو کے کہنا

وہ مدینے کے پیارے کبوتر، جب نظر آئیں تجھ کو برادر
ان کو تھوڑے سے دانے کھلا کر، تُو سلام اُن سے رو رو کے کہنا

تُو دَرَختوں کو اور جھاڑیوں کو، اُن کی گلیوں کی سب گاڑیوں کو
ہاتھ اپنا ادب سے لگا کر، تُو سلام اُن سے رو رو کے کہنا

بوتلوں بلکہ تو ڈھکّنوں کو، دال، گندُم کے دانوں، چنوں کو
چوم کر آنکھ سے بھی لگا کر، تُو سلام اُن سے رو رو کے کہنا

بینگنوں، بھنڈیوں، توریوں کو، گوبیوں، گاجروں، مُولیوں کو
آنکھ سے لَوکیوں کو لگا کر، تُو سلام اُن سے رو رو کے کہنا

کہنا سیبوں کو اور آڑوؤں کو، اور کیلوں کو زَرد آلوؤں کو
اور تربوز سر پر اٹھا کر، تُو سلام اُن سے رو رو کے کہنا

توقنادیل کو قمقموں کو، تُو سُوِچ، تار کو، کولروں کو
ٹھنڈا پانی کسی کو پلا کر، تُو سلام اُن سے رو رو کے کہنا

چیونٹیوں، کھونٹیوں، ٹُونٹیوں کو ہر طرح کی جڑی بوٹیوں کو
بار بار ان پہ نظریں جما کر، تُو سلام اُن سے رو رو کے کہنا

چاولوں، روٹیوں بوٹیوں کو، مرغ، انڈوں کو اور مچھلیوں کو
سبزیوں کو وہاں کی پکا کر، تُو سلام اُن سے رو رو کے کہنا

تھالیوں کو پیالوں کو بھائی! مِرچ کو اور مسالوں کو بھائی!
چائے کی کیتلی کو اٹھا کر، تُو سلام اُن سے رو رو کے کہنا

ٹھنڈے پنکھوں کو اور ہیٹروں کو بلکہ تاروں کو اور میٹروں کو
بتّیوں کو وہاں کی جلا کر، تُو سلام اُن سے رو رو کے کہنا

جس قدر بھی ہیں پانی کے نلکے، پھل تو پھل بلکہ بیج اور چھلکے
ہاتھ ان کی طرف بھی بڑھا کر، تُو سلام اُن سے رو رو کے کہنا

تُو مکانوں کو بھی کھڑکیوں کو اور دیوار و در سیڑھیوں کو
ہاں عقیدت سے دل میں بٹھا کر، تُو سلام اُن سے رو رو کے کہنا

رسّیوں، قینچیوں اور چُھریوں، چادروں، سوئی دھاگوں کو دریوں
سب کو سینے سے اپنے لگا کر، تُو سلام اُن سے رو رو کے کہنا
کاش ہوتا میں سگ سیِّدوں کا، بن کے دربان پہرا بھی دیتا
رب نے بھیجا ہے اِنساں بنا کر، تُو سلام اُن سے رو رو کے کہنا
مسجِدِ پاک کے مُصْحَفوں کو، خوبصورت وہاں کی صَفوں کو
خاک آنکھوں میں اپنی لگا کر، تُو سلام اُن سے رو رو کے کہنا
جب مدینے سے تُو ہوگا رخصت، غم سے ہوگی عَجب تیری حالت
اپنی پَلکوں پہ موتی سجا کر، تُو سلام اُن سے رو رو کے کہنا
عَرض کرنا کہ ہے عَرض اتنی ، حاضِری ہو مدینے ہماری
سب کی جانب سے یہ التجا کر، تُو سلام اُن سے رو رو کے کہنا
عَرض کرنا یہ بے چارے بے بس، کہتے تھے سب یہ رو رو کے بیکس
ہم کو قدموں میں مدفن عطا کر، تُو سلام اُن سے رو رو کے کہنا
تُو غلاموں پہ کہنا کرم کر، یانبی دور رنج و الم کر
ان کو اپنی مَحَبَّت عطا کر، تُو سلام اُن سے رو رو کے کہنا
کہنا عطّاؔر اے شاہِ عالی! ہے فَقَط تجھ سے تیرا سُوالی
تو سُوال اِس کا پورا شہا کر، تُو سلام اُن سے رو رو کے کہنا

اَنۢبیا کے سرور و سردار پر لاکھوں سلام

اَنۢبیا کے سروَر و سردار پر لاکھوں سلام
جھوم کر سارے کہو سرکار پر لاکھوں سلام

رب کے محبوب احمدِ مختار پر لاکھوں سلام
سب پکارو سیِّدِ ابرار پر لاکھوں سلام

چارۂ بے چارگاں پر ہوں دُرُودیں صد ہزار
بے کسوں کے حامی و غمخوار پر لاکھوں سلام

پُر ضِیا[1] پُر نور پیاری پیاری داڑھی پر دُرُود
مصطَفٰے کے گیسوئے خَمدار[2] پر لاکھوں سلام

جُبّۂ اقدس پہ چادر پر عِمامے پر دُرُود
جانِ عالم! آپ کی پیزار[3] پر لاکھوں سلام

رَحمتیں لاکھوں ابوبکر و عُمر عُثمان پر
میرے مولا حیدرِ کرّار پر لاکھوں سلام

کربلا کے ہر شہیدِ باوفا پر رحمتیں
بیبیوں پر، عابدِ بیمار پر لاکھوں سلام

ہے یقیناً ہر صَحابی جاں نثارِ مصطَفٰے
ہر مُہاجر اور ہر انصار پر لاکھوں سلام

مسجدِ نَبوی کے مِحراب اور مِنۢبر پر دُرُود
سبز گُنۢبد اور ہر مینار پر لاکھوں سلام

دشت و کُہسارِ مدینہ، خاکِ طیبہ پر دُرُود
پیڑ، پتّھر، پھول اور ہر خار پر لاکھوں سلام

مَہکی مَہکی بھینی بھینی ہے مدینے کی فَضا
اُس فَضائے پاک خوشبودار پر لاکھوں سلام

مدینہ

۱: روشن ۲: مُڑے ہوئے۔ بل کھائے ہوئے ۳: نعلِ پاک۔ جوتی شریف

خوب بھیجو مل کے دیوانو! ادب سے جھوم کر تم مدینے کے حسیں گلزار پر لاکھوں سلام

قَبْر میں لہرائیں گے جس وقت جلوے نور کے ہم پڑھیں گے رُوئے پُرانوار پر لاکھوں سلام

اے مدینے کے مسافِر! لے کے جا میرا پیام بھیجنا رو رو کے تُو سرکار پر لاکھوں سلام

یا نبی! جتنے بھی دیوانے یہاں موجود ہیں کاش! سب آ کر پڑھیں دربار پر لاکھوں سلام

میرے پیارے پیر ومُرشِد سیّدی غوثُ الْوریٰ اَولیاء اللّٰہ کے سردار پر لاکھوں سلام

جو گیا اجمیر میں دل کی مُرادیں پا گیا میرے خواجہ کے سخی دربار پر لاکھوں سلام

سیّدی احمد رضا نے خوب لکّھا ہے کلام ان کے سارے نعتیہ اَشعار پر لاکھوں سلام

ہو چکے ہوں گے جہاں میں جس قدر بھی اولیا ان پہ، ہر اک ان کے خدمتگار پر لاکھوں سلام

مغفِرت کر اے خدا عطّارِ بداَطوار کی بھیج یارب اُمّتِ سرکار پر لاکھوں سلام

میٹھے مرشِد نے بقیعِ پاک میں پایا مزار
سارے بھیجو مُرشِدِ عطّار پر لاکھوں سلام

تاجدارِ حرم اے شہنشاہِ دیں تم پہ ہر دم کروڑوں دُرُود و سلام

تاجدارِ حرم اے شہنشاہِ دیں
تم پہ ہر دم کروڑوں دُرُود و سلام
ہو کرم مجھ پہ یا سیِّدَ الْمُرسَلِیں
تم پہ ہر دم کروڑوں دُرُود و سلام

دُور رہ کر نہ دم ٹوٹ جائے کہیں
کاش! طیبہ میں اے میرے ماہِ مُبیں
دَفن ہونے کو مل جائے دو گز زمیں
تم پہ ہر دم کروڑوں دُرُود و سلام

کوئی حُسنِ عمل پاس میرے نہیں
پھنس نہ جاؤں قِیامت میں مولا کہیں
اے شفیعِ اُمَم لاج رکھنا تمہیں
تم پہ ہر دم کروڑوں دُرُود و سلام

دونوں عالَم میں کوئی بھی تم سا نہیں
سب حَسینوں سے بڑھ کر کے تم ہو حسیں
قاسِمِ رِزْقِ ربُّ الْعُلٰی ہو تمہیں
تم پہ ہر دم کروڑوں دُرُود و سلام

فکرِ اُمّت میں راتوں کو روتے رہے
عاصِیوں کے گناہوں کو دھوتے رہے
تم پہ قربان جاؤں مِرے مَہ جَبیں!
تم پہ ہر دم کروڑوں دُرُود و سلام

پھول رَحمت کے ہر دم لُٹاتے رہے
یاں غریبوں کی بگڑی بناتے رہے
حوضِ کوثر پہ مت بھول جانا کہیں
تم پہ ہر دم کروڑوں دُرُود و سلام

ظُلم، کُفّار کے ہنس کے سہتے رہے
پھر بھی ہر آن حق بات کہتے رہے

کتنی محنت سے کی تم نے تبلیغِ دیں
تم پہ ہر دم کروڑوں دُرُود و سلام

موت کے وقت کردو نگاہِ کرم
کاش اِس شان سے یہ نکل جائے دم

سنگِ در پر تمہارے ہو میری جَبیں[1]
تم پہ ہر دم کروڑوں دُرُود و سلام

اب مدینے میں ہم کو بُلا لیجئے
اور سینہ مدینہ بنا دیجئے

از پئے غوثِ اعظم امامِ مُبیں
تم پہ ہر دم کروڑوں دُرُود و سلام

عشق سے تیرے معمور سینہ رہے
لب پہ ہر دم "مدینہ مدینہ" رہے

بس میں دیوانہ بن جاؤں سلطانِ دیں
تم پہ ہر دم کروڑوں دُرُود و سلام

دُور ہو جائیں دنیا کے رنج و اَلَم[2]
ہو عطا اپنا غم دیجئے چشمِ نم

مال و دولت کی کثرت کا طالب نہیں
تم پہ ہر دم کروڑوں دُرُود و سلام

اب بُلا لو مدینے میں عطّار کو
اپنے قدموں میں رکھ لو گنہگار کو
کوئی اِس کے سوا آرزو ہی نہیں
تم پہ ہر دم کروڑوں دُرُود و سلام

۱: پیشانی ۲: غم

کربلا کے جاں نِثاروں کو سلام

کربلا کے جاں نثاروں کو سلام
فاطِمہ زَہرا کے پیاروں کو سلام
مصطَفٰے کے ماہ پاروں کو سلام
نوجوانوں گُل عِذاروں[1] کو سلام

کربلا تیری بَہاروں کو سلام
جاں نثاری کے نظاروں کو سلام
یاحُسین ابنِ علی مُشکِل کُشا
آپ کے سب جاں نثاروں کو سلام

اکبر و اصغر پہ جاں قربان ہو
میرے دل کے تاجداروں کو سلام
قاسم و عبّاس پر ہوں رحمتیں
کربلا کے شَہسُواروں[2] کو سلام

مـــدینہ

[1]: پھول جیسے رُخسار والے [2]: ماہِر گھوڑے سُوار

جس کسی نے کربلا میں جان دی
ان سبھی ایمانداروں کو سلام

بُھوکی پیاسی بیبیوں پر رحمتیں
بھوکے پیاسے گُل عِذاروں کو سلام

بھید کیا جانے شہادت کا کوئی
اُن خُدا کے رازداروں کو سلام

بے بسی میں بھی حَیا باقی رہی
سب حُسَینی پردہ داروں کو سلام

رَحمتیں ہوں ہر صَحابی پر مُدام[1]
اور خُصُوصًا چار یاروں کو سلام

بیبیوں کو عابِدِ بیمار کو
بے کسوں کو غم کے ماروں کو سلام

[1]: ہمیشہ

ہو گئے قرباں محمد اور عَون
سیِّدہ زَینب کے پیاروں کو سلام

کربلا میں ظُلم کے ٹوٹے پہاڑ
جن پہ ان سب دلفِگاروں[1] کو سلام

اٰل و اصحابِ نبی کے جس قَدَر
چاہنے والے ہیں ساروں کو سلام

یاخدا! اے کاش! جا کر پھر کروں
کربلا کے سب مَزاروں کو سلام

تین[3] دن کے بھوکے پیاسے آپ کی
یانبی! آنکھوں کے تاروں کو سلام

جو حُسَینی قافِلے میں تھے شریک
کہتا ہے عطّاؔر ساروں کو سلام

مـــــــــــــــــــــدینہ

[1]: زخمی دل، دُکھیارے

اے بَیابانِ عَرَب تیری بہاروں کوسلام

(یہ کلام ۱٤۱٤ھ کے مبارک سفر میں مکہ مکرمہ زادَھَااللّٰہُ شَرَفًاوَّ تعظِیمًا میں لکھا گیا)

اے بَیابانِ عَرَب تیری بہاروں کو سلام
تیرے پھولوں کو ترے پاکیزہ خاروں کوسلام

جَبَلِ نور و جَبَلِ ثَور اور ان کے غاروں کوسلام
نُور برساتے پہاڑوں کی قِطاروں کو سلام

جھومتے ہیں مسکراتے ہیں مُغِیلانِ[1] عَرَب
خوب صورت وادِیوں کو ریگزاروں کو سلام

رات دن رَحْمت برستی ہے جہاں پر جھوم کر
ان طوافِ کعبہ کے رنگیں نظاروں کو سلام

عشق میں دیوارِ کعبہ سے جو لپٹے ہیں وہاں
ان سبھی دیوانوں سارے بے قراروں کوسلام

مـــــــــــــــــــــــــــــــــــــــدینہ

[1] کانٹے کادَرَخت

حَجَرِ اَسود، باب و میزاب و مَقام و مُلتَزم
اور غلافِ کعبہ کے رنگیں نظاروں کو سلام

مُستَجار و مُستَجاب و بیرِ زم زم اور مَطاف
اور حَطیمِ پاک کے دونوں کناروں کو سلام

رُکنِ شامی و عِراقی و یَمانی کو بھی اور
جگمگاتے نور برساتے مَناروں کو سلام

جو مسلماں خانۂ کعبہ کا کرتے ہیں طواف
ان کو بھی اور سارے ہی سَجدہ گزاروں کو سلام

خوب چُومے ہیں قدم ثَور و حِرا نے شاہ کے
مہکے مہکے پیارے پیارے دونوں غاروں کو سلام

مَدنی مُنّوں کا بھی حملہ خوب تھا بوجَہل پر
بَدر کے اُن دونوں ننّھے جاں نثاروں کو سلام

جگمگاتے گُنبدِ خَضرا پہ ہو رحمت مُدام
مسجدِ نَبوی کے نورانی مَناروں کو سلام

مِنْبَر و مِحراب جاناں اور سُنہری جالیاں
سبز گُنبد کے مکیں کو دونوں[2] پیاروں کو سلام

سیّدی حَمزہ کو، اور جُملہ شہیدانِ اُحُد
کو بھی اور سب غازیوں کو شہسواروں کو سلام

جس قَدَر جِنّ وبشَر میں تھے صَحابہ شاہ کے
سب کو بھی بیشک خُصوصاً چار یاروں کو سلام

جس جگہ پر آ کے سوئے ہیں صَحابہ دس ہزار
اُس بقیعِ پاک کے سارے مَزاروں کو سلام

شوقِ دیدارِ مدینہ میں تڑپتے ہیں جو ، اُن
بے قراروں ، دل فِگاروں ، اشکباروں کو سلام

غسلِ کعبہ[1] کا بھی منظر کس قَدَر پُر کیف ہے
جھوم کر کہتا ہے عطّار ان نظاروں کو سلام

مــدینہ

[1] غسلِ کعبہ عُمُوماً یکم ذُو الحجّۃِ الحرام کو ہوتا ہے۔ یہ ١٤١٤ھ کی حاضری کا غسلِ کعبہ کے وقت کا مَقطَع ہے۔

ہو مبارَک اہلِ عِصیاں، ہوگیا بخشش کا ساماں

[یا نبی سلامٌ علیکَ یارسول سلامٌ علیکَ
[یاحبیب سلامٌ علیکَ صَلَوٰۃُ اللّٰہِ علیکَ

ہومبارَک اَہلِ عِصیاں، ہوگیا بخشش کا ساماں
آ گئی صُبحِ بہاراں، ہو گیا گھر گھر چَراغاں

[یا نبی سلامٌ علیکَ یارسول سلامٌ علیکَ
[یاحبیب سلامٌ علیکَ صَلَوٰۃُ اللّٰہِ علیکَ

جشنِ میلادُ النَّبی ہے، نور کی چادر تنی ہے
روشنی ہی روشنی ہے، دُھوم ہر جانب مچی ہے

[یا نبی سلامٌ علیکَ یارسول سلامٌ علیکَ
[یاحبیب سلامٌ علیکَ صَلَوٰۃُ اللّٰہِ علیکَ

آج ہے صُبحِ بہاراں، جھومتے ہیں سب مسلماں
گھر چکا ہے اَبرِ باراں، رَحمتوں سے بھرلو داماں

[یا نبی سلامٌ علیکَ یارسول سلامٌ علیکَ
[یاحبیب سلامٌ علیکَ صَلَوٰۃُ اللّٰہِ علیکَ

آمِنہ بی بی کے گھر پر، آ گیا نبیوں کا افسر
جُھک گیا ہے کُفر کا سر، پڑ گئی ہے دُھوم گھر گھر

[یانبی سلامٌ علیکَ یارسول سلامٌ علیکَ
یاحبیب سلامٌ علیکَ صَلَوٰۃُ اللّٰہِ علیکَ]

آمِنہ بی کے دُلارے، اے دُکھی دل کے سہارے
کون ہے جو اب سنوارے، میرے بگڑے کام سارے

[یانبی سلامٌ علیکَ یارسول سلامٌ علیکَ
یاحبیب سلامٌ علیکَ صَلَوٰۃُ اللّٰہِ علیکَ]

تم مکینِ لامکاں ہو، اور حق کے راز داں ہو
اِذْنِ رب سے غیب داں ہو، کیا ہے جو تم سے نِہاں[1] ہو

[یانبی سلامٌ علیکَ یارسول سلامٌ علیکَ
یاحبیب سلامٌ علیکَ صَلَوٰۃُ اللّٰہِ علیکَ]

اوّل و آخِر تم آقا، باطِن و ظاہر تم آقا
حاضِر و ناظِر تم آقا، طیِّب و طاہِر تم آقا

[یانبی سلامٌ علیکَ یارسول سلامٌ علیکَ
یاحبیب سلامٌ علیکَ صَلَوٰۃُ اللّٰہِ علیکَ]

[1]: چُھپا ہوا۔ پوشیدہ

آپ سلطانِ جہاں ہیں، دردمندِ بےکساں ہیں
چارۂ بےچارگاں ہیں، بےاَمانوں کی اَماں ہیں

[یانبی سلامٌ علیکَ یارسول سلامٌ علیکَ
یاحبیب سلامٌ علیکَ صَلَوٰۃُ اللّٰہِ علیکَ]

تم حبیبِ کبریا ہو، اور امامُ الْاَنْبِیَا ہو
دوجہاں کے پیشوا ہو، شافعِ روزِ جزا ہو

[یانبی سلامٌ علیکَ یارسول سلامٌ علیکَ
یاحبیب سلامٌ علیکَ صَلَوٰۃُ اللّٰہِ علیکَ]

یاحبیبِ ربِّ داوَر، ازپئے صِدِّیقِ اکبر
اور عمر عثمان وحیدر، چشمِ تر دو قلبِ مُضْطَر

[یانبی سلامٌ علیکَ یارسول سلامٌ علیکَ
یاحبیب سلامٌ علیکَ صَلَوٰۃُ اللّٰہِ علیکَ]

واسِطہ غوثُ الْوریٰ کا، حضرتِ احمد رضا کا
اور مِرے مُرشِد پیا کا، رُخ بدل دو ہر بلا کا

[یانبی سلامٌ علیکَ یارسول سلامٌ علیکَ
یاحبیب سلامٌ علیکَ صَلَوٰۃُ اللّٰہِ علیکَ]

حُبِّ دنیا سے بچا لو، مجھ نکمّے کو نبھا لو
دل سے شیطاں کو نکالو، اپنا دیوانہ بنا لو

[یانبی سلامٌ علیکَ یارسول سلامٌ علیکَ]
[یاحبیب سلامٌ علیکَ صَلٰوۃُ اللّٰہِ علیکَ]

دَرْدِ عِصیاں کو مِٹانا، نیک مجھ کو تم بنانا
راہِ سنّت پر چلانا، اپنی الفت میں گُمانا

[یانبی سلامٌ علیکَ یارسول سلامٌ علیکَ]
[یاحبیب سلامٌ علیکَ صَلٰوۃُ اللّٰہِ علیکَ]

بادشاہت اورحکومت، دو نہ تم دنیا کی دولت
دو فَقَط اپنی مَحبَّت، اے شَہَنْشاہِ رسالت

[یانبی سلامٌ علیکَ یارسول سلامٌ علیکَ]
[یاحبیب سلامٌ علیکَ صَلٰوۃُ اللّٰہِ علیکَ]

رَحْـمَۃٌ لِّلْعٰلمیں ہو، اورشفیعُ الْمُذْنِبِیں ہو
فَضلِ رب سے کیانہیں ہو، بعدرب کے بس تمہیں ہو

[یانبی سلامٌ علیکَ یارسول سلامٌ علیکَ]
[یاحبیب سلامٌ علیکَ صَلٰوۃُ اللّٰہِ علیکَ]

تم مدینے میں بلانا، اپنا جلوہ بھی دکھانا
کلمۂ طیّب پڑھانا،اپنے قدموں میں سلانا
[یانبی سلامٌ علیکَ یارسول سلامٌ علیکَ
[یاحبیب سلامٌ علیکَ صَلَوٰۃُ اللّٰہِ علیکَ]

اے شَہَنْشاہِ مدینہ، عشق کا دیدو خَزینہ
ہو مِرا سینہ مدینہ، عرض کرتا ہے کمینہ
[یانبی سلامٌ علیکَ یارسول سلامٌ علیکَ
[یاحبیب سلامٌ علیکَ صَلَوٰۃُ اللّٰہِ علیکَ]

رَحْمَۃً لِّلْعٰلَمِینا، ہو عطا ایسا قرینہ
دیکھ کر میٹھا مدینہ، عِشق میں پھٹ جائے سینہ
[یانبی سلامٌ علیکَ یارسول سلامٌ علیکَ
[یاحبیب سلامٌ علیکَ صَلَوٰۃُ اللّٰہِ علیکَ]

نَزْع میں محبوبِ داوَر، کاش! دیکھوں رُوئے انور
دیکھتے ہی جاں نچھاور، تم پہ کردوں کاش! سرور
[یانبی سلامٌ علیکَ یارسول سلامٌ علیکَ
[یاحبیب سلامٌ علیکَ صَلَوٰۃُ اللّٰہِ علیکَ]

اے مدینے والے آقا، جتنے ہیں مَتوالے آقا
سب کے سن لے نالے آقا، سب کو تُو بلوالے آقا

[یانبی سلامٌ علیکَ یارسول سلامٌ علیکَ
یاحبیب سلامٌ علیکَ صَلَوٰۃُ اللّٰہِ علیکَ]

آخری لمحے جب آئیں، کاش! وہ تشریف لائیں
اپنے جلووں میں گُمائیں، جھوم کر ہم گُنگُنائیں

[یانبی سلامٌ علیکَ یارسول سلامٌ علیکَ
یاحبیب سلامٌ علیکَ صَلَوٰۃُ اللّٰہِ علیکَ]

گُنْبدِ خَضْرا تمہارا، کس قَدَر ہے پیارا پیارا
کاش! کرتے ہی نظارہ، جان و دل کردوں نثارا

[یانبی سلامٌ علیکَ یارسول سلامٌ علیکَ
یاحبیب سلامٌ علیکَ صَلَوٰۃُ اللّٰہِ علیکَ]

قبر میں ہو جس دم آنا، تم وہاں تشریف لانا
چہرۂ روشن دکھانا، گورِ تِیرہ جگمگانا

[یانبی سلامٌ علیکَ یارسول سلامٌ علیکَ
یاحبیب سلامٌ علیکَ صَلَوٰۃُ اللّٰہِ علیکَ]

اَلْاَمَان! ہنگامِ مَحْشر، پیاس کی شِدّت سے سَرْوَر
جب زَبانیں آئیں باہَر، تم پلانا جامِ کوثر
[یا نبی سلامٌ علیکَ یارسول سلامٌ علیکَ
[یاحبیب سلامٌ علیکَ صَلَوٰۃُ اللّٰہِ علیکَ

حَشْر میں سرکار آنا، میرے عَیبوں کو چھپانا
اپنے رب سے بخشوانا، ساتھ جنّت میں بسانا
[یا نبی سلامٌ علیکَ یارسول سلامٌ علیکَ
[یاحبیب سلامٌ علیکَ صَلَوٰۃُ اللّٰہِ علیکَ

کاش! عطّارِؔ حزیں ہو، اور مدینے کی زمیں ہو
اُس کا وقتِ واپَسیں ہو، اور سِر ہانے تمہیں ہو
[یا نبی سلامٌ علیکَ یارسول سلامٌ علیکَ
[یاحبیب سلامٌ علیکَ صَلَوٰۃُ اللّٰہِ علیکَ

حَشْر میں عطّارؔ آئیں، آپ اُن پر رَحْم کھائیں
اپنے دامن میں چُھپائیں، اور رب سے بخشوائیں
[یا نبی سلامٌ علیکَ یارسول سلامٌ علیکَ
[یاحبیب سلامٌ علیکَ صَلَوٰۃُ اللّٰہِ علیکَ

اے مدینے کے تاجدار تجھے اہلِ ایماں سلام کہتے ہیں

اے مدینے کے تاجدار تجھے اَہلِ ایماں سلام کہتے ہیں
تیرے عُشّاق تیرے دیوانے جانِ جاناں سلام کہتے ہیں
جو مدینے سے دُور رہتے ہیں ہِجر[1] و فُرقت کا رنج سہتے ہیں
وہ طلب گارِ دید رو رو کر اے مِری جاں سلام کہتے ہیں
جن کو دنیا کے غم ستاتے ہیں ٹھوکریں در بدر کی کھاتے ہیں
غم نصیبوں کے چارہ گر تم کو وہ پریشاں سلام کہتے ہیں
دُور دنیا کے رنج و غم کر دو اور سینے میں اپنا غم بھر دو
اُن کو چشمانِ تَر عطا کر دو جو بھی سلطاں سلام کہتے ہیں
جو ترے عشق میں تڑپتے ہیں حاضِری کے لئے ترستے ہیں
اِذنِ طیبہ کی آس میں آقا وہ پُر اَرماں سلام کہتے ہیں

مـــدینہ

[1] جُدائی

تیرے رَوضے کی جالیوں کے پاس آقا رَحْم و کرم کی لیکر آس
کتنے دُکھیارے روز آ آ کے شاہِ ذیشاں سلام کہتے ہیں
آرزُوئے حرم ہے سینے میں اب تو بلوایئے مدینے میں
تجھ سے تجھ ہی کو مانگتے ہیں جو وہ مسلماں سلام کہتے ہیں
رُخ سے پردے کو اب اٹھا دیجے اپنے قدموں سے اب لگا لیجے
آہ! جو نیکیوں سے ہیں یکسر[1] خالی داماں سلام کہتے ہیں

آپ عطّار کیوں پریشاں ہیں؟
بد سے بدتر بھی زیرِ داماں ہیں
اُن پہ رَحْمت وہ خاص کرتے ہیں
جو مسلماں سلام کہتے ہیں

مـــــــــــــــــــــــــــــدینہ

[1]: بالکل، مکمّل طور پر

سلطانِ اولیا کو ہمارا سلام ہو

سلطانِ اولیا کو ہمارا سلام ہو
جِیلاں کے پیشوا کو ہمارا سلام ہو

پیارے حَسن حُسین کے، حیدر کے لاڈلے
محبوبِ مصطفٰے کو ہمارا سلام ہو

وہ غوث جس کے خوف سے جِنّات کانپ اُٹھیں
اُس دافعِ بلا کو ہمارا سلام ہو

چھوڑا ہے ماں کا دودھ بھی ماہِ صِیام[1] میں
سرتاجِ اَتقیا کو ہمارا سلام ہو

سب اَولیا کی گردنیں زیرِ قدم ہیں خَم
سردارِ اَصفیا کو ہمارا سلام ہو

دل کی جو بات جان لے روشن ضَمیر ہے
اُس مردِ باصفا کو ہمارا سلام ہو

بھٹکے ہوؤں کو راستہ سیدھا دکھا دیا
عالَم کے رہنما کو ہمارا سلام ہو

گرتے سنبھالیں، ڈوبتی کشتی ترائیں جو
غمخوارِ غم زَدہ کو ہمارا سلام ہو

پوری مُراد جو کرے اور جھولیاں بھرے
اُس مَخزَنِ عطا کو ہمارا سلام ہو

اِذْنِ خدائے پاک سے مُردے جِلائے جو
اُس مَظہرِ خدا کو ہمارا سلام ہو

کہہ کر کے ''لَاتَخَف'' ہمیں بےخوف کر دیا
اُس رَحْمتِ خدا کو ہمارا سلام ہو

پڑھتے رہو مُدام[2] یہ عطّار قادِری
سلطانِ اولیا کو ہمارا سلام ہو

مــــــــــــــــــــــــدینہ

۱: روزوں کا مہینہ۔ رَمَضانُ المبارَك
۲: ہمیشہ

”تُو نہ ہم کو بھول جا“ کہنا کیسا؟

سُوال: دُعا میں یہ اشعار پڑھنا کیسا ہے؟

یا خدا! اپنے نہ آئینِ کرم کو بھول جا　　ہم تجھے بھولے ہیں لیکن تو نہ ہم کو بھول جا

ہے دعائے بسمِلِ نیم جاں، کہ مری خطاؤں کو بھول جا

ہے مجھے تو تیرا ہی آسرا، تُو غفور ہے تو رحیم ہے

جواب: بُھولنا“ کے اصل معنٰی ”یاد نہ رہنا“ ہے۔ تو اگر قائل کی یہی مراد ہے تب تو کُفْر ہے اور کہنے والے نے لفظ ”بُھولنا“ کو ”چھوڑنا“ کے معنٰی میں استِعمال کیا تو کُفْر نہیں۔

(کفریہ کلمات کے بارے میں سوال جواب ص ۲۴۱ مکتبۃ المدینہ)

مُتفرِّق کلام

مَسرَّت سے سینہ مدینہ بنا تھا مزہ خوب رَمضان میں آرہا تھا

(یہ کلام ۵ شوال المکرم ۱۴۳۱ھ کو کمپوز کیا گیا)

مَسرَّت سے سینہ مدینہ بنا تھا
مزہ خوب رَمضان میں آرہا تھا
پَرے رَنج و غم کا اندھیرا ہوا تھا
مزہ خوب رَمضان میں آرہا تھا

خبر جب کہ رَمضاں کی آمد کی آئی
تو مُرجھائے دل کی کلی مسکرائی
اور ابرِ کرم نور برسا رہا تھا
مزہ خوب رَمضان میں آرہا تھا

نظر چاند رَمضاں کا جس وقت آیا
ہُوا رَحمتوں کا زمانے پہ سایہ
اُفُق پر بھی ابرِ کرم چھا گیا تھا
مزہ خوب رَمضان میں آرہا تھا

کھلے بابِ جنّت، جہنّم کو تالے
پڑے، ہر طرف تھے اُجالے اُجالے
وہ مَردُود شیطان قیدی بنا تھا
مزہ خوب رَمضان میں آرہا تھا

ترانے خوشی کے فَضا گُنگُناتی
ہَوا بھی مَسرَّت کے نغمے سناتی
جدھر دیکھئے مرحبا مرحبا تھا
مزہ خوب رَمضان میں آرہا تھا

فَضائیں بھی کیا نور برسا رہی تھیں
ہوائیں مَسرَّت سے اِٹھلا رہی تھیں
سماں ہر طرف کیف و مَستی بھرا تھا
مزہ خوب رَمضان میں آرہا تھا

شب و روز رَحْمت کی برسات ہوتی
عطاؤں کی جھولی میں خیرات ہوتی
مسلماں کا دامن کرم سے بھرا تھا
مزہ خوب رَمضان میں آرہا تھا

جو اُلفت کے پیمانے تقسیم ہوتے
تو بخشش کے پروانے تَرقیم[1] ہوتے
خُوشا! بحرِ رحمت کو جوش آگیا تھا
مزہ خوب رَمضان میں آرہا تھا

مساجِد میں ہر سُو بہار آگئی تھی
خدا کے کرم کی گھٹا چھا گئی تھی
جسے دیکھو سجدے میں آکر گرا تھا
مزہ خوب رَمضان میں آرہا تھا

[1]: لکھے جاتے، تحریر

فَضائیں منوّر ہوائیں معطّر
خدا کی قسم تھا سماں کیف آور
دلوں پر بھی اِک وَجد سا چھا گیا تھا
مزہ خوب رَمضان میں آرہا تھا

کلیجے میں ٹھنڈک تھی ، چہرے پہ پانی
دلوں میں بھی تھی کس قدَر شادمانی
سُکوں ماہِ رَمضاں میں کیسا ملا تھا
مزہ خوب رَمضان میں آرہا تھا

مسلماں تھے خوش رُخ پہ رونق بڑی تھی
خدا کے کرم کی برستی جھڑی تھی
عبادت میں دل کس قدَر لگ گیا تھا
مزہ خوب رَمضان میں آرہا تھا

سرِ شام اِفطار کی رونقیں تھیں
بوقتِ سَحَر کس قَدَر بَرَکتیں تھیں
سُرور آرہا تھا مزہ آرہا تھا
مزہ خوب رَمضان میں آرہا تھا

مقدّر نے کی یاوَری ساتھ جن کے
مساجِد میں وہ **مُعْتَکِف** ہو گئے تھے
عبادت کا کیا خوب جذبہ ملا تھا
مزہ خوب رَمضان میں آرہا تھا

عبادت میں عُشّاق لذّت تھے پاتے
ادب سے تلاوت میں سر کو جُھکاتے
نَمازوں کا روزوں کا بھی اک مزا تھا
مزہ خوب رَمضان میں آرہا تھا

مُناجاتِ اِفطار میں رِقّتیں تھیں
دعاؤں میں بھی کس قدر لذّتیں تھیں
جسے دیکھو وہ محوِ یادِ خدا تھا
مزہ خوب رَمضان میں آرہا تھا

ثنا خوان جس وقت نعتیں سناتے
تو آقا کے عُشّاق آنسو بہاتے
نشہ خوب عِشقِ نبی کا چڑھا تھا
مزہ خوب رَمضان میں آرہا تھا

مُبلّغ عذابوں سے جس دَم ڈراتا
کوئی کپکپاتا کوئی تھرتھراتا
کوئی گِڑگِڑاتا کوئی چِیختا تھا
مزہ خوب رَمضان میں آرہا تھا

گھڑی جبکہ رَمضاں کی رُخصت کی آئی
تڑپتے تھے صدمے سے اسلامی بھائی
بِلکتا تھا کوئی ، کوئی غمزدہ تھا
مزہ خوب رَمضان میں آرہا تھا

دمِ رخصتِ ماہِ رَمضاں مسلماں
تھے غمگین و حَیراں، پریشاں پریشاں
شبِ عید دیکھو جسے رو رہا تھا
مزہ خوب رَمضان میں آرہا تھا

مجھے ماہِ رَمضاں کا غم دے الٰہی
مِٹا حُبِّ دنیا کی دل سے سیاہی
مزہ فانی سَنْسار میں کیا رکھا تھا
مزہ خوب رَمضان میں آرہا تھا

جو تھے مُعْتَکِف ''مَدنی مرکز'' کے اندر
بِچارے تھے عطّاؔر مغموم و مُضْطَر
دمِ اَلْوداع ان کا دل جل رہا تھا
مزہ خوب رَمضان میں آرہا تھا

مَدَنی سِہرا

(مُبلّغِ دعوتِ اسلامی مولا بَخْش عطّاری سلّمہُ البَاری کی شادی کے پُر مَسرَّت موقع پر انہی کی فرمائش پر ۱۲ اشعار پر مشتمل دعاؤں بھرا سہرا لکھا گیا تھا اس میں حسبِ ضَرورت ترمیم کی گئی ہے)

آج مولیٰ بَخْش فَضْلِ رب سے ہے دولھا بنا
خوشنُما پھولوں کا اس کے سر پہ ہے سِہرا سجا

اس کی شادی خانہ آبادی ہو ربِّ مصطَفٰے
از طُفیلِ غوث و خواجہ ازپئے احمد رضا

ان کی زَوجہ یاخدا کرتی رہے پردہ سدا
از طُفیلِ حضرتِ عثماں غنِیِّ باحیا

تُو سدا رکھنا سلامت اِن کا جوڑا کِردگار
اِن کو جھگڑوں سے بچانا از طُفیلِ چار یار

ان کو خوشیاں دو[۲] جہاں میں تُو عطا کر کِبریا
کچھ نہ چھائے ان پہ غم کی رنج کی کالی گھٹا

تو نحوست سے اِنہیں فیشن کی اے مولیٰ بچا
سنّتوں پر یہ عمل کرتے رہیں یارب سَدا
نیک اَولاد ان کو مولیٰ عافِیَت سے ہو عطا
واسِطہ یارب مدینے کی مبارَک خاک کا
یاالٰہی جب تلک دونوں[۲] یہاں جیتے رہیں
سنّتوں کی خوب خدمت یہ سدا کرتے رہیں
اِس طرح مَہکا کرے یہ گھر کا گھر پیارے خُدا
پُھول مَہکا کرتے ہیں جیسے مدینے کے سدا
یاالٰہی! دے سعادت ان کو حج کی باربار
باربار ان کو دِکھا میٹھے محمد کا دِیار
ہو بقیعِ پاک میں دونوں[۲] کو مدفَن بھی عطا
سبز گُنبد کا تجھے دیتا ہوں مولیٰ واسِطہ
یہ میاں بیوی رہیں جنّت میں یکجا اے خدا
یاالٰہی تجھ سے ہے عطّارِ عاجز کی دعا

دعا ئیہ نظم

(دعوتِ اسلامی کے "مدرستہ المدینہ" میں حفظِ قرآن مکمّل کرنے والے طالبِ علم کو مَقطَع میں اُس کا نام موزوں کرکے پیش کی جانے والی ۱۲ اَشعار پر مشتمل دعائیہ نظم)

فَضْل سے مولیٰ کے مُحْرِم حافِظِ قرآں بنا
اَہْلِ خانہ کی شَفاعت کیلئے ساماں بنا

حافِظِ قرآں ہوا اب عامِلِ قرآں بنا
دِیں پہ چلنا یاخدا! اِس کیلئے آساں بنا

سُنَّتوں پر استِقامت دے پئے احمد رضا
یاالٰہی! اِس کو پُختہ صاحِبِ ایماں بنا

یاالٰہی! اِس کے دل میں اپنی الفت ڈال دے
اپنا مَستانہ بنا دیوانۂ جاناں بنا

مُرشِدواستاد کا یارب بنا اِس کو مُطِیع[1]
اور اسے ماں باپ کا بھی تابِعِ فرماں بنا

[1] فرماں بردار

اِس کو روزانہ تِلاوت کی بھی تُو توفیق دے
قاریِ قرآں بنا اور خادمِ قرآں بنا
اِس کو مولیٰ تُو گناہوں سے بچانا ہر گھڑی
اس کو بااَخلاق باکردار نیک انساں بنا
باجماعت یہ ادا کرتا رہے ہر اِک نماز
سُنّتوں کا ہو مبلِّغ قَہر بَرشیطاں بنا
یاالٰہی! سنّتوں کی خوب یہ خدمت کرے
واسِطے نیکی کی دعوت اِس کے تُو آساں بنا
دے شَرَف اس کو خدائے پاک حج کا بار بار
بار بار اس کو مدینے کا بھی تُو مہماں بنا
یاالٰہی! اس کو فیشن کی نُحُوست سے بچا
اِس کو پیکر سنّتوں کا ازپئے حسّاں بنا
تجھ سے ہے عطّار کی اے مَدنی مُنّے! التجا
کرکے قرآں پر عمل جنّت کا تُو ساماں بنا

مَدنی چینل سنّتوں کی لائیگا گھر گھر بہار

مَدنی چینل سنّتوں کی لائے گا گھر گھر بہار
مَدنی چینل سے ہمیں کیوں والہانہ ہو نہ پیار

مَدنی چینل سے جسے بھی والہانہ پیار ہے
اِن شاءَ اللّٰہ دو جہاں میں اُس کا بیڑا پار ہے

ناچ گانوں اور فلموں سے یہ چینل پاک ہے
مَدنی چینل حق بیاں کرنے میں بھی بے باک ہے

مَدنی چینل کی مُہم ہے نفس وشیطاں کے خلاف
جو بھی دیکھے گا کرے گا اِن شاءَ اللّٰہ اِعتِراف

نفسِ اَمّارہ پہ ضَرب ایسی لگے گی زوردار
شرمِ عِصیاں کے سبب ہوگا گنہگار اَشکبار

راہِ سنّت پر چلا کر سب کو جنّت کی طرف
لے چلے بس اِک یہی ہے مَدنی چینل کا ہَدَف

اِس میں مُوسیقی نہ تم ہرگز سُنو گے سامِعیں
یہ گُنہ کا کام ہے اس کی اِجازت ہے نہیں
چھوڑ دو فِلمیں ڈِرامے دیکھنا تم چھوڑ دو
توڑ دو ابلیس سے سب رِشتہ ناتا توڑ دو

اِس میں ہے فیضانِ قرآں اِس میں فیضانِ حدیث
جل مرے اور خاک ڈالے سر پہ شیطانِ خبیث
اے گناہوں کے مریضو! چاہتے ہو گر شِفا
آن کرتے ہی رہو تم مَدنی چینل کو سدا

اِس میں عِصیاں سے حفاظت کا بَہُت سامان ہے
اِن شاءَ اللّٰہ خُلد میں بھی داخِلہ آسان ہے
مَدنی چینل تم کو گھر بیٹھے سِکھائے گا نَماز
اور نَمازی دونوں عالم میں رہے گا سرفراز

مَدنی چینل میں نبی کی سُنَّتوں کی دھوم ہے
اور شیطانِ لعیں رَنْجُور ہے مغموم ہے
مَدنی چینل حُبِّ احمد میں رُلاتا ہے تمہیں
اور نشہ عشقِ محمد کا چڑھاتا ہے تمہیں

خوب تڑپاتا ہے یہ خوفِ خدائے پاک میں
اور ملاتا ہے تکبُّر کا نشہ بھی خاک میں

مَدنی چینل نارِ دوزخ سے اماں دلوائے گا
اِن شاءَ اللّٰہ آپ کو باغِ جِناں دلوائے گا

مَدنی چینل مَدنی مُنّوں کو بھی ہاں دکھلایئے
دین کی باتیں ابھی سے ان کو بھی سِکھلایئے

کُفْر کے اَیواں میں مولیٰ ڈالدے یہ زلزلہ
یاالٰہی! تا اَبد جاری رہے یہ سلسلہ

مَدنی چینل کے سبب نیکی کی دعوت عام ہو
عام دنیا بھر میں یارب دین کا پیغام ہو

مَدنی چینل کے مبلّغ،نعت خواں ،خدمت گزار
جس قدر بھی ہیں سبھی کی مغفِرت ہو کِردگار

مَدنی چینل کیلئے جو ساتھ دے عطّار کا
اِس پہ ہو رَحْمت خدا کی اور کرم سرکار کا

آؤ مَدنی قافِلے میں ہم کریں مل کر سفر

آؤ مدنی قافِلے میں ہم کریں مل کر سفر
سنّتیں سیکھیں گے اِس میں اِن شاءَ اللّٰہ سربَسَر
تیس ۳۰ تیس اور بارہ ۱۲ بارہ دن کے مدنی قافِلے
میں سفر کرتے رہو جب بھی تمہیں موقع ملے

مجھ کو جذبہ دے سفر کرتا رہوں پَرْوَردگار
سنّتوں کی تربیت کے قافِلے میں بار بار
جھوٹ غِیبت اور چُغلی سے جو بچنا چاہے وہ
خوب مدنی قافِلوں میں دل لگا کر جائے وہ

جو بھی شیدائی ہے مدنی قافِلوں کا یاخدا
دو ۲ جہاں میں اُس کا بیڑا پار فرما یاخدا
تین ۳ دن ہر ماہ جو اپنائے مدنی قافِلہ
بے حساب اس کا خدایا! خُلْد میں ہو داخِلہ

تُو ولی اپنا بنالے اُس کو ربِّ لَم یَزَل
''مَدنی اِنْعامات'' پر کرتا ہے جو کوئی عمل
جو گناہوں کے مَرَض سے تنگ ہے بیزار ہے
قافِلہ عطّار اُس کے واسِطے تیّار ہے

آہ ! مَدنی قافِلہ اب جا رہا ہے لوٹ کر

(یہ نظم دعوتِ اسلامی کے سنّتوں کی تربیت کے مدنی قافلے کی سفر سے واپسی کا وقت قریب آنے پر سنّتوں کی تڑپ رکھنے والے حسّاس عاشقانِ رسول کے ولولہ انگیز جذبات کی عکّاس ہے)

آہ! مَدنی قافِلہ اب جا رہا ہے لَوٹ کر
کوئی دل تھامے کھڑا ہے کوئی ہے باچشمِ تر

سنّتوں کی تربیت کے قافِلوں کے قدَر داں
جب پلٹتے ہیں گھروں کو روتے ہیں وہ پھوٹ کر

کس قدَر خوش تھے نکل کر چلدئے تھے گھر سے جب
اب اُداسی چھا رہی ہے ہائے !اپنے قلب پر

فِکْر تھی گھر کی نہ کوئی فِکْر کاروبار کی
لُطْف خوب آتا تھا ہم کو مسجِدوں میں بیٹھ کر

جاتے ہی دنیا کے جھگڑے پھر گلے پڑ جائیں گے
کیا کریں ناچار ہیں قابو نہیں حالات پر

باجماعت سب نَمازیں اور تہجُّد کے مزے
اِتنی آسانی سے پھر مل جائیں گے کیا جا کے گھر؟

یاخدا! نِکلوں میں مدنی قافِلوں کیساتھ کاش!
سنّتوں کی تربیت کے واسِطے پھر جلد تر!!

ہائے! سارا وَقْت میرا غَفلتوں میں کٹ گیا
آہ! کب ہو گا مُیَسَّر پھر مبارَک یہ سفر

دینی ماحول اور مَدنی قافِلے والوں کی کچھ
بھی نہ کی ہے قَدْر ہائے! ہوں میں ناداں کس قدَر

مسجِدوں کا کچھ ادب ہائے! نہ مجھ سے ہو سکا
از طُفیلِ مصطَفٰے فرما الٰہی درگزر

آہ ! شیطاں ہر گھڑی ہر وَقْت غالِب ہی رہا
عادتِ عِصیاں نے رکھ دی توڑ کر ہائے! کمر

خوب خدمت سُنّتوں کی ہم سدا کرتے رہیں
دینی ماحول اے خدا ہم سے نہ چُھوٹے عمر بھر
اِس عَلاقے والے سارے بھائیوں کا شکریہ
ساتھ جو دیتے رہے ہیں قافِلے کا سر بسر
سنّتوں کی تربیت کے واسطے نکلا تھا میں
ہائے پر سوتا رہا غفلت کی چادر تان کر
یا رسولَ اللہ اپنے در پہ اب بُلوائیے
ہو نصیب آقا ہمیں میٹھے مدینے کا سفر
ہے دعا عطّار کی: ''اس کی ہو حتمی مغفِرت''
قافِلوں میں عمر بھر کرتا رہے جو بھی سفر

لعنت کی تعریف

''اللہ تعالیٰ کی رَحْمت سے دُوری اور محرومی۔'' خیال رہے کہ اللہ عَزَّوَجَلَّ کی لعنت کے معنی ہیں: ''رَحْمت سے دُور کرنا'' بندوں کی لعنت کے معنی ہیں: ''اِس دوری کی بددُعا کرنا۔''

(مراۃ ج٦ ص ٤٥٠)

آئیں گی سنّتیں جائیں گی شامتیں، دینی ماحول میں کرلوتم اعتکاف

(یہ با قاعدہ نظم نہیں، فیضانِ سنت جِلد اوّل کے باب ''فیضانِ رَمضان'' کے جُز فیضانِ اعتِکاف کی مختلف ''مدنی بہاروں'' وغیرہ کے آخر میں لکھے ہوئے اَشعار کہیں کہیں ترمیم کے ساتھ یکجا کیے گئے ہیں)

آئیں گی سنّتیں جائیں گی شامتیں، دینی ماحول میں کر لو تم اعتِکاف
تم سُدھر جاؤ گے، پاؤ گے برکتیں، دینی ماحول میں کر لو تم اعتِکاف
جلوۂ یار کی آرزو ہے اگر، دینی ماحول میں کر لو تم اعتِکاف
میٹھے آقا کریں گے کرم کی نظر، دینی ماحول میں کر لو تُم اعتِکاف
مَرضِ عِصیاں سے چُھٹکارا چاہو اگر، دینی ماحول میں کر لو تم اعتِکاف
آؤ آؤ اِدھر آبھی جاؤ اِدھر دینی ماحول میں کر لو تم اعتِکاف
چوٹ کھا جائے گا اِک نہ اِک روز دل، دینی ماحول میں کر لو تم اعتِکاف
فَضْلِ رب سے ہدایت بھی جائے گی مل، دینی ماحول میں کر لو تم اعتِکاف
فَضْلِ رب سے گناہوں کی کالک دُھلے، دینی ماحول میں کر لو تم اعتِکاف
نیکیوں کا تمھیں خوب جذبہ ملے، دینی ماحول میں کر لو تم اعتِکاف
گرچہ دل میں ہے فیشن کی اُلفت بھری، دینی ماحول میں کر لو تم اعتِکاف
عُمْر آیندہ گزرے گی سنّت بھری، دینی ماحول میں کر لو تم اعتِکاف

بھائی گر چاہتے ہو ''نمازیں پڑھوں''، دینی ماحول میں کر لو تم اعتِکاف
نیکیوں میں تمنّا ہے ''آگے بڑھوں''، دینی ماحول میں کر لو تم اعتِکاف
تم کو راحت کی نعمت اگر چاہئے، دینی ماحول میں کر لو تم اِعتِکاف
بندگی کی بھی لَذّت اگر چاہئے، دینی ماحول میں کر لو تم اعتِکاف
موت فَضلِ خدا سے ہو اِیمان پر، دینی ماحول میں کر لو تم اعتِکاف
رب کی رَحمت سے جنّت میں پاؤ گے گھر، دینی ماحول میں کر لو تم اعتِکاف
رَحمتیں لُوٹنے کے لئے آؤ تم، دینی ماحول میں کر لو تم اعتِکاف
سُنّتیں سیکھنے کے لئے آؤ تم، دینی ماحول میں کر لو تم اعتِکاف
گر تمنّا ہے آقا کے دیدار کی، دینی ماحول میں کر لو تم اعتِکاف
ہوگی میٹھی نظر تم پہ سرکار کی، دینی ماحول میں کر لو تم اعتِکاف
آؤ آ کر گناہوں سے توبہ کرو، دینی ماحول میں کر لو تم اعتِکاف
رَحمتِ حق سے دامن تم آ کر بھرو، دینی ماحول میں کر لو تم اِعتِکاف
خَتْم ہوگی شَرارت کی عادت چلو، دینی ماحول میں کر لو تم اِعتِکاف
دُور ہو گی گناہوں کی شامَت چلو، دینی ماحول میں کر لو تم اِعتِکاف
بگڑے اَخلاق سارے سنور جائیں گے، دینی ماحول میں کر لو تم اعتِکاف

بس مزہ کیا مزے کو مزے آئیں گے، دینی ماحول میں کر لو تم اعتِکاف
ولولہ دِیں کی تبلیغ کا پاؤ گے، دینی ماحول میں کر لو تم اعتِکاف
فَضْلِ رب سے زمانے پہ چھا جاؤ گے، دینی ماحول میں کر لو تم اعتِکاف
حُبِّ دنیا سے دل پاک ہو جائیگا، دینی ماحول میں کر لو تم اعتِکاف
جامِ عشقِ محمد بھی ہاتھ آئیگا، دینی ماحول میں کر لو تم اعتِکاف
سُنّتیں کھانا کھانے کی تم جان لو، دینی ماحول میں کر لو تم اِعتِکاف
مان لو بات اب تو مِری مان لو، دینی ماحول میں کر لو تم اعتِکاف
لینے خیرات تم رَحْمتوں کی چلو، دینی ماحول میں کر لو تم اعتِکاف
لُوٹنے بَرکتیں سنّتوں کی چلو، دینی ماحول میں کر لو تم اعتِکاف
پیارے اسلامی بھائی چلے آؤ تم، دینی ماحول میں کر لو تم اعتِکاف
خالی دامن مُرادوں سے بھر جاؤ تم، دینی ماحول میں کر لو تم اعتِکاف
میٹھے آقا کی اُلفت کا جذبہ ملے، دینی ماحول میں کر لو تم اعتِکاف
داڑھی رکھنے کی سنّت کا جذبہ ملے، دینی ماحول میں کر لو تم اعتِکاف
ان شاءَ اللّٰہ ہر کام ہو گا بھلا، دینی ماحول میں کر لو تم اعتِکاف

دور ہوگی بفضلِ خدا ہر بَلا، دینی ماحول میں کر لو تم اعتِکاف
سیکھنے کو ملیں گی تمہیں سنّتیں، دینی ماحول میں کر لو تم اِعتِکاف
لُوٹ لو آ کر اللہ کی رَحمتیں، دینی ماحول میں کر لو تم اعتِکاف
گیت گانے کی عادت نکل جائیگی، دینی ماحول میں کر لو تم اعتِکاف
بے جا بک بک کی خصلت بھی ٹل جائیگی، دینی ماحول میں کر لو تم اعتِکاف
ساری فیشن کی مَستی اُتر جائے گی، دینی ماحول میں کر لو تم اعتِکاف
زندگی سنّتوں سے نِکھر جائے گی، دینی ماحول میں کر لو تم اعتِکاف
گر مدینے کا غم چشمِ نَم چاہیے، دینی ماحول میں کر لو تم اعتِکاف
مدنی آقا کی نظرِ کرم چاہیے، دینی ماحول میں کر لو تم اعتِکاف
سُنّتیں سیکھ لو رَحمتیں لُوٹ لو، دینی ماحول میں کر لو تم اعتِکاف
دین کے عِلْم کی بَرَکتیں لُوٹ لو، دینی ماحول میں کر لو تُم اِعتِکاف
تم گناہوں سے اپنے جو بیزار ہو، دینی ماحول میں کر لو تم اعتِکاف
تم پہ فَضْلِ خدا، لُطْفِ سرکار ہو، دینی ماحول میں کر لو تُم اعتِکاف
ذِکْر کرنا خدا کا یہاں صُبْح و شام، دینی ماحول میں کر لو تم اعتِکاف

پاؤ گے نعتِ محبوب کی دھوم دھام، دینی ماحول میں کر لو تم اعتِکاف
کر کے ہمّت مسلمانو آجاؤ تم، دینی ماحول میں کر لو تم اعتِکاف
اُخْرَوی دولت آؤ کما جاؤ تم، دینی ماحول میں کر لو تم اعتِکاف
دَرْد ٹانگوں میں ہو، دَرْد گُھٹنوں میں ہو، دینی ماحول میں کر لو تم اعتِکاف
پیٹ میں دَرْد ہو یا کہ ٹُخْنوں میں ہو، دینی ماحول میں کر لو تم اعتِکاف
سُنّتوں کی تم آ کر کے سَوغات لو، دینی ماحول میں کر لو تم اعتِکاف
آؤ بٹتی ہے رَحْمت کی خیرات لو، دینی ماحول میں کر لو تم اعتِکاف
گورِ تِیرہ کو تم جگمگانے چلو، دینی ماحول میں کر لو تم اعتِکاف
راحتیں روزِ مَحْشَر کی پانے چلو، دینی ماحول میں کر لو تم اعتِکاف
چُھوٹ جائے گی فِلموں ڈِراموں کی لَت، دینی ماحول میں کر لو تم اعتِکاف
خوش خدا ہو گا بن جائیگی آخِرَت، دینی ماحول میں کر لو تم اعتِکاف
تنگ دستی کا حل بھی نکل آئے گا، دینی ماحول میں کر لو تم اعتِکاف
روزگار ان شاءَ اللّٰہ مل جائے گا، دینی ماحول میں کر لو تم اعتِکاف
عاشِقانِ رسول آؤ دیں گے بیاں، دینی ماحول میں کر لو تم اعتِکاف
دور ہوں گی عبادات کی خامِیاں، دینی ماحول میں کر لو تم اعتِکاف

باجماعت نمازوں کا جذبہ ملے، دینی ماحول میں کر لو تم اعتِکاف
دِل کا پژمُردہ غُنچہ خوشی سے کِھلے، دینی ماحول میں کر لو تم اعتِکاف
سیکھنے زندَگی کا قرینہ چلو، دینی ماحول میں کر لو تم اعتِکاف
دیکھنا ہے جو میٹھا مدینہ چلو، دینی ماحول میں کر لو تم اعتِکاف
ان شاءَ اللّٰہ بھائی سُدھر جاؤ گے، دینی ماحول میں کر لو تم اعتِکاف
مرضِ عِصیاں سے چھٹکارا تم پاؤ گے، دینی ماحول میں کر لو تم اعتِکاف
دل میں بس جائیں آقا کے جلوے مُدام، دینی ماحول میں کر لو تُم اعتِکاف
دیکھو مکّے مدینے کے تم صبح و شام دینی ماحول میں کر لو تم اعتِکاف
صُحبتِ بد میں رہنے کی عادت چُھٹے، دینی ماحول میں کر لو تم اعتِکاف
خَصلتِ جُرم و عِصیاں تمہاری مٹے، دینی ماحول میں کر لو تم اعتِکاف
آؤ عشقِ محمد کے پینے کو جام، دینی ماحول میں کر لو تم اعتِکاف
مست ہو کر کرو خوب تم مَدنی کام، دینی ماحول میں کر لو تم اعتِکاف
زندَگی کا قرینہ ملے گا تمہیں، دینی ماحول میں کر لو تم اعتِکاف
آؤ دردِ مدینہ ملے گا تمہیں، دینی ماحول میں کر لو تم اعتِکاف
آؤ سنّت کا فَیضان پاؤ گے تم، دینی ماحول میں کر لو تم اعتِکاف

ان شاءَ اللّٰہ جنّت میں جاؤ گے تم، دینی ماحول میں کر لو تم اعتِکاف
تم کو تڑپا کے رکھ دے گو دردِ کمر، دینی ماحول میں کر لو تم اعتِکاف
پاؤ گے تم سُکوں ہوگا ٹھنڈا جگر، دینی ماحول میں کر لو تم اعتِکاف
رنگ رَلیاں مَنانے کا چسکا مِٹے، دینی ماحول میں کر لو تم اعتِکاف
رَقْص کی مَحفِلوں کی نُحُوست چُھٹے، دینی ماحول میں کر لو تم اعتِکاف
ڈھول باجوں کو سُننے سے باز آؤ تم، دینی ماحول میں کر لو تم اعتِکاف
فلمی گانے نہ ہرگز کبھی گاؤ تم دینی ماحول میں کر لو تم اعتِکاف
چھوڑ دو چھوڑ دو بھائی رِزْقِ حرام، دینی ماحول میں کر لو تم اعتِکاف
آؤ کرنے لگو گے بَہُت نیک کام، دینی ماحول میں کر لو تم اعتِکاف
فَضْلِ رب سے ہو دیدارِ سلطانِ دیں، دینی ماحول میں کر لو تم اعتِکاف
شادمانی سے جُھومے گا قلبِ حَزِیں[1]، دینی ماحول میں کر لو تم اعتِکاف

مان بھی جاؤ عطّارؔ کی اِلتجا
دینی ماحول میں کر لو تم اِعتِکاف
ہوگا راضی خدا خوش شہِ اَنْبِیا،
دینی ماحول میں کر لو تم اعتِکاف

[1]: غمگین

عطائے حبیبِ خدا دینی ماحول

عطائے حبیبِ خدا دینی ماحول — ہے فَیضانِ غوث ورضا دینی ماحول
بفَیضانِ احمد رضا اِن شاءَ اللہ — یہ پُھولے پھلے گا سدا دینی ماحول
اگر سُنّتیں سیکھنے کا ہے جذبہ — تم آجاؤ دیگا سِکھا دینی ماحول
تُو داڑھی بڑھا لے عِمامہ سجا لے — نہیں ہے یہ ہرگز بُرا دینی ماحول
بُری صُحبتوں سے کَنارہ کَشی کر — کےاچھّوں کے پاس آکے پادینی ماحول
تنزُّل[1] کے گہرے گڑھے میں تھےاُن کی — ترقّی کا باعث بنا دینی ماحول
تمہیں لُطف آ جائے گا زندَگی کا — قریب آکے دیکھو ذرا دینی ماحول
نبی کی مَحبَّت میں رونے کا انداز — چلے آؤ سِکھلائے گا دینی ماحول
تُو نرمی کو اپنانا جھگڑے مٹانا — رہے گا سدا خوشنما دینی ماحول
تُو غصّے جِھڑکنے سے بچنا وَگرنہ — یہ بدنام ہو گا ترا دینی ماحول
اے اسلامی بھائی نہ کرنا لڑائی — کہ ہو جائیگا بدنُما دینی ماحول
جو کوئی ''مَجالِس[2]'' کا ہوگا وفادار — اُسی کو ہی راس[3] آئے گا دینی ماحول
سَنور جائے گی آخِرت اِن شاءَ اللہ — تم اپنائے رکھّو سدا دینی ماحول
بَہُت سخت پچھتاؤ گے یاد رکھّو — نہ عطّار تم چھوڑنا دینی ماحول

مدینہ

۱: ترقی کی ضِد۔ کمی۔ گھٹاؤ ۲: یہاں دعوتِ اسلامی کے مَدَنی کاموں کے مختلف شعبہ جات کی ''مجالس'' مُراد ہیں۔ ۳: مُوافق

تِرا شُکْر مولا دیا دینی ماحول

تِرا شُکْر مولا دیا دینی ماحول
نہ چُھوٹے کبھی بھی خدا دینی ماحول

سلامت رہے یاخدا دینی ماحول
بچے بدنظر سے سدا دینی ماحول

خدا کے کرم سے خدا کی عطا سے
نہ دشمن سکے گا چھڑا دینی ماحول

دُعا ہے یہ تجھ سے دل ایسا لگا دے
نہ چُھوٹے کبھی بھی خدا دینی ماحول

ہمیں عالموں اور بُزرگوں کے آداب
سکھاتا ہے ہر دم سَدا دینی ماحول

ہیں اسلامی بھائی سبھی بھائی بھائی
ہے بے حد محبَّت بھرا دینی ماحول

یقیناً مقدَّر کا وہ ہے سکندر
جسے خیر سے مل گیا دینی ماحول

یہاں سنّتیں سیکھنے کو ملیں گی
دِلائے گا خوفِ خدا دینی ماحول

تُو آ بے نَمازی، ہے دیتا نَمازی
خدا کے کرم سے بنا دینی ماحول

گر آئے شَرابی مٹے ہر خرابی
چڑھائے گا ایسا نشہ دینی ماحول

اگر چور ڈاکو بھی آجائیں گے تو سُدھر جائیں گے گر مِلا دینی ماحول

اے بیمارِ عصیاں تُو آجا یہاں پر گُناہوں کی دیگا دوا دینی ماحول

اگر دردِ سر ہو، کہیں کینسر ہو دلائے گا تم کو شِفا دینی ماحول

شِفائیں ملیں گی، بَلائیں ٹلیں گی یقیناً ہے بَرکت بھرا دینی ماحول

گنہگارو آؤ، سِیَہ کارو آؤ گناہوں کو دیگا چُھڑا دینی ماحول

پِلا کر مَئے عشق دیگا بنا یہ تمہیں عاشِقِ مصطفٰے دینی ماحول

اے اسلامی بہنو! تمہارے لئے بھی سُنو ہے بہت کام کا دینی ماحول

تمہیں سنّتوں اور پردے کے اَحکام یہ تعلیم فرمائے گا دینی ماحول

قیامت تلک یاالٰہی سلامت
رہے تیرے عطّار کا دینی ماحول

آج ہیں ہر جگہ عاشِقانِ رسول

(۱۸محرم الحرام ۱۴۳۲ھ کو یہ کلام موزوں کیا گیا)

آج ہیں ہر جگہ عاشِقانِ رسول
محوِ نعت و ثنا عاشِقانِ رسول

جشن، میلاد کا سب رہے ہیں منا
بندگانِ خدا عاشِقانِ رسول

جشنِ میلاد سے عشق ہے پیار ہے
ہیں مناتے سدا عاشِقانِ رسول

ماہِ میلاد میں خوب لہرایئے
گھر پہ جھنڈا ہرا عاشِقانِ رسول

آمدِ مصطَفٰے مرحبا مرحبا
سب لگاؤ صدا عاشِقانِ رسول

سیکھنے سنّتیں ، مسجد آؤ چلیں
لائے ہیں قافِلہ عاشِقانِ رسول

یاد رکھنا سبھی چھوڑنا مت کبھی
دامنِ مصطَفٰے عاشِقانِ رسول

رحمتِ کبریا تم پہ ہو دائما
ہے ہماری دعا عاشِقانِ رسول

تم پہ فضلِ خدا،رحمتِ مصطَفٰے
ہو بروزِ جزا عاشِقانِ رسول

کاش! دنیا میں تم دو بفَضلِ خدا
دیں کا ڈنکا بجا عاشِقانِ رسول

تم پہ ہو قبر میں ہر جگہ حشر میں
سایۂ مصطَفٰے عاشِقانِ رسول

بے نمازی رہیں کچھ نہ روزے رکھیں
اُن کو کس نے کہا؟ عاشِقانِ رسول

عالموں پر ہنسیں،پھبتیاں بھی کَسیں
اُن کو کس نے کہا؟ عاشِقانِ رسول

جو کہ گانے سنیں ، فلم بینی کریں — اُن کوکس نے کہا؟ عاشِقانِ رسول
بد نگاہی کریں ، بد کلامی کریں — اُن کوکس نے کہا؟ عاشِقانِ رسول
کھائیں رزقِ حرام، ایسے ہیں بدلگام — اُن کوکس نے کہا؟ عاشِقانِ رسول
عَہد توڑا کریں ، جھوٹ بولا کریں — اُن کوکس نے کہا؟ عاشِقانِ رسول
جو ستاتے رہیں دل دُکھاتے رہیں — اُن کوکس نے کہا؟ عاشِقانِ رسول
چغلیوں تہمتوں ، میں جو مشغول ہوں — اُن کوکس نے کہا؟ عاشِقانِ رسول
گالیاں جو بکیں عیب دریاں کریں — اُن کوکس نے کہا؟ عاشِقانِ رسول
داڑھیاں جو مُنڈائیں کریں غیبتیں — اُن کوکس نے کہا؟ عاشِقانِ رسول
کاش ! عطّار کا طیبہ میں خاتمہ — ہو کرو یہ دعا عاشِقانِ رسول

بُخل کی تعریف

هُوَ مَلَكَةُ اِمْسَاكِ الْمَالِ حَيْثُ يَجِبُ بَذْلُهُ بِحُكْمِ الشَّرْعِ اَوِالْمُرُوْءَةِ یعنی جس چیز کا خرچ کرنا شرعاً یا مُرَوَّتاً ضروری ہو وہاں خرچ نہ کرنا۔ (حديقه نديه شرح طريقه محمديه ج ٢ص ٢٧)

غیبت کی تعریف

کسی (زندہ یا مُردہ) شخص کے پوشیدہ عیب کو (جس کا وہ دوسروں کے سامنے ظاہر ہونا، پسند نہ کرتا ہو) اس کی برائی کرنے کے طور پر ذکر کرنا۔ (بہارِشریعت حصّہ١٦ص ١٧٥ مکتبة المدينه باب المدينه كراچى)

نوحہ کی تعریف

میّت کے اَوصاف مُبالغہ کے ساتھ (یعنی میّت کی بڑھا چڑھا کر تعریف) بیان کرکے آواز سے رونا۔

(بہارِشریعت ج اوّل ص٨٥٤ مکتبة المدينه باب المدينه كراچى)

قلبِ عاشق ہے اب پارہ پارہ اَلوداع اَلوداع آہ! رَمضاں

(اِس کلام میں بیچ بیچ میں کہیں کہیں مِصرعے کسی نامعلوم شاعِر کے ہیں، کلام نہایت پُرسوز تھا اِس لئے کسی کی فرمائش پر اُسی کلام کی مدد سے اپنے مُتلاطِم جذبات کو الفاظ کے قالب میں ڈھالنے کی سَعی کی ہے)

قَلْبِ عاشِق ہے اب پارہ پارہ　　اَلْوداع اَلْوداع آہ! رَمضاں
کُلْفتِ[1] ہِجْر و فُرقت نے مارا　　اَلْوداع اَلْوداع آہ! رَمضاں
تیرے آنے سے دل خوش ہوا تھا　　اور ذَوقِ عبادت بڑھا تھا
آہ! اب دل پہ ہے غم کا غَلبہ　　اَلْوداع اَلْوداع آہ! رَمضاں
مسجِدوں میں بہار آگئی تھی　　جُوق در جُوق آتے نَمازی
ہو گیا کم نَمازوں کا جذبہ　　اَلْوداع اَلْوداع آہ! رَمضاں
بزمِ اِفطار سجتی تھی کیسی!　　خوب سَحری کی رونق بھی ہوتی
سب سماں ہو گیا سُونا سُونا　　اَلْوداع اَلْوداع آہ! رَمضاں
تیرے دیوانے اب رو رہے ہیں　　مُضْطَرِب سب کے سب ہو رہے ہیں
ہائے اب وقتِ رخصت ہے آیا　　اَلْوداع اَلْوداع آہ! رَمضاں
تیرا غم ہم کو تڑپا رہا ہے　　آتَشِ شوق بھڑکا رہا ہے

[1] رنج۔ تکلیف

پھٹ رہا ہے ترے غم میں سینہ — الْوَداع الْوَداع آہ! رَمضاں
یاد رَمضاں کی تڑپا رہی ہے — آنسوؤں کی جَھڑی لگ گئی ہے
کہہ رہا ہے یہ ہر ایک قطرہ — الْوَداع الْوَداع آہ! رَمضاں
دل کے ٹکڑے ہوئے جارہے ہیں — تیرے عاشِق مرے جارہے ہیں
رو رو کہتا ہے ہر اِک بِچارا — الْوَداع الْوَداع آہ! رَمضاں
حسرتا ماہِ رَمضاں کی رخصت — قلبِ عُشّاق پر ہے قِیامت
کون دے گا انہیں اب دِلاسا — الْوَداع الْوَداع آہ! رَمضاں
کوہِ غم عاشِقوں پر پڑا ہے — ہر کوئی خون اب رو رہا ہے
کہہ رہا ہے یہ ہر غم کا مارا — الْوَداع الْوَداع آہ! رَمضاں
تم پہ لاکھوں سلام آہ! رَمضاں — الوداع آہ! اے رب کے مہماں!
جاؤ حافِظ خدا اب تمھارا — الْوَداع الْوَداع آہ! رَمضاں
نیکیاں کچھ نہ ہم کر سکے ہیں — آہ! عِصْیاں میں ہی دن کٹے ہیں
ہائے! غفلت میں تجھ کو گزارا — الْوَداع الْوَداع آہ! رَمضاں
واسِطہ تجھ کو میٹھے نبی کا — حَشْر میں ہم کو مت بھول جانا

روزِ محشر ہمیں بخشوانا اَلْوداع اَلْوداع آہ! رَمضاں
جب گزر جائیں گے ماہ گیارہ تیری آمد کا پھر شور ہوگا
کیا مِری زندگی کا بھروسا اَلْوداع اَلْوداع آہ! رَمضاں
ماہِ رَمضاں کی رنگیں فضاؤ! ابرِ رَحْمت سے مَملُو ہواؤ
لو سلام آخِری اب ہمارا اَلْوداع اَلْوداع آہ! رَمضاں
کچھ نہ حُسنِ عمل کر سکا ہوں نَذْر چند اشک میں کر رہا ہوں
بس یِہی ہے مِرا کُل اَثاثہ اَلْوداع اَلْوداع آہ! رَمضاں
ہائے عطّارِ بدکار کاہِل رہ گیا یہ عبادت سے غافل
اس سے خوش ہو کے ہونا روانہ اَلْوداع اَلْوداع آہ! رَمضاں

سالِ آیِندہ شاہِ حرم تم
کرنا عطّار پر یہ کرم تم
تم مدینے میں رَمضاں دِکھانا
اَلْوداع اَلْوداع آہ! رَمضاں

اے مرے بھائیو سب سنو دھر کے کاں عیش و عشرت کی اُڑ جائیں گی دھجّیاں

اے مِرے بھائیو سب سُنو دھر کے کاں عیش و عشرت کی اُڑ جائیں گی دھجّیاں
آخِرت کی کرو جلد تیّاریاں موت آ کر رہے گی تمھیں بے گُماں
موت کا دیکھو اِعلان کرتا ہوا سُوئے گورِ غَریباں[1] جنازہ چلا
کہتا ہے، جامِ ہستی[2] کو جس نے پیا وہ بھی میری طرح قَبر میں جائیگا
تم اے بوڑھو سنو! نوجوانو سنو اے ضَعیفو سنو! پہلوانو سنو!
موت کو ہر گھڑی سر پہ جانو سُنو جلد توبہ کرو میری مانو سنو!
جس کا سَنسار میں ہوگیا ہے جنم رب کی ناراضیوں سے بچے دم بہ دم
ورنہ پچھتائے گا قبر میں لا جَرَم ہوگا برزخ میں رنج اُس کو دوزخ میں غم
فلم بِینی کا تم مَشغَلہ چھوڑ دو سارے آلاتِ لَہْو و لَعِب توڑ دو
بھائیو! سب گناھوں سے منہ موڑ دو ناتا[3] تم نیکیوں ہی سے بس جوڑ دو
ایک دن موت آ کر رہے گی ضَرور اس کو تُم مجرِمو! کچھ سمجھنا نہ دُور
بعدِ مُردَن[4] نہ پاؤ گے کوئی سُرور ایسے ہو جائے گا خاک سارا غُرور

مـــــــــــــــدینہ

[1]: قبرِستان [2]: زندگی کا جام [3]: رِشتہ [4]: موت

کب تلک تم حکومت پہ اِتراؤ گے　　کب تک آخر غریبوں کو تڑپاؤ گے

ظالمو! بعد مرنے کے پچھتاؤ گے　　یاد رکھو! جہنّم میں تم جاؤ گے

قبض پیکِ اجَل[1] روح کر جائیگا　　جسمِ بے جاں تڑپ کر ٹھہر جائیگا

قبْر میں تو اکیلا اتر جائیگا　　ساتھ تیرے نہ کوئی بشر جائیگا

بادشاھوں کی بکھری ہوئی ھڈّیاں　　کہہ رہی ہیں نہ بننا کبھی حکمراں

اِحتِساب[2] اِسکا گزرے گا تم پر گِراں　　حَشْر میں جب کہ جاؤ گے مرکر میاں

موت کا جانور کو ہو اِدراک[3] گر　　گوشت اچّھا نہ کھانے کو پائے بشر

غافِل انسان سے بڑھ گیا جانور　　موت سے آگہی[4] ہے مگر بے خبر

چھوڑو عادت گناہوں کی جاؤ سُدھر　　ورنہ پھنس جاؤ گے قبر میں سر بسر

گر عذابوں کو دیکھو گے جاؤ گے ڈر　　تم بتاؤ کہاں جاؤ گے بھاگ کر

جو دُکانیں خِیانت سے چمکائیں گے!　　کیا اُنہیں زَر[5] کے اَنْبار کام آئیں گے؟

قہرِ قہّار سے کیا بچا پائیں گے؟　　جی نہیں، نارِ دوزخ میں لے جائیں گے

مالِ دنیا ہے دونوں جہاں میں وبال　　آئیگا قبر میں ساتھ ہرگز نہ مال

مدینہ

[1]: موت کا فرِشتہ [2]: حِساب کتاب [3]: سمجھ [4]: واقفیّت [5]: سونا، دولت

حشر میں ذرّے ذرّے کا ہوگا سُوال
آپ دولت کی کثرت کا چھوڑیں خیال

غافِلو! قبر میں جس گھڑی جاؤ گے
سانپ بِچّھو جو دیکھو گے چلّاؤ گے

سر پچھاڑو گے پر کچھ نہ کر پاؤ گے
بے حد اپنے گناہوں پہ پچھتاؤ گے

قَبْر میں شَکل تیری بگڑ جائیگی
پِیپ میں لاش تیری لِتھڑ جائیگی

بال جَھڑ جائیں گے کھال اُدھڑ جائیگی
کیڑے پڑ جائیں گے نَعْش سڑ جائیگی

مت گناہوں پہ ہو بھائی بے باک تُو
بھول مت یہ حقیقت کہ ہے خاک تُو

تھام لے دامنِ شاہِ لولاک تُو
سچّی تَوبہ سے ہو جائے گا پاک تُو

جو بھی دنیا سے آقا کا غم لے گیا
وہ تو بازی خدا کی قسم لے گیا

ساتھ میں مصطَفٰے کا کرم لے گیا
خُلْد کی وہ سَنَد لاجَرَم[1] لے گیا

جو مسلمان بندہ نِکوکار ہے
رب کے مَحْبوب کا عاشقِ زار ہے

قَبْر بھی اُس کی جنّت کا گلزار ہے
باغِ فِردَوس کا بھی وہ حقدار ہے

قَلْب میں جس کے راسِخ ہے خوفِ خدا
جو مقدّر سے ہے عاشقِ مصطَفٰے

اُس کو نارِ جہنَّم سے کیا واسِطہ
مرتے ہی بِالیقیں سُوئے جنّت گیا

[1]: یقیناً

ہے عمل جس کا ہر ''مَدنی اِنْعام''[1] پر　　''قافِلوں''[2] میں مُیَسَّر ہے جس کو سفر

جو بھی ''نیکی کی دعوت'' پہ باندھے کمر　　اُس پہ چشمِ کرم یاشہِ بحروبر!

تو بڑا بامُقدَّر اے عطّار ہے　　تُو غلامِ شَہَنْشاہِ اَبرار ہے

ہر قدم پر محمد مددگار ہے　　ان شاء اللّٰہ بیڑا ترا پار ہے

''قافِلے'' کو جو ہر وقت تیّار ہے
مرحبا اُس سے عطّار کو پیار ہے
اُس کے حق میں دعا کرتا عطّار ہے
اِس کو جنّت میں ساتھ اُس کا درکار ہے

مدینہ

۱: دعوتِ اسلامی کے مَدنی ماحول میں اپنی اِصلاحِ حال کے لئے دینی طَلَبہ کو (92) دینی طالِبات کو (82) اسلامی بھائیوں کو (72) اور اسلامی بہنوں کو (63) خصوصی (گونگے بہرے) اسلامی بھائیوں کو (27) ''مدنی انعامات'' سُوالات کی صورت میں پیش کئے جاتے ہیں اور ترغیب دی جاتی ہے کہ ''فکرِ مدینہ'' (یعنی اپنا مُحاسبہ کرنے) کے ذرِیعے روزانہ ان سُوالات کا رسالہ پُر کریں اور ہر مَدنی ماہ کی ۱۰ تاریخ تک جمع کروادیں۔ ۲: ہر اسلامی بھائی کو ہر ماہ کم از کم تین دن کے لئے مدنی قافلے میں سفر کرنے کی رغبت دلائی جاتی ہے اور کئی خوش نصیب ایسے بھی ہوتے ہیں جو اپنے گھربار کے حُقوق نبھاتے ہوئے دعوتِ اسلامی کے لئے وقْف ہوجاتے اور ہر وقت مدنی قافلوں میں سفر کرتے رہتے ہیں۔

تین روزہ اجتماعِ پاک کے ملتان میں

تین روزہ اجتماعِ پاک کے مُلتان میں
ہر طرف سے آرہے ہیں قافِلے ملتان میں

آج "صَحرائے مدینہ" میں ہے کیا آئی بہار
چار سُو ہیں رَحمتوں کے گُل کِھلے ملتان میں

بینَ الاَقوامی ہمارا اجتِماعِ پاک ہے
ہیں کئی مُلکوں سے آئے قافِلے ملتان میں

اجتِماعِ پاک یارب! ابتِدا تا انتِہا
خیر سے ہو خیر سے ہو خیر سے ملتان میں

مَیلے منصوبے عَدُو کے خاک میں مل جائیں سب
دے تحفُّظ یاخدا اَشرار[1] سے ملتان میں

مــدینہ

[1]: شریر کی جمع

یارسولَ اللّٰہ کےنعروں کی ہر سُو دھوم ہے
چار سُو رحمت کے بادَل چھاگئے ملتان میں

درگہ و دربار ہو یا کوچہ و بازار ہو
جس طرف دیکھو عِمامے ہیں ہرے ملتان میں

گھر میں چُو ہے بھی تو گھستے ہیں ٹھگوں سے ہوشیار!
اپنی چیزوں کی حِفاظت بھی رہے ملتان میں

نکھرا نکھرا ہے سماں ہر سَمْت ہے چھائی بہار
یاں خزاں کا کام کیا کیسے رہے ملتان میں

اولیا کا ہے مدینہ رَحْمتیں ہیں ہر قدم
کوئی بھی محروم پھر کیوں کر رہے ملتان میں

اِنْ شاءَ اللّٰہ میں بھی جاؤں گا مِرے اَحْباب بھی
تم نہیں چلتے ہو کیوں بھائی ارے ملتان میں

ہرطرف کہتے پھرو ایک ایک کو دعوت یہ دو
اجتماعِ پاک میں آیئے ملتان میں

نیّتیں کر لو، کریں گے اِنفرادی کوششیں
اور ملیں گے بڑھ کے خود ہر ایک سے ملتان میں

سب کرو نیّت، کریں گے قافِلوں میں ہم سفر
اب بَہُت سارے بنیں گے قافِلے ملتان میں

''مجلسِ شوریٰ'' کا جو بھی ہے وفادار اے خدا
ابرِ رَحمت اُس پہ برسا زور سے ملتان میں

یا خدا وہ حج کرے میٹھا مدینہ دیکھ لے
غور سے ہر اِک بیاں جو بھی سنے ملتان میں

چور ڈاکو آگئے آکر ہِدایت پا گئے
بے نَماز آکر نَمازی بن گئے ملتان میں

سنّتوں سے سب کے چِہرے جگمگائیں گے یہاں
ان شاءَ اللّٰہ مصطَفٰے کے فیض سے ملتان میں

سنّتوں کی تربیت کے خوب مدنی قافِلے
چار سُو ہوں گے روانہ خیر سے ملتان میں
''مدنی اِنْعامات'' کی دھومیں مچاتے جائیں گے
سُنّتوں کی تربیت کے قافلے ملتان میں
فَضْلِ رب سے اہلِ حق کا بعدِ حج سب سے بڑا
اجتماعِ پاک ہے یہ خیر سے ملتان میں
بَخْش دے یارب! سبھی کو اور ان کو بالخصوص
آئے ہیں کرنے سفر جو دور سے ملتان میں
کاش! عشقِ مصطَفٰے میں یاخدا تڑپا کروں
آنکھ تیرے خوف سے روتی رہے ملتان میں
رُکْنِ عالم اور بہاءالدّین کے صَدْقے خدا
ہو قَبول اس کی دعا جو بھی کرے ملتان میں
ان شاءَ اللّٰہ ہر دعا عطّاؔر اب مقبول ہے
ہیں خدا کی رَحْمتوں کے در کُھلے ملتان میں

سنّت کی بہار آئی فیضانِ مدینہ میں

(حیدر آباد، بابُ الاسلام (سندھ) میں ''دعوتِ اسلامی'' کے مدنی مرکز ''فیضانِ مدینہ'' میں ہونے والے افتتاحی اجتماع (شبِ جمعہ ۷ جُمادَی الاُولیٰ ۱۴۱۳ھ) کے پُرمسرّت موقع پر یہ کلام پیش کیا گیا)

سنّت کی بہار آئی فیضانِ مدینہ میں
رَحمت کی گھٹا چھائی فیضانِ مدینہ میں

اِس شَہر کے آئے ہیں باہَر سے بھی آئے ہیں
سرکار کے شیدائی فیضانِ مدینہ میں

داڑھی ہے عِمامے ہیں زُلفوں کی بہاریں ہیں
شیطان کو شَرم آئی فیضانِ مدینہ میں

لمحاتِ مَسرَّت ہیں دیوانے بڑے خوش ہیں
کیوں جُھومے نہ ہر بھائی فیضانِ مدینہ میں

سنّت کی بہاروں کا کچھ ایسا سماں چھایا
فیشن کو حیا آئی فیضانِ مدینہ میں

اُلفت کے اُخُوّت کے کیا خوب مَناظر ہیں
گویا ہیں سگے بھائی فیضانِ مدینہ میں

وہ لوگ ہی آتے ہیں اور فَیض اُٹھاتے ہیں
تقدیر جِنہیں لائی فَیضانِ مدینہ میں

اپنے ہوں یا بیگانے یوں ملتے ہیں دیوانے
جیسے ہو شَناسائی فَیضانِ مدینہ میں

دَرْد اپنے دلوں میں جو اسلام کا رکھتے ہیں
ہے ان کی پذیرائی فَیضانِ مدینہ میں

اللہ کرم کر دے تُو بَخْش دے ان سب کو
موجود ہیں جو بھائی فَیضانِ مدینہ میں

سنّت کا لئے جذبہ آئے جو یہاں اُس کی
ہے حوصلہ اَفزائی فَیضانِ مدینہ میں

ابلیسِ لعیں سن لے اب خیر نہیں تیری
شامت تِری ہے آئی فَیضانِ مدینہ میں

''فَیضانِ مدینہ'' میں ''فَیضانِ مدینہ'' ہے
فَیضان ہے آقائی فَیضانِ مدینہ میں

فَیضانِ مدینہ ہی ہے ''دعوتِ اسلامی''
فَیضان ہے مولائی، فَیضانِ مدینہ میں
مقبول جہاں بھر میں ہو ''دعوتِ اسلامی''
ہر لب پہ دعا آئی فَیضانِ مدینہ میں
آقا ہو کرم سب پر بُلواؤ مدینے میں
آئے ہیں تمنّائی فَیضانِ مدینہ میں
سرکار عطا کر دو غم سب کو مدینے کا
جتنے ہیں یہاں بھائی فَیضانِ مدینہ میں
قسمت کا سِکَندر ہے زوروں پہ مقدّر ہے
جس نے بھی جگہ پائی فَیضانِ مدینہ میں
آج آقا کے دیوانے کیا مَسْت ہیں مستانے
عطّاؔر ہے عید آئی فَیضانِ مدینہ میں

فَجر میں جگانے کے لئے

(گلی وغیرہ کے اندر آوازیں لگا کر یا فون کر کے نَمازِ فَجر کیلئے جگانا دعوتِ اسلامی کے مَدَنی ماحول میں "صدائے مدینہ" لگانا کہلاتا ہے۔گلی میں "صدائے مدینہ" لگانے میں میگافون استعمال نہ کیجئے، آواز لگانے میں یہ بھی اِحتِیاط کیجئے کہ چھوٹے بچّوں، مریضوں اور جو اسلامی بہنیں نَماز پڑھ کر سوئی ہوں یا تِلاوت وغیرہ میں مشغول ہوں انہیں پریشانی نہ ہو۔ مریض یا بچّے وغیرہ کی تکلیف کے عُذْر کے سبب کوئی شخص "صدائے مدینہ" کی آواز دھیمی رکھنے کا کہے تو فوراً اُس کی بات مان لیجئے)

گلی میں صدائے مدینہ کا طریقہ

بِسمِ اللّٰہِ الرَّحمٰنِ الرَّحیم پڑھ کر دُرُود وسلام کے ذیل میں دیئے ہوئے صیغے پڑھ کر اس کے بعد والا مضمون دوہراتے رہئے:

اَلصَّلٰوۃُ وَالسَّلَامُ علیکَ یارسولَ اللّٰہ وَعَلٰی اٰلِکَ وَاَصحٰبِک یاحبیبَ اللّٰہ

اَلصَّلٰوۃُ وَالسَّلَامُ علیکَ یانبیَّ اللّٰہ وَعَلٰی اٰلِکَ وَاَصحٰبِک یانورَ اللّٰہ

میٹھے میٹھے اسلامی بھائیو اور اسلامی بہنو! فَجر کی نَماز کا وَقْت ہو گیا ہے، سونے سے نَماز بہتر ہے، جلدی جلدی اٹھئے اور نَماز کی تیاری کیجئے۔ اَللّٰہ عَزَّوَجَلَّ آپ کو بار بار حج نصیب کرے اور بار بار

میٹھا مدینہ دکھائے ، (موقعے کی مُناسَبَت سے نیچے دی ہوئی نظم میں سے منتخب اشعار بھی پڑھئے)

(رَمَضانُ المبارَک میں سَحَری کے لئے اٹھائیں تو تہجُّد کی بھی ترغیب دلائیں)

فَجْر کا وَقْت ہو گیا اُٹھّو!

فَجْر کا وَقْت ہو گیا اُٹھّو! اے غُلامانِ مصطَفٰے اُٹھّو!

جاگو جاگو اے بھائیو، بہنو! چھوڑ دو اب تو بِسترا اُٹھّو!

تم کو حج کی خدا سعادت دے جلوہ دیکھو مدینے کا اُٹھّو!

اُٹھّو ذِکْرِ خدا کرو اُٹھ کر! دل سے لو نامِ مصطَفٰے اُٹھّو!

فَجْر کی ہوچکیں اَذانیں وقت ہو گیا ہے نماز کا اُٹھّو!

بھائیو! اُٹھ کر اب وُضو کرلو! اور چلو خانۂ خدا اُٹھّو!

نیند سے تو نَماز بہتر ہے اب نہ مُطْلَق بھی لیٹنا اُٹھّو!

اُٹھ چکو اب کھڑے بھی ہو جاؤ! آنکھ شیطاں نہ دے لگا اُٹھّو!

جاگو جاگو نَماز غفلت سے کر نہ بیٹھو کہیں قضا اُٹھّو!

اب ''جو سوئے نَماز کھوئے'' وقت سونے کا اب نہیں رہا اُٹھّو!

یاد رکھّو! نماز گر چھوڑی　　قبر میں پاؤ گے سزا اٹھّو!
بے نَمازی پھنسے گا مَحشر میں　　ہو گا ناراض کبریا اٹھّو!
میں ''صدائے مدینہ'' دیتا ہوں　　تم کو طیبہ کا واسِطہ اٹھّو!
میں بِھکاری نہیں ہوں دَر دَر کا　　میں ہوں سرکار کا گدا اٹھّو!
مجھ کو دینا نہ پائی پیسہ تم!　　میں ہوں طالِب ثواب کا اٹھّو!

تم کو دیتا ہے یہ دعا عطّار
فَضْل تم پر کرے خدا اٹھّو!

اِخلاص کی 2 تعریفات

﴿1﴾ صِرف اللّٰہ عَزَّوَجَلَّ کی رِضا کے لیے عمل کرنا اور مخلوق کی خوشنودی یا اپنی کسی نفسانی خواہش کو اُس میں شامِل نہ ہونے دینا ﴿2﴾ حضرتِ علّامہ عبدالغنی نابُلُسی حنفی عَلَیْہِ رَحْمَۃُ اللّٰہِ القَوِی لکھتے ہیں: اِخلاص اِس چیز کا نام ہے کہ بندہ عمل سے صِرف اللّٰہ عَزَّوَجَلَّ کا قُرب حاصِل کرنے کا ارادہ کرے، کسی قسم کا دُنْیوی نَفْع مقصود نہ ہو۔

(اَلْحَدِیْقَۃُ النَّدِیَّۃ ج ۲ ص ٦٤٢)

وَقت سَحری کا ہو گیا جاگو

وَقْت سَحری کا ہو گیا جاگو
نور ہر سَمْت چھا گیا جاگو
اٹھّو سَحری کی کر لو تیّاری
روزہ رکھنا ہے آج کا جاگو
ماہِ رَمضاں کے فرض ہیں روزے
ایک بھی تم نہ چھوڑنا جاگو
اٹھّو اٹھو وُضو بھی کر لو اور
تم تہجُّد کرو ادا جاگو
چُسکیاں گرْم چائے کی بھر لو
کھا لو ہلکی سی کچھ غذا جاگو
ہوگی مقبول فضلِ مولیٰ سے
کھا کے سَحری کرو دُعا جاگو
ماہِ رَمضاں کی بَرکتیں لُوٹو
لُوٹ لو رَحْمتِ خدا جاگو
کھا کے سَحری اُٹھو ادا کر لو
سنّتِ شاہِ انبِیا جاگو
تم کو مولیٰ مدینہ دِکھلائے
اور حج بھی کرو ادا جاگو
تم کو رَمضاں کے صدقے مولیٰ دے
اُلفت و عشقِ مصطَفٰے جاگو
تم کو رَمضان کا مدینے میں
دے شَرَف ربِّ مصطَفٰے جاگو
کیسی پیاری فَضا ہے رَمضاں کی
دیکھ لو کر کے آنکھ وا جاگو
رَحْمتوں کی جھَڑی برستی ہے
جلد اٹھ کر کے لو نَہا جاگو
تم کو دیدارِ مصطَفٰے ہو جائے
ہے یہ عطّار کی دُعا جاگو

لوٹنے رحمتیں قافِلے میں چلو[1]

لُوٹنے رَحمتیں قافِلے میں چلو سیکھنے سُنّتیں قافِلے میں چلو
چاہو گر بَرکتیں قافِلے میں چلو پاؤ گے عَظمتیں قافِلے میں چلو
ہوں گی حل مشکلیں قافِلے میں چلو خَتم ہوں شامَتیں قافِلے میں چلو
طَیبہ کی جُستُجو حج کی گر آرزو ہے بتادوں تمہیں قافِلے میں چلو
الفتِ مصطَفٰے اور خوفِ خدا چاہئے گر تمہیں قافِلے میں چلو
گر مدینے کا غم چاہئے چشمِ نَم لینے یہ نعمتیں قافِلے میں چلو
قرض ہوگا ادا آ کے مانگو دعا پاؤ گے بَرکتیں قافِلے میں چلو
دُکھ کا دَرماں ملے آئیں گے دن بھلے خَتم ہوں گر دِشیں قافِلے میں چلو
غم کے بادَل چھَٹیں خوب خوشیاں ملیں دل کی کلیاں کِھلیں قافِلے میں چلو
ہو قوی حافِظہ ٹھیک ہو ہاضِمہ کام سارے بنیں قافِلے میں چلو
عِلْم حاصل کرو جَہْل زائل کرو پاؤ گے راحتیں قافِلے میں چلو
قَرض کا بار ہو، بے کسی یار ہو چاہو گر راحتیں قافِلے میں چلو
گرچِہ ہوں گرمیاں یا کہ ہوں سردیاں چاہے ہوں بارِشیں قافِلے میں چلو
کُوندیں گر بجلیاں یا چلیں آندھیاں چاہے اولے پڑیں قافِلے میں چلو

مدینہ [1]: ایک اسلامی بھائی نے اس طرح کے کچھ اشعار لکھے تھے، ان میں سے بعض شامل کر کے اَلحمدُ لِلّٰہ میں نے اسی بحر پر کافی اشعار موزوں کئے۔ سگِ مدینہ عُفِیَ عنہ

بارہ[۱۲] مہ کیلئے تیس[۳۰] دن کیلئے ۔۔۔ بارہ[۱۲] دن دے ہی دیں قافِلے میں چلو
سنّتیں سیکھنے تین[۳] دن کیلئے ۔۔۔ ہر مہینے چلیں قافِلے میں چلو
اے مِرے بھائیو! رَٹ لگاتے رہو ۔۔۔ قافِلے میں چلیں قافِلے میں چلو
فون پر بات ہو یا مُلاقات ہو ۔۔۔ سب سے کہتے رہیں قافِلے میں چلو
آپ بازار میں ہوں یا دفتر میں ہوں ۔۔۔ سب سے کہتے رہیں قافِلے میں چلو
درس دیں یا سُنیں یا بیاں جو کریں ۔۔۔ اس میں یہ بھی کہیں قافِلے میں چلو
عاشِقانِ رسول[1] ان سے ہم مدنی پھول ۔۔۔ آؤ لینے چلیں قافِلے میں چلو
عاشِقانِ رسول آئے لینے دُعا ۔۔۔ آؤ مل کر چلیں قافِلے میں چلو
عاشِقانِ رسول آئے ہیں مرحبا ۔۔۔ خَیر خواہی[2] کریں قافِلے میں چلو
آپ جب بھی سنیں قافِلہ آگیا ۔۔۔ خَیر خواہی کریں قافِلے میں چلو
کھانا لے کے چلیں ٹھنڈا شربت بھی لیں ۔۔۔ خَیر خواہی کریں قافِلے میں چلو
اُن پہ ہوں رَحمتیں قافِلے کا سُنیں ۔۔۔ خَیر خواہی کریں قافِلے میں چلو
بَخش دے میرے مولیٰ تُو ان کو کہ جو ۔۔۔ خَیر خواہی کریں قافِلے میں چلو

یاخدا ہر گھڑی رَٹ ہو عطّار کی
قافِلے میں چلیں قافِلے میں چلو

---

[1] دعوتِ اسلامی کے مَدَنی ماحول میں اسلامی بھائیوں کو بِالخصوص مَدَنی قافِلے والوں کو ''عاشِقانِ رسول'' کہتے ہیں۔ [2] مَدَنی مرکز کی ہِدایت ہے کہ جب آپ کے عَلاقے میں عاشِقانِ رسول کا مَدَنی قافلہ تشریف لائے تو ان کی خدمت میں حاضر ہو کر دُعا کے طالِب ہوں۔ اگر حیثیت ہو تو کھانا، چائے وغیرہ ورنہ سادہ پانی ہی پیش کریں۔ اس طرح خاطِر مَدارت کرنے کو دعوتِ اسلامی کے مَدَنی ماحول میں ''خیر خواہی'' کہتے ہیں۔

غم کے بادل چھٹیں قافلے میں چلو

غم کے بادَل چھٹیں قافِلے میں چلو
خوب خوشیاں ملیں قافِلے میں چلو

مال چوری ہوا، یا کہیں گُم گیا
خیر ہوگی سُنیں، قافِلے میں چلو

مانگو آ کر دُعا، پاؤ گے مُدَّعا
درِ کرم کے کُھلیں، قافِلے میں چلو

اچّھی صُحبت ملے، خوب برکت ملے
چل پڑو چل پڑیں قافِلے میں چلو

لُوٹ لیں رَحْمتیں، خوب لیں برکتیں
خواب اچّھے دِکھیں، قافِلے میں چلو

کُفْر کی کالکیں، دُور ہوں ظلمتیں
آؤ کوشِش کریں، قافِلے میں چلو

رب کے در پر جُھکیں، اِلتجائیں کریں
بابِ رَحْمت کُھلیں، قافِلے میں چلو

ہے نبی کی نظر، قافِلے والوں پر
پاؤگے راحَتیں قافِلے میں چلو

سادَگی چاہئے، عاجِزی چاہئے
لینے یہ نِعمتیں، قافِلے میں چلو

عاشِقانِ رسول، آئے سنّت کے پھول
دینے لینے چلیں، قافِلے میں چلو

دیتے ہیں فیض عام، اَولیائے کرام
لُوٹنے سب چلیں، قافِلے میں چلو

اولیا کا کرم، تم پہ ہو لاجَرَم　　خوب جلوے ملیں، قافِلے میں چلو

خواب میں ڈر لگے، بوجھ دل پر لگے　　آیئے چل پڑیں، قافِلے میں چلو

غیبی اِمداد ہو، گھر بھی آباد ہو　　لُطْفِ حق دیکھ لیں، قافِلے میں چلو

تنگدستی مٹے، دُور آفت ہٹے　　لینے کو بَرَکتیں، قافِلے میں چلو

بے عمل باعمل بن گئے خاص کر　　آپ بھی دیکھ لیں قافِلے میں چلو

خوب ہوگا ثواب اور ٹلے گا عذاب　　پاؤ گے بخشِشیں، قافلے میں چلو

بے شک اعمالِ بد اور اَفعالِ بد　　کی چُھٹیں عادتیں، قافِلے میں چلو

کرسفرآئیں گے،توسُدھرجائیں گے　　اب نہ سستی کریں، قافِلے میں چلو

دل پہ گر زَنگ ہو، سارا گھر تنگ ہو　　داغ سارے دُھلیں، قافِلے میں چلو

ایسا فَیضان ہو، حِفْظ قران ہو،　　خوب خوشیاں ملیں، قافِلے میں چلو

عاشِقِ قافِلہ بن کے گھر لو بنا

قلبِ عطّارؔ میں قافلے میں چلو

پاؤ گے بخششیں قافِلے میں چلو

پاؤ گے بخششیں قافِلے میں چلو
جنّتیں بھی ملیں، قافِلے میں چلو

رِزْق کے دَر کُھلیں، قافِلے میں چلو
بَرکتیں بھی ملیں، قافِلے میں چلو

زَخْم بگڑے بھریں، پھوڑے پُھنسی مِٹیں
گرہوں مَسّے جَھڑیں، قافِلے میں چلو

کالے یَرقان میں، کیوں پریشان ہیں
پائیں گے صِحَّتیں، قافِلے میں چلو

ٹیڑھی ہوں ہڈّیاں، ہوں گی سیدھی میاں
دَرْد سارے مِٹیں، قافِلے میں چلو

دَرْد گمبھیر ہو، کوئی دِلگیر ہو
ہوں گی حل مشکلیں، قافِلے میں چلو

گرچہ بیماریاں، ہوں کہیں پَتھْریاں
پاؤ گے صِحَّتیں ، قافِلے میں چلو

تنگدستی ہو گھر میں یا ناچاقِیاں
آئیں گی بَرکتیں ، قافِلے میں چلو

جو کہ مَفْقود[1] ہو وہ بھی موجود ہو
اِن شاءَ اللّٰہ چلیں، قافِلے میں چلو

دُور ہوں گے اَلَم ہوگا رب کا کرم
غم کے مارے سُنیں قافلے میں چلو

دردِ سر ہو اگر دُکھ رہی ہو کمر
دَرْد دونوں[2] مِٹیں ، قافِلے میں چلو

باپ بیمار ہو، سَخْت بیزار ہو
پائے گا صِحَّتیں ، قافِلے میں چلو

ماں جو بیمار ہو، یا وہ ناچار ہو
رنج وغم مت کریں، قافِلے میں چلو

وا[2] ہو بابِ کرم، دُور ہوں رنج وغم
پھر سے خوشیاں ملیں، قافِلے میں چلو

[1]: غائب، گمشدہ [2]: واہونا یعنی کُھلنا

زَلزلہ آئے گر، آکے چھا جائے گر
صِرف حق سے ڈریں قافِلے میں چلو

زَلزلہ عام تھا ہر سُو کُہرام تھا
اس سے لو عِبرتیں قافِلے میں چلو[1]

زَلزلے سے اَماں، دے گا ربِّ جہاں
سب دُعائیں کریں، قافِلے میں چلو

ہوں بپا زلزلے، گرچہ آندھی چلے
صَبْر کرتے رہیں، قافِلے میں چلو

ہے شِفا ہی شِفا، مرحبا! مرحبا!
آکے خود دیکھ لیں، قافِلے میں چلو

پیٹ میں دَرْد ہو رنگ بھی زَرْد ہو
آکے لو صِحَّتیں قافِلے میں چلو

ہے طلب دید کی، دید کی عید کی
کیا عَجَب وہ دِکھیں قافِلے میں چلو

دل میں گر دَرد ہو ڈر سے رُخ زَرْد ہو
پاؤ گے فَرحتیں قافِلے میں چلو

آفتوں سے نہ ڈر، رکھ کرم پر نظر
لینے آسائشیں، قافِلے میں چلو

آپ کو چارہ گر[2] نے گو مایوس کر
بھی دیا مت ڈریں، قافِلے میں چلو

گھر میں اَن بَن نہ ہو، کوئی اُلجھن نہ ہو
غم کے سائے ڈھلیں، قافِلے میں چلو

بیوی بچّے سبھی، خوب پائیں خوشی
خیریت سے رہیں، قافِلے میں چلو

[1]: ۳ رَمَضانُ الْمبارَک ۱۴۲۶ھ (05-10-8) بروز ہفتہ مشرِقی پاکستان (کشمیر۔خیبرپختونخواہ) وغیرہ میں آنے والے خوفناک زلزلے کی طرف اس شعر میں اشارہ ہے۔ اِس زلزلے میں لاکھوں افراد فوت ہوئے تھے۔ زخمیوں، بچھڑنے والوں اور مالی نقصانوں کا تو کوئی شمار ہی نہیں۔

[2]: یعنی طبیب۔ ڈاکٹر

زوجہ بیمار ہے، بیٹا ''بے کار'' ہے　　غم تمہارے مِٹیں، قافِلے میں چلو

نوکری چاہیے، آیئے آیئے　　قافِلے میں چلیں، قافِلے میں چلو

غم سے روتے ہوئے، جان کھوتے ہوئے　　مرحبا! ہنس پڑیں! قافِلے میں چلو

قلب بھی شاد ہو، گھر بھی آباد ہو　　شادیاں بھی رچیں، قافِلے میں چلو

قَرض اُتر جائے گا، خوب رِزْق آئیگا　　سب بَلائیں ٹلیں، قافِلے میں چلو

گر ہو عِرقُ النَّسا[1] عارِضہ[2] کوئی سا　　دے خدا صِحَّتیں، قافِلے میں چلو

گھر میں ''اُمّید[3]'' ہو، اس کی تمہید[4] ہو　　جلد ہی چل پڑیں، قافِلے میں چلو

زَچّہ[5] کی خیر ہو ، بچّہ بِالخیر ہو　　اُٹھئے ہمّت کریں، قافِلے میں چلو

دُور بیماریاں اور پریشانیاں　　ہوں گی بس چل پڑیں، قافِلے میں چلو

آ کے تم باادب، دیکھ لو فضلِ رب　　مَدنی مُنّے مِلیں ، قافِلے میں چلو

کھوٹی قسمت کھری، گود ہوگی ہری　　مُنّا مُنّی ملیں ، قافِلے میں چلو

سُن لے عطّاؔر کی، اپنے غمخوار کی

یہ نِدا ''سب چلیں''! قافلے میں چلو

مـــــــــــــــــــــــــــــدینہ

[1] چَڈّے یعنی ران کے اوپر کے جوڑ سے لیکر ٹخنے تک پہنچنے والا درد۔ [2] بیماری [3] حمل [4] کسی بات کا آغاز [5] وہ عورت جس نے بچّہ جنا ہو 40 دن تک ''زَچّہ'' کہلاتی ہے۔

دل کی کَلیاں کِھلیں قافِلے میں چلو

دل کی کَلیاں کِھلیں قافِلے میں چلو
رنج و غم بھی مِٹیں قافلے میں چلو

فضل کی بارِشیں، رَحْمتیں نعمتیں
گر تمھیں چاہئیں قافلے میں چلو

کافِروں کو چلیں، مشرکوں کو چلیں
دعوتِ دِین دیں، قافِلے میں چلو

آیئے عالمو! دِیں کی تبلیغ کو
مل کے سارے چلیں، قافِلے میں چلو

آؤ اے عاشِقیں، مل کے تبلیغِ دِیں
کافِروں کو کریں، قافِلے میں چلو

کافر آجائیں گے، راہِ حق پائیں گے
اِن شاءَ اللّٰہ چلیں، قافِلے میں چلو

کُفْر کا سر جُھکے، دِیں کا ڈنکا بجے
اِن شاءَ اللّٰہ چلیں، قافِلے میں چلو

چشمِ بِینا ملے سُکھ سے جینا ملے
آؤ سارے چلیں، قافِلے میں چلو

دل کی کالک دُھلے، دردِ عِصیاں ٹلے
آؤ سب چل پڑیں، قافلے میں چلو

خوب خودداریاں، اور خوش اَخلاقیاں
آیئے سیکھ لیں، قافلے میں چلو

عاشِقانِ رسول ان سے لےلو جو پھول
تم کو سنّت کے دیں قافِلے میں چلو

قحط سالی ٹلے، فصل پھولے پھلے	خوب ہوں بارشیں، قافلے میں چلو
قافلے میں ذرا، مانگو آکر دعا	پاؤ گے نعمتیں قافلے میں چلو
چھوڑیں مے نوشیاں مت بکیں گالیاں	آئیں توبہ کریں قافلے میں چلو
اے شرابی تُو آ، آ جُواری تُو آ	چُھوٹیں بد عادتیں قافلے میں چلو
ہوگا لُطفِ خدا، آؤ بھائی دُعا	مل کے سارے کریں، قافلے میں چلو
دور بیماریاں اور پریشانیاں	ہوں گی بس چل پڑیں، قافلے میں چلو
اَلسَر اور کینسر اب یا ہو دردِ کمر	چلئے ہمّت کریں، قافلے میں چلو
درد گرچہ تمہارے مَثانے میں ہے	درس فاروق[1] دیں قافلے میں چلو
فائدہ آخِرت کے بنانے میں ہے	سب مُبلّغ کہیں قافلے میں چلو
کہتے عطّار ہیں، جو مِرے یار ہیں	وہ ہر اِک سے کہیں، قافلے میں چلو

مــــــــــــــــــــــــــــــــــــدینہ

[1] یعنی مفتیِ دعوتِ اسلامی الحاج محمد فاروق عطّاری مدنی علیہ رحمۃ اللہ الغنی۔ اِس شعر میں ایک ''مدنی بہار'' کی طرف اشارہ ہے، مُلاحظہ فرمائیے: ''فیضانِ سنّت'' جلد اوّل ص ۱۲۰۰

ہوا جاتا ہے رُخصت ماہِ رَمضاں یارسولَ اللہ

ہُوا جاتا ہے رُخصت ماہِ رَمضاں یارسولَ اللہ
رہا اب چند گھڑیوں کا یہ مہماں یارسولَ اللہ

خوشی کی لہر دوڑی ہر طرف رَمضان جب آیا
ہیں اب رنجیدہ رنجیدہ مسلماں یارسولَ اللہ

مَسرَّت ہی مَسرَّت اور خوشی ہی تھی خوشی جس دم
نظر آیا ہلالِ ماہِ رَمضاں یارسولَ اللہ

شہا! اب غم کے مارے خون کے آنسو بہاتے ہیں
چلا تڑپا کے ہائے ماہِ رَمضاں یارسولَ اللہ

چلا اب جلد یہ رَمضاں ستائیس ۲۷ آگئی تاریخ
فَقَط دو ۲ دن کا اب رَمضاں ہے مہماں یارسولَ اللہ

فضائیں نور برساتیں ہوائیں مُسکراتی تھیں
سماں اب ہوگیا ہر سَمت ویراں یارسولَ اللہ

رِیاضت کچھ نہ کی ہم نے عبادت کچھ نہ کی ہم نے
رہے بس ہر گھڑی مشغولِ عِصیاں یارسولَ اللہ
میں ہائے جی چُراتا ہی رہا رب کی عبادت سے
گزارا غفلتوں میں سارا رَمضاں یارسولَ اللہ
میں سوتا رہ گیا غفلت کی چادر تان کر افسوس
خُدارا میری بخشش کا ہو ساماں یارسولَ اللہ
جُدائی کی گھڑی جاں سوز ہے عُشّاقِ رَمضاں پر
چلا ان کو رُلا کر ماہِ رَمَضاں یارسولَ اللہ
تڑپتے ہیں بلکتے ہیں قرار آتا نہیں ان کو
بَہُت بے چین ہیں عُشّاقِ رَمَضاں یارسولَ اللہ
گناہوں کی سِیاہی چھا رہی ہے رُخ پہ مَحْشَر میں
مِرا چِہرہ پئے رَمضاں ہو تاباں یارسولَ اللہ
مہِ رَمضاں کی رخصت جانِ عاشِق پر قِیامت ہے
گدا تیرے ہیں حیران و پریشاں یارسولَ اللہ
خدا کے نیک بندے نیکیوں میں لگ گئے لیکن
گنہ کرتا رہا عطّار ناداں یارسولَ اللہ

رُخصتی نامہ

دعاؤں اور نصیحتوں بھرا رُخصتی نامہ اپنی مدنی بیٹی بنتِ .... کے نام

فَضلِ رب سے بنتِ .... دُلہن بنی
پھول خوشیوں کے کِھلے چادر حیا کی ہے تنی

تجھ کو ہو شادی مبارک ہورہی ہے رُخصتی
رُخصتی میں تیری پِنہاں[1] قبر کی ہے رُخصتی

گھر ترا ہو مُشکبار اور زندگی بھی پُر بہار
رب ہو راضی خوش ہوں تجھ سے دو جہاں کے تاجدار

مَدنی بیٹی کا خدایا گھر سدا آباد رکھ
فاطِمہ زَہرا کا صدقہ دو جہاں میں شاد[2] رکھ

یہ مِیاں بیوی الٰہی مکرِ شیطاں سے بچیں
یہ نمازیں بھی پڑھیں اور سُنَّتوں پر بھی چلیں

یہ میاں بیوی چلیں حج کو الٰہی! باربار
بار بار ان کو مدینہ بھی دِکھا پَروَرْدگار

مدینہ

[1] پوشیدہ [2] خوش

تیرا سُسرال اپنے رب کے فضل سے خوش حال ہو
تیرا میکا بھی کرم سے رب کے مالا مال ہو

تُو نہ غفلت کرنا شوہر کی اِطاعت سے کبھی
ورنہ تُو اے پیاری بیٹی حَشْر میں پچھتائے گی

مَدنی بیٹی یاخدا غُصّے کی ہو ہرگز نہ تیز
یہ کرے سُسرال میں ہر دم لڑائی سے گُریز

یاد رکھ! تُو آج سے بس تیرا گھر سُسرال ہے
ساس نندوں پر بگڑنا آفتوں کا جال ہے

ماں سمجھ کر جو بہو کرتی ہے خدمت ساس کی
راج کرتی ہے سدا سارے گھرانے پر وہی

ساس نندوں کی تُو خدمت کرکے ہوجا کامیاب
اِن کی غیبت کرکے مت کر بیٹھنا خانہ خراب

ساس اور نندیں اگر سختی کریں تو صبْر کر
صبْر کر بس صبْر کر چلتا رہے گا تیرا گھر

ساس اور نندوں کا شِکوہ اپنے مَیکے میں نہ کر
اِس طرح برباد ہوسکتا ہے بیٹی تیرا گھر

میکے کے مت کر فَضائل تُو بیاں سُسرال میں
اب سمجھ سُسرال ہی کو اپنا گھر ہر حال میں

یاد رکھ تُو نے زَباں کھولی اگر سُسرال میں
پھنس کے تُو جھگڑوں کے سُن رہ جائے گی جَنجال میں

ساس چیخی تُو بھی بپھری اور لڑائی ٹھن گئی
ہے کہاں بھول ایک کی دوٓ ہاتھ سے تالی بجی

درس دے ''فیضانِ سنّت'' سے سدا سُسرال میں
دینی ماحول اس طرح بن جائے گا سُسرال میں

گر نصیحت پر عمل عطّاؔر کی ہوگا ترا
ان شاءَ اللّٰہ اپنے گھر میں تُو سکھی ہوگی سدا

آہ! رَمضان اب جا رہا ہے ہائے تڑپا کے رَمضاں چلا ہے

آہ! رَمضان اب جا رہا ہے
ہائے تڑپا کے رَمضاں چلا ہے
ٹکڑے ٹکڑے مِرا دل ہوا ہے
ہائے تڑپا کے رَمضاں چلا ہے

دیکھ کر چاند میں رو پڑا تھا
سامنے ہِجْر کا غم کھڑا تھا
جلد رخصت کا وقت آ گیا ہے
ہائے تڑپا کے رَمضاں چلا ہے

اشک آنکھوں سے اب بہ رہے ہیں
ہِجْر کا غم جو ہم سہ رہے ہیں
وہ دلِ غمزدہ جانتا ہے
ہائے تڑپا کے رَمضاں چلا ہے

غم جُدائی کا کیسے سہوں گا
کس سے غم کا فَسانہ کہوں گا
آنکھ پُرنَم ہے دل رو رہا ہے
ہائے تڑپا کے رَمضاں چلا ہے

جاں فِدا تجھ پہ نانائے حَسنَین
قلب ہے غمزدہ اور بے چین
دل پہ صدمہ بڑھا جا رہا ہے
ہائے تڑپا کے رَمضاں چلا ہے

کر کے تقسیم بَخشِش کی اَسناد
آہ! رنجیدہ دل کر کے تُو شاد
سب کو روتا ہوا چھوڑتا ہے
ہائے تڑپا کے رَمضاں چلا ہے

تُو یہ کرنا خُدا سے سِفارش،
اِس گنہگار کی کر دے بَخشِش
تجھ سے عطّار کی اِلتجا ہے
ہائے تڑپا کے رَمضاں چلا ہے

مجھ کو اللّٰہ سے محبّت ہے

(۲۲ ربیع الاخر ۱۴۳۵ھ)

مجھ کو اللّٰہ سے محبّت ہے　　یہ اُسی کی عطا و رحمت ہے

جس کو سرکار سے محبّت ہے　　اُس کی بخشش کی یہ ضمانت ہے

دل میں قرآں کی میرے عظمت ہے　　اور پیاری ہر ایک سنّت ہے

سب سے اچھی نبی کی سیرت ہے　　چاند سے بھی حسین صورت ہے

مل گئی مجھ کو تیری نسبت ہے　　یہ شَرَف ہے بڑی سعادت ہے

آل و اصحاب سے محبّت ہے　　اور سب اولیا سے اُلفت ہے

یہ سب اللّٰہ کی عنایت ہے　　مل گئی مصطفٰے کی امّت ہے

غوث و خواجہ کی دل میں اُلفت ہے　　قلب میں عشقِ اعلیٰ حضرت ہے

مرحبا ! اپنی خوب قسمت ہے　　پیرو مُرشِد کی دل میں چاہت ہے

عاشقانِ نبی سے الفت ہے　　دشمنانِ نبی سے نفرت ہے

ہائے دنیا کی دل میں چاہت ہے　　نفس کی یہ کھلی شرارت ہے

نہ طلبگارِ مال و دولت ہے — اس گدا کو کرم کی حاجت ہے
دو جہاں میں وُہی سلامت ہے — جس مسلماں پہ رب کی رَحمت ہے
یا نبی ! پھنس گیا ہلاکت ہے — یہ گدا سائلِ شَفاعت ہے
حق سے اُمّیدِ عفو و رَحمت ہے — تیرے صدقے میں ملنی جنّت ہے
ایک عرصے سے دل میں رغبت ہے — سُوئے طیبہ چلوں یہ حسرت ہے
ایک مدّت سے ہجرو فرقت ہے — کیا مدینے کی اب اجازت ہے؟
آہ! پلّے نہ کچھ تلاوت ہے — نہ دُرُودوں کی کوئی کثرت ہے
آہ! عصیاں کی خوب کثرت ہے — یا نبی! التجائے رحمت ہے
ایسی عصیاں کی پڑگئی لت ہے — پھر وُہی بعدِ توبہ حالت ہے
نیک بندوں پہ رب کی رحمت ہے — ہر گنہ باعثِ ہلاکت ہے
آگیا آہ! وقتِ رِحلت ہے — یہ گدا طالبِ زیارت ہے
آنکھ نم ہے نہ کچھ ندامت ہے — آہ! اعمال کی یہ شامت ہے
موت سر پر ہے تجھ پہ حیرت ہے — جاگ کیوں مَحْوِ خوابِ غفلت ہے
تیری عطّار کیا حقیقت ہے — جو ہے سرکار کی بدولت ہے

مُعْتَمِر کیلئے دُعاؤں اور نصیحتوں کا گُلدَستہ

(مُسافِرِ مدینہ منوّرہ، عازِمِ مکّہ مکرمہ محمد یونس رضا نوری کی خدمت میں دعاؤں اور پَند و نَصائح کی خوشبوؤں سے مَہکتا مدنی گلدستہ)

پائے گا یونُس رضا عُمرے کی خیر اُمّید ہے
گُنْبدِ خَضْرا کی دید اِس کی بلا شک عید ہے

مرحبا! تم کو مبارَک ہو مدینے کا سفر
فَضْلِ رب سے تم پہ نازِل رَحْمتیں ہوں ہر ڈَگَر[1]

یاخُدا! آسان ہو اِس کیلئے پیارا سفر
ذَوق بڑھتا ہی رہے اِس کا خدائے بحر و بر

رونے والی آنکھ دے اور چاک سینہ کر عطا
یارب! اس کو الفتِ شاہِ مدینہ کر عطا

مـــــــــــــــــــــــــــــــــــــــدینہ

[1]: راستہ

ذرّے ذرّے کا ادب اللہ اس کو ہو نصیب
سیِّدی احمد رضا کا واسِطہ ربِ مُجیب!

امتحاں درپیش ہو راہِ مدینہ میں اگر
صَبْر کر تُو صَبْر کر ہاں صَبْر کر بس صَبْر کر

کوئی دُھتکارے یا جھاڑے بلکہ مارے صَبْر کر
مت جھگڑ، مت بُڑبُڑا، پا اَجْر رب سے صبر کر

راہِ جاناں کا ہر اِک کانٹا بھی گویا پھول ہے
جوکوئی شِکوہ کرے اُس کی یقیناً بُھول ہے

تم زَباں کا آنکھ کا "قُفلِ مدینہ" لو لگا
ورنہ بڑھ سکتا ہے عِصیاں کا وہاں بھی سِلسلہ

گفتگو صادِر نہ کچھ بے کار ہو اِحْرام میں
لب پہ بس لبَّیك کی تکرار ہو اِحْرام میں

جب کرے تُو خانۂ کعبہ کا رو رو کر طواف
یہ دُعا کرنا خُدا میرے گُنہ کردے مُعاف

حاضِری ہو جب مدینے میں تمھاری زائرو!
عشقِ شہ میں خوب کرنا آہ و زاری زائرو!

اے مدینے کے مسافِر در پہ لے کے میرا نام
دَست بَستہ عرض کرنا ان سے رو رو کر سلام

رو کے کرنا میرے ایماں کی حفاظت کی دُعا
دے شہادت کا شَرَف مجھ کو مدینے میں خُدا

ہو مدینے کا سفر تم کو مُیسَّر بار بار
اور بقیعِ پاک میں مدفن بنے انجام کار

کرنا تم عطّاؔر کے حق میں دُعائے مغفِرت
اِس جہاں میں عافِیت ہو اُس جہاں میں عافِیت

حاجی کیلئے دُعاؤں اور نصیحتوں کا گُلدستہ[1]

(غلام زادہ حاجی بِلال رضا ابنِ عطّار سلّمہ الغفار کے سفرِ حج مبارَک کے پُرمَسرّت موقع پر پَند و نَصائح پر مَبنی گلدستہ)

حج کا پائے گا شَرَف میرا بِلال اُمّید ہے
گُنبدِ خضرا کی دید اس کی بِلا شک عید ہے

مرحبا تم کو مبارَک ہو مدینے کا سفر
فَضلِ رب سے تم پہ نازِل رَحمتیں ہوں ہر ڈَگَر[2]

یاخُدا! آسان ہو اِس کیلئے حج کا سفر
ذَوق بڑھتا ہی رہے اِس کا خدائے بَحر و بَر

رونے والی آنکھ دے اور چاک سینہ کر عطا
یارب! اِس کو الفتِ شاہِ مدینہ کرعطا

ذرّے ذرّے کا ادب اللہ اس کو ہو نصیب
سیِّدی احمد رضا کا واسِطہ ربِّ مُجیب!

---

[1]: واضح رہے کہ سابقہ صفحات میں یہ کلام کچھ تغیّر کے ساتھ مُعتمَر کے لیے کہا گیا ہے اُمّید ہے کہ ضَروری تفریق کے ساتھ دونوں کلام علیحدہ علیحدہ ہونے میں قارئین کو سہولت رہے گی ۔ [2]: راستہ

امتحاں درپیش ہو راہِ مدینہ میں اگر
صَبْر کر تُو صَبْر کر ہاں صَبْر کر بس صَبْر کر
کوئی دُھتکارے یا جھاڑے بلکہ مارے صَبْر کر
مت جھگڑ، مت بُڑبُڑا، پا اَجْر رب سے صبر کر
راہِ جاناں کا ہر اِک کانٹا بھی گویا پھول ہے
جو کوئی شِکوہ کرے اُس کی یقیناً بھول ہے
تم زَباں کا آنکھ کا "قُفلِ مدینہ" لو لگا
ورنہ بڑھ سکتا ہے عِصیاں کا وہاں بھی سِلسلہ
گفتگو صادِر نہ کچھ بے کار ہو اِحْرام میں
لب پہ بس لبَّیک کی تکرار ہو اِحْرام میں
جب کرے تُو خانۂ کعبہ کا رو رو کر طواف
یہ دُعا کرنا خُدا میرے گُنہ کر دے مُعاف

پیارے حاجی! جب ہو تیرا داخِلہ عَرفات میں
کرنا نادِم ہو کے تُو آہ و بُکا[1] عَرفات میں

حالتِ اِحْرام میں یادِ کَفَن ہو قَبْر ہو
یاد کر عَرفات میں تُو حَشْر کے میدان کو

نُو کو جب عَرفات میں حاجی اِکٹھّے ہوں سبھی
بھول مت جانا دعاؤں میں مجھے تُو اُس گھڑی

جس گھڑی کرنے لگے قُرباں مِنٰی میں جانور
تُو تصوُّر ہی میں اپنے نَفْس کو بھی ذَبْح کر

حاضِری ہو جب مدینے میں تمھاری حاجیو!
عشقِ شہ میں خوب کرنا آہ و زاری حاجیو!

اے مدینے کے مسافِر در پہ لے کے میرا نام
دَشت بَستہ عرض کرنا ان سے رو رو کر سلام

[1]: رونا

رو کے کرنا میرے ایماں کی حفاظت کی دُعا
دے شہادت کا شَرَف مجھ کو مدینے میں خُدا

اِس کا حج یارب! نبی کا واسِطہ کر لے قبول
دو۲ جہاں میں اِس پہ برسا یا خُدا رَحمت کے پھول

اپنے مُنہ سے خود کو ''حاجی'' بھائی تم کہنا نہیں
بے ضَرورت اپنی نیکی کا بَیاں اچّھا نہیں

ہر برس حج کا شَرَف پاؤ مدینے جاؤ تم
اور بقیعِ پاک میں آخر میں مدفَن پاؤ تم

کرنا تم عطّار کے حق میں دعائے مغفِرت
اِس جہاں میں عافِیت ہو اُس جہاں میں عافِیت

جھوٹ کی تعریف

خلافِ واقع بات کرنا خواہ جان بوجھ کر ہو یا غَلَطی سے۔

(فتح الباری ج١ ص١٨٢ تحت الحدیث١٠٧)

حَجَّن کیلئے دُعاؤں اور نصیحتوں کا گُلدستہ[1]

آمِنہ عطّاریہ حج کو چلے اُمّید ہے
گُنْبدِ خَضْرا کی دید اس کی بِلا شک عید ہے

مرحبا تم کو مبارَک ہو مدینے کا سفر
فَضْلِ رب سے تم پہ نازِل رَحْمتیں ہوں ہر ڈَگَر[2]

یاخُدا! آسان ہو اِس کیلئے حج کا سفر
ذَوق بڑھتا ہی رہے اِس کا خدائے بَحْروبر

رونے والی آنکھ دے اور چاک سینہ کر عطا
یارب! اِس کو الفتِ شاہِ مدینہ کر عطا

ذرّے ذرّے کا ادب اللہ اِس کو ہو نصیب
از طُفیلِ سیِّدی احمد رضا ربِّ مُجیب!

امتحاں درپیش ہو راہِ مدینہ میں اگر
صَبْر کر تُو صَبْر کر ہاں صَبْر کر بس صَبْر کر

مـــــــــــــــــدینہ

[1]: واضح رہے کہ سابقہ صفحات میں یہ کلام کچھ تغیّر کے ساتھ مذکّر کے لیے کہا گیا ہے اُمّید ہے کہ ضَروری تفریق کے ساتھ دونوں کلام علیحدہ علیحدہ ہونے میں قارئین کو سہولت رہے گی۔

[2]: راستہ

کوئی دُھتکارے یا جھاڑے بلکہ مارے صَبْر کر
مت جھگڑ، مت بُڑبُڑا، پا اَجْر رب سے صبر کر

راہِ جاناں کا ہر اِک کانٹا بھی گویا پھول ہے
جوکوئی شِکْوہ کرے اُس کی یقیناً بُھول ہے

تم زَباں کا آنکھ کا ''قُفلِ مدینہ'' لو لگا
ورنہ بڑھ سکتا ہے عِصیاں کا وہاں بھی سِلسلہ

گفتگو صادِر نہ کچھ بے کار ہو اِحْرام میں
لب پہ بس لبَّیک کی تکرار ہو اِحْرام میں

جب کرے تُو خانۂ کعبہ کا رو رو کر طواف
یہ دُعا کرنا خُدا میرے گُنہ کردے مُعاف

تیرا حَجّن! جس گھڑی ہو داخِلہ عَرفات میں
کرنا نادِم ہوکے تُو آہ و بُکا[1] عَرفات میں

حالتِ اِحْرام میں یادِ کفَن ہو قَبر ہو
یاد کر عَرفات میں تُو حَشْر کے میدان کو

تُو کو جب عَرفات میں حاجی اِکٹھے ہوں سبھی
بھول مت جانا دعاؤں میں مجھے تُو اُس گھڑی

مـــدینہ

[1] : رونا

جس گھڑی کرنے لگے قُرباں مِنٰی میں جانور
تُو تصوُّر ہی میں اپنے نَفْس کو بھی ذَبْح کر

حاضِری ہو جب مدینے میں تمہاری حَجّنو!
عشقِ شہ میں خوب کرنا آہ وزاری حَجّنو!

لے کے جَنّن! بارگاہِ مصطفٰے میں میرا نام
دَشت بَستہ عرض کرنا ان سے رو رو کر سلام

رو کے کرنا میرے ایماں کی حفاظت کی دُعا
دے شہادت کا شَرَف مجھ کو مدینے میں خُدا

اِس کا حج یارب! نبی کا واسِطہ کر لے قَبول
دو۲ جہاں میں اِس پہ برسا یاخُدا رَحْمت کے پھول

اپنے مُنہ سے خود کو جَنّن تُو کبھی کہنا نہیں
بے ضَرورت اپنی نیکی کا بَیاں اچّھا نہیں

ہر برس حج کا شَرَف پاؤ مدینے جاؤ تم
اور بقیعِ پاک میں آخِر میں مَدْفَن پاؤ تم

کرنا تم عطّار کے حق میں دعائے مغفِرت
اِس جہاں میں عافِیت ہو اُس جہاں میں عافِیت

’’درسِ نِظامی‘‘ سے فارغ ہونے والوں کیلئے 25 اَشعار

مرحبا **ثاقِب** کے سر پر کیا سجی دَستار ہے
ہے کرم اللہ کا اور رَحْمتِ سرکار ہے

تَہنیت دستار بندی کی کرو بھائی قَبول
پیش کرتا ہوں تمہیں میں تُحفۃً کچھ ’’مَدنی پھول‘‘

گرچہ دستارِ فضیلت کو ہے تم نے پالیا
بارگاہِ حق میں بھائی! کیا خبر ہے حال کیا

عِلْم جو پایا ہے تم نے عمر بھر باقی رکھو!
تم پڑھاتے بھی رہو تا[۱] بھول جانے سے بچو

جو بُھلا دے علم کیوں کر وہ بھلا عالِم رہا
گو سَنَد ہے پاس لیکن نام کا عالِم رہا

اعلیٰ حضرت کے نہ مسلک کو کبھی بھی چھوڑنا
ان کے اَعدا سے نہ ہرگز کوئی رِشتہ جوڑنا

۱؎ یعنی تاکہ

سَلْبِ ایماں پُرسِشِ قبر و قِیامت سے ڈرو
عِلْم کو کافی نہ سمجھو نیکیاں کرتے رہو
عِلْمِ دِیں سے ہو فَقَط مقصود مولیٰ کی رِضا
دُور رہنا بھائی نذرانوں کے لالچ سے سدا
سُنّی عالِم کی سدا تَجْہِیل سے بچتے رہو
بے سبب تَغلیط اور تنقید بھی تم مت کرو
دیکھنا مت تم حَقارت سے کسی اَن پڑھ کو بھی
کیا خبر پیشِ خدا مقبول بندہ ہو وُہی
عِلْم پر آنے لگے تجھ کو تکبُّر بھائی گر
درس حاصل بدنصیب ابنِ سِقہ جیسوں سے کر
قَہقَہے اور یاوَہ گوئی میں ترا نقصان ہے
بے ضَرورت بولنے والا بڑا نادان ہے

بھاگتے ہیں سُن لے بداَخلاق اِنساں سے سبھی
مسکرا کر سب سے ملنا دل سے کرنا عاجزی

بھائیو! ہر دم بچو تم حُبِّ جاہ و مال سے
ہر گھڑی چوکس رہو شیطان کی اِس چال سے

مالداروں کی خوشامد میں ہلاکت ہے بڑی
تُو گناہوں میں پڑے گا آئے گی شامت تری

کان دھر کے سُن! نہ بننا تُو حریصِ مال و زَر!
کر قَناعت اِختیار اے بھائی تھوڑے رِزْق پر

دل میں یہ خواہِش نہ رکھنا سب کریں میرا ادب
ڈر کہیں ناراض ہو جائے نہ تجھ سے تیرا رب

قلب میں خوفِ خدا رکھ کر تُو سارے کام کر
کامیابی ہوگی تیری اِن شاء اللہ ہر ڈَگَر

دل کو عشقِ مصطَفٰے سے بھائی تُو آباد کر
تجھ پہ ہوگی سَروَرِ کونین کی میٹھی نظر
خوب خدمت سنّتوں کی رات دن کرتے رہو
تم رِسالہ **مَدنی اِنْعامات** کا بھرتے رہو
جایئے **نیکی کی دعوت** دیجئے جا جا کے گھر
کیجئے ہر ماہ **مَدنی قافِلوں** میں بھی سفر
تُو کمر بَستہ رہا کر خدمتِ اِسلام پر
راہِ مولیٰ میں جو آفت آئے اس پر صَبْر کر
مالِکی ہو حَنْبَلی ہو حنفی ہو یا شافِعی
مت تَعَصُّب رکھنا اور کرنا نہ ان سے دشمنی
سارے سُنّی عالموں سے تُو بنا کر رکھ سدا
کر ادب ہر ایک کا،ہونا نہ تُو اُن سے جدا
مجھ کو اے عطّار سُنّی عالموں سے پیار ہے
اِن شاءَ اللہ دوجہاں میں میرا بیڑا پار ہے

ہم کو اللہ اور نبی سے پیار ہے

ہم کو اللہ اور نبی سے پیار ہے
اِن شاءَ اللّٰہ اپنا بیڑا پار ہے

اُمّہاتُ الْمُؤمنین و چار یار
سب صَحابہ سے ہمیں تو پیار ہے

غوث و خواجہ داتا اور احمد رضا
سے بھی اور ہر اِک ولی سے پیار ہے

"یارَسُوْلَ اللّٰہِ اُنْظُرْ حَالَنَا"
طالبِ نظرِ کرم بدکار ہے

"یاحَبِیْبَ اللّٰہِ اِسْمَعْ قَالَنَا"
التجا یاسیِّدَ الْاَبرار ہے

"اِنَّنِیْ فِیْ بَحْرِ ھَمٍّ مُّغْرَقٌ"
ناؤ ڈانواں ڈول دَرمَنجدھار ہے

"خُذْیَدِیْ سَھِّلْ لَّنَا اَشْکَالَنَا"
ناخُدا آؤ تو بیڑا پار ہے

ہو عدو غارت وسیلہ اُس کا جو
جانِ عالم! تیرا یارِ غار ہے

دشمنوں کی جو اُڑا دے گردنیں
یاعُمَر! درکار وہ تلوار ہے

واسِطہ عُثماں کا آقا المدد
دشمنوں نے مجھ پہ کی یلغار ہے

دشمنانِ دین کو کر دو تباہ
عرض تم سے حیدرِ کرّار ہے

دامنِ احمدرضا مجھ کو ملا
ہاں یہ اِنْعامِ شہِ اَبرار ہے

ہوں ضِیاءُ الدِّین کا ادنیٰ گدا
میرے مُرشِد کا سخی دربار ہے

تم کو کچھ معلوم ہے یارو! مجھے
دعوتِ اسلامی سے کیوں پیار ہے

ہے کرم اِس پر خدائے پاک کا
دعوتِ اسلامی سے یوں پیار ہے

اِس پہ ہے نظرِ کرم سرکار کی
دعوتِ اسلامی سے یوں پیار ہے

بے عَدَد کافِر مسلماں ہو گئے
دعوتِ اسلامی سے یوں پیار ہے

بے نَمازی بھی نَمازی ہو گئے
دعوتِ اسلامی سے یوں پیار ہے

چور ڈاکو آئے اور تائِب ہوئے
دعوتِ اسلامی سے یوں پیار ہے

زانی و قاتِل بھی تائِب ہو گئے
دعوتِ اسلامی سے یوں پیار ہے

اور شرابی آئے تائِب ہو گئے
دعوتِ اسلامی سے یوں پیار ہے

سنّتوں کی ہر طرف آئی بہار
دعوتِ اسلامی سے یوں پیار ہے

بخشوانا آپ ہی عطّار کو
سب گنہگاروں کا یہ سردار ہے

آخِری روزے ہیں دل غمناک مُضطَر جان ہے

آخِری روزے ہیں دل غمناک مُضْطَر جان ہے
حسرتا وا حسرتا اب چل دیا رَمضان ہے

عاشِقانِ ماہِ رَمضاں رو رہے ہیں پُھوٹ کر
دل بڑا بے چین ہے اَفْسُرْدہ روح و جان ہے

درد و رِقّت سے پچھاڑیں کھا کے روتا ہے کوئی
تو کوئی تصویرِ غم بن کر کھڑا حیران ہے

اَلفِراق آہ الفِراق اے رب کے مہماں اَلْفِراق!
اَلْوداع اب چلدیا تو اے مہِ رَمضان ہے

داستانِ غم سنائیں کس کو جا کر آہ! ہم
یارسولَ اللّٰہ دیکھو چل دیا رَمضان ہے

خوب روتا ہے تڑپتا ہے غمِ رَمضان میں
جو مسلماں قدْر دان و عاشقِ رَمضان ہے

روتے روتے ہچکیاں بندھ جاتی ہیں عُشّاق کی
تجھ میں کیسا سوز اے اللہ کے مہمان ہے

تیری فُرقت میں ترے عاشق کا دل ٹکڑے ہوا
اور سینہ چاک تیرے ہِجر میں رَمضان ہے

وقتِ اِفطار و سَحَر کی رَونقیں ہوں گی کہاں!
چند دن کے بعد یہ سارا سماں سُنسان ہے

تیری آمد سے دلِ پژمُردہ کِھل اٹھّے مگر
جلد تڑپا کر ہمیں تُو چل دیا رَمضان ہے

ہائے صد افسوس! رَمضاں کی نہ ہم نے قَدْر کی
بے سبب ہی بَخْش دے یارب کہ تُو رَحْمٰن ہے

ماہِ رَمضاں تجھ میں جو روزے نہیں رکھتا کوئی
وہ بڑا محروم ہے بدبَخْت ہے نادان ہے

کر رہے ہیں تجھ کو رو رو کر مسلماں اَلْوداع
آہ!اب تُو چند گھڑیوں کا فقط مِہمان ہے
روک سکتے ہی نہیں ہائے تجھے اب کیا کریں!
سب کو روتا چھوڑ کر تُو چلدیا رَمضان ہے
اَلسَّلام اے ماہِ رَمضاں تجھ پہ ہوں لاکھوں سلام
ہِجْر میں اب تیرا ہر عاشِق ہوا بے جان ہے
چند آنسو نَذْر ہیں بس اور کچھ پلّے نہیں
نیکیوں سے آہ! یہ خالی مِرا دامان ہے
واسِطہ رَمضان کا یارب! ہمیں تُو بخش دے
نیکیوں کا اپنے پلّے کچھ نہیں سامان ہے
دست بستہ اِلتجا ہے ہم سے راضی ہو کے جا
بخشوانا حَشْر میں ہاں تُو مَہِ غُفران ہے
کاش! آتے سال ہو عطّار کو رَمضاں نصیب
یانبی! میٹھے مدینے میں بڑا ارمان ہے

مرحبا صد مرحبا! پھر آمدِ رَمضان ھے

مرحبا صد مرحبا! پھر آمدِ رَمضان ہے
کِھل اٹھے مُرجھائے دل تازہ ہوا ایمان ہے

یاخدا ہم عاصِیوں پر یہ بڑا اِحْسان ہے
زندَگی میں پھر عطا ہم کو کیا رَمضان ہے

تجھ پہ صَدْقے جاؤں رَمضاں! تُو عظیمُ الشّان ہے
تجھ میں نازِل حق تعالٰی نے کیا قرآن ہے

ابرِ رَحْمت چھا گیا ہے اور سماں ہے نور نور
فَضْلِ ربّ سے مغفِرت کا ہو گیا سامان ہے

ہر گھڑی رَحْمت بھری ہے ہر طرف ہیں بَرکتیں
ماہِ رَمضاں رَحْمتوں اور بَرَکتوں کی کان ہے

آ گیا رَمضاں عبادت پر کمر اب باندھ لو
فیض لے لو جلد یہ دن تیس[۳۰] کا مِہمان ہے

عاصِیوں کی مغفِرت کا لیکر آیا ہے پَیام
جھوم جاؤ مجرِمو! رَمضاں مہِ غُفْراں[1] ہے

بھائیو بہنو! کرو سب نیکیوں پر نیکیاں
پڑ گئے دوزخ پہ تالے قید میں شیطان ہے

بھائیو بہنو! گناہوں سے سبھی توبہ کرو
خُلْد کے در کُھل گئے ہیں داخِلہ آسان ہے

کم ہوا زورِ گُنہ اور مسجِدیں آباد ہیں
ماہِ رَمضانُ الْمبارَک کا یہ سب فَیضان ہے

روزہ دارو! جھوم جاؤ کیونکہ دیدارِ خدا
خُلْد میں ہوگا تمہیں یہ وعدۂ رَحمٰن ہے

دوؔ جہاں کی نِعمتیں ملتی ہیں روزہ دار کو
جو نہیں رکھتا ہے روزہ وہ بڑا نادان ہے

یاالٰہی! تُو مدینے میں کبھی رَمضاں دکھا
مُدّتوں سے دل میں یہ عطّؔار کے ارمان ہے

مدینہ

[1]: مغفِرت، بخشش، مغفرت کرنا

بعد رمضان عید ھوتی ھے

بعدِ رَمضان عید ہوتی ہے — رب کی رَحْمت مزید ہوتی ہے
جس کو آقا کی دید ہوتی ہے — اُس پہ قربان ”عید“ ہوتی ہے
عید تجھ کو مبارَک اے صائم![1] — روزہ داروں کی عید ہوتی ہے
روزہ خورو! خدا کی ناراضی — سن لو! تم پر شدید ہوتی ہے
تیری شیطان! ماہِ رَمضاں میں — کیسی مِٹّی پلید ہوتی ہے!
روزہ داروں کے واسطے وَاللّٰہ — مغفِرت کی نَوِید[2] ہوتی ہے
عید کے دن عمر یہ رو رو کر — بولے: ”نیکوں کی عید ہوتی ہے“
جو کوئی رب کو کرتے ہیں ناراض — اُن سے رَحْمت بعید[3] ہوتی ہے
فِلم بِینوں[4] کے حق میں سن لو یہ — عید، یومِ وعید[5] ہوتی ہے
بے نَمازوں کی روزہ خوروں کی — کون کہتا ہے عید ہوتی ہے!
جس کو آقا مدینے بُلوائیں — اُس مسلماں کی عید ہوتی ہے
مجھ کو ”عیدی“ میں دو بقیع آقا — جانے کب میری عید ہوتی ہے!
جو بِچھڑ جائے اُن کی گلیوں سے — کیا بھلا اُس کی عید ہوتی ہے!

عید عطّارؔ اُس کی ہے جس کو
خواب میں اُن کی دید ہوتی ہے

مـــــــــــــــــــــــدینہ

۱: روزہ دار ۲: خوشخبری ۳: دُور ۴: فلم دیکھنے والے ۵: سزا دینے کی دھمکی، سزا دینے کا وعدہ

ہو گیا فضلِ خدا مُوئے مبارک آگئے

ہو گیا فضلِ خدا مُوئے مبارک آگئے
دل خوشی سے جھوم اُٹھا مُوئے مبارک آگئے

اے خُوشا صلِّ علیٰ مُوئے مبارک آگئے
مرحبا صد مرحبا مُوئے مبارک آگئے

مصطفٰے کے مُوئے اقدس اور مِرا غُربت کدہ
مرحبا صد مرحبا مُوئے مبارک آگئے

ہم غریبوں کے مُقدَّر کو جگانے کیلئے
مرحبا صد مرحبا مُوئے مبارک آگئے

مجھ ذلیل و خوار پر بدکار و بد کردار پر
ہے کرم سرکار کا مُوئے مبارک آگئے

نور کی برسات ہوگی عنقریب اب زور دار
ابرِ رَحمت چھا گیا مُوئے مبارک آگئے

رنج وغم کافور ہوں گے غمزدوں کے اِس کی ہے
دِید میں غم کی دوا مُوئے مبارک آگئے

جو کرے تعظیم دل سے دوٗ جہاں میں کامیاب
ہوگیا ہاں ہوگیا مُوئے مبارک آگئے

اپنے رب سے مانگ لو دوٗنوں جہاں کی نعمتیں
رَحمتوں کا در کُھلا مُوئے مبارک آگئے

اِن شاءَ اللّٰہ آرزوئیں آئیں گی بر رُوبَرو
مانگ لو آکر دُعا مُوئے مبارک آگئے

آؤ دیوانو! تم آؤ لیکے چشمِ اشکبار
ان سے ان کو مانگنا مُوئے مبارک آگئے

نَزعِ رُوح وقَبْر میں اور حَشْر کے میداں میں کام
بن گیا عطّار کا مُوئے مبارک آگئے

مَثنویِ عطّار (۱)

حمدِ ربِّ مصطَفٰے سے اِبتِداء
ہو دُرُود اُمّی نبی پر دائما

اِس جَہاں میں ہرطرف ہیں مُشکِلیں
ہر جگہ ہیں آفتیں ہی آفتیں

کچھ گھرے غم میں تو کچھ بیمار ہیں
تو کئی قرضے کے زیرِ بار ہیں

ہیں بَہُت کم لوگ دنیا میں سُکھی
اکثر اَفراد اِس جہاں میں ہیں دُکھی

چل دیئے دنیا سے سب شاہ و گدا
کوئی بھی دُنیا میں کب باقی رہا!

جیتنے دنیا سِکندر تھا چلا
جب گیا دُنیا سے خالی ہاتھ تھا

لہلہاتے کھیت ہوں گے سب فنا
خوش نُما باغات کو ہے کب بقا ؟

تُو خوشی کے پھول لے گا کب تلک؟
تُو یہاں زندہ رہے گا کب تلک؟

دولتِ دنیا کے پیچھے تُو نہ جا
آخِرت میں مال کا ہے کام کیا؟

مالِ دنیا دوجہاں میں ہے وبال
کام آئے گا نہ پیشِ ذوالجلال

رِزْق میں بَرَکت کی تو ہے جُستجو
آہ! نیکی کی کرے کون آرزو!

مت لگا تُو دل یہاں پچھتائے گا
کس طرح جنّت میں بھائی جائے گا؟

لندن و پیرِس کے سپنے چھوڑ دے
بس مدینے ہی سے رِشتہ جوڑ لے

دل سے دنیا کی مَحَبَّت دُور کر
دل نبی کے عشق سے معمور کر

اَشک مت دنیا کے غم میں تُو بہا
ہاں نبی کے غم میں خوب آنسو بہا

ہو عطا یارب! ہمیں سوزِ بلال
مال کے جَنْجال سے ہم کو نکال

یاالٰہی! کر کرم عطّار پر
حُبِّ دُنیا اس کے دل سے دور کر

بِغیر عِلْم کے فتویٰ دینا کیسا؟

جس نے بغیر علم کے فتویٰ دیا اس کا گناہ فتویٰ دینے والے پر ہے۔

(سُنَنِ ابوداوٗد ج۳ ص۴٤۹ حدیث۳٦٥۷)

مَثنوِیِ عطّار (۳)

بے وفا دنیا پہ مت کر اِعتِبار
تُو اچانک موت کا ہوگا شکار

موت آکر ہی رہے گی یاد رکھ!
جان جا کر ہی رہے گی یاد رکھ!

گر جہاں میں سَو برس تُو جی بھی لے
قَبْر میں تنہا قِیامت تک رہے

جب فِرِشتہ موت کا چھا جائے گا
پھر بچا کوئی نہ تجھ کو پائے گا

موت آئی پہلواں بھی چل دیئے
خوبصورت نوجواں بھی چل دیئے

دنیا میں رہ جائے گا یہ دبدبہ
زور تیرا خاک میں مل جائے گا

تیری طاقت تیرا فن عُہدہ ترا
کچھ نہ کام آئے گا سرمایہ ترا

قبر روزانہ یہ کرتی ہے پکار
مجھ میں ہیں کیڑے مکوڑے بیشُمار

یاد رکھ میں ہوں اندھیری کوٹھڑی
تجھ کو ہوگی مجھ میں سُن وَحْشت بڑی

میرے اندر تُو اکیلا آئے گا
ہاں مگر اعمال لیتا آئے گا

نَرْم بستر گھر پہ ہی رہ جائیں گے　　تجھ کو فرشِ خاک پر دفنائیں گے
گُھپ اندھیری قبر میں جب جائے گا　　بے عمل! بے انتہا گھبرائے گا
کام مال و زَر نہیں کچھ آئے گا　　غافل انساں یاد رکھ پچھتائے گا
جب ترے ساتھی تجھے چھوڑ آئیں گے　　قبر میں کیڑے تجھے کھا جائیں گے
قَبْر میں تیرا کفن پھٹ جائے گا　　یاد رکھ نازک بدن پھٹ جائے گا
تیرا اِک اِک بال تک جَھڑ جائے گا　　خوبصورت جسم سب سڑ جائے گا
آہ! اُبَل کر آنکھ بھی بہ جائے گی　　کھال اُدھڑ کر قبر میں رہ جائے گی
سانپ بچّھو قبر میں گر آگئے!　　کیا کرے گا بے عمل گر چھا گئے!
گورِ نیکاں باغ ہوگی خُلْد کا　　مجرِموں کی قبر دوزخ کا گڑھا
کِھلکھلا کر ہنس رہا ہے بے خبر!　　قبر میں روئے گا چیخیں مار کر
کرلے توبہ رب کی رَحْمت ہے بڑی　　قبر میں ورنہ سزا ہوگی کڑی

وقتِ آخر یاخدا! عطّار کو
خیر سے سرکار کا دیدار ہو

مَثنوِیِ عطّار (۳)

ہو گیا تجھ سے خدا ناراض اگر — قبر سُن لے آگ سے جائیگی بھر
عُمر میں چھوٹی ہے گر کوئی نَماز — جلد ادا کر لے تُو آ غفلت سے باز
اے جُواری تُو جُوئے سے باز آ — ورنہ پھنس جائے گا جس دن تُو مرا
اے مِلاوٹ کرنے والے مان جا — خوف کر بھائی عذابِ نار کا
چھوڑ دو اے تاجِرو! کم تولنا — جھوٹ چھوڑو بیچنے میں بولنا
بھائیوں کا دل دُکھانا چھوڑ دو — اور تمسخُر[۱] بھی اُڑانا چھوڑ دو
سُود و رِشوت میں نُحُوست ہے بڑی — نیز دوزخ میں سزا ہوگی کڑی
دل دُکھانا چھوڑ دیں ماں باپ کا — ورنہ ہے اس میں خَسارہ[۲] آپ کا
بد گمانی، جھوٹ، غیبت، چغلیاں — چھوڑ دے تُو رب کی نافرمانیاں
مت نکالو گندی گالیاں — یہ گنہ کا کام ہے سُن لو میاں

۱: مذاق ۲: نقصان

تُو نشے سے باز آ مت پی شراب
دو[۲] جہاں ہو جائیں گے ورنہ خراب

فِلم بیں کی آنکھ میں محشر میں آگ
آہ! بھر جائیگی تُو فلموں سے بھاگ

بینڈ باجوں سے تُو کوسوں دُور بھاگ
ورنہ دوزخ کی تجھے کھائے گی آگ

مت بجاؤ بھائیو! تم تالیاں
اس طرح کی چھوڑ دو نادانیاں

اے مِری بہنو! سدا پردہ کرو
تم گلی کوچوں میں مت پھرتی رہو

اپنے دیوَر جیٹھ سے پردہ کرو
ان سے ہرگز بے تکلُّف مت بنو

ورنہ سن لو قبر میں جب جاؤ گی
سانپ بچّھو دیکھ کر چِلّاؤ گی

اے بہن اپنے میاں کو مت ستا
جب مَرے گی پائے گی اس کی سزا

بھائی حق مت مارنا گھر بار کا
ورنہ ہوگا مستحق تُو نار کا

یاالٰہی نیک کر عطّاؔر کو
بَخْش دے تُو بخش دے بدکار کو

مَثنوی عطّار (۴)

سُنّتوں سے بھائی رِشتہ جوڑ تُو
نِت نئے فیشن سے منہ کو موڑ تُو

شادیوں میں مت گنہ نادان کر
خانہ بربادی کا مت سامان کر

سادَگی شادی میں ہو سادہ جَہیز
جیسا بی بی فاطمہ کا تھا جَہیز

نیکیاں کر جلد تُو بدیوں سے بھاگ
قَبْر میں ورنہ بھڑک اُٹھے گی آگ

کینۂ مسلم سے سینہ پاک کر
اِتّباعِ صاحِبِ لولاک کر

چھوڑ دے داڑھی مُنڈانا ہے حرام
ایک مُٹّھی سے گھٹانا ہے حرام

سنَّتوں پر جو حَقارت سے ہنسے
وہ عذابِ دائمی[۱] میں جا پھنسے

چھوڑ دے سارے غَلَط رَسم ورَواج
سنَّتوں پر چلنے کا کر عَہد آج

خوب کر ذِکرِ خدا و مصطَفٰے
دل مدینہ یاد سے اُن کی بنا

کر عطا یارب غمِ شاہِ اُمَم
بھول جائیں رنج وغم دنیا کے ہم

سنَّتوں کی لُوٹنا جا کے متاع[۲]
ہو جہاں بھی سنَّتوں کا اجتماع

از طُفیلِ غوثِ اعظم یاغفور
بَخْش دے ہم عاصِیوں کے سب قُصُور

یاخدا ہے اِلْتِجا عطّار کی
سُنَّتیں اپنائیں سب سرکار کی

یاالٰہی! ازپئے شاہِ اُمَم
حَشْر میں عطّار کا رکھنا بھرم

۱: ہمیشہ کا عذاب کیونکہ سنّتِ رسول کی توہین صَریح کُفر ہے ۲: دولت

ہنسانے کیلئے جھوٹ بولنا

فرمانِ مصطفٰے صَلَّی اللہ تعالیٰ علیہ واٰلہٖ وسلَّم: ہَلاکت ہے اُس شخص کے لئے جو بات کرتا ہے تو جھوٹ بولتا ہے تاکہ اس کے ذَرِیعے لوگوں کو ہنسائے، اس کے لئے ہَلاکت ہے، اس کے لئے ہَلاکت ہے۔

(ابو داوٗدج ٤ ص٣٨٧ حديث ٤٩٩٠)

غُصّہ پینے والے کیلئے حُور

فرمانِ مصطفٰے صَلَّی اللہ تعالیٰ علیہ واٰلہٖ وسلَّم: جو شخص غصّہ نکالنے پر قدرت کے باوُجود اسے پی جاتا ہے، اللہ عَزَّوَجَلَّ قِیامت کے دن اسے لوگوں کے سامنے بُلا کر اختیار دے گا کہ جس حُور کو چاہے لے لے۔

(ابو داوٗد ص٣٢٥ حديث ٤٧٧٧ ، اِحیاءُ العُلوم ج٣ ص ٥٣٤ مُلَخّصاً)

جہنَّم کا مخصوص دروازہ

فرمانِ مصطفٰے صَلَّی اللہ تعالیٰ علیہ واٰلہٖ وسلَّم: بے شک جہنَّم میں ایک ایسا دروازہ ہے جس سے وُہی شخص داخِل ہوگا جس کا غصّہ اللہ عَزَّوَجَلَّ کی نافرمانی پر ہی ٹھنڈا ہوتا ہے۔(شُعَبُ الایمان ج٦ ص٣٢٠ حديث٨٣٣١، اِحیاءُ العلوم ج٣ ص٥٣٤)

جَبڑے چیرنے کا عذاب

فرمانِ مصطَفٰے صلَّی اللہ تعالٰی علیہ واٰلہٖ وسلَّم: میں نے خواب دیکھا کہ ایک شخص میرے پاس آیا اور مجھ سے کہا: چلئے! میں اُس کے ساتھ چل دیا، میں نے دو آدمیوں کو دیکھا، ان میں سے ایک کھڑا تھا اور دوسرا بیٹھا تھا، کھڑے ہوئے شخص کے ہاتھ میں لوہے کا زَنبور[1] تھا جسے وہ بیٹھے شخص کے ایک جَبڑے میں ڈال کر اُسے اتنا کھینچتا کہ گُدّی تک پہنچا دیتا پھر اُسے نکالتا اور دوسرے جَبڑے میں ڈال کر کھینچتا، اتنے میں پہلے والا (جَبڑا) اپنی پہلی حالت پر لوٹ آتا، میں نے لانے والے شخص سے پوچھا: یہ کیا ہے؟ اُس نے کہا: یہ جھوٹا شخص ہے اسے قِیامت تک قَبْر میں یہی عذاب دیا جاتا رہے گا۔

(إحیاءُ العُلوم ج۳ ص۱۰۹ مُلَخّصاً، مکتبۃُ المدینہ، مساوی الاخلاق للخرائطی ص۷۶ حدیث ۱۳۱)

مــــــــــــــــــــــــــــــــــــدینہ

[1]: یعنی لوہے کی سلاخ جس کا ایک طرف کا سرا مُڑا ہوا ہوتا ہے۔

فُضُول بولنے والے کی قِیامت میں پانچ جگہ پریشانی

منقول ہے کہ ہر ہنسی مزاح (یعنی مذاق) یا لَغْو بات (یعنی فُضُول بات) پر بندے کو (میدانِ قیامت میں) پانچ مَقامات پر جِھڑ کنے اور وضاحت طلب کرنے کی خاطر روکا جائے گا:

﴿۱﴾ تُو نے بات کیوں کی تھی؟ کیا اس میں تیرا کوئی فائدہ تھا؟

﴿۲﴾ تُو نے جو بات کی تھی کیا اس سے تجھے کوئی نَفْع حاصل ہوا؟

﴿۳﴾ اگر تو وہ بات نہ کرتا تو کیا تجھے کوئی نُقصان اٹھانا پڑتا؟

﴿٤﴾ تُو خاموش کیوں نہ رہا تاکہ اَنجام سے مَحفوظ رہتا؟

﴿٥﴾ تُو نے اس کی جگہ سُبْحٰنَ اللّٰہِ وَالْحَمْدُ لِلّٰہِ کہہ کر اَجْر و ثواب کیوں حاصِل نہ کیا؟

(قوتُ القلوب جلد اوّل ص ٤٦٨ مکتبۃ المدینہ)